U0561071

数学核心素养研究丛书

小学数学核心素养教学论

| 第二版 |

Didactics of Primary School
Mathematical Core Literacies
(2nd Edition)

王永春 著

华东师范大学出版社
·上海·

图书在版编目(CIP)数据

小学数学核心素养教学论/王永春著.—2版.—上海:华东师范大学出版社,2021
(数学核心素养研究丛书)
ISBN 978-7-5760-2281-0

Ⅰ.①小⋯ Ⅱ.①王⋯ Ⅲ.①小学数学课—教学研究 Ⅳ.①G623.502

中国版本图书馆 CIP 数据核字(2021)第 227353 号

小学数学核心素养教学论(第二版)

著　者　王永春
总策划　倪　明
责任编辑　汤　琪
责任校对　时东明
装帧设计　卢晓红

出版发行　华东师范大学出版社
社　　址　上海市中山北路 3663 号　邮编 200062
网　　址　www.ecnupress.com.cn
电　　话　021-60821666　行政传真 021-62572105
客服电话　021-62865537　门市(邮购)电话 021-62869887
地　　址　上海市中山北路 3663 号华东师范大学校内先锋路口
网　　店　http://hdsdcbs.tmall.com

印刷者　上海商务联西印刷有限公司
开　本　787 毫米×1092 毫米　1/16
印　张　21.5
字　数　350 千字
版　次　2021 年 12 月第 2 版
印　次　2023 年 10 月第 3 次
印　数　13 201—18 300
书　号　ISBN 978-7-5760-2281-0
定　价　72.00 元

出版人　王　焰

如发现图书内容有差错,或有更好的建议,请扫描下面的二维码联系我们。

(如发现本版图书有印订质量问题,请寄回本社客服中心调换或电话 021-62865537 联系)

内容提要

《普通高中数学课程标准(2017年版)》的课程目标在继承了"四基""四能"的基础上,提出了数学核心素养目标,即:在学习数学和应用数学的过程中,学生能发展数学抽象、逻辑推理、数学建模、直观想象、数学运算、数据分析等数学学科核心素养,并在课程性质中强调:引导学生会用数学眼光观察世界,会用数学思维思考世界,会用数学语言表达世界。这些可以概括为"六核""三会"。总体上高中数学核心素养及目标可以总结为"四基""四能""六核""三会"。

《义务教育数学课程标准(2011年版)》在总目标中提出了"四基""四能"的要求。同时提出了十大核心词,如果简称为"十核"的话,那么总体上现行的义务教育数学核心素养及目标是"四基""四能""十核"。

本书借鉴中国学生发展核心素养的三维指标体系,从数学认知、数学思想与能力、个人发展三个维度构建小学数学核心素养体系。数学认知、数学思想与能力、个人发展三个维度并不是并列和独立的关系,而是融为一体的。数学认知是对基础知识和基本技能的具体化,既是数学思想与能力和个人发展的基础和载体,又是一个形成和运用数学思想、实现个人发展的心理活动和数学认知结构形成的过程。数学思想与能力是数学核心素养的内涵,形成数学核心素养的终极目标是实现个人发展、用数学思想面对现实世界。数学思想与能力有7个("6+1"高中六个,另加转化化归思想),转化化归思想非常重要,从某种程度上说,数学认知结构的建立过程就是一个数学知识转化化归的过程。

教师进行课堂教学及学生获得数学核心素养的基本指导思想及策略是:以主体性教育理论、建构主义等学习理论为指导,以数学的概念、命题、结构为载体,以基本数学思想、数学核心素养及学生数学认知结构的构建为主线,以学生发展为本。学生的主体性体现在:以学生的自主学习、独立思考为主,经历自我建立自己认知结构的日积月累过程。教师的主导作用体现在：教师是学习过程的组织者、引导者、合作者，指导学生学会学习数学、学会数学地思考，并给学生的学习过程提供时间和空间，促进学生积极主动、生动活泼、可持续地发展。

孔子说："举一隅不以三隅反，则不复也。"我们希望学生最终达到举一反三、触类旁通、闻一知十、无师自通的自由境界。

Abstract

The objective of *High School Mathematics Curriculum Standards* (2017 ed.), inheriting the "four basics" and "four abilities", puts forward the objective of mathematical core literacies, that is, in the process of mathematics learning and application, students can develop mathematical core literacies, such as mathematical abstraction, logical reasoning, mathematical modeling, visual imagination, mathematical operations, and data analysis. Furthermore, in the nature of the curriculum, it emphasizes on guiding students so that they are capable of observing the world from a mathematical perspective, capable of thinking about the world using mathematical thinking, and capable of representing the world using mathematical language. These are so-called "six cores" and "three capables". In general, the high school mathematical core literacies and the objectives can be summarized as "four basics", "four abilities", "six cores" and "three capables".

The *Compulsory Education Mathematics Curriculum Standards* (2011 ed.), in its general goals, put forwards the requirement of "four basics" and "four abilities". At the same time, it proposes ten core words. In this sense, the current compulsory education mathematical core literacies and the objectives, in general, are "four basics", "four abilities" and "ten cores".

This book constructs the primary school mathematical core literacy system from a three-dimensional index system, namely mathematical cognition, mathematical thoughts and abilities, and personal development. These three dimensions are neither juxtaposed nor independent from each another, but integrated. Mathematical cognition is the embodiment of basic knowledge and basic skills. It is not only the foundation and carrier of the other two, but also a procedure of formulating and applying mathematical thoughts, realizing the psychological activities of personal development, and developing the mathematical cognitive structures. Mathematical thoughts and abilities are the connotation of mathematical core literacies and the ultimate goal of forming mathematical core literacies is to realize the promotion of personal development and to face the real world with mathematical thinking. There are seven mathematical thoughts and abilities ("6 + 1", six from high school with an additional idea of transformation and induction). The idea of transformation and induction is very important. To some extent, the process of establishing mathematical cognitive structure is a process of transforming and inducting mathematical knowledge.

The basic guiding ideology and strategies for teachers to carry out classroom teaching and for students to acquire mathematical core literacies are: using subjective education theory, constructivism and other learning theories as the guidance, mathematical concepts, propositions and structures as the carrier, the construction of basic mathematical thoughts, mathematical core literacies and students' mathematical cognitive structure as the main theme, and students' development as the orientation. On the one hand, students' subjectivity is reflected in students' self-directed learning, independent thinking, and gradually constructing their own cognitive structure in the long run. On the other hand, teachers' leading role is reflected in organizing, guiding and collaborating with students so that they can learn how to learn mathematics and think in a mathematical way. Meanwhile, teachers should also provide time and space to students to think independently and help create an active, lively and sustainable learning environment.

As Confucius said, "When I have presented one corner of a subject to any one and he cannot from it learn the other three, I do not repeat my lesson." We hope that students can learn how to draw inferences from one case and finally learn how to learn autonomously.

目 录

总序	i
第二版修订说明	v
第一版前言	vii

第一章 核心素养 ... 1
    第一节 新知识观 ... 1
    第二节 核心素养简介 ... 12

第二章 数学核心素养 ... 19
    第一节 数学素养 ... 19
    第二节 高中数学核心素养 ... 21

第三章 小学数学核心素养体系 ... 29
    第一节 小学数学核心素养 ... 29
    第二节 数学认知 ... 39
    第三节 数学思想与能力 ... 69
    第四节 个人发展 ... 76

第四章 小学数学学习理论概述 ... 80
    第一节 心理学的基本知识 ... 80
    第二节 数学学习理论概述 ... 91

第五章　小学数学教学的基本策略　　95
第一节　教师与学生的关系　　95
第二节　个性化的教学策略　　98
第三节　自主学习的教学策略　　107

第六章　小学数学认知的教学　　126
第一节　小学数学概念的教学　　126
第二节　小学数学命题的教学　　137
第三节　小学数学认知结构的教学　　153

第七章　小学数学核心素养的教学　　170
第一节　数学抽象的教学　　170
第二节　逻辑推理的教学　　181
第三节　数学模型的教学　　200
第四节　数学运算的教学　　224
第五节　直观想象的教学　　239
第六节　数据分析的教学　　267
第七节　转化思想的教学　　276

第八章　小学数学核心素养的评价与监测　　285
第一节　小学数学核心素养的评价　　285
第二节　小学数学核心素养的质量监测　　291

第九章　全媒体融合发展促进教学改革　　307
第一节　小学数学智能教学系统　　307
第二节　九年一贯制(5.5＋3.5)的理论与实践　　310

参考文献　　319

人名索引　　322

Contents

Foreword   i
Revised Notes about the Second Edition   v
Preface about the First Edition   vii

Chapter One   Core literacies   1
    Section 1.1   New views about knowledge   1
    Section 1.2   A brief introduction to core literacies   12

Chapter Two   Mathematical core literacies   19
    Section 2.1   Mathematical literacies   19
    Section 2.2   High school mathematical core literacies   21

Chapter Three   Primary school mathematical core literacy system   29
    Section 3.1   Primary school mathematical core literacies   29
    Section 3.2   Mathematical cognition   39
    Section 3.3   Mathematical thoughts and abilities   69
    Section 3.4   Personal development   76

Chapter Four   Overview of primary school mathematical learning theory   80
    Section 4.1   An introduction to psychology   80
    Section 4.2   Overview of mathematical learning theory   91

Chapter Five   Basic strategies of primary school mathematics teaching   95
    Section 5.1   Relationship between teachers and students   95
    Section 5.2   Personalized teaching strategies   98
    Section 5.3   Teaching strategies for self-directed learning   107

Chapter Six   Teaching of primary school mathematical cognition   126
    Section 6.1   Teaching of primary school mathematical concepts   126
    Section 6.2   Teaching of primary school mathematical
                   propositions   137
    Section 6.3   Teaching of primary school mathematical
                   cognitive structure   153

Chapter Seven   Teaching of primary school mathematical core literacies 170
    Section 7.1   Teaching of mathematical abstraction   170
    Section 7.2   Teaching of logical reasoning   181
    Section 7.3   Teaching of mathematical models   200
    Section 7.4   Teaching of mathematical operations   224
    Section 7.5   Teaching of visual imagination   239
    Section 7.6   Teaching of data analysis   267
    Section 7.7   Teaching of the ideas of transforming   276

**Chapter Eight   Evaluation and testing of primary school mathematical
                 core literacies**   285
    Section 8.1   Evaluation of primary school mathematical
                   core literacies   285
    Section 8.2   Quality monitoring of primary school mathematical
                   core literacies   291

**Chapter Nine   Promoting teaching reform in the context of integrated
                media development**   307
    Section 9.1   Smart teaching system for primary school
                   mathematics   307
    Section 9.2   Theory and practice of nine-year education
                   system (5.5+3.5)   310

References   319
Index of Names   322

总　序

　　为了落实十八大提出的"立德树人"的根本任务，教育部 2014 年制定了《关于全面深化课程改革落实立德树人根本任务的意见》文件，其中提到："教育部将组织研究提出各学段学生发展核心素养体系，明确学生应具备的适应终身发展和社会发展需要的必备品格和关键能力……依据学生发展核心素养体系，进一步明确各学段、各学科具体的育人目标和任务。"并且对正在进行中的普通高中课程标准的修订工作提出明确要求：要研制学科核心素养，把学科核心素养贯穿课程标准的始终。《普通高中数学课程标准（2017 年版）》（本文中，简称《标准（2017 年版）》）于 2017 年正式颁布。

　　作为教育目标的核心素养，是 1997 年由经济合作与发展组织（OECD）最先提出来的，后来联合国教科文组织、欧盟以及美国等国家都开始研究核心素养。通过查阅相关资料，我认为，提出核心素养的目的是要把以人为本的教育理念落到实处，要把教育目标落实到人，要对培养的人进行描述。具体来说，核心素养大概可以这样描述：后天形成的、与特定情境有关的、通过人的行为表现出来的知识、能力与态度，涉及人与社会、人与自己、人与工具三个方面。因此可以认为，核心素养是后天养成的，是在特定情境中表现出来的，是可以观察和考核的，主要包括知识、能力和态度。而人与社会、人与自己、人与工具这三个方面与北京师范大学研究小组的结论基本一致。

　　基于上面的原则，我们需要描述，通过高中阶段的数学教育，培养出来的人是什么样的。数学是基础教育阶段最为重要的学科之一，不管接受教育的人将来从事的工作是否与数学有关，基础教育阶段数学教育的终极培养目标都可以描述为：会用数学的眼光观察世界；会用数学的思维思考世界；会用数学的语言表达世界。本质上，这"三会"就是数学核心素养；也就是说，这"三会"是超越具体数学内容的数学教学课程目标。① 可以看到,数学核心素养是每个公民在工作和生活中可以表现出来的数学特质,是每个公民都应当具备的素养。在《标准(2017年版)》的课程性质中进一步描述为:"数学在形成人的理性思维、科学精神和促进个人智力发展的过程中发挥着不可替代的作用。数学素养是现代社会每一个人应该具备的基本素养。数学教育承载着落实立德树人根本任务、发展素质教育的功能。数学教育帮助学生掌握现代生活和进一步学习所必需的数学知识、技能、思想和方法;提升学生的数学素养,引导学生会用数学眼光观察世界,会用数学思维思考世界,会用数学语言表达世界……"②

上面提到的"三会"过于宽泛,为了教师能够在数学教育的过程中有机地融入数学核心素养,需要把"三会"具体化,赋予内涵。于是《标准(2017年版)》对数学核心素养作了具体描述:"数学学科核心素养是数学课程目标的集中体现,是具有数学基本特征的思维品质、关键能力以及情感、态度与价值观的综合体现,是在数学学习和应用的过程中逐步形成和发展的。数学学科核心素养包括:数学抽象、逻辑推理、数学建模、直观想象、数学运算和数据分析。这些数学学科核心素养既相对独立、又相互交融,是一个有机的整体。"③

数学的研究源于对现实世界的抽象,通过抽象得到数学的研究对象,基于抽象结构,借助符号运算、形式推理、模型构建等数学方法,理解和表达现实世界中事物的本质、关系和规律。正是因为有了数学抽象,才形成了数学的第一个基本特征,就是数学的一般性。当然,与数学抽象关系很密切的是直观想象,直观想象是实现数学抽象的思维基础,因此在高中数学阶段,也把直观想象作为核心素养的一个要素提出来。

数学的发展主要依赖的是逻辑推理,通过逻辑推理得到数学的结论,也就是数学命题。所谓推理就是从一个或几个已有的命题得出新命题的思维过程,其中的命题是指可供判断正确或者错误的陈述句;所谓逻辑推理,就是从一些前提或者事实出发,依据一定的规则得到或者验证命题的思维过程。正

---

① 史宁中,林玉慈,陶剑,等.关于高中数学教育中的数学核心素养——史宁中教授访谈之七[J].课程·教材·教法,2017(4):9.
② 中华人民共和国教育部.普通高中数学课程标准(2017年版)[S].北京:人民教育出版社,2018:2.
③ 同②4.

是因为有了逻辑推理，才形成了数学的第二个基本特征，就是数学的严谨性。虽然数学运算属于逻辑推理，但高中阶段数学运算很重要，因此也把数学运算作为核心素养的一个要素提出来。

数学模型使得数学回归外部世界，构建了数学与现实世界的桥梁。在现代社会，几乎所有的学科在科学化的过程中都要使用数学的语言，除却数学符号的表达之外，主要是通过建立数学模型刻画研究对象的性质、关系和规律。正是因为有了数学建模，才形成了数学的第三个基本特征，就是数学应用的广泛性。因为在大数据时代，数据分析变得越来越重要，逐渐形成了一种新的数学语言，所以也把数据分析作为核心素养的一个要素提出来。

上面所说的数学的三个基本特征，是全世界几代数学家的共识。这样，高中阶段的数学核心素养就包括六个要素，可以简称为"六核"，其中最为重要的有三个，这就是：数学抽象、逻辑推理和数学建模。或许可以设想：这三个要素不仅适用于高中，而且应当贯穿基础教育阶段数学教育的全过程，甚至可以延伸到大学、延伸到研究生阶段的数学教育；这三个要素是构成数学三个基本特征的思维基础；这三个要素的哲学思考就是前面所说的"三会"，是对数学教育最终要培养什么样人的描述。义务教育阶段的课程标准正在进行新一轮的修订，数学核心素养也必将会有所体现。

发展学生的核心素养必然要在学科的教育教学研究与实践中实现，为了帮助教师们更好地解读课程改革的育人目标，更好地解读数学课程标准，在实际教学过程中更好地落实核心素养的理念，华东师范大学出版社及时地组织了一批在这个领域进行深入研究的专家，编写了这套《数学核心素养研究丛书》。

华东师范大学出版社以"大教育"为出版理念，出版了许多高品质的教育理论著作、教材及教育普及读物，在读者心目中有良好的口碑。

这套《数学核心素养研究丛书》包括中学数学课程、小学数学课程以及从大学的视角看待中小学数学课程，涉及课程教材建设、课堂教学实践、教学创新、教学评价研究等，通过不同视角探讨核心素养在数学学科中的体现与落实，以期帮助教师更好地在实践中对高中数学课程标准的理念加以贯彻落实，并引导义务教育阶段的数学教育向数学核心素养的方向发展。

本丛书在立意上追求并构建与时代发展相适应的数学教育，在内容载体的选择上覆盖整个中小学数学课程,在操作上强调数学教学实践。希望本丛书对我国中小学数学课程改革发挥一定的引领作用,能帮助广大数学教师把握数学教育发展的基本理念和方向,增强立德树人的意识和数学育人的自觉性,提升专业素养和教学能力,掌握用于培养学生的"四基""四能""三会"的方式方法,从而切实提高数学教学质量,为把学生培养成符合新时代要求的全面发展的人才作出应有贡献。

2019 年 3 月

第二版修订说明

本书作为《数学核心素养研究丛书》中的一本,于2019年5月先行出版了第一版,书中对小学数学核心素养的理论阐述,是在参考《普通高中数学课程标准(2017年版)》及部分专家观点基础上建构的,属于个人学术观点。因为《义务教育数学课程标准(2011年版)》还没有提出核心素养的理念和目标,有关义务教育阶段的数学核心素养的讨论,没有官方文件可供参考解读。

自从2019年1月教育部启动义务教育课程修订工作以来,义务教育课程标准的修订在按照计划顺利推进,截至2021年7月,义务教育数学新课程标准的征求意见稿已经下发全国有关部门征求意见,其对小学数学核心素养进行的比较全面系统的阐述也应该基本成型。为了让广大小学数学教师及时了解小学数学核心素养的一些基本理念和观点,我们参考课标组核心成员的一些报告中的介绍,对本书的第一版进行了小修订,对小学数学核心素养进行补充完善,使得核心素养的解读更具权威性。由于数学新课程标准尚未正式颁布,有关小学数学核心素养的论述尽管有了比较权威的阐述,但是数学新课程标准还要继续征求意见,仍处在不断修订完善的过程中,因此,本书中介绍的有关小学数学核心素养的文献还不一定是最终版,仅供大家参考。

本书第二版与第一版比较,主要变化如下:

第一,第三章第一节简单介绍了数学课程标准中有关小学数学核心素养、11个核心词等基本概念的简要解读。

第二,第六章第三节对小学数学单元整体设计与教学进行了补充概括。

第三,第七章第一节对与数学抽象能力具体表现相关的数感、量感和符号意识进行了补充解读。

第四,第七章第三节对数量关系作为数与代数领域的一部分进行补充说明。

第五,对第八章关于小学数学学业质量及评价进行补充阐述。

衷心感谢华东师范大学出版社的倪明老师及责任编辑汤琪的大力支持，使得本书第二版能够及时出版。

因时间紧，本次修订主要对小学数学核心素养的部分内容、学业质量及评价等方面进行补充完善，不妥甚至错误之处，请读者批评指正。

2021 年 7 月 25 日

第一版前言

——与小学数学教研员和教师说几句心里话

2015年4月华东师范大学出版社的倪明老师跟我约稿,为了迎接2020年在上海召开的第14届国际数学教育大会,他们计划出版几本数学教育系列图书,主题是数学核心素养。我欣然答应撰写其中一本专著。早在2014年,华东师范大学出版社出版了我的专著《小学数学与数学思想方法》,该书比较全面地阐述了与小学数学有关的思想方法及教科书中体现思想方法的案例,为小学教师提高数学思想方法方面的专业素养提供了学习材料。但是,随着课程改革的逐步深入,仅有数学思想方法方面的专业素养是不够的,教师们还应当比较系统地学习及构建小学数学教育,尤其是数学核心素养的整体认知结构,这样才能传授给学生比较完整的数学认知结构。为了帮助教师实现这个目标,同时也为了自己更好地主持下一套人教版小学数学教科书的研究与编写,从2015年开始,我比较粗浅地学习了教育哲学、学习理论、教学论、教育家文集、特级教师文集、数学家教育文集等方面的文献,经常深入课堂听课,对小学数学教育的核心问题进行思考和梳理,总结了集大家智慧于一体的基本教育观点,并借各种培训、教研活动的机会指导一线教师逐步贯彻这些基本观点。同时,在2021年的人教版小学数学教科书的研究与编写中落实这些基本观点。我从2016年开始逐步把这些观点进行比较系统的整理与撰写,构建了小学数学核心素养体系,以便日后成书出版,供教师学习参考。我在研究小学数学核心素养体系的问题时,一方面立足于现行义务教育数学课程标准,另一方面参考了《普通高中数学课程标准(2017年版)》对于数学核心素养的界定,并在此基础上进行具有前瞻性的归纳与概括。

《义务教育数学课程标准(2011年版)》在总目标中提出:通过义务教育阶

段的数学学习,学生能获得适应社会生活和进一步发展所必需的数学的基础知识、基本技能、基本思想、基本活动经验……增强发现和提出问题的能力、分析和解决问题的能力。以上简称为"四基""四能"。同时提出了十大核心词,如果简称为"十核"的话,那么总体上现行的义务教育数学核心素养及目标是"四基""四能""十核"。

《普通高中数学课程标准(2017年版)》的课程目标在继承了"四基""四能"的基础上,提出了数学核心素养目标,即在学习数学和应用数学的过程中,学生能发展数学抽象、逻辑推理、数学建模、直观想象、数学运算、数据分析等数学学科核心素养,并在课程性质中强调:引导学生会用数学眼光观察世界,会用数学思维思考世界,会用数学语言表达世界。这些可以概括为"六核""三会"。总体上高中数学核心素养及目标可以总结为:"四基""四能""六核""三会"。从"六核"中可以看出,高中数学的六个核心素养主要还是数学基本思想,其中数学运算虽然一般被认为是能力,但它实际上是逻辑推理,因此,数学运算也可以归结为数学基本思想范畴。那么,是否可以把数学核心素养简单地看作数学基本思想呢？也不能完全这样认为,这样的认识高度还不够。从"三会"的角度来看,数学核心素养可以被认为是面向现实世界的数学基本思想。

那么,下一套义务教育数学课程标准该如何界定义务教育阶段的数学核心素养呢？目前在小学数学教育界存在着不同的观点,但是总体上比较一致地认可高中数学核心素养的界定。因此,在研究2011年版课程标准的"四基""四能""十核"的同时,需要参考高中数学课程标准的"四基""四能""六核""三会",来确定义务教育阶段的数学核心素养。关于数学核心素养这一说法本身,专家们有着不同的观点,一些学者认为不应该界定数学核心素养,因为核心的素养不应该有六个之多,可以界定为数学基本素养或者数学素养。

实际上,我个人认为,大家不必关注课程目标的命名如何变化,无非就是一个名称而已。重要的是把握数学的本质,这个本质多年来基本保持稳定,并逐步深化和丰富。回顾几十年来数学课程发展史,从上个世纪大纲时代的"双基""四大能力"到2011年版课程标准的"四基""四能""十核",再到高中数学课程标准的"四基""四能""六核""三会",经历了一个既有继承又有创新发展的过程。具体来说,无论是"十核"还是"六核",其中的抽象、推理、空间想象、运算这四个思想和能力基本上是从大纲时代的"四大能力"传承下来的,没有太大变化;变化的是新增加了两个数学基本思想,一个是数学模型思想,另一个是数据分析,即统计与随机思想。另外,数学核心素养的终极表现是"三会",就是要让学生认识到:学习数学不仅是为了使人聪明、考试拿分数,更重要的是为了进一步学习和将来走向社会,获得理性精神、逻辑思维,能够继续用数学思想面对这个大数据、人工智能的时代与现实世界,让人更有智慧。

本书试图详略有别地讨论以下几个与小学数学核心素养体系培养相关的重要问题:

1. 互联网、人工智能、大数据时代,我们需要培养什么样的人?培养这样的人需要传授给学生什么样的知识?

2. 就小学数学而言,需要传授给学生的是小学数学核心素养体系,这个体系的内容框架是什么?

3. 小学生的认知特点和规律是什么?

4. 教师与学生的关系是什么?教与学的关系是什么?怎样的教与学的活动能使学生形成数学核心素养,具备自我学习、自我成长的能力?

5. 对于与数学核心素养相关的认知结构,教师怎样开展教学?

6. 如何进行数学核心素养导向的评价与考试?

7. 如何有效利用信息技术开展"互联网+教育"?

8. 中小学如何真正实现九年一贯的衔接?

以上问题涉及教育哲学、课程教材、数学思想、学习理论、教与学、评价与考试、信息技术与教育融合发展等方面。本书对有些问题只是简要阐述,而对另一些问题则作了深入的讨论。基本指导思想是:以主体性教育理论、建构主义等学习理论为指导,以数学的概念、命题、结构为载体,以基本数学思想、数学核心素养及学生数学认知结构的构建为主线,以学生发展为本。学生的主体性体现在:以学生的自主学习、独立思考为主,经历自我建立认知结构的日积月累的过程。教师的主导作用体现在:教师是学习过程的组织者、引导者、合作者,指导学生学会学习数学,学会数学地思考,并给学生的学习过程提供时间和空间,促进学生积极主动、生动活泼、可持续地发展。

在此需要特别说明的是,本书第七章是关于数学核心素养内涵(即基本的数学思想:数学抽象、逻辑推理、数学模型、数学运算、直观想象、数据分析、转化化归)的教学的论述,对这些数学思想的讨论基本上继承了《小学数学与数学思想方法》的相关论述,并进行了适当修改。由于引用量比较大,因此引用的相关内容就没有通过脚注加以注明。

我经常收到教师们的微信,让我推荐几本好书,这是好事。在此斗胆将颜真卿的诗句改编为"黑发应知勤学早,白首读书亦不迟"。但是如何搞好读书学习呢?结合自己的学习过程,我来谈谈体会。刚参加工作的时候,我经常到图书馆借书来读,包括教育学、心理学、教学论等各方面书籍,确实有一定收获,但往往读一遍就过去了,并没有内化到自己的认知结构中去。在工作及撰写论文遇到具体问题时,感觉自己虽读了很多书但各种理论还是很匮乏,我就反思:这是为什么呢?后来想明白了,原因就是把专业书籍当成一般文学作品来读,蜻蜓点水过一遍就结束,根本没有内化到自己的认知结构中。孔子的嫡孙子思把学习的方法和程序说得入木三分。他在《中庸》中说:"博学之,审问之,慎思之,明辨之,笃行之。有弗学,学之弗能,弗措也;有弗问,问之弗知,弗措也;有弗思,思之弗得,弗措也;有弗辨,辨之弗明,弗措也;有弗行,行之弗笃,弗措也。人一能之,己百之;人十能之,己千之。果能此道矣,虽愚必明,虽柔必强。"教师应结合自己的教学内容进行广泛的学习,边学习边思考,辨别真伪、去粗取精,逐步形成自己的理论或者观点,并通过具体的教学案例与实践进行检验。这样不断地通过学习形成理论,再通过实践检验,循环往复就能不断提高自己的理论水平和教学水平。

以上论述既是我对当前小学数学教育,包括教育原理、课程教材、教学、评价考试等方面的基本观点,也是我主持下一套人教版小学数学教科书研究与编写的基本理念。

本书从开始撰写到完成书稿,用时长达两年多。感谢人教社小学数学编辑室的同事、全国各地的小学数学教研员和教师的鼓励与支持,尤其是要感谢华东师范大学出版社的倪明老师及责任编辑,使我有信心和耐心完成本书的写作,也使得本书能够顺利及时出版。

因时间和本人水平所限,书中定有不妥之处,恳请大家提出宝贵意见。

王永春

2018 年 12 月

第一章 核心素养

第一节 新知识观

21世纪进入了信息化、智能化、网络化、移动互联、大数据、云计算时代,很多知识的更新周期缩短到2—3年,信息量和知识量以几何级数递增。这意味着每个人在学校接受的教育和获得的知识,在进入社会甚至还没有进入社会之际,即面临部分更新。如一个人在本科生阶段学习的知识,在其工作期间即面临部分更新。这样的时代特点要求每个人,尤其是教育工作者,必须具备终身教育和终身学习的教育理念和知识观,即接受教育、学习知识是一个人一辈子的事情,每个人必须具备自学能力和可持续发展的能力。传统知识观和教育观认为知识是确定性的、普遍性的、客观性的,偏向注重双基、学生被动接受知识、片面追求升学率、重智育轻德育美育、脱离实际,缺乏创新精神、解决实际问题和可持续发展的能力。这种知识的现代主义和教育的功利主义价值取向,容易导致以高考为导向的知识几乎占据学生头脑的主要空间。而学生一旦完成高考进入大学,高中以前学习的大部分知识将因无用或者不会用而慢慢归零,因此导致部分大学生的脑袋空心化、精神家园失落,失去了自我发展的方向、意识和能力,失去了对人生和美的追求的能力。在忙忙碌碌学习12年进入大学后,有些学生却没有了激扬的青春、美好的理想、奋斗的目标、读书的渴望,不知道为什么上大学,不知道自己喜欢什么专业,浑浑噩噩修完学分,急功近利找个挣钱的工作。这样的基础教育和高等教育都无法回答"钱学森之问",无法满足我国"一带一路"及中华民族伟大复兴对人才的需求,也没有使学生成为将追求个人自由、实现远大理想与满足社会需要相统一的人,既没有活出"自我",也没有想到对社会担负起责任。因此,传统的知识观和教育观已经不适应时代的要求。"建构主义和后现代主义的知识观虽有一些创见,但也有种种不足之处。要深化基础教育课程改革,必须构建一种科学的新的知识观。"①另外,一些教育哲学专家对当前的课程论和教学论提出了中肯的批评。

> 由于仅仅关注具体知识的选择和传递而缺乏对知识性质和知识价值等问题的思考,导致在课程论上主要关注的是"具体教什么知识",在教学论上则主要关注的是"怎样教知识",使得课程论和教学论以及它们所指导下的实践均缺乏对知识问题的深度思考。不仅如此,还应该注意的是,由于对知识的诸多重要的问题缺乏思考,造成了研究者对哲学尤其是知识论深层次的发展成果的漠视,使得课程论与教学论的许多重要的关于知识的判断仍然来源于过去。②

也就是说,课程论研究者缺乏对知识背后的"知识"的研究,导致课程中的知识偏于传统和陈旧,由此导致教学论中所论述的教学的知识也偏于传统和陈旧,一级一级传递到课堂,学生所学习的知识也是偏于传统和陈旧的。追根溯源,课程论研究者的责任重大,换句话说,教材编者的责任也非常重大,教材中所呈现的知识如何体现新知识观,即关注知识的性质、思想、价值、应用等问题,将成为教材编者面临的重大课题。上述教育哲学的基本观点,将作为本书写作的指导思想和理念。

当然,构建新的知识观并不是另起炉灶,而是在传统知识观、建构主义和后现代主义知识观的基础上进行继承、补充、完善与整合,在新知识观指导下设计课程理念及目标、内容及呈现方式、教学方法、考试评价体系等一系列的新课程框架及其丰富内涵。从而实现教育系统工程各环节的良性互动与改变,打通最后一公里,改变课程改革专家学者的新理念高高在上、慷慨激昂,课堂教学和考试评价我行我素、分数至上,剃头挑子一头热的尴尬局面。

传统知识观,是近现代哲学下的知识观,那么,近现代哲学是怎么划分的呢?

> 我国学界一般把 17 世纪至 19 世纪下半叶产生的哲学叫做近代哲

---

① 廖哲勋.构建新的知识观,深化课程改革[J].课程·教材·教法,2016(6).
② 季苹.教什么知识[M].北京:教育科学出版社,2009:13.

学,把19世纪末或20世纪初以来到20世纪六七十年代产生的哲学叫做现代哲学,把在这以后产生的哲学叫做后现代哲学。传统知识观是指20世纪六七十年代之前的所有知识观,其中包括现代知识观。[①]

传统知识观认为知识是人们在实践中所获得的认识和经验,即人类把在认识世界和改造世界的过程中所形成的具有普遍性、规律性的认识(包括客观事实、原理、规律、理论等)用语言或其他符号表述并记录下来。它是独立于学习者之外、与学习者的经验和认知方式无关的客观存在,学习者的主要任务就是理解和掌握它。传统知识观使得知识主要服务于工业化、城市化、现代化,并促进了这个进程,其功利主义价值取向明显,学习的过程就是感知、记忆、理解和应用的过程。"双基"是传统知识观的产物,并且主要服务于升学考试。因而传统知识观的弊端是非常明显的,不仅使学生成为学习和考试的机器,还带来了一系列的个人和社会问题。

建构主义认为知识是主体对客观世界的一种解释和意义建构。建构主义承认知识是客观的,但更强调知识主要是由个人主动建构而获得的,而不是绝对的真理。不同的个体会依据自己的经验背景对相同的命题进行不同的意义建构。建构主义知识观引起了教学内容、方式和方法的一系列变革。

后现代主义知识观建立在对现代主义知识观的批判的基础上,认为现代主义对知识的客观性、普遍性和确定性的追求,导致了知识的权威化和僵化。后现代主义知识观认为知识是动态的、生成的,即知识是在人们过去经验的影响下被创造出来和被理解的,是人们在某一阶段的认识成果,它需要得到不断地检验、发展与更新,因此,知识不可能是完全确定的。知识是有"情景的",即知识只是把握认识对象性质与关系的假设,唯有通过长期的亲身实践,才会领悟到这些情景性知识的存在和本质的内涵。知识是批判性的,即知识不是积累起来的,而是批判的结果。随着社会进入后工业时代以及文化进入后现代时代,要求教师和学生对现有的知识和社会现实提出质疑和问题,提倡批判性思维。知识既是公众的,又是个人的,它既离不开个体的交往实践活动,也离不开个体的个性人格特征,必须通过个体知识的作用表现出来,所以,个体知

[①] 陆静.断裂中的传承——后现代知识观与传统知识观的关系[J].学术交流,2010(10).

识在知识的发展中起重要作用。

那么,新知识观如何在传统知识观、建构主义知识观及后现代主义知识观中做取舍,继而补充、完善、融合呢?我们要在坚持传统知识观的基本观点的基础上,吸收建构主义知识观及后现代主义知识观的合理成分,为了迎接、适应并主动创造这个新的时代,为了我国经济结构的转型升级培养具有创新精神和实践能力等核心素养的人才,更重要的是为了这个时代个人的生存意义和存在价值的求索,为了个人一生的健康幸福、对美的追求和可持续自由发展,来建立信息化、智能化、物联网、大数据时代的知识观。

1. 关于知识的本质

传统知识观认为,知识是人们在实践中的认识和理性思考的成果总和,具有确定性、客观性和普遍性。柏拉图(platon,前427—前347)等认为,知识必须是被验证为正确的,而且是被人们相信的。在当今信息化、网络化时代的背景下,这个定义对于容易相信虚假信息的民众来说,是一个非常好的提醒。如,个别媒体推出的所谓养生保健专家宣传的被大众相信的信息,这样的信息是虚假的,因而够不上知识。当然,柏拉图的定义还有一个值得讨论的地方,即如何界定"被验证是正确的"。如,欧几里得几何公理体系的逻辑基础是23个定义、5个公设和5个公理,其中的"点没有部分""线没有宽度只有长度"等如何被验证是正确的呢?这些概念只能是由数学家经过抽象思考被确定为原始的不加定义和论证的概念而被人们所接受。而网络上的一些虚假信息,一方面需要网民提高辨别力,另一方面需要加强网络监管,由专家验证其正确性。

新知识观认为,一方面,知识是认识的成果,具有确定性、客观性、普遍性。如,1+2=3、LED液晶屏幕中的蓝光对眼底有害、100℃的水和浓硫酸能够烫伤皮肤等,这些知识具有确定性、客观性、普遍性,谁要是不相信谁就可能受到伤害。另一方面,知识也有一个动态的认识和生成过程,具有发展性、文化性、境遇性,同时如何获取知识的知识也是知识的重要组成部分。虽然人们对世界的认识能力在不断提高,但仍是有局限的,很多知识也是在不断完善的过程中的。如,用数学预测人口发展变化的模型、量子力学等,都是一个不断探索和完善的过程,因为世界本身是深奥的、不断变化的。我们知道,三角形内角和等于$180°$,那么这个结论在任何前提条件下都成立吗?答案是否定的,在黎曼几何里三角形内角和大于$180°$。尽管数学具有逻辑性和严密性,但也是相对的,有数学家想把数学变成纯逻辑,并没有成功。如果不承认知识的确定性、客观性、普遍性,人类文明就无法传承;如果不承认知识的发展性、文化性、境遇性,人类文明就无法创新发展。正是一些数学家、物理学家等科学家的不断质疑、求证和探索,才使得科学和技术以几何级数的速度日新月异地发展。

我们通过学习知识,使得人类文明得以传承和发展。那么,在知识快速增长、更新的互联网、人工智能、数字化、大数据时代,人与机器人比较的优势是什么?是记忆、模仿、机械操作吗?肯定不是,这相当于用肉去撞铁。中央电视台举办的中国诗词大会冠军即使背2000首诗词,也不到中国古今诗词总量的1‰,而把古今中外所有的诗词装在机器人的"脑袋"里,却是轻而易举的事。因此,那些能够让人比机器人更有优势或者价值的知识,才是知识的本质。季苹认为"基本知识"比传统的"基础知识"更能增进学生的理解力,她说:

> 我们通常所说的"基础知识"是由一个一个的知识点构成的,重视的是知识与知识之间的客观关系,而"基本"是一个有意义的、有生命的单元,更强调对于学生的意义……能够激发学生兴趣的知识更具有基本性;能够形成学生能力的知识更具有基本性;能够增进学生理解的知识更具有基本性……基本知识是有结构的。①

季苹认为这些结构就像细胞一样是有机体的基本单位,是"活"的知识。这些基本知识不仅仅是一个个知识点的事实与概念本身,更重要的是这些知识的性质、方法、结构、思想、价值、应用等更能体现知识的本质。关于如何学习知识的知识、如何自学的知识、如何创新和解决问题的知识,同样是更重要的知识。随着时代的快速发展,知识量必然越来越多,人们已经无法全部学习和记忆,势必有所取舍,必须学会学习、学会自学。

2. 关于知识的来源

对于公共知识而言,根据马克思主义观点,知识来源于实践,这是毫无疑问的。但是,知识一方面来源于实践,如数学、物理学、化学等学科的研究成果。另一方面,有些知识也来源于理性思辨,如哲学家、数学家、史学家的很多理论研究成果。对于个体知识而言,即普通民众和学生个体获得的知识,不仅

---

① 季苹.教什么知识[M].北京:教育科学出版社,2009:82.

仅来自课堂的书本知识、光盘网络知识和理性思考，也来自实践活动的感性认识、经验积累和理性思考。在智能机器人、信息网络化、大数据、云计算时代，在信息和知识大爆炸的时代，必将发生课堂教学的革命。也就是说，世界是个大学校，网络空间是个大教室，智能机器人是个有学问的大教师，而传统意义上的老师将真正成为学生灵魂的工程师、人生的导师。

3. 关于知识的分类

知识的分类，可以有多个分类标准，这取决于分类的目的。即使从知识的价值与抽象程度作为标准来分类，专家们也有不同的分类结果。布卢姆（B. Bloom，1913—1999）等学者把知识分为四类：事实性知识、概念性知识、程序（方法）性知识、元认知知识。国内一些专家的分类与之略有不同，如季苹把知识分为"事实性知识、概念性知识、方法性知识、价值性知识"，其中"价值性知识就是关于功能和意义的知识，如工业革命的意义，电子发现的意义等"，并认为"任何一个知识点都包含四个层面的知识"[①]。

以上两种分类的不同主要在于，后者没有元认知的知识，而用价值性知识取代。在提倡学生自主学习、探究学习、终身学习的时代，元认知的重要性不言而喻，因而关于元认知的知识也是重要的知识。元认知虽然是西方学者提出的概念，但是实际上中国古代教育思想里早已蕴含这方面的思想，如"吾日三省吾身""是故学然后知不足，教然后知困。知不足，然后能自反也；知困，然后能自强也。故曰：教学相长也"等都包含了对自己的认知、知识、行为等的反思、调控、完善。因此我们认为，可以把知识分为五类："事实性知识、概念性知识、方法性知识、价值性知识、元认知知识"，其中的方法性知识和价值性知识更能够体现学科知识的本质。之所以把元认知知识放在最后，我们认为每个人经常对自己的学习进行反思是重要的，这个反思也包括对自己是否理解、掌握方法性和价值性知识进行反思，使得自己的学习达到高境界。这五类知识从知识本身而言可以认为是五个层面的知识，对于学生而言是五个水平的知识，这类似于知识结构与认知结构之间的关系，即知识结构是属于知识本身的，而认知结构是属于学生个体的，学生的认知结构能够达到知识结构的什么层面，取决于很多因素。

---

① 季苹.教什么知识[M].北京：教育科学出版社，2009：86.

4. 关于教材

教材是知识的载体,是教学的重要资源。教材研究者应该关注知识的深层次问题,即知识的本质,比如知识的性质、思想、方法、作用、能力转化等方面。季苹认为:

> 这四个层面的知识在教材中是客观存在的,从理论上来说应该是一一对应着出现的,即相应的事实与相应的概念、相应的方法和相应的意义一起出现,因为只有这样,学生才能获得完整的学习材料。但实际上却并非如此,以致造成学生在学习教材时会觉得无法自学,而教师觉得要让学生理解教材中的知识必须补充相应的知识内容。①

这说明教材孤立地呈现一些碎片化的知识是无意义的,不利于学生的有意义学习。因此,教材要在把握知识的本质和知识点几个层次之间关联的基础上,确立以学生为本的理念,加强学生的独立思考、自主探究、合作学习,让学生成为教材的主人。教材的素材应加强与生活的联系,创设真实的生活情境,用亲切的、生活的语言叙述,激发学生的学习兴趣,激活学生的经验和已有知识。通过设置各种活动引导学生用眼观察、动手操作、动口表达、动脑思考,加强问题解决导向的综合与实践活动的设计,加强创新意识和实践能力的培养。另外,在信息网络数字化时代,教科书的立体化已经势在必行,要加强教材呈现方式的立体化和资源的立体化,对纸质教科书、电子教科书、光盘和网络资源、智能教学和作业系统都要进行研究和开发应用。

基于以上分析,我们提出新的教材观,即"学材"和"生本学材"的概念。"学材"这一概念早在1987年被日本教育界提出和接受。

> 在《关于教科书的内容和版式的改革》研究报告中,教科书研究中心提出了将教科书变为学生的"学材"的建议。这一建议在1987年被当时的文部大臣咨询机构"临时教育审议会"所接受,"学材"这一概念被写入了教育改革第三次审议报告之中:"在信息化和教材多样化的过程中,从尊重个性、推进多样化的教育和学习的立场出发,必须重新审视教科书的

---

① 季苹.教什么知识[M].北京:教育科学出版社,2009:86.

性质和用途,特别要强调教科书作为学生使用的学材的性质,胜于强调作为教师为教学而使用的教材的性质。"①

传统的教材,从狭义的角度界定,即教科书,是指依据课程标准(教学大纲)编写的教师和学生用书,即教师在课堂上教学生学习的用书。学材是与传统的教材(教科书)相对应的概念,是指依据课程标准(教学大纲)编写的学生用书,即教师引领下的学生在课堂上的学习用书,学材与教材的不同之处在于从学生学习的角度界定。"生本"是华南师范大学郭思乐教授提出的教育新理论、新理念,他在《教育走向生本》的前言中说:"我们必须一切为了儿童,高度尊重儿童,全面依靠儿童。"他认为生本与人本主义是有区别的:

> 我们所说的生本,除了反映学生的利益、学生在学校社会中的独立的自主的存在之外,更重要的是依靠学生来进行教育,把教育的全部价值归结到学生身上,以学生发展为教育的本体。②

生本学材是以学生(及学生发展)为本的学材,重点体现对知识本质的理解,基于学生的认知起点,整体自主建构、掌握重要思想方法、培养核心素养,引导学生学会学习、学会思考,形成可持续发展的自学能力。生本学材的编写应以新知识观、主体性教育理论、建构主义等学习理论为指导,以学生为主体,以知识为载体,以数学思想方法和核心素养为主线,以学生发展为本;提倡教师发挥主导作用,即教师是学习过程的组织者、引导者、合作者,应促进学生积极主动、生动活泼、可持续地发展,使得学生学会学习、学会思考;为我国"一带一路"倡议、中华民族伟大复兴等培养各级各类具有创新精神、实践能力的人才奠定良好的核心素养基础。

5. 关于知识、考试与能力

能力是指完成一项任务所具备的素养,是核心素养的重要组成部分,也是素质教育的重要培养目标。能力不同于传统的知识和技能,但是又与知识和技能有密切关系。所以,能力的培养就是一个非常重要的课题,能力的培养涉

---

① 沈晓敏.关于新媒体时代教科书的性质与功能之研究[J].全球教育展望,2001(3).
② 郭思乐.教育走向生本[M].北京:人民教育出版社,2001:34.

及多个方面,从知识的角度出发,我们要研究什么样的知识能转化为能力,这是基础的问题,也是理念和方向的问题。我们知道,在知识大爆炸的时代,需要我们学习的知识太多,每个学科都希望被社会和学生重视,希望被学习更多的知识,而学生的时间、精力、记忆力、理解力等都是有限的,所以我们要优化知识量和结构,争取学习那些非常重要的知识。而什么知识是重要的呢?就是能够有利于形成能力的知识。季苹认为:"理解力是人的认识能力和能力的基础",那么首先应该培养学生的理解力,"既然每个知识点都包含四个层面的知识,而且四个层面的知识层层递进着学生的理解力,那我们就要力图将其中的四个层面的知识都教给学生。"[①]如果把这些层次的知识尽量教给学生,但教多了学生可能消化不了,或者记不住,那么我们就要想办法让学生理解所学知识、学会自学,减少记忆性知识的学习,增加高层次知识的学习。因为,学生在中小学 12 年的学习过程中,由于应对考试的原因,学习了大量的记忆性知识,但是其中的部分知识对学生的能力培养没有多大价值,或者说还有很多可以提高学生能力的高层次知识没有被学习。这里就涉及了考试的价值取向问题,即考试的试题应减少记忆性知识,增加方法性、价值性和元认知知识的考查。这样从课程教材、教学、评价、考试等环节,形成各层次知识优化的结构和数量比,加强增进能力培养的知识的教学和考试。

关于能力,我们还应思考一个更加本质的问题:一个人从学生成长为走向社会的公民,都需要什么样的能力?即什么能力是重要的?根据国家各种教育文件的定位来看,实践能力和创新能力是最重要的,这是毫无疑问的。但是我们要实事求是地分析,为什么这两个最重要的大家公认的能力,在课堂上没有很好地落实呢?或者说它们为什么让位于考试能力了呢?这是因为各种考试并没有突出考查实践能力和创新能力,仍然是以记忆性知识(事实性、概念性、部分程序性知识)为主。只有考试注重考查实践能力和创新能力,课堂教学才会跟着改变。

另外,我们也要面对一个现实:无论考试的价值取向如何,或者说即使考试注重了实践能力和创新能力的考查,它终究是考试。只要有考试,就有一个如何应对考试的问题,即课堂教学要完成升学考试的基本任务,学生要通过考

[①] 季苹.教什么知识[M].北京:教育科学出版社,2009:86.

试升学。所以,考试是客观存在的,考试能力是一个学生必备的能力,除非取消考试。学校、教师、家长把主要精力放在考试上,这是一种无奈之举,或者说主要责任不在学校、教师、家长,而在考试主管部门和负责出题部门,是考试的知识价值取向的问题或者考试本身的问题。

最近看了一个英语培训机构老师的演讲视频,大意是说学生只关心能够提高考试分数的知识和技巧,对于能够提高翻译素养的非考试知识和技巧并不关心,学生认为没有用。这位老师演讲的主题是认为后者才是真正的教育。实际上教学生考试的知识和培养学生考试能力也是教育,但不是教育的全部,或者说不是教育的核心部分。因为作为学生要不断接受考试的筛选,而且作为公民在社会中也要不断接受考试的筛选,如公务员、律师、注册会计师、教师、医师等各种职业资格证书及入职考试。考试是每个人都无法逾越的门槛,也是每个人必须具备的能力。即人的能力至少包括:考试能力、实践能力、创新能力。

另外,什么是有用或者有价值的知识? 要从人的终身发展的长远角度考虑,而不能短视。如果学校、教师、家长和学生认为,能提高考试分数的知识最有用,而哲学、艺术、道德、法律等不考试或者考试题量占比小的知识最没有用。这种观点就是短视的实用主义,只看到眼前利益。高考的知识是短期的有用,是小用,而哲学、艺术、道德、法律等知识是长期的有用,是大用。哲学给人智慧、艺术给人"美丽"、道德给人修养、法律给人自觉(自律),这些知识才能使人达到"自由的""美丽的"的人生境界。至此,人的能力至少包括:考试能力、实践能力、创新能力、反思能力、自觉(律)能力、审美能力。

6. 关于知识的教学

关于教学,首先要明确教师与学生、教与学的关系问题。虽然在课程改革的过程中曾经有所起伏,但 2011 年颁布的课程标准已经比较清晰地进行了定位,即教师的主导作用与学生的主体性相结合。新知识观认为,知识不仅仅来自教师的讲授,更来自学生的自学和探究、学生之间的交流合作、实践活动。在信息网络化时代,知识不仅仅来自课本,也来自网络和其他传媒,人们接受信息和学习知识的渠道已经超越了学校、课堂和课本的范畴。这对学生的自学能力和对知识价值的判断力提出了更高的要求,因此要加强对学生自学能力和批判性思维能力的培养。

关于知识的价值及其教学,苏霍姆林斯基(B. A. Сухомлинский,1918—

1970)有着深刻的认识：

> 我坚信，学生在学习上遇到困难的一个原因，就是知识对他们来说往往成了滞销的货物，知识的积累似乎是"为了储存"，而"不进入流通过程"，得不到运用（运用首先是为了获取新的知识）。在教学和教育工作实践中，"知道"这一概念对许多教师来说，意味着会回答问题。这种观点促使教师片面地估价学生的脑力劳动和才能，谁善于把知识记住并能按教师的要求立即把它们"亮出来"，谁就算是有才能和有知识的。这在实践中会导致什么结果呢？结果是，似乎知识与学生的精神生活和智力兴趣不相干。掌握知识对学生来说，变成了累赘、讨厌的事情，希望尽快摆脱他。首先应当改变对"知识""知道"这两个概念的本质看法。"知道"就是会运用知识。知识只有在成为精神生活的因素，能吸引住思想和激起兴趣时，才谈得上是知识。①

总之，就是要让学生认识到，所学习的知识是有用的、有趣的。所谓有用，就是在学习中有用，在生活中有用，在思想和精神上有用。关于获取知识：

> 教师应努力发挥的是学生思维的积极性，使知识由于得到运用而得到发展。进行教学，要靠已有的知识来获取新的知识——这在我看来，就是教师水平高的表现。我听课和分析课堂教学时，正是依照学生脑力劳动的这一特点来对教师的教学水平作结论的。②

从理论上说，能被纳入课程标准的知识都是有价值的，关键是要想方设法让学生认识到它的价值，培养学生的思想方法，同时引导激发学生学习这些知识的兴趣，因为兴趣是最好的老师。那么，学生对什么样的知识感兴趣呢？"学生不喜欢外在于他们的客观知识，更不喜欢以点状存在的机械的知识，而喜欢能够融化到他们的生活和生命中的属于自己的知识"③。鉴于此，一方面要想方设法把有价值的知识设计成学生喜欢的能够融化到学生的生活和生命里的知识，另一方面，我们要研究什么样的知识才是活的、能够融化到他们的

---

① 苏霍姆林斯基.给教师的建议[M].周蕖,王义高,刘启娴,等译.武汉：长江文艺出版社,2014：38.
② 同①41.
③ 季苹.教什么知识[M].北京：教育科学出版社,2009：80.

生活和生命中。季苹认为：

> 活的知识由事实性知识、概念性知识、方法性知识和价值性知识构成，是有生命的知识的基本结构单位……没有概念和方法等基础，事实性知识就变成了现象；没有思维为基础的概念是假概念；方法论是由价值观规范的。任何一个知识点如果是活的，都应该是由这四个层面的知识构成的。[①]

综上所述，新知识观对于知识的本质、基本知识、教材、知识的教学等重要问题赋予了新的理念和内涵。这种新的教育思想和理念，是新课程改革的指针。我们知道，新课程改革的一个重大突破是提出了核心素养的育人理念和目标。那么，核心素养的内涵是什么？新知识观与核心素养是什么关系？这些重要问题在下一节进行分析。

第二节　核心素养简介

在上一节中提出了这样两个问题：核心素养的内涵是什么？新知识观与核心素养是什么关系？这些重要问题将在本节中进行分析。在讨论这些问题之前，我们先简单了解一下"素养"与"素质"这两个概念。

一、素养

提起"素养"一词，离不开"素质"这个词。素养与素质这两个概念，尽管人们有不同的理解，词典有不同的解释，但实际上人们几乎把二者作为同义词使用。在百度搜索中，二者使用的频率基本相当。关于素质这个概念，早期人们比较多地用于体育领域，如身体素质的概念。尽管人们有不同的看法，但是总体上有这样的共识：素质包含了先天的性质和后天的修养。素质包含了先天

[①] 季苹.教什么知识[M].北京：教育科学出版社，2009：100.

遗传的因素和性质，如某人从小身体素质好，有运动员的潜质；也包含了经过后天的教育和实践可以改变和提高的修养，如某人从小身体素质好，但是也要经过后天的专业训练才有可能成为优秀的运动员。后来把素质概念从身体方面扩展到人的道德、知识、文化、艺术等方面的修养，如民族素质、人才素质的提高。《内蒙古科技》杂志1982年5月发表了一篇文章《科技人才的素质、素质陶冶与在职教育》，提倡加强对科技人才的教育和素质提高。后来慢慢地使用素质教育的概念，如《安徽教育》杂志1988年8月发表了当时安庆教委主任刘日亮的一篇文章《坚持"四全"变升学教育为素质教育》。1999年官方颁布了文件《中共中央国务院关于深化教育改革全面推进素质教育的决定》，这是在顶层设计上正式提出素质教育的理念和目标。

关于素养这个概念，主要指人的品德、知识、艺术、思想等方面的修养。素养这个概念几乎与素质是同时提出来的。如《外国语文教学》杂志1980年第1期发表了一篇文章《论外语专业学生的外国文学素养》，《宁夏教育》杂志1981年第5期发表了一篇文章《苏霍姆林斯基论教师的素养》，《上海高教研究》杂志1982年第1期发表了一篇文章《加强大学生的文化素养和科学素养》。从学术文章对素养这个概念的使用来看，几乎与素质的第二层意义同义，即在身体以外的精神世界方面的素质，强调人的后天的素质养成，提倡可教育性和实践性，而不是先天遗传的不可改变的因素。

《中共中央国务院关于深化教育改革全面推进素质教育的决定》中将素质教育界定为：

> 实施素质教育，就是全面贯彻党的教育方针，以提高国民素质为根本宗旨，以培养学生的创新精神和实践能力为重点，造就"有理想、有道德、有文化、有纪律"的、德智体美等全面发展的社会主义事业建设者和接班人。

实事求是地说，素质教育的理念和目标是比较具有全局性、前瞻性和战略性的，也是比较全面地设计了人才的指标体系。为贯彻《中共中央国务院关于深化教育改革全面推进素质教育的决定》（中发〔1999〕9号）和《国务院关于基础教育改革与发展的决定》（国发〔2001〕21号），2001年教育部印发《基础教育课程改革纲要（试行）》，指出"全面贯彻党的教育方针，全面推进素质教育"。

中国共产党十九大报告进一步强调了素质教育,指出"要全面贯彻党的教育方针,落实立德树人根本任务,发展素质教育"。2018年9月召开的全国教育大会提出了"要努力构建德智体美劳全面培养的教育体系"。可以看出,从国家和教育部的官方层面,提倡的是素质教育。那么,为什么现在要进行核心素养的研究呢?因为素质教育是比较宏观和理念性的,实施素质教育要在学科的中观和微观层面加以细化和落实,需要重新设计学科人才培养的指标体系,我们可以称之为素质教育意义下的学科核心素养教育,或者说核心素养是素质教育在学科中的具体贯彻落实。

那么,素养一词又有哪些新的内涵呢?

> 本文所谓的"素养",是指个体为了健全发展,必须因应生活情境的需求而具备的不可或缺的知识、能力或技术能力、态度。具体而言,"素养"是个体基于生活环境的需求,激发其内部情境的社会心智运作(包括认知、技能、情意等行动)的先决条件,以获得知识、能力与态度。"素养"比"能力"更适用于当今社会,顺乎中国社会发展的需要,因此,有必要将过去传统所惯用的"能力"升级转型为"素养"。①

综合国内外各家观点之所长,目前比较一致地把素养概括为:完成任务所具备的知识、技能、能力和情感态度。与素质教育所提倡的三维目标相比,素养的界定增加了"能力"的要求,而少了"过程与方法"。

二、核心素养

核心素养,无疑是指素养中的基本而且重要的部分,这个概念的出现要比素养晚20多年。通过"中国知网"搜索,《现代语文》杂志2007年第9期发表了一篇文章《抓住核心素养 切合就业需要——"职业教育就是就业教育"背景下中职语文教学内容新体系的构建》,这可能是国内文献第一次出现核心素养这个概念。中国社会科学报2012年10月10日发表了蔡清田的文章《"核心素养":新课改的目标来源》,该文指出:"核心素养"是指较为重要、关键的

---

① 蔡清田."核心素养":新课改的目标来源[N].中国社会科学报,2012-10-10.

素养,其不同于一般素养,所涉及的内涵并非单一层面,而是包含知识、能力与态度等多元层次。"核心素养"是社会群体中的个体应共同学习的必要素养,亦即"社会参与""沟通互动""自主行动"三种范畴九个面向的素养。北京师范大学学报(社会科学版)2013年第1期发表了辛涛等人的文章《我国义务教育阶段学生核心素养模型的构建》,该文把核心素养界定为:

> 学生核心素养是从人的全面发展角度出发,体现"促进人的全面发展、适应社会需要"这一要求,按照学生发展规律规定了一定教育经历后其必须拥有的基本素养和能力,解决的是"培养什么样的人"的教育问题,是对教育目标的另一种诠释。基于这样的目的,学生的核心素养应该是涉及学生知识、技能、情感态度价值观等多方面能力的要求,是个体能够适应未来社会、促进终身学习、实现全面发展的基本保障。①

林崇德教授主编的著作《21世纪学生发展核心素养研究》于2016年3月出版,该书把核心素养界定为:

> 核心素养是学生在接受相应学段的教育过程中,逐步形成的适应个人终身发展和社会发展需要的必备品格与关键能力。它是关于学生知识、技能、情感、态度、价值观等多方面要求的结合体;它指向过程,关注学生在其培养过程中的体悟,而非结果导向;同时,核心素养兼具稳定性与开放性、发展性,是一个伴随终身可持续发展、与时俱进的动态优化过程,是个体能够适应未来社会、促进终身学习、实现全面发展的基本保障。②

有必要指出,以上核心素养中所提出的能力,比传统的能力内涵更加丰富,更加突出强调个体的自我发展和成长过程,其不仅仅局限在解决问题的能力和结果上。"核心素养"的含义比"知识"和"技能"更加宽广。"知识"与"技能"主要指具体学科领域的知识或者具有"听""说""读""写""算"等基本技能,强调的是满足个人基本生活需要,能够通过这些能力解决日常生活、学习和工

---

① 辛涛,姜宇,刘霞. 我国义务教育阶段学生核心素养模型的构建[J]. 北京师范大学学报(社会科学版),2013(1).
② 林崇德. 21世纪学生发展核心素养研究[M]. 北京:北京师范大学出版社,2016:29.

作上的基本问题。而素养并不指向某一学科知识，它强调个体能够积极主动并且具备一定的方法获得知识和技能，它的目的不仅限于满足基本生活需要，更有助于个人追求生活目标、促进个人发展和有效参与社会活动。①

三、中国学生发展核心素养

2016年9月13日，中国学生发展核心素养研究成果发布会在北京师范大学举行，该成果是教育部委托北京师范大学，联合国内高校近百位专家成立课题组，历时3年完成的。学生发展核心素养，主要指学生应具备的、能够适应终身发展和社会发展需要的必备品格和关键能力。研究学生发展核心素养是落实立德树人根本任务的一项重要举措，也是适应国际教育改革发展趋势、提升我国教育国际竞争力的迫切需要。

中国学生发展核心素养，以科学性、时代性和民族性为基本原则，以培养"全面发展的人"为核心，分为文化基础、自主发展、社会参与三个方面。综合表现为人文底蕴、科学精神、学会学习、健康生活、责任担当、实践创新六大素养，并细化为国家认同等十八个基本要点。具体如图1.2.1。

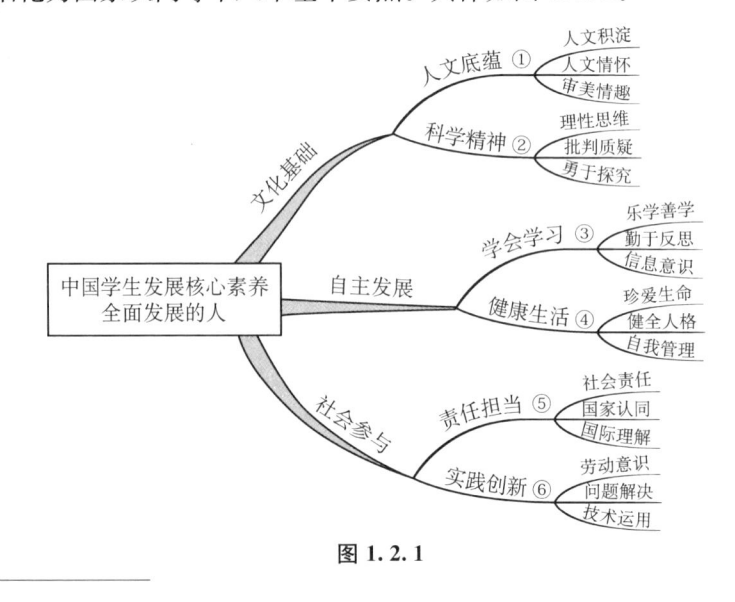

图 1.2.1

① 林崇德.21世纪学生发展核心素养研究[M].北京：北京师范大学出版社，2016.

其中部分要点解读如下。

理性思维：崇尚真知，能理解和掌握基本的科学原理和方法；尊重事实和证据，有实证意识和严谨的求知态度；逻辑清晰，能运用科学的思维方式认识事物、解决问题、指导行为等。

批判质疑：具有问题意识；能独立思考、独立判断；思维缜密，能多角度、辩证地分析问题，做出选择和决定等。

勇于探究：具有好奇心和想象力；能不畏困难，有坚持不懈的探索精神；能大胆尝试，积极寻求有效的问题解决方法等。

乐学善学：能正确认识和理解学习的价值，具有积极的学习态度和浓厚的学习兴趣；能养成良好的学习习惯，掌握适合自身的学习方法；能自主学习，具有终身学习的意识和能力等。

勤于反思：具有对自己的学习状态进行审视的意识和习惯，善于总结经验；能够根据不同情境和自身实际，选择或调整学习策略和方法等。

信息意识：能自觉、有效地获取、评估、鉴别、使用信息；具有数字化生存能力，主动适应"互联网＋"等社会信息化发展趋势；具有网络伦理道德与信息安全意识等。

珍爱生命：理解生命意义和人生价值；具有安全意识与自我保护能力；掌握适合自身的运动方法和技能，养成健康文明的行为习惯和生活方式等。

健全人格：具有积极的心理品质，自信自爱，坚韧乐观；有自制力，能调节和管理自己的情绪，具有抗挫折能力等。

自我管理：能正确认识与评估自我；依据自身个性和潜质选择适合的发展方向；合理分配和使用时间与精力；具有达成目标的持续行动力等。

问题解决：善于发现和提出问题，有解决问题的兴趣和热情；能依据特定情境和具体条件，选择制订合理的解决方案；具有在复杂环境中行动的能力等。

如前文所述，新知识观强调让个体在实践中生成知识，培养个体的自学能力和自我成长的能力，即学会学习、学会自学，要加强学生批判性思维能力的培养；认为方法性知识和价值性知识更能够体现学科的本质和灵魂，方法性知识和价值性知识才是学科的基本知识；强调要从人的终身发展的长远角度考虑知识的价值，而不能短视，认为学习仅仅为了考试。文学、哲学、数学、科学、艺术、道德、法律等知识都是长期有用的且有大用的知识。文学给人情感、哲学给人智慧、数学给人理性、科学给人精神、艺术给人美好、道德给人修养、法律给人自觉(自律)，这些知识综合起来才能使人达到理想的人生境界。因此，人的能力至少包括：学习能力、实践能力、创新能力、反思能力、自觉(律)能力、审美能力。这些新知识观与核心素养的理念和目标是一致的，也可以这样认为，以核心素养为理念和目标的新课程改革，提倡新知识观的教育哲学为其提供了理论基础和指针。

在这一核心素养总体框架指导下，分析数学学科所应承担的核心素养目标，可针对学生年龄特点进一步提出数学学科学生的具体表现要求。关于数学学科的学生发展核心素养，将在下一章讨论。

第二章 数学核心素养

第一节 数学素养

第一章简要论述了素质、素质教育、素养、核心素养的关系及演变过程。毫无疑问,数学教育中有关数学素养的研究,与素养及素质教育的研究是分不开的。关于数学素养内涵的演变和发展,康世刚进行了详尽的文献收集和整理分析,进行了相关研究。这些文献表明,我国的一些数学教育工作者,早在20世纪80年代初期,就提出了关于数学素养的概念并发表了相关方面的研究成果,与素养及素质教育的研究几乎同步。对于数学素养的内涵,专家们从不同的视角进行了研究和界定。康世刚指出:

> 最早直接以数学素养为题目的论文《处理好特殊与一般的关系 提高学生的数学素养》中提出:"数学教学的一个目的,是提高学生的数学素养,养成周密思考的习惯,而这个目的的达到,很重要的是要通过处理好特殊与一般的矛盾来完成。教学中,如果抓住这些比较浅显的问题(学生认为可以完成的题)来讨论,指出'特殊不能代替一般'的道理,课堂气氛便会更活跃,学生的思维会得到开拓,从而提高学生的数学素养。"[1]

在国家教委制订的1992年颁布的《九年义务教育全日制初级中学数学教学大纲(试用)》中,首次使用了"数学素养"一词。"初中数学是义务教育的一门主要学科。它是学习物理、化学等学科以及参加生产和进一步学习的基础,对学生良好的个性品质和辩证唯物主义世界观的形成有积极作用。因此,使学生受到必要的数学教育,具有一定的数学素养,对于提高全民族素质,为培

---

[1] 康世刚. 数学素养的生成与教学[M]. 北京:教育科学出版社,2013:17.

养社会主义建设人才奠定基础是十分必要的。"[1]与此同时,人民教育出版社数学室把"根据义务教育的性质任务,以辩证唯物主义为指导,面向全体学生,提高青少年的数学素养"作为编写义务教育初中数学教科书的指导思想之一。

关于数学素养,蔡上鹤认为:

> 数学素养的结构是多方位的,基本的有下列四个:(1)知识技能素养。具有当代社会中每一个公民适应日常生活、参加生产和进一步学习所必需的,并且能长远起作用的数学基础知识和基本技能,特别是掌握基本的数学思想和数学方法。(2)逻辑思维素养。具有一定的运算能力、运用数学进行逻辑思维的能力和空间想象能力;能用数学语言阐述自己的思想和观点,能在逻辑思维的基础上发展自己其他的思维能力。(3)运用数学素养。具有用数学的意识,良好的信息感、数据感,以及量化的知识和技能;能把相关学科、生产和日常生活中的实际问题抽象成数学问题,运用数学知识、技能去分析和解决它们。(4)唯物辩证素养。能辨别数学中的辩证唯物主义因素并加以利用,能接受、理解相对确定的答案和开放多变的答案;具有学习数学的兴趣、实事求是的学习态度和良好的学习习惯;能独立或与他人合作进行数学的学习、研究和运用。[2]

康世刚概括了数学素养的本质属性,指出:

> 从国内外数学素养内涵的演变与发展可以看出,数学素养的本质属性在于数学素养具有境域性、个体性、综合性、外显性和生成性等。[3]

康世刚在此基础上给出了数学素养的定义:

> 数学素养指学生在已有数学经验的基础上,在数学活动中通过对数学的体验、感悟和反思,在真实情境中表现出来的一种综合性特征。广义地讲它是一种综合性特征,狭义地讲,是指在真实情境中应用数学知识与

---

[1] 课程教材研究所. 20 世纪中国中小学课程标准·教学大纲汇编:数学卷[M]. 北京:人民教育出版社,2001:604.
[2] 蔡上鹤. 谈谈数学素养[J]. 人民教育,1994(10).
[3] 康世刚. 数学素养的生成与教学[M]. 北京:教育科学出版社,2013:48.

技能理性地处理问题的行为特征。①

他认为这个定义"清楚地描述了数学素养的来源,数学素养的生成过程以及数学素养生成的标志,涵盖了数学素养的基本特征,为构建数学素养生成的教学策略奠定了理论基础,为素质教育思想在数学教学的实践指明了思路"②。

上述对数学素养的定义体现了素养的综合性特征,即人的品格、精神、知识、能力等的综合,但是在定义当中很难看出这种综合性特征的数学内涵或称数学本质。所以这个定义,虽然清楚地描述了数学素养的来源以及生成过程,但是还没有十分清楚地描述出数学本质。

综上所述,借鉴康世刚等学者的观点,我们认为,数学素养是学生在数学活动中通过对数学的体验、感悟和反思,面对数学问题或者真实情境中的问题所表现出的能够抽象出数学概念、命题和模型,并运用逻辑推理和运算解决问题的一种综合性特征。这个定义体现了数学素养来源于数学活动。在数学活动过程中,学生通过对数学的体验、感悟和反思等来形成数学素养,数学素养形成的标志或者说基本特征是:面对现实情境中的问题,能够进行数学抽象,形成数学模型,并进行逻辑推理和运算,从而来解决问题。

在第一章中我们简要介绍了中国学生发展核心素养。那么,在核心素养总体框架下,在数学素养的基础上,关于数学学科核心素养的内涵是什么呢?已经颁布的《普通高中数学课程标准(2017年版)》(以下简称《新高中数学课标》)提出了高中数学学科核心素养的理念和目标要求,我们将在下一节讨论高中数学核心素养。

第二节　高中数学核心素养

2014年教育部启动了高中各学科课程标准的修订工作,并研究在新课程

---

① 康世刚.数学素养的生成与教学[M].北京:教育科学出版社,2013:51.
② 同①52.

标准中落实各学科核心素养目标。《课程·教材·教法》杂志于 2017 年对高中数学课程标准修订组组长史宁中教授进行了访谈,访谈围绕大家关心的与数学核心素养关系密切的问题,主要内容是:提出核心素养的背景是什么?要达到的教育目标是什么?什么是核心素养?什么是数学核心素养?数学核心素养与"四基"的关系是什么?为了培养学生的数学核心素养,在日常的教学活动中,教学设计与实施应当作怎样的调整?能够通过测试,考查学生数学核心素养达成水平吗?评价方式和命题方式要不要作出相应的调整?[①]

关于核心素养以及数学核心素养的具体含义,史宁中教授说:

> 作为教育目标的核心素养,是 1997 年由经济合作与发展组织(OECD)最先提出来的,后来联合国教科文组织、欧盟以及美国等国家都开始研究核心素养。通过查阅相关资料,我认为提出核心素养的目的,是要把以人为本的教育理念落到实处,要把教育目标落实到人,要对培养的人进行描述。具体来说,核心素养大概可以这样描述:后天形成的、与特定情境有关的、通过人的行为表现出来的知识、能力与态度,涉及人与社会、人与自己、人与工具三个方面。因此可以认为,核心素养是可以后天教育的,是在特定情境中表现出来的,是可以观察和考核的,主要包括知识、能力和态度。而人与社会、人与自己、人与工具这三个方面与北京师范大学研究小组的结论基本一致。基于上面的原则,我们需要描述,通过高中阶段的数学教育,培养出来的人是什么样的。数学是基础教育阶段最为重要的学科之一,通过基础教育阶段的数学教育,不管接受教育的人将来从事的工作是否与数学有关,终极培养目标都可以描述为:会用数学的眼光观察现实世界;会用数学的思维思考现实世界;会用数学的语言表达现实世界。本质上,这"三会"就是数学核心素养,也就是说,这"三会"是超越具体数学内容的数学教学目标。[②]

可以看出,数学核心素养是每个公民在工作和生活中具有的数学特质,是

[①] 史宁中,林玉慈,陶剑,等.关于高中数学教育中的数学核心素养——史宁中教授访谈之七[J].课程·教材·教法,2017(4):8.
[②] 同[①]9.

每个公民核心素养的一部分,是教育的终极目标。关于"三会",《新高中数学课标》在课程性质当中作这样的描述:

> 数学在形成人的理性思维、科学精神和促进个人智力发展的过程中,发挥着不可替代的作用。数学素养是现代社会每一个人应该具备的基本素养。数学教育承载着落实立德树人根本任务,发展素质教育的功能。数学教育帮助学生掌握现代生活和进一步学习所必需的数学知识、技能、思想和方法;提升学生的数学素养,引导学生会用数学眼光观察世界,会用数学思维思考世界,会用数学语言表达世界。①

关于数学核心素养的具体内容是什么,史宁中教授继续解释说:

> 上面提到的"三会"过于宽泛,为了教师能够在数学教育的过程中有机地融入数学核心素养,需要把"三会"具体化,赋予内涵。②

为了教师容易理解,我们把其观点和论述梳理如下。

1. 数学的眼光是数学抽象

数学的研究源于对现实世界的抽象,通过抽象得到数学的研究对象,基于抽象结构,通过符号运算、形式推理、模型构建等数学方法,理解和表达现实世界中事物的本质、关系和规律。正是因为有了数学抽象,才形成了数学的第一个基本特征,就是数学的一般性。当然,与数学抽象关系很密切的是直观想象,直观想象是实现数学抽象的思维基础,因此在高中数学阶段,也把直观想象作为核心素养的一个要素提出来。

2. 数学的思维是逻辑推理

数学的发展主要依赖的是逻辑推理,通过逻辑推理得到数学的结论,也就是数学命题。所谓推理就是从命题判断到命题判断的思维过程,其中的命题是指可供判断正确或者错误的陈述句;所谓逻辑推理,就是从一些前提或者事实出发,依据一定的规则得到或者验证命题的思维过程。正是因为有了逻辑

---

① 中华人民共和国教育部. 普通高中数学课程标准(2017年版)[S]. 北京:人民教育出版社,2018:2.
② 史宁中,林玉慈,陶剑,等. 关于高中数学教育中的数学核心素养——史宁中教授访谈之七[J]. 课程·教材·教法,2017(4):9.

推理,才形成了数学的第二个基本特征,就是数学的严谨性。虽然数学运算属于逻辑推理,但高中阶段数学运算很重要,因此也把数学运算作为核心素养的一个要素提出。

3. 数学的语言是数学模型

数学模型使得数学回归于外部世界,构建了数学与现实世界的桥梁。在现代社会,几乎所有的学科在科学化的过程中都要使用数学的语言,除却数学符号的表达之外,主要是通过建立数学模型刻画研究对象的性质、关系和规律。正是因为有了数学建模,才形成了数学的第三个基本特征,就是数学应用的广泛性。因为在大数据时代,数据分析变得越来越重要,逐渐形成了一种新的数学语言,所以也把数据分析作为核心素养的一个要素提出来。

史宁中教授认为,上面所说的数学的三个基本特征,是全世界几代数学家的共识。这样,高中阶段的数学核心素养就包括六个要素,其中最为重要的有三个,就是:抽象、推理和模型。或许可以设想:这三个要素应当贯穿基础教育阶段数学教育的全过程,甚至可以延伸到大学、延伸到研究生阶段的数学教育;这三个要素是构成数学三个基本特征的思维基础;这三个要素的哲学思考就是前面所说的"三会",是对数学教育最终要培养什么样的人的描述。从中可以解读出这样一些重要信息:数学核心素养最为重要的三个要素是抽象、推理和模型,即数学核心素养的核心要素是数学的基本思想方法。当然,这些基本思想方法应是指向现实世界的。

基于上述理念,《新高中数学课标》对数学学科核心素养进行了界定:

> 数学学科核心素养是数学课程目标的集中体现,是具有数学基本特征的思维品质、关键能力以及情感、态度与价值观的综合体现,是在数学学习和应用的过程中逐步形成和发展的。数学学科核心素养包括:数学抽象、逻辑推理、数学建模、直观想象、数学运算和数据分析。这些数学学科核心素养既相对独立、又相互交融,是一个有机的整体。[①]

具体阐述如下。

---

① 中华人民共和国教育部. 普通高中数学课程标准(2017年版)[S]. 北京:人民教育出版社,2018:4.

1. 数学抽象

数学抽象是指通过对数量关系与空间形式的抽象,得到数学研究对象的素养。主要包括:从数量与数量关系、图形与图形关系中抽象出数学概念及概念之间的关系,从事物的具体情境中抽象出一般规律和结构,并用数学语言予以表征。

数学抽象是数学的基本思想,是形成理性思维的重要基础,反映了数学的本质特征,贯穿在数学产生、发展、应用的过程中。数学抽象使得数学成为高度概括、表达准确、结论一般、有序多级的系统。

数学抽象主要表现为:获得数学概念和规则,提出数学命题和模型,形成数学方法与思想,认识数学结构与体系。

通过高中数学课程的学习,学生能在情境中抽象出数学概念、命题、方法和体系,积累从具体到抽象的活动经验,养成在日常生活和实践中一般性思考问题的习惯,把握事物的本质,以简驭繁,运用数学抽象的思维方式思考并解决问题。

2. 逻辑推理

逻辑推理是指从一些事实和命题出发,依据规则推出其他命题的素养。主要包括两类:一类是从特殊到一般的推理,推理形式主要有归纳、类比;另一类是从一般到特殊的推理,推理形式主要有演绎。

逻辑推理是得到数学结论、构建数学体系的重要方式,是数学严谨性的基本特征,是人们在数学活动中进行交流的基本思维品质。

逻辑推理主要表现为:掌握推理基本形式和规则,发现问题和提出命题,探索和表述论证过程,理解命题体系,有逻辑地表达与交流。

通过高中数学课程的学习,学生能够掌握逻辑推理的基本形式,学会有逻辑地思考问题;能够在比较复杂的情境中把握事物之间的关联,把握事物发展的脉络;形成重论据、有条理、合乎逻辑的思维品质和理性精神,增强交流能力。

3. 数学建模

数学建模是对现实问题进行数学抽象,用数学语言表达问题、用数学方法构建模型解决问题的素养。数学建模过程主要包括:在实际情境中从数学的视角发现问题、提出问题,分析问题、建立模型,确定参数、计算求解,验证结果、改进模型，最终解决实际问题。

数学模型搭建了数学与外部世界联系的桥梁，是数学应用的重要形式。数学建模是应用数学解决实际问题的基本手段，也是推动数学发展的动力。

数学建模主要表现为：发现和提出问题，建立和求解模型，检验和完善模型，分析和解决问题。

通过高中数学课程的学习，学生能有意识地用数学语言表达现实世界，发现和提出问题，感悟数学与现实之间的关联；学会用数学模型解决实际问题，积累数学实践的经验；认识数学模型在科学、社会、工程技术诸多领域的作用，提升实践能力，增强创新意识和科学精神。

4. 直观想象

直观想象是指借助几何直观和空间想象感知事物的形态与变化，利用空间形式特别是图形，理解和解决数学问题的素养。主要包括：借助空间形式认识事物的位置关系、形态变化与运动规律；利用图形描述、分析数学问题；建立形与数的联系，构建数学问题的直观模型，探索解决问题的思路。

直观想象是发现和提出问题、分析和解决问题的重要手段，是探索和形成论证思路、进行数学推理、构建抽象结构的思维基础。

直观想象主要表现为：建立形与数的联系，利用几何图形描述问题，借助几何直观理解问题，运用空间想象认识事物。

通过高中数学课程的学习，学生能提升数形结合的能力，发展几何直观和空间想象能力；增强运用几何直观和空间想象思考问题的意识；形成数学直观，在具体的情境中感悟事物的本质。

5. 数学运算

数学运算是指在明晰运算对象的基础上，依据运算法则解决数学问题的素养。主要包括：理解运算对象，掌握运算法则，探究运算思路，选择运算方法，设计运算程序，求得运算结果等。

数学运算是解决数学问题的基本手段。数学运算是演绎推理，是计算机解决问题的基础。

数学运算主要表现为：理解运算对象，掌握运算法则，探究运算思路，求得运算结果。

通过高中数学课程的学习，学生能进一步发展数学运算能力；有效借助运算方法解决实际问题;通过运算促进数学思维发展,形成规范化思考问题的品质,养成一丝不苟、严谨求实的科学精神。

6. 数据分析

数据分析是指针对研究对象获取数据,运用数学方法对数据进行整理、分析和推断,形成关于研究对象知识的素养。数据分析过程主要包括:收集数据,整理数据,提取信息,构建模型,进行推断,获得结论。

数据分析是研究随机现象的重要数学技术,是大数据时代数学应用的主要方法,也是"互联网+"相关领域的主要数学方法,已经深入到科学、技术、工程和现代社会生活的各个方面。

数据分析主要表现为:收集和整理数据,理解和处理数据,获得和解释结论,概括和形成知识。

通过高中数学课程的学习,学生能提升获取有价值信息并进行定量分析的意识和能力;适应数字化学习的需要,增强基于数据表达现实问题的意识,形成通过数据认识事物的思维品质,积累依托数据探索事物本质、关联和规律的活动经验。

以上是《新高中数学课标》对数学学科核心素养的具体解读,为了进一步强调其重要性,在课程目标中又进行了具体描述,分三段论述如下。

> 通过高中数学课程的学习,学生能获得进一步学习以及未来发展所必需的数学基础知识、基本技能、基本思想、基本活动经验(简称"四基");提高从数学角度发现和提出问题的能力、分析和解决问题的能力(简称"四能")。
>
> 在学习数学和应用数学的过程中,学生能发展数学抽象、逻辑推理、数学建模、直观想象、数学运算、数据分析等数学学科核心素养。
>
> 通过高中数学课程的学习,学生能提高学习兴趣,增强学好数学的自信心,养成良好的数学学习习惯,发展自主学习的能力,树立敢于质疑、善于思考、严谨求实的科学精神,不断提高实践能力,提升创新意识;认识数学的科学价值、应用价值、文化价值和审美价值。[①]

[①] 中华人民共和国教育部. 普通高中数学课程标准(2017年版)[S]. 北京:人民教育出版社,2018:8.

从中可以发现,课程目标的第一段论述延续和传承了《义务教育数学课程标准(2011年版)》(以下简称《义教数学课标》)的"四基""四能"总目标。

第二段论述主要阐述了数学学科核心素养,简称其为"六核"。那么,"六核"与"四基"是什么关系呢?

> 数学学科核心素养是四基的继承和发展,四基是培养学生数学学科核心素养的沃土,是发展学生数学学科核心素养的有效载体。教学中要引导学生理解基础知识,掌握基本技能,感悟数学基本思想,积累数学基本活动经验,促进学生数学学科核心素养的不断提升。[①]

由此可以认为数学核心素养是对"四基""四能"目标的进一步提炼、聚焦和提升,是整体数学素养中的精华部分,是把数学能力从数学内部和一般生活中的应用上升到用数学面对现实世界的高度,即具备数学核心素养的标志是学会"三会"。

《新高中数学课标》对数学学科的核心素养已经界定和颁布,接下来,未来的义务教育数学课程标准将如何界定数学学科核心素养呢?我们将在下一章讨论。

---

① 中华人民共和国教育部.普通高中数学课程标准(2017年版)[S].北京:人民教育出版社,2018:81.

第三章 小学数学核心素养体系

第一节 小学数学核心素养

如前文所述,《新高中数学课标》与《义教数学课标》的"四基""四能"的课程目标是一脉相承的,高中数学核心素养是在此基础上的高度提炼与概括。高中数学核心素养有六个要素,其中最为重要的三个是抽象、推理和建模,即数学核心素养的核心要素是数学的基本思想方法。这三个基本思想体现了数学的抽象性、一般性、严谨性和应用性,应贯穿于从小学到初中、高中阶段的数学教育,甚至延伸至大学阶段的数学教育。在本书进行第二版修订之际,即将颁布的新义教数学课标还在修订完善过程中,其对小学数学核心素养进行了比较全面的系统阐述,但目前还不是最终定稿。因此,本书中简单介绍的有关小学数学核心素养的文献是根据课标组核心成员的一些报告提供的信息,也还不是最终版,仅供大家参考。关于小学阶段的数学核心素养,专家们是什么观点呢?新义教数学课标又将如何界定呢?

我们先从中国学生发展核心素养(如图 3.1.1)开始分析,从中可以发现,其内涵非常丰富,除了文化基础这一板块具有较强的学科特点外,自主发展和社会参与这两个板块没有明显的学科特点,具有共性和通识性。为了全面贯彻落实中国学生发展核心素养的目标,需要把这些核心素养指标分解到各个学科中去。但是,自主发展和社会参与这两个板块没有明显的学科特点,这些核心素养指标如何在每个学科中进行具体的贯彻落实呢?如果每个学科都从自己学科内部角度界定本学科的核心素养,那么各学科核心素养可能主要集中在文化基础这个维度,其他两个维度中的责任担当、实践创新、学会学习、健康生活等,可能会成为少人问津的真空地带,即各学科核心素养的交集几乎为空(如图 3.1.2 所示);可能会出现各学科核心素养的并集小于中国学生发展

中国学生发展核心素养体系

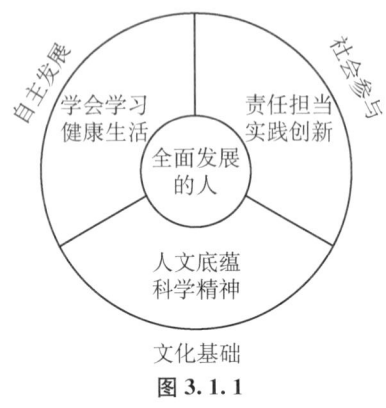

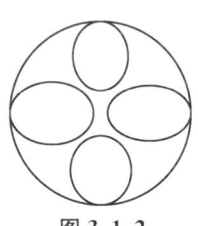

图 3.1.1

图 3.1.2

核心素养的情况(亦如图 3.1.2 所示),使得中国学生发展核心素养的社会参与与自主发展这两个板块的核心素养指标被架空。所以,为了全面贯彻落实中国学生发展核心素养的九大指标,各学科在制定本学科的核心素养时,不能完全从学科本位的角度考虑,各家不能自扫门前雪,应该站在中国学生发展核心素养的高境界思考问题,即每个学科应承担更多的公共责任和目标。这样的学科核心素养才是有境界的、有内涵的、有担当的,否则各学科就有可能重蹈覆辙,在各自的小圈子里搞学科本位教育及应试教育。

每门学科核心素养的制定,均反映了该门学科教育的一种思想和理念,从一些发达国家各学科的核心素养中可以看出他们的理念和丰富的内涵,几乎都是超越了学科本位来界定学科核心素养。如英国科学学科核心素养为:科学思维,科学的运用与启示,文化理解、合作,实践和探究技巧,批判性地理解科学证据,交流。德国数学学科核心素养为:数学证明,数学地解决问题,数学建模,运用数学表达,运用数学符号,公式和技巧,数学交流。美国数学教育强调:问题解决,推理与证明,交流,关联,表征。韩国高中数学核心素养为:问题解决,推理,创新融合,思想沟通,信息处理,态度和实践。从以上几个发达国家的学科核心素养可以发现,交流是各个国家各个学科都特别重视的,合作、实践、探究、批判性思维、创新、态度等被不同的国家所重视和体现,从而超越了学科知识本位的思想局限,没有完全站在学科内部考虑,而是体现了学生发展核心素养的共性和通识性。从这些发达国家的数学核心素养的界定来看,给我们一个非常重要的启发,就是要超越数学学科本位的思想来界定我国小学数学核心素养的指标体系。这样的小学数学核心素养指标体系,才真正体现中国学生发展核心素养的理念和目标,同时有利于形成以小学数学核心素养为导向的课堂教学和考试评价体系。

综上所述,我们认为,各学科核心素养应该站在中国学生发展核心素养的时代高度考虑,具有大局观念、大视野,这样各学科核心素养的交集才会尽可能地大(如图 3.1.3 所示),或者最大公约数尽可能地大,从而中国学生发展核心素养才可能全面落实。

图 3.1.3

一、关于小学数学核心素养的专家观点

马云鹏认为把《义教数学课标》提出的十大核心词,即"数感、符号意识、空间观念、几何直观、数据分析观念、运算能力、推理能力、模型思想、应用意识、创新意识"作为义务教育阶段的数学核心素养是恰当的。①

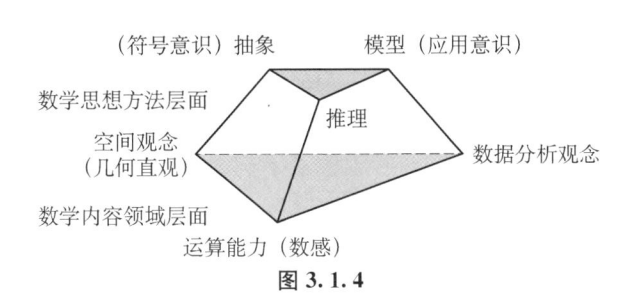

曹培英提出了小学数学学科核心素养体系的一个初步框架,由两个层面、六个素养组成(如图 3.1.4 所示)。②

图 3.1.4

这六个核心素养主要是从高中数学的六个核心素养演变而来,除了把高中的直观想象改为空间观念(几何直观)外,其他五个核心素养的名称没有变化。之所以把直观想象改为空间观念(几何直观),是因为对小学生提出空间想象能力要求过高,用传统的空间观念的说法比较合适。同时从框架中可以看出,《义教数学课标》提出的十大核心词,除了创新意识外,其他九个在六个核心素

---

① 马云鹏.关于数学核心素养的几个问题[J].课程•教材•教法,2015(9):36.
② 曹培英.小学数学学科核心素养及其培育的基本路径[J].课程•教材•教法,2017(2):75.

养中均有所体现或者被包含其中。

以上所界定的小学数学核心素养，都是从数学学科内部来考虑，除了创新意识外，几乎没有通识性和共性的要素。

李星云认为：

> 应基于数学核心素养体系的三个特征，以我国核心素养总框架为基础，结合数学学科本质，从数学素养中进行有效选择，同时增加有关数学情感、态度、价值观的相应素养，并形成自小学到大学具有连贯性的学生数学核心素养体系。结合国际核心素养构建的主要趋势——经济合作与发展组织所提出的核心素养框架中的"人与工具""人与自己""人与社会"作为主要指标，对我国小学数学核心素养体系进行尝试性的构建。基于此三项指标为统领，结合数学学科本质以及小学数学的基本内容与要求，对 PISA2012 提出的数学素养八大能力进行了梳理并补充，形成小学阶段学生所需的六个数学核心素养。①

即：数学交流、数学推理、运算能力、空间观念、数据分析能力、数学建模。这六个核心素养与高中数学的六个核心素养相比较，除了把高中的数学抽象改为数学交流外，其他五个核心素养基本没有变化。这个小学数学核心素养的界定超越了数学学科本位的思想局限，考虑了学生发展核心素养总框架的通识性目标，强调了交流合作的重要性。

二、新义教数学课标的论述

2021 年 7 月，新义教数学课标在全国有关部门征求意见，也就意味着主体内容基本上确定了，当然不排除部分内容进行微调。根据课标组核心成员的一些报告的介绍，新义教数学课标对数学核心素养的描述与《新高中数学课标》的描述基本一致，加强了数学学科特征的概括，认为从小学到初中、高中，数学核心素养具有高度的整体性、一致性和发展性。新义教数学课标与《新高

---

① 李星云.论小学数学核心素养的构建——基于 PISA2012 的视角[J].课程·教材·教法，2016(5)：75.

中数学课标》相比较,把《新高中数学课标》课程性质中提出的"引导学生会用数学眼光观察世界,会用数学思维思考世界,会用数学语言表达世界"(简称为"三会")作为课程目标,并与数学核心素养的具体表现结合起来概括,说明"三会"的重要性,"三会"作为课程目标必须得到贯彻落实。

与《义教数学课标》相比较,新义教数学课标概括的十一个数学核心素养是在继承《义教数学课标》十个核心词的基础上,增加了"量感",并把这十一个核心词作为小学数学核心素养的具体表现。原来的十个核心词的表述也有一些变化,下面简单分析一下这些核心词的主要变化。

1. 数感

新义教数学课标与《义教数学课标》相比较,内涵更加丰富,更强调理解数的意义、感悟运算结果等方面。把原来的"运算结果估计"改为"运算结果",不仅包括估计和估算,还增加了对精确计算结果的感悟;强调在真实的情境中理解数的意义,包括基数和序数的含义;认为数感是形成抽象能力的经验基础,建立数感有助于学生理解数的意义和数量关系,初步感受数学表达的简洁与精确,增强好奇心,培养学习数学的兴趣。

2. 量感

量感虽然只是小学数学核心素养的一部分,它不是一个内容领域,但大体上与20世纪90年代《九年义务教育全日制小学数学教学大纲》中的量与计量的内容领域相对应,量与计量的内容包括:时间、人民币、质量、长度、面积、体积、角度等。相比较而言,量感作为核心素养的一部分,内涵更加丰富,不仅仅是知识和技能,如会测量与计算;更加强调事物具有可测量属性及大小关系,注重数学思想方法的感悟和活动经验的积累,如数学抽象、逻辑推理、数学模型、几何直观等思想方法的感悟,生活中的测量的经验积累等。

3. 符号意识

《义教数学课标》关于符号意识的表述:主要是指能够理解并且运用符号表示数、数量关系和变化规律;知道使用符号可以进行运算和推理,得到的结论具有一般性。建立符号意识有助于学生理解符号的使用是数学表达和进行数学思考的重要形式。

新义教数学课标继承了《义教数学课标》关于符号意识的基本内涵;强调让学生感悟符号的数学功能,知道符号表达的现实意义;认为符号意识是形成数学抽象能力和逻辑推理的经验基础。

4. 运算能力

《义教数学课标》关于运算能力的表述：主要是指能够根据法则和运算律正确地进行运算的能力。培养运算能力有助于学生理解运算的算理，寻求合理简洁的运算途径解决问题。

新义教数学课标继承了《义教数学课标》关于运算能力的基本内涵；强调让学生明晰运算的对象，理解算法与算理之间的关系；能够理解运算的问题，通过运算促进推理能力的发展，形成规范化思考问题的品质。

5. 几何直观

《义教数学课标》关于几何直观的表述：主要是指利用图形描述和分析问题。借助几何直观可以把复杂的数学问题变得简明、形象，有助于探索解决问题的思路，预测结果。几何直观可以帮助学生直观地理解数学，在整个数学学习过程中发挥着重要作用。

新义教数学课标从两个方面对几何直观的内涵表述得更加丰富而且清晰。一是认为几何直观对几何内容本身的学习起到直观的作用，让学生能够感知各种几何图形及其组成元素，并依据图形的特征进行分类。二是认为几何直观是数形结合思想的体现，强调建立形与数的联系，构建数学问题的直观模型。几何直观有助于把握问题的本质，明晰思维的路径。

6. 空间观念

《义教数学课标》关于空间观念的表述：主要是指根据物体特征抽象出几何图形，根据几何图形想象出所描述的实际物体；想象出物体的方位和相互之间的位置关系；描述图形的运动和变化；依据语言的描述画出图形等。

新义教数学课标对几何直观的具体表现的描述基本不变，但是增加了对空间观念内涵的概括：空间观念主要是指对空间物体或图形的形状、大小及位置关系的感悟；体现了空间观念的本质；认为空间观念有助于理解现实生活中空间物体的形态与结构，是形成空间想象力的经验基础。

7. 推理意识

《义教数学课标》关于推理能力的表述：推理能力的发展应贯穿于整个数学学习过程中。推理是数学的基本思维方式，也是人们学习和生活中经常使用的思维方式。推理一般包括合情推理和演绎推理：合情推理是从已有的事实出发,凭借经验和直觉,通过归纳和类比等推断某些结果;演绎推理是从已有的事实(包括定义、公理、定理等)和确定的规则(包括运算的定义、法则、顺序等)出发,按照逻辑推理的法则进行证明和计算。在解决问题的过程中,两种推理功能不同,相辅相成:合情推理用于探索思路,发现结论;演绎推理用于证明结论。

新义教数学课标把《义教数学课标》中的推理能力改为推理意识,对小学和初中阶段的推理要求进行水平区分。把推理意识的内涵描述为:推理意识主要是指对逻辑推理过程及其意义的初步感悟;对推理意识的具体表现描述得层次分明、准确清晰,包括演绎推理和合情推理两部分;增加了对自己及他人的问题解决过程给出合理解释;认为推理意识有助于养成讲道理、有条理的思维习惯,增强了交流能力,是形成推理能力的经验基础。

8. 数据意识

《义教数学课标》关于数据分析观念的表述:了解在现实生活中有许多问题应当先做调查研究,收集数据,通过分析做出判断,体会数据中蕴涵着信息;了解对于同样的数据可以有多种分析的方法,需要根据问题的背景选择合适的方法;通过数据分析体验随机性,一方面对于同样的事情每次收集到的数据可能不同,另一方面只要有足够的数据就可能从中发现规律。数据分析是统计的核心。

新义教数学课标把《义教数学课标》中的数据分析观念改为数据意识,对小学和初中阶段的数据分析要求进行水平区分。把数据意识的内涵描述为:主要是指对数据的意义的感悟,知道运用数据可以解释和分析实际问题;强调通过简单统计量的计算,理解数据的集中程度和分类,作出判断或决策。

9. 模型意识

《义教数学课标》关于模型思想的表述:模型思想的建立是学生体会和理解数学与外部世界联系的基本途径。建立和求解模型的过程包括:从现实生活或具体情境中抽象出数学问题,用数学符号建立方程、不等式、函数等表示数学问题中的数量关系和变化规律,求出结果并讨论结果的意义。这些内容的学习有助于学生初步形成模型思想,提高学习数学的兴趣和应用意识。

新义教数学课标把《义教数学课标》中的模型思想改为模型意识,对小学和初中阶段的模型思想要求进行水平区分。把模型意识的内涵描述为:主要是指对数学模型普适性的初步感悟;认为模型意识有助于增强应用意识,认识到数学应用的广泛性。

10. 应用意识

《义教数学课标》关于应用意识的表述:应用意识有两个方面的含义:一方面,有意识利用数学的概念、原理和方法解释现实世界中的现象,解决现实世界中的问题;另一方面,认识到现实生活中蕴涵着大量与数量和图形有关的问题,这些问题可以抽象成数学问题,用数学的方法予以解决。在整个数学教育的过程中都应该培养学生的应用意识,综合实践活动是培养应用意识很好的载体。

新义教数学课标基本上继承了《义教数学课标》关于应用意识的表述,增加了初步了解数学作为一种通用的科学语言在其他学科中的应用。

11. 创新意识

《义教数学课标》关于创新意识的表述:创新意识的培养是现代数学教育的基本任务,应体现在数学教与学的过程之中。学生自己发现和提出问题是创新的基础;独立思考、学会思考是创新的核心;归纳概括得到猜想和规律,并加以验证,是创新的重要方法。创新意识的培养应该从义务教育阶段做起,贯穿数学教育的始终。

新义教数学课标对创新意识从数学学科的角度重新进行了内涵及表现的描述。

与《新高中数学课标》相比较,新义教数学课标对"三会"进行了体现数学本质的提炼概括,这个概括同时适合高中阶段,体现了数学核心素养从小学到高中的整体性和一致性。同时,又对数学核心素养在义务教育阶段的主要表现进行了阐述,对小学和初中的具体表现和要求再次分出不同的水平层次,体现了数学核心素养从小学到高中的阶段性和发展性。

三、小学数学核心素养体系

综合前文对数学素养及高中数学核心素养的理解,根据新义教数学课标对小学数学核心素养的界定,我们认为,小学数学核心素养是在面对真实情境的问题和数学活动中,通过体验、感悟和反思,抽象出数学概念、命题和结构,建立数学模型,并运用逻辑推理和运算解决问题的一种综合性特征。这种综合性特征,体现了以数学认知为基础,以数学基本思想和关键能力为核心,以独立思考和自主学习、健康乐学、经历数学核心素养的形成过程为关键,是根据小学生的年龄和认知特点、教师对核心素养的可理解性及教学的可行性而界定的,是小学数学核心素养的综合体系。具体而言,既要让教师理解小学数学核心素养的内涵是什么,又要让教师知道小学数学核心素养的基础是什么,是从哪里来的,以及学生实现数学核心素养的目标,其外在表现是什么,实现的途径和手段是什么。借鉴中国学生发展核心素养的三维指标体系,我们从数学认知、数学思想与能力、个人发展三个维度构建小学数学核心素养体系(见图 3.1.5)。

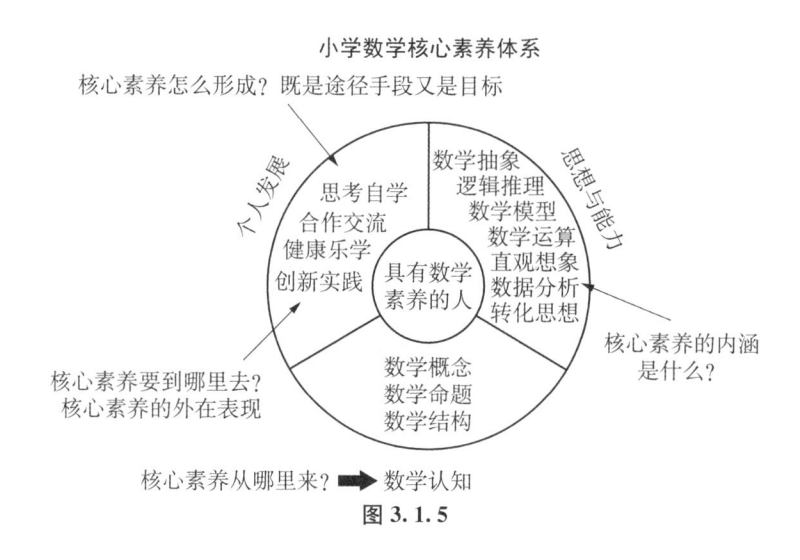

小学数学核心素养体系

核心素养怎么形成?既是途径手段又是目标

个人发展 / 思想与能力

思考自学　数学抽象
合作交流　逻辑推理
健康乐学　数学模型
创新实践　数学运算
　　　　　直观想象
具有数学　数据分析
素养的人　转化思想

　　　　　核心素养的内涵
　　　　　是什么?

数学概念
数学命题
数学结构

核心素养要到哪里去?
核心素养的外在表现

核心素养从哪里来? ➡ 数学认知

图 3.1.5

数学认知、数学思想与能力、个人发展三个维度并不是并列和独立的关系,而是融为一体的。数学认知是对基础知识和基本技能的具体化,既是数学思想与能力及个人发展的基础和载体,又是一个形成和运用数学思想、实现个人发展的心理活动和数学认知结构形成的过程。数学思想与能力是数学核心素养的内涵,形成数学核心素养的终极目标是实现个人发展、用数学思想面对现实世界。

数学思想和能力有 7 个("6+1"高中六个,另加转化化归思想),为什么继续用高中的"六核"呢?我们认为,"六核"的提炼概括最能体现数学的本质、数学的高度和深度,便于教师把握数学核心素养。例如数学抽象,体现的是对事物进行数学角度的抽象,抽象出来形成数学的研究对象;新义教数学课标关于小学阶段的数学抽象主要包括数感、量感、符号意识等;实际上还不够全面,因为图形也是抽象的结果,数学的概念、关系和结构也都是抽象的结果,这些都很重要,所以我们继续用数学抽象作为数学核心素养的第一个,包括:数与形的抽象、概念的抽象、关系的抽象、结构的抽象等。再如,数学运算比运算能力的名称要好,更能体现数学的本质,包括理解运算对象,理解算法与算理之间的关系等;而人们一看到运算能力这四个字,就容易往计算得又对又快的方面去想,从而忽略数学的本质。转化化归思想非常重要,从某种程度上说,数学认知结构的建立过程就是一个数学知识转化化归的过程,即把数学知识结构转化为数学认知结构的过程。

以上小学数学核心素养体系不但把义务教育阶段的"四基""四能"和十大核心词的育人理念与目标都涵盖在内,而且更加丰富,还包括了过去所提倡的三维目标,包括了必备品格的一部分。

四、小学数学核心素养的特点

根据以上分析,综合各家观点,小学数学核心素养体系应该具有全局性、综合性、阶段性、发展性、持久性等特点。

全局性:是指站在中国学生发展核心素养的高度考虑问题,具有大局观念、大视野,是对"四基""四能"目标和十一个核心词的进一步提炼、聚焦和提升,既要体现数学的理性思维,又要体现数学的广泛应用性。真正把数学学习由传统的主要关注应试教育转向既会考试,又会学习、会思考、会生活、会创造(学会创造性地解决实际问题)的全面发展的人的目标。

综合性:是指数学核心素养是数学知识、数学思想、数学交流、解决问题能力、情感态度和价值观的综合体现。知识是核心素养的载体,思想决定核心素养的高度和方向,数学交流是形成核心素养的重要方式,解决现实世界实际问题的能力是核心素养的重要标志。

阶段性:是指数学核心素养在小学、中学、大学、工作的几个阶段,其内涵和水平是不同的,即使在小学阶段,也是不同的。这与学生的年龄和认知特点有关,与生活阅历和不同阶段的目标任务有关。

发展性:是指数学核心素养在小学、中学、大学、工作的几个阶段,数学核心素养的内涵和水平是随着时间动态变化发展的,即使在小学阶段,也是动态变化发展的。即数学核心素养是把数学思想从原来主要着眼于数学内部、辅之着眼于现实世界,逐步扩展和提升到聚焦现实世界,上升到生活和人生的高度。高中毕业后,绝大多数人已经没有数学方面的考试任务,不再需要解决数学内部的问题,而是把数学核心素养聚焦于现实世界。

持久性:是指数学核心素养在学生高中毕业、走向社会后,还应该具备的非常重要的数学思想和解决问题的能力,也是评价学生最终是否具有数学核心素养的标志。如应用数学思想解决日常生活、工作、投资理财、大数据分析等问题的意识和能力。

在小学数学核心素养体系中,数学认知是基础,那么什么是数学认知呢?我们将在下一节中讨论。

第二节 数学认知

数学认知是指个体不断建构数学认知结构的心理活动。学生个体的数学认知结构主要包括:个体的数学知识结构、数学思想方法、元认知、非智力因素等。数学认知结构是数学核心素养的内在表现,因而数学认知结构的完善程度决定了核心素养水平的高低。

在数学认知维度中,我们主要讨论个体数学认知结构的三个方面:数学概念、数学命题、数学结构,其他部分在后面讨论。概念既是思维的最基本形式,也是命题(判断)和推理的基础。命题是表达判断的陈述句,数学命题是在数学概念和逻辑推理基础上形成的对数学对象进行判断的陈述句。命题分为真命题和假命题,本书所讨论的数学命题是指真命题,数学命题是数学运算和推理的依据。数学结构分为三个层面:数学学科知识结构、个体的数学知识结构和个体的数学认知结构。个体的数学知识结构来源于数学学科知识结构,是个体数学认知结构的一部分,也是其基础和载体。数学学科知识结构是数学概念和命题的关联所形成的结构,是属于数学学科的,是以数学家为代表的全体数学工作者对数量关系和空间形式研究的成果和智慧结晶,是一种普遍性的客观存在,它不依个人的意志而改变。数学认知结构来源于数学知识结构,是学生个体对数量关系和空间形式的智慧结晶,它是属于学生个体的,存在于学生个体的头脑中,是个性化的主观存在,是一个复杂的多要素系统。个体的数学知识结构只是这个系统的一个部分,个体之间的认知结构和水平是有差异的。这里没有把"双基"作为小学数学核心素养体系的基础的原因,一是双基比较笼统,二是双基偏重数学学科角度。而数学认知强调学习的主观性、个体性和差异性。数学学习有困难的学生的数学认知结构是不完善的,可能的原因是对数学的一些概念和命题没有掌握,或者是掌握了数学的概念和命题,但是对于知识的掌握是碎片化的、支离破碎的,是只见树木、不见森林,没有形成网状结构,没有结构化的数学知识,无法使学生形成良好的数学认知结构。

下面我们从数学概念、数学命题、数学结构三个维度分别讨论。

一、数学概念

概念是反映事物(思维对象)的本质属性的最基本的思维方式。事物(对象)一旦被抽象概括成概念,就已经不是事物的现象和局部了,而是抓住了事物的本质和全体。思维的方式有概念、判断和推理,这三者之间层层递进,概念是判断的基础,判断(命题)是推理的基础,推理是数学中最重要的思维方式或者思想方法。通俗地说,如果概念不清,那么判断不明,继而则推理不灵。学生只有建立正确的数学概念,才能学好数学,因此概念的重要性不言而喻。

(一)概念的内涵与外延

概念的内涵,就是该概念所反映的事物(思维对象)的本质属性,外延是该概念所反映的具有这些本质属性的事物(对象)的范围。只有明确了概念的内涵和外延,才是完整地建立了一个概念,才是真正地形成了一个概念,才能进一步利用概念进行判断和推理。例如,鸟是体表被覆羽毛的卵生脊椎动物,能够反映鸟的内涵的本质属性,就是卵生的脊椎动物、体表被覆羽毛。那么,会飞就不是反映鸟的内涵的本质特征,会飞只是大多数鸟的特征。因此,判断一个动物是不是鸟,就不能以会不会飞为标准。但是我们可以按照会不会飞为标准,把鸟分为两类:会飞的和不会飞的。会飞的,比如麻雀、喜鹊、大雁、丹顶鹤等;不会飞的,比如鸡、鸭、鹅等。那么像蝙蝠、蜻蜓等都不是鸟,因为蝙蝠和蜻蜓虽然会飞,但是没有羽毛;鸡、鸭、鹅等家禽虽然不会飞,但是符合鸟的内涵的本质特征:卵生脊椎动物、体表被覆羽毛。所以,理解概念的内涵和外延非常重要。再如,长方形是指四个角相等或者有一个角是直角的平行四边形,内涵就是平行四边形、四个角都是直角,外延就是符合这些特征的所有的图形。

(二) 概念的特性

概念具有四个方面的特性或者构成要素,即概念的名称、定义、例子和属性。如词语"长方形"是概念的名称,"有一个角是直角的平行四边形"是概念的定义,画出的长方形、长方体的面等都是长方形的例子,平面图形、四边形、平行四边形、四个直角等是概念的属性。数学概念的属性只考虑数学的特性,不考虑物理性质,如颜色、材料、大小等。

(三) 概念的表征方式

数学概念具有抽象性,而小学生的思维具有形象性的特点。为了让学生更好地理解概念,小学数学教材及课堂教学通常采用不同的方式呈现数学概念,即对概念进行多元表征。美国心理学家布鲁纳(J. S. Bruner, 1915—2016)、莱什(Lesh)等认为,多元表征能够提高对概念的表征水平,概念表征水平越高,对概念的理解越全面和深刻,越有利于提高数学的学习水平。

莱什重新概念化了布鲁纳制定的方式,将肖像方式分解成操作材料和静止的图式模型(即图画),且将符号方式分解成出声语言和书面符号,进一步说明这种表示系统是相互影响和可转换的,而不是孤立的。像在单一表征系统强调操作那样,更强调了给定的两方式之间的关系。图

3.2.1 表示了有理数课程计划对莱什模型改写的结果。[①]

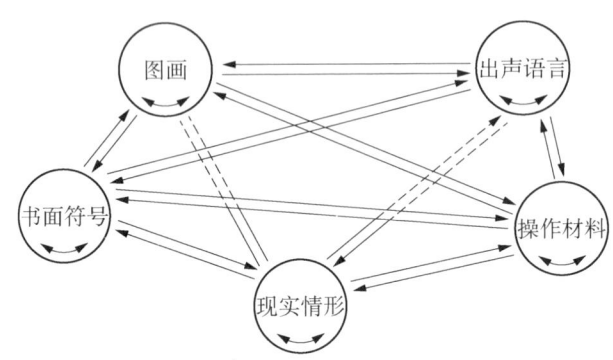

图 3.2.1　表征系统相互影响的模式

综合考虑莱什等观点,我们认为常用的表征方式有:(1)操作表征;(2)图形表征;(3)实物表征;(4)符号表征;(5)语言表征。

下面讨论几个重要概念的再认识。

1. 自然数的再认识

我根据多年的课堂观察、调研、研究,提出以下观点:十进位值制计数法(不限于其概念,更重要的是其思想方法)是小学数学的基础和核心,是理解自然数、小数的概念及其运算的算理、算法的依据。尽管自然数公理可以与十进制计数法无关,因为其他进制也能表达自然数。例如,二进位值制只需要 0 和 1 两个数字,可表达所有的自然数。但是,全世界的数学家最终一致选择了十进制计数法来表达自然数,甚至全体实数。因此,自然数公理中的运算性质、法则、运算律的落脚点和载体必然是十进制表达的自然数。如果学生从一年级开始,加强理解十进位值制计数法,就几乎能够掌握小学数学一半的内容。为什么这么说呢? 一是十进制计数法既是计数的原理,也是计算法则的原理,且它不仅是一个概念,更是一个概念体系、一个结构、一个关系、模型、思想方法。心理学家和数学家都认为:单独教学概念是没有意义的,必须把概念纳入结构中才有利于理解和记忆;单独研究概念是没有意义的,数学只有研究概念间的关系、规律、模型,才有价值。另外,在小学数学的所有内容中,如果按

[①] 莱什,兰多.数学概念和程序的获得[M].孙昌识,苗丹民,等译.济南:山东教育出版社,1991:112.

照课时划分,数的认识及计算占据了三分之二的内容,除了分数以外,其他有关的数与计算的知识几乎都以十进位值制计数法为依据。

2. 分数的再认识

分数的历史非常悠久。莱茵德纸草书(公元前 1650 年)记载古埃及把所有分数($\frac{2}{3}$除外)都表达为单位分数(也叫分数单位)之和。埃及人为什么如此重视单位分数呢?单位分数实际上是自然数的倒数,为了便于计算除法,把自然数除法转化为单位分数的乘法,可见用分数可以表示除法精确的商。也就是说,人类为了平均分配东西的实际需要,先产生了单位分数,然后产生了带分数,带分数表达除法的商或者其他的量才是实际分配的结果,而假分数不被认为是实际分配的结果。比如:把 19 个面包平均分配给 8 人,先拿出 16 个面包平均分给 8 个人,每人分到 2 个;把剩余的 3 个面包中的 2 个,每个平均分成 4 份,共分成 8 个 $\frac{1}{4}$,每人分到 $\frac{1}{4}$ 个;再把剩余的 1 个平均分成 8 份,每人又分到 $\frac{1}{8}$ 个;最后每人实际分到 $\left(2+\frac{1}{4}+\frac{1}{8}\right)$ 个。而如果用商 $\frac{19}{8}$ 表达,每个人还是没有明确得到多少个面包,具体分配时也不可能把每个面包都平均分成 8 份,因此,这样的结果没有完成真正的分配。我国秦朝时期颁布的历法中以 $365\frac{1}{4}$ 天为一年,一年有 $12\frac{7}{19}$ 个月。这种情况在《九章算术》中也比较普遍。例如,《九章算术》第一章方田章第 9 题为:又有 $\frac{1}{2}$、$\frac{2}{3}$、$\frac{3}{4}$、$\frac{4}{5}$ 四个分数相加,和是多少? 答:$2\frac{43}{60}$。从这个计算过程来看,应该是先得到假分数,再化成带分数。由此可知,历史上先产生了真分数,紧接着产生了带分数(把整数与真分数合起来)。后来因为多个真分数的加法运算的结果,出现了分子比分母大或者相等的情况,假分数的产生就成为必要的了,所以才叫假分数。当然,假分数也是分数。关于这个猜测,从下面的文献中可以进一步得到佐证。

《孙子算经》卷下第 17 题:"妇女在河边洗碗,有人问她,为什么要洗这么许多碗? 妇女答,家里来了客人。又问,有多少客人? 妇女反问道,二人合一大碗饭,三人合一大碗汤,四人合一大碗肉,共用碗六十五个,你说有多少客人?"答数是 60 个客人。《孙子算经》在解法中只说:"共用碗数 65,用 12 乘,用 13 除,就得到答案。"事实上照妇女反问的前半段话,每一客人共用碗数是 $\frac{1}{2}+\frac{1}{3}+\frac{1}{4}=\frac{13}{12}$,而碗总数是 65,做一次除法:$65\div\frac{13}{12}$,正是《孙子算经》解法所说。可见作者已正确掌握分数除法法则。[1]

上述计算过程显然是通过三个异分母分数加法得到了假分数,作为除数。1905 年商务印书馆出版的教科书高小第二册编排了正分数(现在的真分数)、带分数和混分数(现在的假分数)。1912 年商务印书馆出版的教科书高小第三册便改为真分数、假分数和带分数(也叫混分数),此后这些名称一直沿用至今。我们有必要让学生知道分数产生的历史,尤其是在分数的初步认识过程中,应该让学生了解分数产生的必要性:分数是一个数,最开始它用来表示比 0 大,又比 1 小的数;后来为了表达整数除法运算的结果产生了带分数,而假分数是通过真分数加法才产生的,但是结果仍然写成带分数的形式,一直没有给它正式命名,一直到 100 年前才给予命名,而且起了"假分数"这个名字,说明假分数不是原生态的数学概念,所以才叫假分数。

综上所述,分数本质上是数。自然数可以表示大于等于 1 的物体数量的多少,分数可以表示小于 1 的物体数量的多少;自然数可以进行大小比较及四则运算,分数也同样可以进行大小比较及四则运算。分数的难点在于深度抽象和意义多元,同时写法也怪异——用两个自然数加横线表达。

我们知道,在教材和课堂教学中,经常用数线(数轴)上的点表示整数、小数和分数,也就是说,每一个数都可以表示数轴上一个确定的点。这种分数表示法,加强了数形结合和几何直观。特别需要强调的是,美籍华裔数学家伍鸿熙教授把这种表示法作为分数定义的方式,"分数作为数轴上某一个点,这一定义已被证明是到目前为止在数学上唯一切实可行的定义"[2]。分数的内涵丰富却又难以理解,国内外很多学者都致力于分数概念的研究。

---

[1] 沈康身.中算导论[M].上海:上海教育出版社,1986:36.
[2] 伍鸿熙.数学家讲解小学数学[M].赵洁,林开亮,译.北京:北京大学出版社,2016:165.

美国学者基伦(Kieren,1976)和莱什(Lesh,1979)等人,通过概念分析方法研究学生有理数的获得时,认为学生要真正掌握有理数概念,必须掌握有理数的七个子结构。它们是:(1)分数表示部分与整体的关系;(2)比表示两个量之间的关系;(3)比率表示两个量之间关系的一种新的量;(4)商表示有理数与除法之间的关系,即 $\frac{a}{b}$ 作为有理数,可解释为 a 除以 b;(5)线性坐标把有理数解释为数轴上的点,表示有理数集是实数集的子集;(6)小数表示有理数与十进制系统的关联;(7)算子表示有理数是函数,每一个有理数都是一个变换。部分与整体结构是有理数概念发展的基础结构,也是有理数其他六个子结构教学的基础和起点。中学生在获得有理数概念过程中遇到挫折,其原因可归之为小学时期未能掌握分数概念。[①]

对于小学生而言,前六个子结构是重要的,而且是必须掌握的。

3. 小数的再认识

从数学发展史来看,小数的出现晚于分数至少 2000 年,主要是因为小数受到十进位值制计数原理的制约,而分数不存在这个问题。小数的表示法是整数的十进位值制计数法的扩展。有限小数是十进分数的另一种表示形式,每相邻两个计数单位之间都是十进关系。因此,只有接受了十进制的整数和分数,才可能接受小数。我国是最早采用十进制计数法的国家,因而也是最早发明和使用小数的国家,已有 2000 年的历史。从小数的产生看,小数很可能产生于开方运算,而不是除法运算或者测量,因为两个整数相除如果除不尽,商可以用分数表示,分数完全能够满足当时的计算和测量的需要。开方运算的结果可以用分数近似表示,但是已经产生了小数的思想。我国古代数学家刘徽(3 世纪)的《九章算术注·少广章》中有开方的记载:"微数无名者以为分子,其一退以十为母,其再退以百为母,退之弥下,其分弥细。"这里的微数就是比整数小的部分,即小数,小数部分等价于分母是 10、100 的分数。我国南宋时期著名数学家秦九韶(1202—1261)在他的名著《数书九章》(成书于 1247

[①] 孙昌识,姚平子.儿童数学认知结构的发展与教育[M].北京:人民教育出版社,2005:4.

年)中记载有用中文数字符号表达的小数来表示量。几乎同时期的金著名数学家李冶(1192—1279)在他的名著《测圆海镜》(成书于 1248 年)中用中文数字符号表达小数来表示高次方程中的系数,参与运算。南宋时期著名数学家杨辉(13 世纪)在其《日用算法》(成书于 1262 年)中载有重量单位两和斤换算的口诀"一求,隔位六二五;二求,退位一二五",即 $\frac{1}{16} = 0.0625$;$\frac{2}{16} = 0.125$。这说明当时已经把分数与小数建立了密切的联系,已经把能够化为有限小数的分数用小数表示了,即从能够化为十进制的分数中产生了小数。

张奠宙(1933—2018)先生等认为:

> 小学数学里的"小数的意义"的教学内容,所承载的数学思想方法在于扩充自然数,使得可以用"数"来表示小于"单位1"的量。因此,我们不能满足于会认、会读、会写小数,而要回答一些更为本源的问题,例如:为什么要学习小数? 小数与分数的区别在哪里? 小数和自然数是什么关系? 尽量把构建"小数"背后的数学思想方法用孩子们易懂的方式表示出来。……那么,对于"小数的意义"而言,要理解哪几点呢? 笔者认为可以有以下几个方面。1. 引进小数是为了表示小于"单位1"的量。2. 除 0 之外,自然数中最小的是 1,所以自然数不能表示小于 1 的量。3. 一个数的小数部分是小于 1 的数。(在《初等数论》中可以找到有关一个小数的"整数部分"和"小数部分"概念的表述)4. 小数是分母为 10,100,1000……的一类特殊分数。(注:在刚刚接触小数的时候,小数就是指有限小数。本文所涉及的小数,都是有限小数)5. 一个小数可以记为整数部分和小数部分,小数中的小圆点叫小数点。6. 小数使用十进位值原则计数法,满十进一,但分数不是。[1]

4. 方程的再认识

关于方程的定义,史宁中、张奠宙等提出了与教科书不同的想法,认为教科书上的定义,即"含有未知数的等式就是方程",没有体现方程思想的本质,

---

[1] 张奠宙,巩子坤,任敏龙,等. 小学数学教材中的大道理——核心概念的理解与呈现[M]. 上海:上海教育出版社,2018:154-157.

也不够严密。因为含有字母的等式未必都是方程,例如用字母表示运算律 $a+b=b+a$ 就不是方程。"因此,我们替代性地有以下的方程定义:'方程是为了寻求未知数,在未知数和已知数之间建立起来的等式关系。'这样的定义,把方程的核心价值提出来了,即为了寻求未知数;接着告诉我们,方程乃是一种关系,其特征是'等式',这种等式关系把未知数和已知数联系起来了,于是,人们借助这层关系找到了我们需要的未知数。"[①]关于方程的定义,我们在 2012 年修订教科书的时候曾经征求了很多专家的意见,专家们的观点也是不同的。鉴于数学家们的意见体现了方程思想的本质,于是教科书采取了这样的处理方式:一是,在五年级方程单元中对方程的定义基本上保持不变,但是加强对用字母表示数量关系、列方程解决实际问题、分析数量关系和寻找相等关系的教学;二是,在六年级下册总复习中对方程的复习,采纳了数学家的意见来描述方程的本质。

5. 比和比例的再认识

多年来,我们习以为常地把比定义为除法。尽管人教版教材在引出比的情境中已经强调,除了用除法可以表示两个数量之间的倍数关系,还可以用比表示两个数量之间的关系。但是,最终还是把比归结为除法,即两个数的比表示两个数相除,而没有把比定义为两个数量之间的倍数关系。

关于比的定义,专家们有不同的观点。伍鸿熙教授认为"比例不是别的,它只是一个简单的除法。……用除法来定义比例能使你更清楚更准确地理解它"[②](译文中的比例实际上是指比)。而史宁中教授则提出了不同观点:

> 像教科书这样的表述,必然会引导人们把比理解为一种运算、是除法运算的一种特殊形式,进而理解比是为了得到运算结果。这样的理解不仅大大削弱了比的现实功能,并且很难、甚至无法让学生感悟比的数学本质。……通过上一节基于生活现实的讨论,可以这样给出比的概念:比是两个数量倍数关系的表达或者度量。……对于表达,大部分教科书采用国旗长宽比的例子,或者饮料果汁比的例子是切实可行的,但最后应当

---

① 张奠宙,巩子坤,任敏龙,等.小学数学教材中的大道理——核心概念的理解与呈现[M].上海:上海教育出版社,2018:41.
② 伍鸿熙.数学家讲解小学数学[M].赵洁,林开亮,译.北京:北京大学出版社,2016:292.

有这样的结论：这样的比表示了国旗长度与宽度，或者饮料中果汁与非果汁的多少关系(倍数关系)。……对于度量，有两种情况需要考虑，一种是同类量的倍数关系，一种是非同类量的倍数关系。对于前一种情况，可以用名片说明(3)($1:x=x:(1-x)$)的关系，然后把 0.618 带入(3)中验证黄金分割解的正确性，得到比值：宽度/长度≈0.618，感悟作为度量的比，感悟比与现实生活的关联；对于后一种情况，可以用第一节或第二节中的例子，比如：速度＝距离/时间，让学生通过比值的单位：千米/分，感悟作为度量的比，感悟比在自然科学中的应用。

关于比与除法、分数的关系，史宁中教授认为它们是有很大差异的：

> 除法是一种运算，是一种在解决问题的过程中使用的计算方法。因此，比的表达功能与除法风马牛不相及，比如，用"3∶1"的形式标明饮料中果汁与水的比，如果把这样的比理解为除法运算就完全背离了表达的本意。对于比的度量功能，有两种情况：一种情况与除法运算没有直接关系，比如，通过(3)式求黄金分割点；一种情况要用到除法运算，比如，速度＝路程/时间。即便是后一种情况，比也是通过除法运算得到速度的度量，而不是除法运算本身。所以，不能把比理解为除法。虽然可以用分数的形式表示比，但在本质上：分数是一个数、并且是一个无量纲的数；而比是一种表达或者度量，是可以有量纲的。因此，用分数形式表示的是比的大小、而不是比本身。所以，也不能把比理解为分数。特别是，研究者在前面已经反复提到，在一般意义上比可以是无理数。[①]

张奠宙教授对比也进行了深入的思考和研究：

> 顾名思义，学生看到"比"，第一个联想到的词就是"比较"。《辞海》释义中首先提到的也是"比较"两字。对六年级的学生而言，关于如何比较两个量的大小，已经学过两种方法。第一种方法是比较两数的差距关系。如果 a 比 b 大，用减法就可以知道差距是 $a-b$。在日常语境中我们常说：

[①] 史宁中，娜仁格日勒. 小学数学教科书中的比及其教学[J]. 数学教育学报，2017(2).

(1)小明比小华高 2 厘米;(2)甲乙两队篮球比赛的结果是 100 比 99,乙队以一分之差输了;(3)中国乒乓球队以 3 比 0 完胜对手;(4)比较胜利场次排名次。这里都用到"比"这个词。但只是比较差距,而差距用减法可求得。这是 a 与 b 之间的"差关系"。第二种方法是比较两数之间的倍数关系。对 a、b 两正数,$a>b$,那么 $a \div b = k > 1$;如果 $a < b$,那么 $a \div b = k < 1$;如果 $a = b$,$a \div b = 1$。在生活中,我们常说:(1)姚明比我高,他的身高是我的 1.5 倍;(2)我比小胖的体重轻,我的体重只是他的 0.8 倍。这就是说,"比"这一概念的本源是"比较"。用倍数比较大小,表明 a 与 b 之间存在着"比关系"。本单元要学习的就是第二种方法的比较。现在我们可以给"比"下一个比较合理的定义了。"两个量 a、b,如果以 b 为单位去衡量 a,称 a 和 b 之间有关系 a 比 b,记作 $a:b$。$a \div b = k$ 称为比值。"……对于上述"比"的定义,我们再进一步作些解释。(一)"比"是一种数量关系。"比"不是除法运算,只是在求比值时才用除法。……(二)"比"为比例作准备,并可以扩展为一种变量之间的正比例函数关系。这种比例关系的含义远超"除法"。……(三)"比"原本是同类量的比较关系,但是也可以推广到不是"同类量"的情形。不过,同类量之比是"源",不同类量之比只是"流"。……(四)不同类量的比,不宜作为"比"的主要情境引入。……(五)同类量的比值没有量纲,不同类量的比值一定会有量纲。……(六)把"两个数相除,又叫做两个数的比"作为"比"的定义,乃是舍本逐末。[①]

通过上文我们知道了除法、分数、比之间的相同点和不同点,知道三者之间的区别是重要的,便于我们把握概念的本质。但是实际上分数也可以表达两个量之间的关系,除法不仅仅关注商,也可以关注被除数与除数的倍数关系。总之,三者之间经常可以混用。例如,导数 $\left(\dfrac{\mathrm{d}y}{\mathrm{d}x}\right)$ 是函数的微分与自变量的微分之比(值),也可以看成分数,还可以理解为二者之商,所以导数也俗称微商。

比例是由两个比值相等的比组成的等式,表示相等关系,由 4 个数(量)组

---

① 张奠宙,巩子坤,任敏龙,等. 小学数学教材中的大道理——核心概念的理解与呈现[M]. 上海:上海教育出版社,2018:172-175.

成。它的价值主要有两个：一是比例的应用非常广泛，包括解决量之间成比例的实际问题，而且将来在中学数学中也会经常运用，比如相似三角形对应边成比例、圆的切割线定理（切线长是比例中项）等；二是为正比例和反比例关系、函数的学习打下基础。比、比例与正比例关系、反比例关系是不同的概念，前者在2000多年前已经广泛应用，《几何原本》和《九章算术》都有记载，而后者属于函数概念，才产生300多年。

总之，比和比例的知识在中学及生活中的价值和应用，比我们现在想象的可能更重要。这方面国内外均有研究，国外专家最早提出了比例推理的概念。

> 比例推理的概念起源于Inhelder（编者注：英海尔德，1913—1997）和Piaget（编者注：皮亚杰，1896—1980）于1958年研究中的一场误会。Piaget将某些在设计比和比例的问题中成功给出答案的想法和程序命名为"前比例推理"。事实上，该研究中学生的解题策略并没有与比例方程相似的结构（Lamon，1993），因此与"比例推理"应有的含义有一定差异。之后的研究者也没有去特意将这种前比例推理与真正的比例推理区别开来，因此，比例推理这个术语就被沿用至今。概括来说：比例推理的含义是：正确建构过程，使用代数方法解决比例问题。[①]

我们知道，学习数学和解决数学问题的主要思维表达方式是运算和推理，从自然数公理的角度看，运算也是一种推理。当我们用计算解决实际问题的时候，我们对题目中的数量关系要进行分析，然后列式解答，这个分析数量关系的过程，也是一个推理的过程。因此，数学从本质上说，最重要的思维方式是逻辑推理。比如，我们用比例解决问题，当我们经过分析数量关系并列出比例式的时候，这个过程就是一个推理的过程。因此我们说，用比例这个模型解决问题的思维过程，是一种比例推理。

有研究表明，比例推理更难以理解，因为它涉及四个量的关系，与之前学习的数量关系不同（本质上是相同的，只是表达方式不同），如单价、数量、总价是三个量之间的关系，这种关系偏向于算术思维。而比例推理是代数思维，算术思维的过度学习阻碍了比例推理的学习。

[①] 杜莺.上海初中生比例推理表现的调查研究[D].上海：华东师范大学，2015：6.

正反比例概念对小学生来说有一定难度，原因之一，在这之前，小学生遇到的数学问题都是常见的关系；而比例概念乃是两个可变化的量间的关系。原因之二，在比例概念中存在着两组对应的四个数值，当两个测度空间对应的数值的商是恒定时，则两组数值成正比关系。比例策略乃是通过已知的三个数值去求一个未知的数值。而小学数学课本中常见的是数量关系式已在学生心中留下深刻印象。因此，常量与变量、三量关系式与比例中的四个数值的表面上不一致（实质上两者是一致的），必然在儿童认知上造成矛盾和困难。[①]

因此，我们可适当提前比例关系式的教学。

二、数学命题

如前文所述，思维的基本形式有：概念、判断、推理。关于推理，有人用判断进行定义，有人用命题进行定义。那么判断和命题这两个概念是什么关系呢？

判断是对对象有所断定的思维形态。表达判断的语句，现代逻辑称之为命题。事实上，语句直接表达的是命题，而不是判断，只有被断定了的命题才是判断。它们之间的区别在于：命题未必经过断定，它只是对事物情况的一种客观陈述，与思维主体无关。而判断则与思维主体有关，是被具体断定为真或假的命题。例如，著名数学家哥德巴赫（C. Goldbach，1690—1764）早在 1742 年就提出"所有大于 5 的奇数都可以分解为三个素数之和"的猜想。从其语言形式来看，这是一个陈述句，直接表达命题，可能真也可能假。但由于这个猜想迄今未得到证明，并未被具体断定究竟是真还是假，因而只是一个命题，而并非判断。将判断和命题严格区分开来，并以命题取代判断，这是现代逻辑的做法。现代逻辑认为，判断与具体的断定者有关，因思维主体而异，带有非逻辑的主观心理色彩，因而并非逻辑学的研究对象。然而在实际思维中，判断和命题的区

---

① 孙昌识，姚平子. 儿童数学认知结构的发展与教育[M]. 北京：人民教育出版社，2005：153.

别十分细微。每当我们说出或者写出一个有真假的语句时,通常也就表示我们认可其思想内容,已经在作出判断。因此,判断和命题也往往被看成一回事。①

由此可知,命题的外延要比判断更大一些,本书中我们使用命题这个概念,把在数学概念的基础上所规定或者推导出的法则、运算律、性质、公理、定理等,统一称为命题。当然,命题有真命题与假命题之分,前述的这些命题都是真命题。"我们学过的一些图形的性质,都是真命题,其中有些命题是基本事实,如两点确定一条直线。还有一些命题,它们的正确性是经过推理证实的,这样得到的真命题叫做定理。定理也可以作为继续推理的依据。"②我们把数学真命题形象地比喻为数学里的"真理",是进行数学运算和逻辑推理的依据。

由概念和原始命题出发,不断发现新的概念和命题,并对这些概念和命题进行推理证明,这样就构成了数学的公理体系。这个体系是有逻辑的、有序的,即新知识是学生运用已有知识通过运算和推理得到的。数学主要有两种推理方式:一种是归纳,另一种是演绎。数学学习往往是从概念和命题出发进行归纳和类比等合情推理,进而去发现问题和命题,然后通过演绎论证的形式推理,证明命题和解决问题,这样就形成了有序多级的数学分支学科和数学结构。

数学既是一门发现与归纳的科学,又是一门演绎推理的科学,而且经常殊途同归、数形结合。比如多边形的内角和问题,正确的逻辑顺序是从平行公理和平角的概念出发,先推出三角形的内角和是180°,再由此推出四边形的内角和是360°。这个推理不能反向进行,如果教师在教学中通过长方形内角和是360°,推出直角三角形的内角和是180°,就违背了欧氏几何的公理体系,产生了循环论证。从小学数学范围来看,知识虽然简单,但是道理并不简单,小学教师和学生长期以来缺乏数学原理和思想方法的训练。现在的一个实际情况是,小学生虽然学习了6年数学,但主要是结合具体的情境和例子,通过归纳的方法学习数及图形的认识、具体数的运算(算术),被动地行走在数学的微观世界里(实际上即使是算术,很多学生也没有理解其本质)。学生就像井底之

---

① 刘社军.通识逻辑学[M].武汉:武汉大学出版社,2010:32.
② 林群.义务教育教科书数学七年级下册[M].北京:人民教育出版社,2012:21.

蛙,并没有仰望星空,没有去思考数学是什么,怎么学习数学,学习数学的价值是什么等重要问题。这种现状导致小学生甚至很多教师,对数学的公理体系和结构一无所知,这会直接影响中学数学的学习。因为中学数学,尤其是平面几何的内容,基本上是按照平面几何公理体系进行教学的。针对小学数学的数与形两个主要领域,有两个重要公理需要教师掌握,分别是欧几里得几何公理体系和皮亚诺算术公理体系。

(一) 欧几里得几何公理体系

在小学数学中,几何是一个重要的内容领域。几何公理体系已经产生 2300 多年了,这主要归功于古希腊哲学家亚里士多德(Aristoteles,前 384—前 322)和数学家欧几里得(Euclid,约前 330—前 275)。我们现在广泛使用的演绎推理的三段论形式,是由亚里士多德构建的。欧几里得在总结前人理论的基础上,建立了比较严谨、比较完备的几何公理体系,这个公理体系的成果就是畅销 2000 多年的《几何原本》。"可以看到,欧几里得已经把握住了数学研究的根本:通过定义给出概念,建立公理和公设,利用推理从公理和公设出发验证命题。这就是数学公理体系的雏形。"[①]《几何原本》共有 13 卷,从 23 个定义、5 个公理、5 个公设出发,证明了 465 个命题。我们现在中小学数学中的几何内容,主要的部分仍然是这个公理体系下的内容。多数专家认为,欧氏几何在培养学生演绎推理证明的逻辑思维能力方面的地位和作用,尽管存在着争议,但是仍然不可替代。"欧几里得《原理》的重要性,并不仅仅是表现于所贡献的数学知识,而更重要的是表现于所贡献的思维形式和论理模式。"[②]由此我们认为,学习几何的价值在于通过对图形的概念、性质及图形的关系(大多数可以归为命题范畴)的研究,培养直观想象和逻辑推理等核心素养,更好地认识生活空间,解决相关问题。

(二) 皮亚诺算术公理体系

我们一般把自然数、整数、小数和分数的认识与计算称为算术。算术在小

---

① 史宁中.数学基本思想 18 讲[M].北京:北京师范大学出版社,2016:73.
② 史宁中.数学基本思想 18 讲[M].北京:北京师范大学出版社,2016:74.

学数学中占了最重要的地位和最大的容量。几十年来,我们的教材和课堂教学,已经形成了一套固有的传统模式,即通过情境、操作、直观等认识数和计算,学生通过反复训练,似乎掌握了计算技能(实际上很多学生是通过模仿训练形成的技能,不是在理解算理基础上形成的技能),但是学生对于数与计算的本质并没有深刻理解。有研究表明,三年级小学生中能够理解整数乘法计算算理的人数不超过50%。

就自然数的认识和计算等看似简单、习以为常的内容而言,数学家和数学教育家却对此提出了一些不同的观点,如加强自然数公理的教学。

> 所谓自然数公理,简言之,就是自然数在逻辑上的最高度的和最简练的概括,它由自然数的一组最少个数的独立性质所组成,同时使得自然数的一切其他性质,均蕴含于它们之中,即都可以由它们演绎而得。自然数公理是在1889年由意大利数学家皮亚诺(G. Peano,1858—1932)所完成的,常称为皮亚诺公理。但这组极其简练的公理,其语言形式,常不为初学者所接受,因此在本书,我们将代之以另一组与皮亚诺公理等价的公理(书中称为自然数公理),并将它作为下面构造有理数域的逻辑出发点。……所谓等价,是指从皮亚诺公理出发,可以推导出在下一节列出的公理(自然数公理)中所包含的全部性质;反过来,从下一节列出的公理出发,也可以推导出皮亚诺公理包含的全部性质。[①]

为了方便理解,我们把皮亚诺公理和自然数公理(选自《实数的构造理论》)列表比较,如表3.2.1[②]。

首先我们了解一下,数学家为什么要像欧几里得几何公理体系那样,构造严密的算术公理体系。史宁中教授对此进行了解读:

> 现今数学界,人们广泛认可的关于自然数的定义,是皮亚诺算术公理体系,这是一种基于内涵的定义。这种定义的出发点是细化了的"大小"关系:自然数是一个一个大起来的。数学家在这种关系中抽象出"后继"

[①] 王建午,曹之江,刘景麟,等.实数的构造理论[M].北京:人民教育出版社,1981:37.
[②] 表3.2.1中的自然数集实为正整数集,这是由于自然数定义的变化引起的描述上的差异。

表 3.2.1

	皮亚诺公理	自然数公理
	自然数集 **N** 是满足下述一组公理的集合：	自然数集 **N** = {1, 2, …} 是具有下述性质的集合：
1	1是一个自然数。	在 **N** 上可唯一地确定两种独立的代数运算——加法和乘法,满足交换、结合、分配三律。
2	对于 **N** 中每一个自然数 n,都可以在 **N** 中找到一个确定的后继数 n^+。	1 是乘法的单位元,即对于任何 $n \in$ **N**,有 $1 \cdot n = n$。
3	对任何自然数 n,$n^+ \neq 1$,即没有以 1 为后继数的自然数。	乘法满足消去律,即由 $ma = na$ 可推出 $m = n$。
4	任何两个自然数 m、n,若 $m^+ = n^+$,则 $m = n$。	对 **N** 内任意两个数 m、n,有且仅有下述三者之一：$m = n$；$m + x = n$ 有一解 $x \in$ **N**；$n + y = m$ 有一解 $y \in$ **N**。
5	**N** 的任一子集 S 若满足性质：(1) $1 \in S$；(2) 由 $n \in S$ 可推出 $n^+ \in S$,则 $S =$ **N**。	有限归纳原理：S 为 **N** 的子集,如果它满足：(1) S 包含 1；(2) S 若包含自然数 n 则必包含 $n+1$,则 $S =$ **N**。

的概念,皮亚诺用"后继"的概念定义了自然数。比如,先有 1,称 1 的后继为 2,2 比 1 大 1,表示为 2＝1＋1,称 2 的后继为 3,3 比 2 大 1,表示为 3＝2＋1,……通过这样的后继关系,就定义了所有的自然数,同时又定义了加法。皮亚诺最初规定自然数从 1 开始,后来又规定自然数从 0 开始。其原因在于：如果自然数从 1 开始,算术公理体系将无法定义出 0；如果定义不出 0,则无法定义相反数,进而无法定义负整数；如果定义不出负整数,则无法通过加法的逆运算定义出减法。因此,如果没有 0,自然数集合就不可能在公理化结构下扩张为整数集合。[①]

我们可以看到,自然数是怎么被有逻辑地定义的,0 是怎么成为自然数的,这个逻辑关系是必要的。"正是因为有了这样的严谨性,从自然数集出发,在加法运算基础上产生的四则运算、数集的扩充以及后来的极限运算也都有了

[①] 史宁中. 数学基本思想 18 讲[M]. 北京：北京师范大学出版社,2016：19.

根基,这就使得数学能够得到合理的发展。"①由此可知,数学家构造算术公理体系是必要的,不过可以推测,这个公理体系主要不是为小学数学教师和小学生构造的,是为了数学分析等理论的严谨性而构造的。因为皮亚诺生活在19世纪下半叶和20世纪上半叶,算术公理体系才产生100多年,也就是说,即使没有算术公理体系,似乎也不影响小学算术的教学。但是,既然有了这个公理体系,我们是否应反思传统做法有哪些不足之处呢? 关于自然数的加法,史宁中教授在其著作中表达了与教科书不同的观点,特别提倡基于对应的定义(具体阐述见第七章第三节),而不是基于内涵的定义,这些观点有待于在教材编写和课堂教学中去实验。

一般地,在学习自然数的过程中,教师启发学生数小棒,数到十根捆成1捆,再接着数,接着捆,数到10捆再捆成1大捆……于是学生知道了10个一是1个十,10个十是1个百,10个百是1个千……这样的教学似乎没有什么问题,对学生理解数的大小及十进制是有益的。但是,如上所述,这样的教学并没有让学生真正理解自然数的本质:自然数是从0开始一个一个累加起来的。关于自然数的认识,无论是编写教材还是课堂教学,都应该体现自然数系的累加过程,应先让学生理解:10是9加1得到的,而不是10个1相加得到的;100是99加1得到的,而不是10个10相加得到的;1000是999加1得到的,而不是10个100相加得到的;……即$10=9+1$,$100=99+1$,$1000=999+1$,……然后再强化十进制,10个一是1个十,10个十是1个百,10个百是1个千,……因为自然数在先,不同进制在后,而且自然数可以用不同进制表达。比如计算机是用二进制表示自然数的,没有用十进制,但是照样可以进行逻辑运算。当然,这并不是说十进制不重要,十进制的应用是广泛的,对于学生理解算理和算法仍然是十分重要的。但是更重要的是应加强了解其公理体系,包括自然数系的形成、以加法为基础的四则运算的意义、运算律、运算法则、数系扩张的必要性和合理性、运算律的可持续性。这些新观点对小学数学的数学观、教育理念、教师专业发展、学生的认知等都带来了挑战,也为教材编写、课堂教学带来了改革和实验的机会。

---

① 史宁中.基本概念与运算法则:小学数学教学中的核心问题[M].北京:高等教育出版社,2013:87-91.

(三) 运算律

运算律作为运算所遵循的基本规律,有两种界定方式。根据皮亚诺公理和自然数公理的对比可以发现,自然数公理把运算律作为自然数公理的一部分,可以被看作是原始的性质,也就是说,运算律可以作为加法和乘法原始定义的一部分,而不必作为需要推导证明的性质。皮亚诺公理,没有把运算律作为自然数公理的一部分,需要通过推导得出运算律,这样就把运算律作为导出的性质。二者在逻辑上都是可以的。

这里要顺便说说人们对运算法则的两种理解:具体的运算法则和抽象的运算法则。我们经常说的运算法则是指具体的运算法则,下文会进一步讨论;而抽象的运算法则是指数学家所说的算术公理体系,包括运算性质和运算律。如德国数学家克莱因(F. Klein,1849—1925)把自然数加法和乘法的 11 条性质和运算律(包括运算的封闭性、运算结果的唯一性、大小的单调性和运算律)称为 11 条法则。克莱因指出:

> 很容易看出,一切初等运算都可以依据这 11 个法则。这一点,只要用一个简单的例子就足以说明。就拿 7×12 来说,根据分配律得:$7\times 12=7\times(10+2)=70+14$。若将 14 分成 $10+4$(即逢十移出),则根据加法结合律,得 $70+(10+4)=(70+10)+4=80+4=84$。从这个运算过程,可以认清一般十进制运算的步骤……可以概括地说,一般的整数运算就是结合所记住的加法表和乘法表,反复运用上述 11 个基本法则。[①]

从中可以发现,上述计算过程已经运用了加法的具体运算法则,因而我们认为,自然数的运算的定义、运算性质、运算律、运算法则是一个不可分割的协调的整体。

> 回顾从自然数系逐步扩充到实数系的过程,可以看到,数系的每一次扩充都与实际需求密切相关。例如,为了解决 $x^2-2=0$ 这样的方程在有理数域中无解,以及正方形对角线的度量等问题,人们把有理数系扩充到

---

① 克莱因 F. 高观点下的初等数学(第一卷)[M]. 舒湘芹,陈义章,杨钦樑,译. 上海:复旦大学出版社,2013:6.

了实数系。数系扩充后,在实数系中规定的加法运算、乘法运算,与原来在有理数系中规定的加法运算、乘法运算协调一致:加法和乘法都满足交换律和结合律,乘法对加法满足分配律。[1]

(四) 数与运算的性质

1. 自然数的性质

自然数有这样一个性质,任意一个自然数,在它的最高位(非零数字所占的最大数位)的左边添加若干个零,这个数的大小不变。这个自然数从个位到最高位(非零数字)一共占了几个数位,我们就把它称为几位数,也就是说,几位数一般是针对自然数而言的。如 0 到 9 这十个数是一位数,10 到 99 是两位数,但我们不把 01 或者 09 称为两位数。

2. 分数的性质

如前文所述,每一个整数、小数和分数,都表示数轴上一个确定的点,而且整数和小数与数轴上的点是一一对应的,或者说,整数和小数的表示法是唯一的。而分数却不是这样。一个值确定的分数,数字符号表示法却不是唯一的,可以有无数种,这就是分数基本性质的本质。也就是说,等值分数的数字符号表示法虽然不同,但是都表示数轴上同一个点。

张奠宙先生建议把分数的基本性质改称为"分数的相等性质":

> 分数的这一"相等性质",其数学价值在于揭示了"多元表示"和"等价类"的数学思想方法……我们"把同一个分数的所有不同表示形式,看成彼此相等的一个整体,就形成了一个'等价类'"。"等价类"是一个重要的数学思想方法。它是"分类"数学方法的引申。分类之后,在同一类中的对象就具有某种等价性。[2]

伍鸿熙教授把两个相等的分数也称为等价分数,把分数的基本性质称为等价分数定理。我个人认为,分数的基本性质叫什么不重要,关键是教材的编

---

[1] 刘绍学. 普通高中课程标准实验教科书数学选修 2-2[M]. 北京:人民教育出版社,2007:102.
[2] 张奠宙,巩子坤,任敏龙,等. 小学数学教材中的大道理——核心概念的理解与呈现[M]. 上海:上海教育出版社,2018:131-132.

排有没有体现数学本质,包括等价类的思想方法;进一步,课堂教学能不能很好落实教材的意图,这些是我们应考虑的问题。实际上,除了分数有相等的性质,还有很多类似的性质,如自然数的性质、小数的性质、比的性质、除法商不变的性质、分式的性质等,是否也应该改成相等的性质呢?

3. 小数的性质

小数与整数类似,也是用十进制计数法表示的,所以与整数的上述性质相对应,有这样一个性质:任意一个小数,在它的最低位的后面添加或者去掉若干个零,这个小数的大小不变。另外,小数与十进分数等价,小数的性质等价于:十进分数的分子与分母同时乘上或除以 10 的 n 次幂,它的大小不变。我们知道,自然数有几位数的说法,但是我们一般不对小数定义几位小数,因为这涉及到小数的近似数的有效数字的问题,比如 1.203,如果精确到百分位得到近似数 1.20,那么 1.20 中的 0 是有效数字,这个背景下称 1.20 是两位小数,这个 0 是有意义的,表明了该小数的精确度。我们经常讨论的一个有争议的题目:判断 1.5×0.8 的积是几位小数。这个陈述句本身是不严密的,因为积有两种写法:$1.5 \times 0.8 = 1.20 = 1.2$,1.20 是两位小数,1.2 是一位小数,因而存在争议。此题如果把积明确写出来,就不存在争议了。

小数与整数都用十进制计数法,所以小数还有另外两个重要的性质:一是小数的小数点移动引起小数的大小按照 10^n 的倍数关系变化;二是小数四则运算可以像整数那样进行,只需要注意小数点的变化即可。

4. 乘法的性质

自然数乘法有这样一个性质:两个数相乘,如果一个乘数扩大到原数的若干倍(或者缩小到原数的几分之一),另一个乘数不变,那么它们的积也扩大到原来的若干倍(或者缩小到原来的几分之一)。这个性质对学习小数乘法有帮助。

5. 除法的性质

自然数除法有这样一个性质:如果被除数和除数同时扩大到原数的若干倍(或者缩小到原数的几分之一),那么它们的商不变。过去的教材及现行教材,编排这个性质,一方面是要认识除法的这个性质及其在自然数除法运算中的应用,另一方面它是学习分数的性质的基础。但是,史宁中教授认为,不能用自然数除法的这个性质去推导和理解分数的性质,而应该反过来用分数的性质去理解和推导除法商不变的性质,因为分数的性质是可以证明的,商不变的性质无法被证明。

6. 等式的性质

欧几里得的《几何原本》中的五个公理,如果用符号表达,几乎就是等式的性质,因此,等式的性质属于公理,等式有以下几条公理。

(1) 自反性:对于任意式 X,有 $X=X$;

(2) 对称性:对于任意式 A 和 B,如果 $A=B$,那么 $B=A$;

(3) 传递性:对于任意式 A、B 和 C,如果 $A=B$,$B=C$,那么 $A=C$;

(4) 恒等性:对于任意式 A、B 和 C,如果 $A=B$,那么

$$A \pm C = B \pm C, \; AC = BC, \; \frac{A}{C} = \frac{B}{C}(C \neq 0)。$$

7. 比和比例的性质

如前文所述,我们知道了除法、分数、比之间的区别。另外一方面,更为重要的是,我们还要看到三者之间的联系(即除法、分数、比这三个概念能够关联起来,能够用"="连接),目的是为我所用。这样来看,比的性质与除法商不变的性质、分数的基本性质是有一致性的。

比例的性质(将在第六章第二节讨论),根据两个分数相等的性质,就可以推导出比例的基本性质的分数表达形式,这充分说明比与分数、比例与两个相等分数建立的等式的内在联系及统一。比例的意义是比值相等关系,而比例的基本性质是内项积与外项积相等的关系,这充分说明,乘法与除法的相互转化和内在统一性。

(五) 运算法则

这里所说的运算法则是具体的运算程序,是指运算所依据的具体的操作规则,它是依据数的意义、运算的定义、运算律等概括出来的,使得计算能够简便实施。运算法则涉及整数和小数的加减乘除四则运算,以及分数的四则运算。我们目前学习的整数和小数都是用十进位值制计数法表达的,小数与整数的四则运算法则,在本质上是相通的,小数的四则运算需要另外注意的是小数点的问题。加减法的计算法则要把握住的是:相同单位上的数相加减。因

为是十进位值制计数法,做加法的时候,相加满十的那一位要向前一位进一;做减法的时候,不够减的那一位要向邻近的高位退一当十再减。在小学范围内,乘法就是连续做加法,基本逻辑关系是:首先利用加法解决了一位数乘法,即表内乘法,在此基础上解决多位数乘法,利用自然数的意义、十进制计数法和运算律,多位数乘法可以分解为多个表内乘法,再把多个表内乘法的积做加法,所以多位数乘法也要遵循相同单位的数相加的法则。

除法是乘法的逆运算,这是有前提条件的,在分数(有理数)范围内,可以这样说;而在自然数和整数的范围内,需要分情况讨论:带余除法中余数是 0 的除法是乘法的逆运算;余数大于 0 的除法不是乘法的逆运算,因为被除数由乘法和加法表达,即 $a = qd + r(0 < r < d)$。虽然余数大于 0 的带余除法不是乘法的逆运算,但是它们长除法的计算法则是相同的,也就是说,乘法是一个合的运算,而除法是一个平均分的运算。如果不考虑除法的具体计算背景,就可以根据包含除的意义来进行计算,即把除数看作 1 份,然后观察被除数,从高位起,哪几个数刚好够平均分(除),就进行第一次平均分;如果还有剩余,并且剩余的数不小于除数,就继续进行第二次平均分……直到余数小于除数为止。

分数的四则运算虽然与整数、小数四则运算有很大不同,但是它们的运算法则有相通的地方,即分数的加减法也需要相同单位的数相加减,分数单位相同的数才能够直接进行加减运算。

学生如果想真正掌握运算法则,必然涉及算理和算法,我们之所以强调算理的重要性,是希望学生通过理解算理来理解自然数运算法则的本质,同时培养推理思想,为中学数学的学习打下基础。

> 我可以肯定地说,如果学生对证明标准运算法则的数学推理过程感觉不舒服,那么他们在代数学上成功的几率是很小的。沿着这个话题还可以再补充一点,如果我们想让学生早点接触到数学推理,那么让他们学习这些运算法则的本质将是一个不错的开始。贯穿这些运算法则的中心思想:把一个复杂的问题分解成一个个简单的子问题。这也是研究数学的基本工具,具体地说,我们指出标准运算法则的核心思想:进行多位数计算时,把计算过程分解成许多步,使得每一步(解释合理的话)都只涉

及一位数的计算……我们也看到,没有位值制就不可能解释加法运算法则,因为运算法则本身就建立在位值制这个概念的基础上。①

例如,自然数加法 28 + 899,怎么计算才能够比较简便地得到正确的结果? 如果按照皮亚诺算术公理,利用后继数的方法,一个一个地加1,从28开始加899次也能得到结果,但是这样计算非常麻烦。所以这里要感谢我们的祖先发明了位值制计数法,使得无论多大的若干个数,都可以快速进行计算。这个运算法则被概括为:相加时分别把相同计数单位(或者数位)的数相加,哪一个计数单位的数满十,就向高一级的计数单位进一。为了方便,通常采用竖式进行计算,便于相同数位对齐。

关于异分母分数在比较大小及进行加减运算时,为什么要通分呢? 这在本质上与自然数、小数的运算是一致的,因为相同单位的数才能够直接相加减,通分就是为了让分数之间有相同的单位。传统上,教材和课堂教学都把两个分数的分母的最小公倍数作为公分母,而且以此为教学重点。但是,美国数学家伍鸿熙教授持有不同观点,他认为异分母分数加减法不必把两个分母的最小公倍数作为公分母,可以直接把两个分母相乘的积(公倍数)作为公分母,这样进行通分是通性通法,表面麻烦,实质上简单易学。

我们就很容易得到加法的一个明确公式。为了将来使用方便,我们重新写出一般情形下的加法公式:$\frac{k}{l} + \frac{m}{n} = \frac{kn + lm}{ln}$。(14.3)……我们也要警告各位不要把(14.5)(利用 n 和 l 的最小公倍数 A)作为两个分数 $\frac{k}{l}$ 与 $\frac{m}{n}$ 求和的定义,这在概念上是不合理的,其原因将在高等数学中给出。在此处我们仅仅给出下述理由就足以说明如此定义对于教学是灾难性的。若采用(14.5)作为分数加法的定义,学生就会认为分数加法与已经学习过的自然数将没有任何相似之处。于是他们只好得出结论:"分数是另一类完全不同的数。"你可能会注意到,本书致力于扭转学生这种错误的认识。此外,使用(14.5)作为分数加法的定义还存在另一个问题。

---

① 伍鸿熙. 数学家讲解小学数学[M]. 赵洁,林开亮,译. 北京:北京大学出版社,2016:47-53.

由于学生普遍对两个自然数的最小公倍数和最大公因数的一般用法模糊不清,这立即使得学生很难学会分数加法的技巧。①

分数乘法的法则,需要理解公理化定义:两个分数相乘,分子的积作为分子,分母的积作为分母,这样所得的分数叫做这两个分数的积,求这两个分数积的运算叫做分数乘法。实际上分数乘法的定义已经规定了运算法则。

分数除法的一个重要的法则是:除以一个数,等于乘上这个数的倒数。这个法则适用于整数、小数、分数。利用这个法则,就把分数乘法与除法关联起来,把除法转化为乘法,就能够进行计算了。实际上在分数的范围内,乘法与除法是等价的。

三、数学结构

如前文所述,数学知识结构是数学的概念、命题的关联所形成的模型和体系。概念之间、命题之间、概念和命题之间有关系才能够关联,那么什么是关系呢?我们看到,生活中有同学关系、同事关系、父子关系、母女关系等,这些关系表达的是两个或者两个以上事物之间的关联。在数学里,3 是 6 的因数,6 是 3 的倍数,3 与 6 是因数和倍数的关系;$\frac{1}{2}$ 和 2 是互为倒数的关系;路程=速度×时间,5=3+2,这些都是相等关系;9>6+2,3+4<8,这些都是不等关系;两条直线互相平行,两个三角形全等,这是图形之间的关系;实数与数轴上的点一一对应,函数解析式与其函数图象相对应,这是数与形之间的关系;小数与分数之间、长方形与正方形之间,都有从属或者种属关系。这些关系表达的也都是两个或者两个以上数学对象之间的关联,即数(数量)和数(数量)之间的关系,图形和图形之间的关系,数和形之间的关系。当然,上述的这些关系多数还只是零散的几个对象之间的局部关联,还不足以形成大结构。要不断地关联,进一步建立领域的、广泛的、系统的概念及命题之间的关系,把数学概念和命题串起来形成数学学科的网状知识结构。在学习数学知识结构的

---

① 伍鸿熙.数学家讲解小学数学[M].赵洁,林开亮,译.北京:北京大学出版社,2016:187,193.

过程中,学生个体会形成自己的数学知识结构和数学认知结构。

比如,根据教材的编排,学生要分几次学习自然数。例如,学生要先后学习 9 以内的数、10—20 的数、100 以内的数、万以内的数、亿以内的数、亿以上的数。这样的认识可能是碎片化的,只见树木、不见森林。教师从一年级开始就要把这些自然数进行梳理、关联、结构化,从一位数、两位数到多位数,形成自然数系统,以帮助学生理解十进位值制思想。这样,学生对于相关数的概念和命题在结构中进行理解,才能形成长久的记忆。然后把自然数系扩展到整数系、分数系(有理数系)、小数系(实数系)。小数(小数的初步认识)本来是从十进分数引入的,貌似小数是特殊的分数,但是后来小数的意义扩展了,小数包括有限小数、无限循环小数和无限不循环小数,所有的分数都可以化成有限小数或者无限循环小数,因此分数是小数的一部分。它们都可以用十进位值制表示,从而可以体会运算法则和运算律的一致性。

再比如,我们知道了除法、分数、比这三个概念的区别。另外,更为重要的是,我们要看到这三个概念之间的密切联系和相同点,即这三个概念的符号表达形式可以用等号连接起来,建立等式,这样便于我们运算和推理,包括推导它们的性质。如图 3.2.2 所示,除法商不变的性质、分数的性质、比的性质、分式的性质,这四个知识点类似,具有可类比性。学生在四年级学习除法商不变的性质,通过计算几个具体的除法算式,运用不完全归纳法发现这几个除法算式有一个共同点:被除数和除数同时乘或除以一个非零的数,商不变。等学习了分数的基本性质以后,可以用分数的性质推导除法商不变的性质、比的基本性质、分式的性质,不必再用不完全归纳法探索规律,而是与分数的性质进行类比,直接把新知识化归为旧知识,完成认知结构的更新。这个转换过程蕴含了变中有不变的思想、恒等变形方法、数形结合思想(几何直观)、关联思想(普遍联系)、类比推理方法、转化思想等。

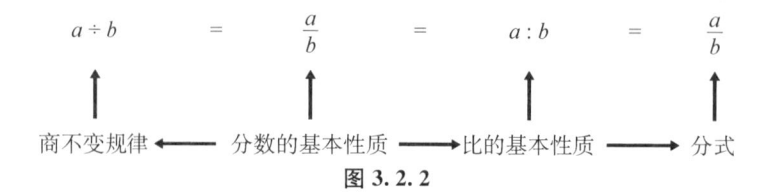

$$a \div b \quad = \quad \frac{a}{b} \quad = \quad a:b \quad = \quad \frac{a}{b}$$

商不变规律 ⟵ 分数的基本性质 ⟶ 比的基本性质 ⟶ 分式

图 3.2.2

加减乘除四则运算是小学数学非常重要的概念和内容,涉及自然数、小数和分数的四则运算;四则运算各自的概念、四则运算之间的关系,特别是:减法是由加法定义的,减法是加法的逆运算;整数乘法是特殊的加法;除法是由乘法定义的,余数为 0 的除法是乘法的逆运算,也是特殊的减法。四则运算之间的关系如图 3.2.3。

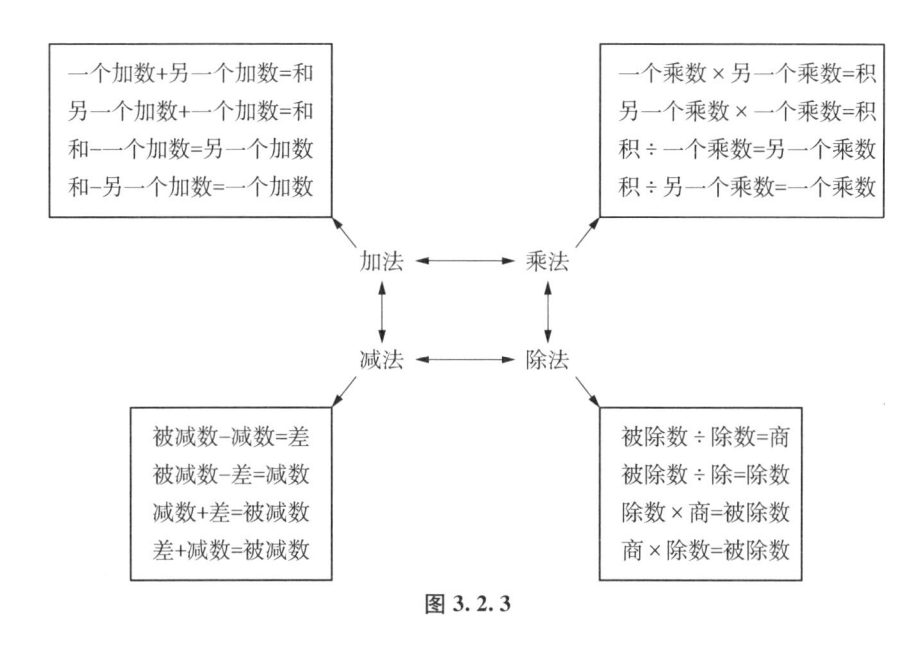

```
┌─────────────────────────┐         ┌─────────────────────────┐
│ 一个加数+另一个加数=和  │         │ 一个乘数×另一个乘数=积  │
│ 另一个加数+一个加数=和  │         │ 另一个乘数×一个乘数=积  │
│ 和--个加数=另一个加数   │         │ 积÷一个乘数=另一个乘数  │
│ 和-另一个加数=一个加数  │         │ 积÷另一个乘数=一个乘数  │
└─────────────────────────┘         └─────────────────────────┘
            ↑                                    ↑
            │                                    │
           加法  ←——————————→   乘法
            ↕                                    ↕
           减法  ←——————————→   除法
            │                                    │
            ↓                                    ↓
┌─────────────────────────┐         ┌─────────────────────────┐
│ 被减数-减数=差          │         │ 被除数÷除数=商          │
│ 被减数-差=减数          │         │ 被除数÷商=除数          │
│ 减数+差=被减数          │         │ 除数×商=被除数          │
│ 差+减数=被减数          │         │ 商×除数=被除数          │
└─────────────────────────┘         └─────────────────────────┘
```

图 3.2.3

图 3.2.3 所示的概念及关系用文字表达,字面上有差别,实际上被减数与和,被除数与积,可以看成同一个数有两个名称,这样抽象成符号就统一了,如图 3.2.4。

根据上述关系图,我们提出三数(量)四式的模型,包括加减乘除的基本模型,路程、时间和速度,总价、数量和单价等模型,都可以一网打尽。

此外,平面图形之间、立体图形之间、平面图形和立体图形之间,也都可以进行关联结构化。

我们讨论了数学概念、数学命题之间的关联,实际上数学里最高境界的关联是数形结合,即数及数量关系可以用图形表达并解决问题,图形及图形关系也可以用代数方法表达并解决问题。在数形结合方面,法国数学家笛卡儿(R. Descartes,1596—1650)在研究了代数与几何的关系的基础上建立了解析几

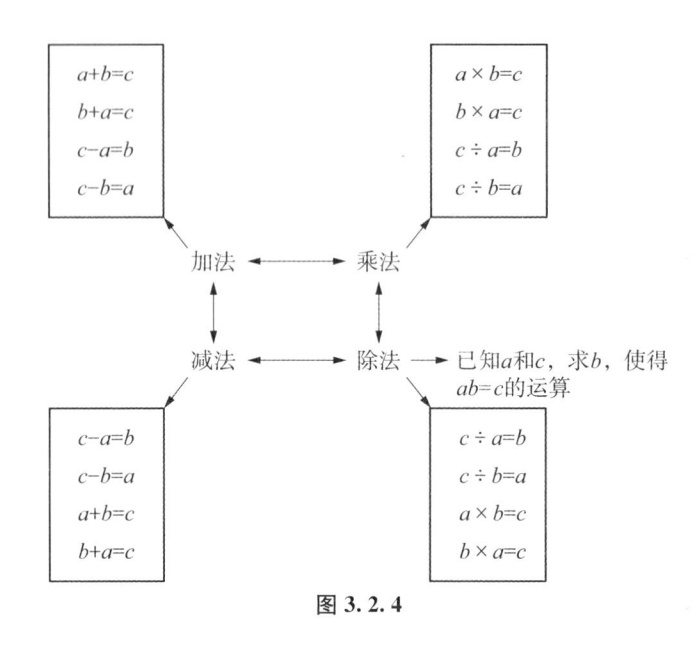

```
┌─────────┐              ┌─────────┐
│ a+b=c   │              │ a×b=c   │
│ b+a=c   │              │ b×a=c   │
│ c-a=b   │              │ c÷a=b   │
│ c-b=a   │              │ c÷b=a   │
└─────────┘              └─────────┘
     ↓                        ↓
    加法 ←─────────────────→ 乘法
     ↕                        ↕
    减法 ←─────────────────→ 除法 ──→ 已知a和c，求b，使得
     ↓                        ↓        ab=c的运算
┌─────────┐              ┌─────────┐
│ c-a=b   │              │ c÷a=b   │
│ c-b=a   │              │ c÷b=a   │
│ a+b=c   │              │ a×b=c   │
│ b+a=c   │              │ b×a=c   │
└─────────┘              └─────────┘
```

图 3.2.4

何，而且看透了数学的本质是研究对象之间的关系和比例，实际上比例也是数量关系。

《新高中数学课标》把学业质量分为三级水平，水平二的一部分描述为：

> 能够理解用数学语言表达的概念、规则、推理和论证，理解相关概念、命题、定理之间的逻辑关系，提炼出解决一类问题的数学方法，理解其中的数学思想，初步建立网状的知识结构。[1]

其中的实际含义是使学生形成网状的数学认知结构，由此可知数学认知结构的重要性。概念和命题提供了数学认知结构的材料或载体；数学思想方法决定了认知结构的水平；学习兴趣和动机、态度、情感意志、元认知等，是学好数学的强大动力。

我们知道，数学思维是数学认知的一部分，或者说，数学认知结构有数学思维的成分。近年来数学思维导图在课堂教学当中被很多老师所重视，那么，数学思维导图与数学认知结构是什么关系呢？思维导图的创始人东尼·博赞

---

[1] 中华人民共和国教育部. 普通高中数学课程标准(2017年版)[S]. 北京：人民教育出版社，2018：77.

(T. Buzan，1942—2019)认为：

> 你越以整合、发散性和有组织的方式学习和收集数据，你就越容易学习到更多。就是从这种庞大的信息处理能力和学习能力当中，我们得出了发散性思维的概念，而思维导图就是其外部表现。发散性思维(来自"发散"这个词，意思是"向各个方向传播或移动"，或者从一个既定的中心向四周辐射)指的是来自或连接到一个中心点的联想过程。①

从其观点来看，思维导图具有很强的发散性，其核心概念与其他概念的关联性具有主观性、丰富性、随意性，东尼·博赞的一个实验验证了这个特点。东尼·博赞做了一个小型思维导图词汇练习，让被试根据"幸福"这个核心概念向四周关联，快速联想十个关键词，画出思维导图。几千次的试验结果表明，不同的人的思维导图是不同的，十个词汇当中，有共同词汇(交集词汇)的很少。下图是东尼·博赞的思维导图，如图 3.2.5。

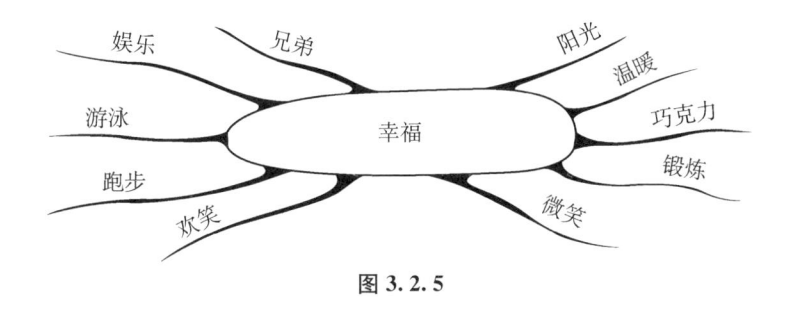

图 3.2.5

思维导图作为一种思维的方法或者学习、解决问题的方法，有其重大的价值和作用。例如，重视思维的发散性和创造性、知识间的关联和结构化，有利于记忆和理解知识。但是，对于大脑和思维导图具有无限的潜能这样的观点，我们要持谨慎态度。

数学思维导图虽然具有主观性、丰富性，但是这种主观性、丰富性必然依据其数学知识结构的客观性和逻辑性，而不应具有随意性。由此可知，数学思维导图与学生认知结构中的知识结构非常接近，这是一般水平的思维导图，如

---

① 博赞 T，博赞 B. 思维导图[M]. 北京：中信出版社，2009：31.

果在思维导图中还能够体现重要的数学思想方法,那么这样的思维导图可以提高一个水平层次,更加接近数学认知结构。可以这么认为,数学思维导图是学生个体认知结构中的知识结构和数学思想方法的外在表现,但不一定是全部的或者最高水平的外在表现。因为数学的认知结构非常复杂,有些知识点之间的关联性不是很强,学生在画思维导图的时候,未必都能够把所有的知识点联想起来,哪怕学生已经掌握了这个知识点。因为人大脑存储的信息量是比较庞大的,而当人在某一个思维工作状态或者认知的工作状态下,很可能只是在一个局部的知识范围内工作,关联性不强的内容没有被调入。

思维导图是有不同层次的,可以是一个核心概念与其他概念关联形成的微型思维导图,也可以是一节课的教学过程、一个单元结构、一个模块结构、一个领域结构的思维导图。微型思维导图可以是一个模型(公式、数量关系式)、一个概念系统、一个有数量关系的完整数学故事(实际问题)等。例如分别以整数乘法、周长为核心概念,让学生关联其他概念,其思维导图如图 3.2.6 与图 3.2.7 所示。

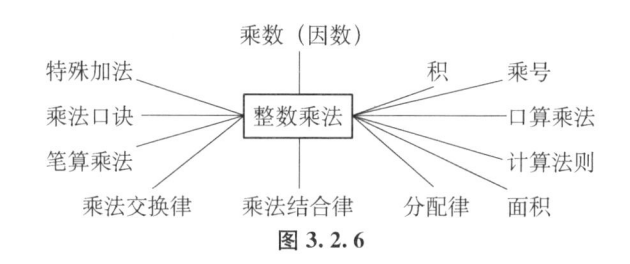

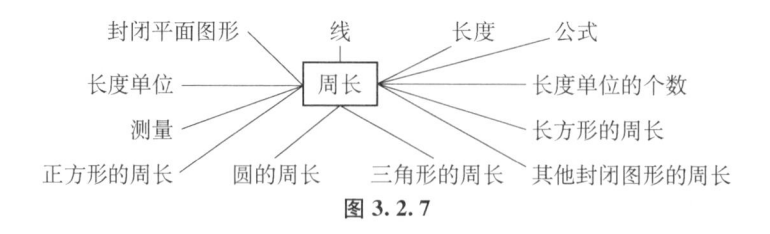

图 3.2.6

图 3.2.7

考虑到学生认知结构的构建,不仅仅是学科数学知识结构的呈现,同时也体现了教学方式和学习方式的问题,我们将在第六章讨论数学思维导图、数学认知结构及其教学。以上我们初步讨论了数学认知的部分内容,那么数学思想和能力又是什么呢？我们将在下一节讨论。

第三节　数学思想与能力

20世纪80年代和90年代,数学教学大纲提倡在"双基"的基础上培养学生的智力和能力,主要包括：运算能力、推理能力、空间想象力和解决问题的能力。到了21世纪数学课程改革以来,提倡在"四基"的基础上培养学生的数学核心素养,主要包括：面向现实世界的数学思维、数学思想和关键能力。总体上说,数学的核心本质和目标,是一脉相承继承下来的,只不过随着21世纪经济和社会的发展,对人才的需求又有了新的要求。因此,随着时代的发展,不难看出数学核心素养的内涵更加丰富,也更加联系实际了。

一、对数学思想的再认识

数学思想方法及其教育价值,已经被越来越多的小学数学教师所重视,很多老师积极学习相关理论、进行课题研究并应用于教学实践。笔者的专著《小学数学与数学思想方法》于2014年10月出版以来,已经有很多教师在研读,这是一个好的现象和开始。但是数学思想方法在小学数学教育界的普及和推广,还有很长的路要走,仍然任重道远。关于数学思想方法,我们要感谢数学家和数学教育家,他们从数学的产生和发展历史的角度进行思想方法的理论研究,对中小学数学的本质认识从知识技能提高到思想方法的高度。尤其是史宁中教授,对数学基本思想的研究深刻而系统：

> 一个好的数学教学,教师需要理解数学的本质,创设出合适的教学情境,让学生在情境中理解数学概念和运算法则,感悟数学命题的构建过程,感悟问题的本原和数学表达的意义……把握数学基本思想是极为重要的,因为无论是情境的创设,还是问题的提出、思维的引导,都应当源于

数学的本质,这个本质就是数学基本思想。①

从中可以看出,数学教学的情境要有利于概念、法则、命题、规律、关系的抽象和推理过程,即学生的思维过程。

很多成人都有一个认识误区:生活中除了购物用的加减乘除的算术知识外,好像没有用到什么数学知识。实际情况肯定不是这样,数学的作用对于每个人乃至国家来说,不只是加减乘除这么简单。"数学也像空气一样,看不见,摸不着,但它却无时无刻不在我们身边。也就是说,数学是有广泛应用的,每个人都离不开,但它却做了好事不留名。"②那么,我们每个公民除了会用算术解决日常生活中的简单的问题外,具备数学素养或者基本思想的表现应该是什么呢?"一个好的数学教育,应当更多地倾向于培养学生数学思维的习惯,像我们在前面谈到过的那样:会在错综复杂的事物中把握本质,进而抽象能力强;会在杂乱无章的事物中理清头绪,进而推理能力强;会在千头万绪的事物中发现规律,进而建模能力强。这些,恰恰是数学基本思想的核心。"③尤其是我们生活在市场经济、信息化、数字化、智能化的时代,在这个时代,我们每个人需要学会学习、学会生活、学会投资理财,必须具备理性思维、创新思维、解决问题能力等方面的素养,这些都蕴含着诸多数学思想。

在本章第二节我们讨论了数学认知结构的构建,这个构建过程是一个同化和顺应的过程,这个过程都离不开数学思想方法。叶立军指出:

> 在数学认知结构中存在数学基础知识、数学思想方法、心理成分三种主要因素。数学基础知识显然不具备思维特点和能动性,不能指导加工过程,就像材料本身不能自己变成产品一样。而心理成分只给主体提供愿望和动机,提供主体的认知特点,仅凭它也不能实现加工过程,就像人们只有生产愿望和生产工具而没有生产产品的设计思想和技术照样生产不出产品一样。数学思想和方法担当起了指导加工的重任,它不仅提供

---

① 史宁中.数学基本思想18讲[M].北京:北京师范大学出版社,2016:10-11.
② 王永春.小学数学与数学思想方法[M].上海:华东师范大学出版社,2014:120.
③ 同①12.

思想策略(设计思想),而且还提供实施目标的具体手段(化归技能)。实际上,数学中的转化就是实施新旧知识的同化。总之,数学思想和方法对数学活动的同化过程起着重要作用。①

由此可以看出,数学思想方法不仅是数学认知结构的组成部分,更是它的灵魂。

二、数学思维与数学思想

我国大纲时代的数学教育重视思维训练,而从 2011 年数学课程改革以来,数学教育特别重视数学思想方法的培养。那么,数学思维与数学思想方法的关系是什么呢?我们先来简单梳理一下一些概念间的关系:

(1) 个体的认知过程为:感觉、知觉、注意、记忆、思维、想象;

(2) 思维的过程为:分析、综合、抽象、概括、比较、分类、系统化等;

(3) 思维的形式有:概念、判断、推理;

(4) 数学思想方法主要有:抽象、推理、模型、数形结合、转化化归、分类等。

思维是认知过程中以语言为载体的高级智力活动,是对事物的本质和规律的一种理性认识活动。当抽象、分类、系统化、推理等这些思维活动针对数学这个研究对象时,这些思维活动的理论成果就是数学的知识和思想方法,其中抽象和推理是数学基本思想的精华。数学思想是对数学知识的高度概括,超越了具体的知识,除了三个基本数学思想以外,还包括用数据说话的统计思想、随机思想,加强几何直观的数形结合思想,重视知识间关联的转化化归思想,等等。因此,数学思想和数学思维,既有联系又有区别。数学思维是一种高级心理活动,是从心理学的角度界定的;数学思想方法是数学思维的理论结果,是从数学学科的角度界定的。二者既有共同的部分,也有不同的部分。从提倡数学思维训练,到提倡培养学生数学思想方法,不是一个新旧替代的关系,而是一个对数学思维的补充、完善和提高的关系。数学思维中的概念和判

---

① 叶立军.数学方法论[M].杭州:浙江大学出版社,2008:22.

断这两个最基本的思维方式,是数学思想方法的基础,但是又不属于数学思想方法。因此,既要重视数学思维的训练,又要在此基础上提升到数学思想方法的高度。

2015年1月,在中国教育学会小学数学教学专业委员会换届会议上,教育部课程教材发展中心的田慧生主任指出:要构建学科核心素养,学科内部进行纵向整合,梳理核心思想、重点问题,整体把握学科本质。数学思想是进行数学学科内部纵向(小学、初中、高中)整合的线索和桥梁,通过数学思想方法可以实现小学数学和中学数学的贯通培养。

三、数学思想与能力

从高中数学的六个核心素养来看,其构成主要是数学思想和关键能力。数学思想是核心素养的核心和内涵,数学关键能力是核心素养的外显表现。也就是说,数学思想与能力不是彼此独立不相关的概念,而是数学核心素养的两个方面。数学核心素养的核心是数学思想,能力就是应用数学思想面对现实世界的外在表现水平。能力从数学思想方法中产生,具备数学核心素养的标志就是用数学思想面对世界的能力强。

关于数学思想,在第二章第二节的高中数学核心素养中进行了六个数学思想的要点简介,在笔者的专著和其他一些文献中也有很多阐述,本节从小学数学核心素养体系的角度再作一些概括性的补充。

(一) 数学抽象

数学的研究对象是数与形。数与形的相关概念的形成来自现实世界,但是又不同于客观的真实的存在,是由数学家完成的主观的抽象的存在,像欧几里得几何的原始定义中的"点""线""面"等概念,都是由数学家创造出来的。例如学生在学习圆的认识时,通过创设圆形钟表、摩天轮等情境,学生会形成圆的表象,离开了钟表、摩天轮之后,学生在大脑中依然有圆的表象,可以画出圆,尝试给出圆的定义、研究圆的性质,这是一个由感性上升到理性的思维过程。学生最终研究的不是曾经看到的钟表、摩天轮这样具体的圆,也不是画出的那个圆,"而是在大脑中存在了的抽象的圆。正因为如此,数学的研究才具有一般性。善于画竹的郑板桥(1693—1765)说得最为生动：我画的是我心中之竹，而不是我眼中之竹"①。也就是说，我们对于数学对象的认识只有从特殊（个别）、直观上升到一般、普适时，才是真正完成了抽象的过程。比如周长的概念，我们从长方形、圆等特殊图形出发，引出周长的概念：封闭图形一周的长度。从表面上看，似乎完成了一般性的抽象，但是三年级的小学生对于周长的概念还停留在具体的阶段，我们还要给出三角形、四边形、其他多边形、圆、椭圆、其他不规则封闭图形等让学生认识周长，包括这些图形周长的符号公式、简单的计算，使学生真正形成周长概念的抽象结构。

数学从小学到中学、大学、研究生阶段越来越难，从个体学习数学的过程和体验来看，最大的难度就在于数学的抽象，尤其是高等数学的很多概念越来越抽象。这些抽象的概念离普通人和日常生活越来越遥远，远到无法借助直观进行理解，远到它的应用领域不是飞机就是火箭，超越了柴米油盐酱醋茶。即使是我们每个人天天使用的手机也应用了很多数学知识，但是大多数人并不知道它到底用到了哪些知识。因此这些抽象的概念理解起来很吃力，这样就影响了相应的运算和推理(实际上其运算和推理过程也是越来越抽象的)。因此，不培养抽象思想，就很难理解抽象的概念。

《义教数学课标》中的十大核心词之一是符号意识，数学语言是一种符号语言，数学的运算和推理也以符号为载体，因而符号意识非常重要。在小学数学核心素养体系中没有单独提出符号意识，因为它必然包含在数学抽象中，学生对数学认识对象抽象概括的结果，就是要用数学符号来表达，使其具有简约性和一般性。

(二) 逻辑推理

关于逻辑推理，我们一般会认为是类似于"三段论""数学归纳法"这样的演绎推理，而认为归纳推理和类比推理等不是逻辑推理。史宁中教授在其专著中特别强调了这个认识误区，他认为：

> 许多人会把数学的推理等同于数学的证明，因为数学证明的思维过

---

① 史宁中. 数学基本思想 18 讲[M]. 北京：北京师范大学出版社, 2016: 16.

程依赖的是演绎推理,于是认为数学推理就是演绎推理,甚至认为逻辑推理就是演绎推理。这种认识不仅是不全面的,甚至对于数学教育还是有害的……数学的推理是一种有逻辑的推理……逻辑推理既包括演绎推理也包括归纳推理。在一般情况下,人们借助归纳推理"推断"数学的结果,借助演绎推理"验证"数学的结果。在这个意义上,数学的结果是"看"出来的,而不是"证"出来的。[①]

从上面这段话中可以解读出一些重要的信息:一是数学证明不是推理的全部,甚至也不是演绎推理的全部,只是演绎推理的一部分;二是逻辑推理不仅仅是演绎推理,还包括合情推理;三是数学的一些成果或者猜想往往是通过合情推理发现或者发明的,演绎推理或者数学证明完成了验证它的正确性的任务。当然,合情推理与演绎推理都很重要,二者不可偏废,因为很多数学成果也是通过演绎推理得到的。这个观点在史宁中教授主持研制的《新高中数学课标》的数学核心素养中已经体现。

我们都知道小学数学中的拓展题、中考和高考的压轴题有难度,但其实这些题并不一定是难在概念上,而更可能难在运算(运算也是推理)和推理步骤的繁琐上,多数学生没有足够的时间做题或者想不出推理证明的思路来。因此,要想学好数学,除了具备数学抽象能力外,还要具备推理能力,包括演绎推理能力和合情推理能力,尤其是要加强类比推理、演绎推理等推理能力的培养。

(三) 数学模型

这里没有用高中"数学建模"这个概念,因为总体上数学建模的要求比较高,义务教育或者说小学阶段很难达到这个水平。但是数学建模的过程,对义务教育或者小学阶段的数学学习有很大的启发。可以借鉴的数学建模过程主要包括:在实际情境中从数学的视角发现问题、提出问题,分析问题、建立模型,计算求解,验证结果、改进模型,最终解决实际问题。从狭义角度看,数学模型是用数学语言描述现实世界数量关系的结构,这种结构往往表达了事物

[①] 史宁中.数学基本思想18讲[M].北京:北京师范大学出版社,2016:115.

发展变化的规律,如方程、函数、不等式、公式、其他数量关系式等。数学模型在小学数学中的价值主要在于:(1)认识到数学的价值,尤其是应用价值,可以探索、发现、表达规律,并解决实际问题。(2)对传统应用题及现行问题解决的教材编排及课堂教学进行改进,一是对情境的改进,强调联系真生活、用开放的真情境;二是对教学理念和方法的改进(传统应用题教学为人们所反对的是:情境脱离实际、死记硬背关键词和公式);三是培养发现问题和提出问题的能力;四是能够分析与解决不按传统套路呈现的实际问题。

(四) 数学运算

《新高中数学课标》在核心素养中使用了"数学运算"一词,而没有沿用《义教数学课标》中的"运算能力",是有道理的。因为数学运算的内涵非常丰富,包括:理解运算对象,掌握运算法则,探究运算思路,选择运算方法,设计运算程序,求得运算结果。运算是一种逻辑推理,是解决问题的手段。而我们的小学数学多年来把运算能力主要定位为"又对又快",那么"又对又快"有没有错呢?这个要求没有错,谁不想达到这个水平呢?关键是达到这个要求的学习过程如何?是不是理解了运算对象,是不是掌握了运算法则,是不是培养了推理思想,是不是培养了解决问题的能力?只掌握运算技能而没有经历这个过程的小学生,即使数学经常考100分,到了初中也可能变成80分,因为你的100分没有思维含量,也没有思想方法的高度。

(五) 直观想象

"直观想象"是把《义教数学课标》中的几何直观和空间想象融合而成的,不是简单的合并。主要体现以下几点:(1)加强用几何图形对所有数学内容的直观描述,包括几何内容本身;(2)加强空间想象能力的培养,加强立体几何的学习;(3)认识数与形的密切关系,提高数与形相互表达的意识和能力。

(六) 数据分析

数据分析是大数据时代处理随机现象的主要方法,在"互联网+"时代,已经深入到社会生活的各个方面。小学阶段的数据分析主要应体现:对数据和信息的敏感性,会收集和整理数据,理解和处理数据,进行统计推断。因此,小学数学教师要帮助学生积累依托数据探索事物本质、关联和规律的活动经验,不要把统计课上成算术课。

(七) 转化化归

学生学习数学的过程就是一个不断把新知识通过同化或者顺应,纳入已有认知结构,形成新认知结构的过程;学生解决问题的过程就是一个不断把新知识转化为旧知识或者简单知识的过程。这些过程都是转化化归的过程。法国数学家笛卡儿研究数学的原则就是把复杂的问题转化拆分成简单的问题,一个一个地解决问题;再从易到难,一步一步地解决复杂的问题。我国数学家华罗庚(1910—1985)说过:"善于'退',足够地'退','退'到最原始又不失去重要性的地方,是学好数学的一个诀窍。"[①]这些精辟的概括就是化归思想的体现,即把复杂问题不断地拆、不断地化,直到化成一些直观无疑的小问题。由此可知,转化化归思想的重要性。当然,转化化归思想是一般性的思想,具体怎么实施转化,还需要借助其他思想方法。有关转化化归的论述见后文。

第四节 个人发展

如前所述,小学数学核心素养体系的构建应顾全大局,着眼于学生自主发展和全面发展,不能完全局限在数学领域,而应该超越数学,即关注学生个体的发展,形成可持续发展的能力。因此,我们把个人发展单独作为小学数学核心素养体系的一个维度,其标志是学会"三会"。通俗地说就是数学核心素养形成的重要标志是学生在高中甚至大学毕业后,学生的数学水平不会慢慢归零,而是还能够继续用理性思维去学习、面对世界,能够继续做到"三会",而且能够具备独立思考、自主学习、身心健康、乐于学习、合作交流、创新实践等素养。这些素养是超越数学学科本身的,需要学生通过数学学习作为载体和过

---

① 王元. 华罗庚科普著作选集[M]. 上海:上海教育出版社,1984:119.

程,使得这些素养不同程度得到落地。在个人发展维度中,主要包括:思考自学、合作交流、健康乐学、创新实践。其中独立思考、自主学习、合作交流,既是个人发展的具体的外在表现,又是实现个人发展的方法和途径。

一、思考自学

思考自学包括两个方面,独立思考和自主学习,要勤于独立思考,善于自主学习。独立思考的重要性毋庸置疑,那么独立思考都包括哪些方面呢?就数学学习的每一堂课而言,我们至少应引导学生思考如下几个问题:学习的知识是什么?新知识与哪些旧知识有关系?为什么要学这个知识?这个知识有什么价值?如何应用这个知识?等等。我们不能培养只会低头计算的小学生。比如,我们要学习百分数的认识,那就应该引导学生结合各种生活中的情境和所学过的与百分数有关的知识去思考:百分数是什么?它与分数、小数有什么相同点和不同点?为什么学了分数还要再学百分数?百分数的价值是什么?我们如何应用百分数去解决问题?这一系列的思考,能够引导我们去深入地理解概念、命题,建立关于数的完整的认知结构,培养抽象、判断、推理和建模等数学思想方法和能力,达到深度学习的目的。

为什么提倡勤于独立思考呢?因为数学的抽象性和逻辑性非常强,靠死记硬背是不行的,要想学好数学是需要勤于思考的,脑子懒的人或者不爱动脑筋的人是学不好数学的。

自主学习的重要性,也不需要讨论,因为每个人的成长,在当今社会都需要终身自主学习的能力。孩子最终是要离开家长和老师去独立生活的,尤其是"留守儿童",父母长期不在身边,他们的成长更需要个人的自我管理和自学能力。当然,我们并不否认接受学习和合作学习的重要性,但是就当前教学的现状而言,就诸多学习方式的平衡而言,提高自主学习的能力仍然是最迫切的。在每个人成长的过程当中,要应对中考、高考、研究生考试、公务员考试、外语考试等各种考试,在这些重要的考试当中,几乎都是需要独立思考和自主答题的,很少有合作交流的机会。也就是说,在这些"闯关"的过程中,只能靠自己独立面对。也许有人会说,应对考试,教师讲题、学生题海战术、参加培训班等方法不是更有效吗?当然这样做的效果确实是有,可是后遗症也很严重。

近年来,大学生自主学习的能力在下降。据了解,在某所重点大学,曾经由于成绩差、学分不达标等原因,有 368 名学生受到警告,有 97 名学生被劝退学。当然,产生这些问题的原因是多方面的,其中主要的原因是学生厌学,没有目标,缺乏自主学习的能力。不少孩子,从小学到初中再到高中,生活由家长包办代替,学习由教师包办代替,甚至由家教、培训班包办代替,这些学生就像温室大棚里的蔬菜,经不起风吹日晒,缺乏独立学习和生活的能力与意识。

那么自主学习的表现是什么?概括地说有三个:自立、自强、自律。自立就是自己能够独立地面对生活和学习,有这样的意识与能力,而不是由家长和老师包办代替。自强就是有上进心,有正确的学习态度,有求知欲,有理想,而且能够付诸行动,能够做到博学笃行。自律就是能够自我约束,遵守行为规范,养成良好的学习习惯,不需要教师和家长监督,不用扬鞭自奋蹄。具体地说,首先是要学会独立思考,再有就是要学会预习,认真听讲,学会对重点难点知识做笔记,在交流当中学习他人之长,补己之短,有疑问与老师或者同学交流,先复习再做作业,每天或者每周反思自己各科学习的情况,改进学习方法,提高学习效率。

二、合作交流

随着交通和互联网等的飞速发展,人类社会处于一个前所未有的、广泛的、日益频繁的合作交流中,无论是个人的学习和发展、工作中各种问题的解决,还是企业与团队的管理和创新发展,都日益需要各方的合作交流。在这样的大背景下,合作交流的重要性日益凸显。因此,每个人要从学生时代开始慢慢学会合作交流。合作交流是一个群体的活动,涉及人际关系、分工合作、学科交流等很多方面。很多学生是独生子女,在家庭成长的环境中没有与兄弟姐妹合作交流的经验,那么学校就成为培养学生合作交流的主要场所,这就给学校和教师带来了一定的挑战。如何组织好学生的小组合作交流和全班合作交流,成为教师必须面对的课题。当然,合作学习固然重要,但前提是每个人需要具备独立思考和自主学习的能力,因为如果我们每个人没有独立思考的见解,那么拿什么去跟别人交流呢?

三、健康乐学

健康乐学包括两个方面：身心健康和乐于学习。

身心健康在数学学习过程中的具体内涵是：用数据或者用数学的眼光去理解生命的意义和人生价值；通过数学在体育中的应用，了解运动对身体健康的重要作用；通过数学实践活动，养成健康文明的行为习惯和生活方式等；通过数学学习的成功体验，建立自信心；通过数学学习过程中遇到的困难，培养坚韧不拔的意志品质和自制力，具有抗挫折能力等；通过对作息时间和平均寿命的学习，从数学的角度体验什么是人的一生，能够合理分配和使用时间与精力等。

乐于学习，具有数学特色的内涵是：能正确认识和理解学习数学的价值，具有对数学积极的学习态度和浓厚的学习兴趣；能养成良好的数学学习习惯，具有达成目标的持续行动力，掌握适合自身的数学学习方法；具有终身学习的意识和能力等。

四、创新实践

创新实践主要包括创新和实践两个方面。创新是事物发展的不竭动力。实践既是人类的生存方式，又是促进人类发展的途径，也就是说，发展是干出来的，不是说出来的，不是喊口号喊出来的。

创新包括几个方面：(1)创新意识，敢想敢说；(2)创新思维，类比联想，发散思维，逆向思维；(3)创新行为，要有坚定的信心和意志去付诸行动。

在教学中，培养创新思维的重点是培养学生具有好奇心和想象力，敢于质疑；善于提出新观点、新方法、新设想，并进行理性分析，做出独立判断等。

实践包括几个方面：(1)热爱生活，热爱劳动，热爱运动；(2)培养健康乐观的行为习惯和生活方式，包括合理分配和使用时间与精力；(3)积极主动参加家务劳动、公益活动和社会实践，培养坚韧乐观精神、抗挫折能力、解决问题能力等；(4)在数学课堂中的问题解决能力，重点是善于发现和提出问题，有解决问题的兴趣和热情，能依据特定情境和具体条件选择制定合理的解决方案等。

第四章 小学数学学习理论概述

第一节 心理学的基本知识

本节将介绍与小学数学教学有密切关系的一些心理学基本知识,比如动机、兴趣、态度、习惯、记忆、思维等,掌握这些基本知识,有利于教师更好地开展课堂教学以及更有效地和家长沟通家庭教育。

一、动机与学习

学习动机是推动学生进行学习活动的原因和动力,章志光指出:

> 学生的学习是按照确定的教育目标引起行为持久变化的过程,并受到多方面因素的影响,诸如为什么而学习,学习的积极性、主动性如何,乐意学什么,以及学习的努力程度等,都与学习动机的水平与强度密切相关。一般来说,学习动机愈强烈、学习的积极性愈高,学习的潜力愈能发挥,因而学习的效果也愈好。[①]

学生从低年级到高年级,随着年龄的增长,激发学习动机的因素也在不断地变化。低年级的儿童,学习动机的激发更多来自一些非理性因素,如教师和家长的表扬与认可、对学习的兴趣、新颖活泼的学习活动、教师和家长的奖赏等;随着年级的升高,逐步向理性因素过渡,如保持个人和集体的荣誉、实现父母和老师的殷切期望、对优良学习成绩的追求;进而实现学习动机的社会化和个性化,包括知道青年所肩负的社会责任、个人未来的升学和就业、个体在社

[①] 章志光.心理学[M].北京:人民教育出版社,2002:66.

会中的地位、对学科的兴趣和求知欲、对成功的追求等。

激发学生的学习动机，一般可以采取以下一些方式。

（一）经常鼓励和表扬学生

研究表明，一般情况下鼓励、表扬等肯定性评价比批评、惩罚等否定性评价更能激发学生的学习积极性和主动性，但是也要注意把握好度。

（1）总体上多一些鼓励、表扬，少一些批评、惩罚；

（2）对学习困难的学生取得的每个进步及时表扬；

（3）多鼓励学习优秀的学生去挑战自己，当其骄傲自满导致退步时要适当批评；

（4）尽量不要在全班等公开场合指名道姓地批评，可以采取个别谈话等方式。

（5）批评与表扬的使用，还应考虑学生的性格特征和性别特征等因素。

（二）兑现奖赏的承诺

儿童的需要可以分为物质和精神两个方面：物质方面包括学具、文具、图书、玩具、食物、零用钱等；精神方面包括奖状、证书、表扬信、感谢信、职务晋级、上光荣榜、体育活动、逛公园、郊游、旅游等。随着生活水平的不断提高，物质奖励对学生的激励作用可能在慢慢降低，所以教师和家长对学生应多采取精神奖励的方式。不管什么奖励方式，教师和家长一旦与学生有奖励约定，那么就要兑现承诺，以工作忙等为借口而爽约是不合适的，甚至结果会适得其反。

（三）提出对个人的要求和期望

无论是成人还是儿童，多数人的成长都需要内因和外因作为动力，即对学生提出适当的学习目标和要求是必要的。教师和家长对学生的学习和行为应提出适合年龄特点的目标和要求，包括为什么学习、学习什么、怎样学习等，使学生理解和接受。数学知识有时候虽然是抽象的、枯燥的，如整数、小数和分数，但是这些知识对今后的学习和现实生活都是有价值的。学生认识了这些知识的重要性，它们就能慢慢地成为激发学习动机的因素。

(四) 强调集体荣誉感

学校和班级是学生生活的群体,尤其是班级这个群体。能否形成真正的班集体,使得学生有集体荣誉感,至关重要。从小学到大学,很多学生都有从众心理。如果班风好,那么可能形成良性循环,大家都不断进步;反之,学生会受到影响。比如大学生寝室这个小群体,如果有人天天打游戏不好好学习、不锻炼身体、没有阳光健康的生活,那么慢慢地可能会对其他人造成不良影响。因此,要努力打造有理想、有道德、有纪律、有凝聚力、有良好班风、有特色的班集体。

(五) 及时反馈学习的结果

教师一般能够认识到反馈的重要性,但是何时以及如何反馈,大有学问。章志光指出:

> 在学习过程中的反馈指的是让学生及时知道自己的学习结果,如作业的正误、测验和考试成绩的优劣,以及解决问题的成效等,这样能提高学习的积极性,有助于激起进一步努力学习的动力。很多研究都已证实,知道学习结果与不知道学习结果相比,在学习上效果有明显的差别……研究结果还表明,每天及时反馈提高的学习效率,比每周延缓反馈提高的学习效率更佳……这一研究的结果很有说服力,它表明反馈在学习上具有重要的作用,其中每天及时反馈的效果尤为明显。因此教师要善于运用学习结果的反馈信息,激发学生的学习积极性。[①]

每天及时反馈可以通过两种方式,一是在课堂上直接反馈给学生,二是通过微信等方式反馈给家长和学生。教师可以把每天的学习情况、作业情况、学习要求等发到班级微信群或者发给家长个人,加强与家长的沟通。很多教师的实践表明,这样做收效显著。

(六) 进行个人理想和社会责任感的教育

党的十九大和全国教育大会明确提出了要全面贯彻党的教育方针,落实

---

① 章志光.心理学[M].北京:人民教育出版社,2002:91.

立德树人根本任务。因此对学生进行个人理想和社会责任感的教育,也是学习贯彻落实大会精神的具体体现。小学生虽然年龄小,但是每个人心中都有一个伟大的理想,对学生的这种理想进行适当地引导,把个人的理想与对国家和民族的社会责任感结合起来,同样能够转变为学习的动力。

总之,小学生的学习动机以外部动机为主,内部动机则处在不断发展过程中。因此,随着学生年级的升高,要有意识地对学生进行引导,逐步使学生过渡到以内部动机为主的学习,提高学习的积极性和主动性。

二、兴趣与学习

兴趣是人们对事物的一种积极的认识倾向。无论是成人还是儿童,兴趣对人的学习的促进作用都是巨大的。朱智贤指出:

> 儿童的学习兴趣在巩固儿童的学习动机,激发儿童学习的积极性上,起着巨大的作用。儿童入学以后,学习的内容日益复杂和深刻,为了使儿童积极地学习,首先要培养儿童具有正确的学习动机和学习态度,对学习的社会意义有深刻的认识。但是单靠这一点是不行的,对于小学儿童来说,只靠对学习的责任感是不够的,还要培养儿童对学习的浓厚兴趣,只有这样,学习才会成为儿童主动追求的东西,而不会成为沉重的负担。[1]

有很多专家特别重视兴趣在学习中的重要性,比如有人常说"兴趣是最好的老师"。"小学儿童的学习兴趣,是促使儿童自觉地从事学习活动的一种重要的推动力。"[2]虽然我们应承认每个人的先天认知图式的优势部分有遗传因素的影响,但是兴趣主要是靠后天的培养。当学生对学习有了兴趣,他就会把学习当作快乐的事,即使在学习当中遇到了困难,他也会以苦为乐。在工作当中也是这样,很多成功的人都是把自己的工作当成乐趣,甚至是终身的爱好,使得他投入了毕生的时间和精力进行刻苦钻研,从而取得了伟大的成绩。

---

[1] 朱智贤.儿童心理学[M].北京:人民教育出版社,2009:233.
[2] 林崇德.发展心理学[M].北京:人民教育出版社,2009:257.

我们在教学过程中,除了要培养学生对学习的兴趣、全面均衡和谐地发展以外,还要注重对学生个性的培养,鼓励学生参加课外兴趣小组,尤其是在体育和艺术方面培养一技之长。学生有了自己的特长,不但能够强健体魄、增强自信心,也许还能够找到自己未来上大学感兴趣的专业,甚至就业方向,这样才能够最大限度地发挥个体的潜能和创造性。朱智贤指出:

> 虽然每个儿童的兴趣不完全相同,但也存在共同的年龄特征。第一,在整个小学时期,儿童最初对学习的进程,学习的外部活动更感兴趣,以后逐步对学习的内容,需要独立思考的学习作业更感兴趣;第二,在整个小学时期,儿童的学习兴趣最初是不分化的,在教育的影响下,才逐渐产生对不同学科内容的初步的分化兴趣;第三,在整个小学时期,对有关具体事实和经验的知识较有兴趣,对有关抽象因果关系的知识的兴趣在初步发展着;第四,在整个小学时期,游戏因素在低年级儿童的学习兴趣上起着一定的作用,而到中年级以后,这种作用就逐渐降低;第五,在阅读兴趣方面,一般是从课内阅读发展到课外阅读,从童话故事发展到文艺作品和通俗科学读物。[①]

从以上这些特征当中,可以总结出一些培养学生学习兴趣,尤其是数学学习兴趣的方法。

(一) 创设游戏和操作活动

低年级的学生更加喜欢一些游戏和操作活动,寓教于乐,随着年级的升高,可以逐步减少这类活动。

(二) 创设联系生活实际的真情境

教师要想办法让数学课既有思想灵魂又有趣。有一定思维含量的、联系实际的、生动活泼的情境能够引起学生的认知冲突和好奇心,激发学习兴趣和求知欲。

---

① 朱智贤.儿童心理学[M].北京:人民教育出版社,2009:233-235.

(三) 努力使学生学好数学

有研究表明,学生对每个学科学习的兴趣,与该学科的学习成绩呈正相关。因此,如果想让学生学好数学,就要想一些办法培养学生对数学学习的兴趣。同时考试的难度要适中,不要让学生在数学考试当中不断有失败的体验,如果学生长期学不好数学,慢慢地就会对数学失去兴趣。

(四) 从中年级开始,逐步加强对抽象和推理思想的培养

低年级儿童以形象思维为主,从中年级开始应逐步向抽象思维过渡,在联系实际的情境、已有的经验和知识的基础上,加强对学生的数学的抽象和推理思想的培养。

(五) 引导学生阅读一些数学课外读物

从中年级开始,学生对课外读物的兴趣逐步发展起来,此时可以抓住时机,引导学生阅读一些数学课外读物,培养学生对数学学习的兴趣,从而加深对数学的理解,培养学生的思维能力。

三、态度、习惯与学习

态度是对特定对象(人或者事件等)所持有的比较稳定的心理倾向,包括主观评价以及由此产生的行为倾向性。习惯是经过比较长期的重复行为而形成的稳定的思维方式和行为方式。在动机、兴趣、态度、习惯等影响学习的诸因素中,习惯是最重要的。俗语说"江山易改,本性难移",意思是如果习惯成性,就很难改变。因此,要注重从一年级开始培养学生良好的学习习惯。

有研究表明:

> 学习困难的程度按暂时性和持续性划分为四类;……第三类是动力型困难学生,智力无偏常,非智力因素中等偏下,由学习动力不足造成的困难,约占困难生的一半。[①]

---

① 章志光.心理学[M].北京:人民教育出版社,2002:516.

由此我们可以发现,造成多数小学生学习困难的主要原因不是智力因素,而是非智力因素,包括学习的情感体验不快乐,学习动机不强烈,学习兴趣不浓厚,缺乏理想抱负,好胜心不强,意志薄弱,自我意识水平低下,学习态度不积极,学习习惯不好等。要教育学生不能辜负了少年时期的大好时光。陶渊明(352 或 365—427)时刻提醒我们:"盛年不重来,一日难再晨。及时当勉励,岁月不待人。"颜真卿(709—784)的诗句"黑发不知勤学早,白首方恨读书迟"更是告诫我们,如果年轻时不努力学习,到老了再后悔也晚了。

小学生对学习的认识有一个从感性到理性的过程,低年级的学生感性成分更多一些。我们培养小学生的学习兴趣、动机、情感、态度和习惯,要抓住这些特点,多利用外部刺激手段,逐步向以理性教育为主转变,当然两种手段始终都要用。比如,结合课堂上和课后学生的行为表现来要求学生认真听课、积极发言、认真完成作业、有疑惑多问老师或者同学(让学生知道不能不懂装懂,不懂装懂的后果是以后会越来越不懂)、安排好作息时间、正确对待自己的学习成绩(好成绩是以上这些因素共同作用的结果,要知道自己的不足之处并努力改进)等,培养小学生逐步形成正确的学习态度,同时注意学习方法的指导,最终形成良好稳定的思维方式和行为方式,使学生受益终身。

四、记忆与学习

记忆的作用毋庸置疑,可以说,没有记忆也就没有学习,但是学习不等于记忆,学习是为了人的发展。关于记忆,我们要辩证地看待:一是基础的知识是需要长期记忆的,当然要在理解的基础上记忆,以保证人的思维、交流和解决问题的需要;二是在知识快速增长的时代,知识容量太大,远远超过个人的记忆容量,记忆的内容要能够有所取舍,知道哪些知识需要短时记忆,哪些知识需要长时记忆。另外,要研究怎样才能够增加长时记忆的容量。章志光指出:

> 意义识记是在理解材料内在本质的、因果联系的基础上进行的识记,这类识记是通过积极的思维活动,揭露事物内在的本质联系和关系,找到新材料和已有知识的联系,并将其纳入已有知识系统中。人们采用这种

识记，才能使材料容易记住，保持的时间持久，也易于提取。意义识记的基本条件是理解。①

当然，儿童的思维有一个从形象思维到抽象思维发展和过渡的过程，低年级的学生未必都能理解所学知识，学生对数学概念、运算律、性质、公式等的记忆需要活动、操作、几何直观、歌诀、抽象等多元表征，这有利于理解和长时记忆。

不过，有记忆就可能有遗忘，除了想办法保持对重要知识的长时记忆外，还要想办法减少遗忘。有研究表明，遗忘也是有规律的。章志光指出：

> 遗忘速度最快的材料内容通常是那些没有识记目的的部分，无重要意义的部分，不理解的部分，材料的细节部分，无兴趣的部分。有意义材料的保持时间较久，遗忘速度的下降也较慢，但是有意义材料如果内容增多和范围增大，遗忘曲线就会与无意义材料的遗忘曲线相接近。②

根据记忆和遗忘的规律，在教学中可采取以下措施。

(一) 强调需要长时记忆的知识的重要性

每个人作为个体，都曾经或者将要面临学习、考试、人际交往、工作、解决问题等各种目标任务，凡是有利于形成和培养核心素养的知识，理论上都应是长时记忆的知识。教学时对重要的知识要提出明确的目标和要求，强调其重要性，有利于学生形成长时记忆。

(二) 在理解的基础上记忆

让学生机械地记住不理解的知识，不一定能够保持长久。因此，我们反对死记硬背，但是提倡对重要的知识（如基本的字词、文章、公理、定理、概念、公式等）在理解的基础上的长时记忆。比如，家长经常让学前儿童背诵诗歌和乘法口诀，其中有些有难度的诗歌和乘法口诀是大多数学前儿童不理解的，这种

---

① 章志光.心理学[M].北京：人民教育出版社，2002：152.
② 同①158.

背诵就是死记硬背。当然,不是说死记硬背没有任何好处,但是在理解的基础上背诵一定更好。可以在时机成熟之际,提倡有理解的长时记忆。比如,学生到了二年级学习乘法口诀,就要在理解乘法口诀的基础上熟练记忆,达不到这个要求,反而是不应该的。

(三) 通过比较、关联和结构化进行记忆

学生从小学的低年级到高年级,再到中学、大学,知识容量逐步增加,难度也不断加大。把这些高难度、大容量的知识保持长时记忆的高效办法是对知识进行分析、比较、概括、分类、关联和结构化。在理解的基础上的结构化的记忆,是稳定的、长久的、连通的。

(四) 科学地组织练习和复习

学生习得的重要知识需要保持长时记忆。长时记忆并不是永久记忆,而是有一个时间长短的问题。小学数学的重要知识很多需要保持永久记忆,不仅仅要满足中学、大学的学习需要,甚至要满足终身的需要,比如小学算术的大部分知识是终身需要的知识。根据记忆遗忘的规律,学生习得的知识,即使是实现了长时记忆的知识,其中70%左右的知识也会在7—30天遗忘。因此,为了尽可能地保持永久记忆,重要的方法是经常练习和复习,复习周期可以是一周、半个月或者一个月。当然,复习不是简单的重复,而是要对知识进行比较、关联和结构化,并提升到数学思想方法的高度。

(五) 培养学生适当掌握特殊记忆技巧

教师为了让学生学好数学,真是八仙过海各显神通,想尽各种方法提高学生的记忆力,其中包括一些小窍门。歌诀就是这些小窍门的一种,歌诀对没有联系的知识的记忆有很好的效果。我记得上小学的时候语文老师曾经教过一些歌诀,如:"戌戍戊戎"这四个字,难懂易混,老师编了歌诀:点(、)戍横(一)戌戊中空,戎挪一撇就念戎;24节气歌诀:春雨惊春清谷天,夏满芒夏暑相连,秋处露秋寒霜降,冬雪雪冬小大寒;大月歌诀:一三五七八十腊(12月),三十一天永不差。我至今记忆犹新。

（六）培养学生长时记忆的方法

有研究表明，儿童尤其是低年级儿童和学习困难儿童，缺乏对自己记忆过程的反思能力和记忆的方法。

> 儿童3岁以前没有策略，5—7岁处于过渡期，10岁以后记忆策略逐步稳定发展起来。……对儿童进行一定的训练，能在一定程度上帮助儿童掌握有关的记忆策略，促进记忆策略的发展，提高记忆效果。①

在学习的过程中，对学习的知识常常要立刻进行反复重读，这个过程就是复述。复述有两种：一种是机械复述；另一种是有意义的复述，就是对信息进行二次加工，包括建立表象、联想、比较、分类、归纳、结构化等。其作用是，保持知识的短时记忆，同时能够使短时记忆转为长时记忆。

> 在研究中发现，学业不良学生在短时记忆中的重要特征之一就是缺乏复述。……学习障碍儿童基于短时记忆的再现能力没有缺陷，而长时记忆的再现能力差。这是因为，普通组能够自发地复述相继呈示的名词而转入长时记忆；而学习障碍组则未能进行有效复述，信息不能转送至长时记忆而消逝了。……年长儿童和能力高的儿童，一旦呈示了新的项目，不仅对该项目进行复述，而且还能联系先前呈现过的起始项目进行复述。这样，信息就能编码化，并转送至长时记忆中。由于缺乏自发复述，学业不良学生对学习的知识不能很好地存储在头脑中，自然影响记忆，继而影响学习成绩。②

总而言之，学习困难生缺乏长时记忆的方法。如果教师从低年级开始对所有儿童，尤其是学习困难儿童进行这方面的训练，就会极大改善学生的记忆能力和学业成绩。

歌诀是一个有效的记忆技巧，虽然这些歌诀朗朗上口，但还是属于机械记忆的范畴，如果歌诀的记忆量增大了，仍然会产生遗忘。因此，还要进行联想记忆、理解记忆、结构记忆，多运用形象记忆法、表格记忆法、联想记忆法、特征

---

① 边玉芳. 儿童心理学[M]. 杭州：浙江教育出版社，2009：107.
② 周博林. 初中学业不良学生的元记忆监测、控制特征与学习效果[D]. 上海：华东师范大学，2008：19.

记忆法、分类记忆法、类比记忆法、结构记忆法等方法。比如，一年级学生认识数字 0—9，要在知道每个数的含义的基础上运用形象记忆法和联想记忆法。手机号有 11 个数字，通过机械记忆一般记不住几个号，如果想多记住一些，就要综合运用联想记忆法、特征记忆法、分类记忆法等，如：把号码分成 3—4—4，3—3—5，3—5—3，4—3—4，4—4—3 几类结构，前 3 个数字是不同的公司或者同一个公司不同的号段，后 8 个数字可以找规律，如 1357，2468，3579，147，258，369 等；还可以将之与自己或者家人的生日、上学和毕业的年份、五一、六一、七一、八一、十一等特殊的日子联想起来记忆。可以从一年级开始训练学生先记住父母和老师的手机号，再慢慢增加其他家人和好朋友的手机号，既训练了记忆能力，又提高了生活能力。

五、思维与学习

思维是人脑对客观现实概括的和间接的反映，它反映的是事物的本质属性，属于理性认识。人的学习过程，主要就是一个思维的过程。人在思维的时候，就是要调动大脑的认知结构中的材料，进行一系列的心智活动，而认知结构中的材料，是进行长时记忆的结果。因此，记忆是思维的基础，记忆与思维相互影响和促进，有意义的记忆材料需要思维加工，思维（认知结构）的材料和基础是语言和概念等，如果没有记忆就没有材料，没有材料就没有丰富的认知结构和思维。

语言与思维的关系也非常密切。语言是思维的载体和材料，没有语言不可能有高级的思维，语言能力会影响思维活动，同时，语言的产生和发展也伴随着思维活动。根据研究表明，男生先天语言能力弱，应在幼儿和低年级加强阅读、交流、写作等语言训练，否则会影响他们解决实际问题的能力和对概念的理解；女生先天空间能力弱，应在幼儿和低年级加强积木、魔方、七巧板、几何体、空间方位、体育运动等方面的训练，否则会影响她们对中学几何内容的学习。

第二节 数学学习理论概述

本节不介绍各流派学习理论,而是综合各家学习理论的重要观点,构建以学生发展为本的学习理论要点。不追求理论的完整性和系统性,注重重要观点的表达、实用性和可操作性,主要包含以下一些观点。

一、以学生的可持续发展为本

学生是学习的主体,我们将从传统上研究教师如何教好数学,转向重点研究教师如何教会学生会学数学、能够自主地学好数学,即学生会学习、会思考、会解决问题,形成可持续发展的必备品格和关键能力。

二、数学知识结构是学生形成数学认知结构的基础

数学知识结构是数学认知结构的基础,数学认知结构来源于数学知识结构。但是数学认知结构不是数学知识的简单关联,而是一个复杂的认知系统,它至少包括以下几个方面:数学知识结构、数学思想方法、元认知、非智力因素。数学知识结构是载体和材料;数学思想方法是灵魂、主线;元认知能够促进自我认知结构的调整、完善和协调发展;非智力因素是整个认知结构的动力、精气神。

三、提倡基于理解的数学学习

我们知道,数学概念和命题是数学认知结构的基础。理解概念是掌握和运用概念的前提,没有理解就没有正确概念的建立,所以,哪怕不谈理解对其他方面的重要作用,单就概念的建立而言,理解的重要性就足够了。

国内外很多学者强调理解对于学习的重要性，苏霍姆林斯基指出：

> 如果学生的知识不是通过理解和分析事实和现象而记熟的，他就不会运用知识。这是教学过程的一个十分重要的规律。多年的经验使我得出一个结论：如果学生在小学就是在理解事实和现象的过程中掌握抽象真理的，他就具备脑力劳动的一个十分重要的特点，即善于了解许多相互联系的事物、事实、情况、现象和事件，换句话说，他善于思考因果、从属、时间等关系。无数事实使我确信，学生思考算术题条件（特别是在四五年级时）的能力，取决于他们掌握抽象结论的能力。没有理解大量实例而仅背熟抽象结论的学生，不会思考习题，不善于认清数量之间的依存关系。相反，如果在学生的脑力劳动中对抽象真理的记忆是建立在深入思考实例的基础之上的，如果他们不用背熟就能记住，他们便会把算术题看成不是数目字的某种组合，而是数量间的依存关系。他们在看习题条件和理解时，先抛开数目字，从总体上解题，而不做具体的算术运算。[①]

也就是说，小学数学不是简单死记硬背法则的算术运算，而是基于理解数量关系的逻辑运算。

四、多元表征基础上的抽象概括是学生理解数学的有效方式

有研究表明：中学生数学成绩与数学概念表征水平有显著正相关。为了学好数学，也为了提高数学成绩，要加强多元表征，同时要适时抽象概括，做到直观与抽象形影不离。当然，抽象的定义不能直接灌输给学生，而是要让学生自己经历建构概念的过程。也不必让学生死记硬背定义，应加强概念的各种表征方式的关联，以及概念的运用，包括不同概念间的关联和结构化，这样才有利于更好地理解数学概念、命题和结构。

[①] 苏霍姆林斯基. 给教师的建议[M]. 周蕖，王义高，刘启娴，等译. 武汉：长江文艺出版社，2014：45.

五、数学学习是一个自主探索发现与有意义接受学习并存的过程

自从 2001 年课程改革以来，大力提倡自主探索、合作交流的学习方式，教师都知道这样的学习方式很有意义，但是落实却并不理想，尤其是在中学数学课堂教学中。这是为什么呢？这里既有学习效率的问题，即自主探索的学习效率比较低，中学数学内容多、更加抽象，如果都这样教学是学不完的；也有认识上的误区，认为教师讲授、学生练习的教学方式对提高成绩见效快，于是教师不太愿意采用学生自主学习的方式。实际上，自主学习的效率虽然低，但是要明白学生的自学能力不是一蹴而就的，而是一个缓慢的培养过程，学生一旦形成自学能力，教师的教学效率不但会大大提高，而且会减轻工作负担。因此，我们主张数学学习是一个自主学习、探索发现、合作学习与有意义接受学习并存的过程，我们要寻找中间地带。

六、数学学习是一个新旧知识进行关联形成新结构的过程

我们特别强调新旧知识间的关系，也就是说绝大多数的数学学习，不是从零开始的。因此一定要激活已有的知识和经验，而且是启发学生自己激活已有的知识和经验进行比较、类比、转化，完成新知识的建构。另外，理解一个个概念不是目的，目的是理解概念间的关系，包括因果关系、数量关系、图形间的位置关系等，在这些关系的基础上进一步关联，形成认知结构，去解决有意义的问题。

七、学习兴趣、动机、态度和习惯等非智力因素非常重要

非智力因素不直接参与智力活动，但是对智力或者思维的影响也不可小觑。比如，有的学生平时数学考试成绩非常好，但是一到期末考试或者中考、高考就发挥失常。这是非智力因素的影响，影响了学生对认知结构中数学知识的提取（本来是储存在头脑中的，状态不好时提取不出来，等到状态正常了，又恢复了），以及对智力活动和思想方法的运用。

八、加强中小学衔接，减少学习中的负迁移

学生已有的知识和经验对新知识学习的影响，有的是正迁移，有的是负迁移。为了减少负迁移，顺利实现认知结构的升级和改造，对于小学数学认知结构中将基本被中学数学替代的部分不必过度学习，应适可而止。关于中小学衔接的问题，早在20世纪70年代，曹培英老师就有过小学数学过度学习的体验和教训，他指出：

> 然而，中学部教师的反馈信息不全是赞扬。第二年时，初一的数学老师向我抱怨：你的学生分数四则运算比老师算得还快，但算术思维定式顽固，教学列方程解应用题，老师还没抄完题目，他们就算出了答案，这下可好，不愿再学列方程了。第三年时依然有类似反映。这使我陷入深深的反思，从此开始着眼于中小学数学教学的衔接和学习的长期效应，摸索数学教学的"固本"之道，逐渐形成了一些有利于学生可持续发展的教学特点。比如，重视代数知识技能的孕伏；重视理解，着力启发学生知其然，知其所以然；重视方法与思路的教学，有计划地采用一题多变、一题多解和多题一法等方式，开拓学生的思路与概括、提炼通则、通法并举；借鉴人类认识数学的本来面目，引领学生经历部分知识的生成过程或探索过程。[①]

那么过度学习对中学会产生负迁移的这些知识学到什么程度就可以了呢？我们认为能够满足中学数学的学习即可。比如算术思维、实验几何、常量数学，尤其是算术方法解决问题，学会解决比较简单的问题，最难到两步计算的问题即可，三步的问题、比较复杂的问题，用方程解决。实验几何是重要的，但同时要加强推理的教学，加强用字母表示数及数量关系、函数知识和思想的教学。

---

① 曹培英.在"规矩"与"方圆"中求索[J].人民教育，2007(19)：54.

第五章 小学数学教学的基本策略

第一节 教师与学生的关系

关于教师与学生的关系,笔者在《小学数学教育》1993年第11期发表了一篇名为"小学数学教学中的主导与主体"的文章,简要论述了这个问题。基本观点是"教为主导,学为主体",强调教师的主导作用,同时明确教师围绕着教学所做的一切工作,主要是为了学生更好地发挥主体性。强调学生的主体性,也是为了每个学生得到更好的发展。因此,教为主导与学为主体要有机地融合成一体。

一、教师与学生间的业务关系

《义教数学课标》确立了学生的主体性,同时明确了教师的主导作用。不过,传统上我们更多关注的是教师和学生地位作用的关系、教与学的关系。比如在教学过程中起主导作用的是教师,学生是学习的主体;接受学习与自主学习之间的关系等。接受学习与自主学习之间的平衡是非常重要的,即使是优秀的特级教师也经历了一个痛并快乐着的探索过程。吴正宪指出:

> 初为人师的日子里,心头涌动的是不尽的新鲜感和兴奋感。我曾天真地认为,只要全身心地投入,勤勤恳恳地工作,就能胜任"传道、授业、解惑"的教师天职。我使出了全身的解数,点燃了自己生命中所有的热情,早出晚归,加班加点,兢兢业业地耕耘着。课堂上我不遗余力地向学生传授书本上的所有知识,每一篇文章,每一个例题进行深入浅出地讲解。学生似乎是个容纳知识的容器,好像教师讲得愈多,学生的获得就愈多。我

不知疲倦地讲解,学生机械重复地记忆。当我照本宣科,在满堂灌的课堂教学中乐此不疲时,终于有一天,我却蓦然发现自己努力的结果并没有带来学生的发展和飞跃。我开始抱怨学生脑子太笨,学习不用功。课堂上除了滔滔不绝地演讲之外又多了几分埋怨与责备,课堂气氛死气沉沉,让人感受不到生命的存在。我痛苦而不安,我彷徨而茫然,原有的冲动与热情几乎降到了冰点。①

很多经验告诉我们,满堂灌的填鸭式教学只能让师生都累,已经不适应新时代的形势和需求了。教师不仅要研究如何教好,更要研究学生的认知特点、情感态度、如何学习、如何学会自主学习,把"讲"的时间和空间压缩一些,留给学生去"学、思、行"。《礼记·学记》中说:"是故学然后知不足,教然后知困。知不足,然后能自反也;知困,然后能自强也。故曰:教学相长也。"这很好地体现了教与学的辩证关系。

二、教师与学生间的人际关系

我们研究教师与学生的关系,除了重视传统的业务关系外,还应该更多地关注教师与学生之间的人际关系。"我们认为,师生作为具体的社会历史的人,师生之间不仅存在着业务关系,而且存在着伦理关系和情感关系。"②而且,师生之间人际关系的好坏直接影响教学效果,尤其是小学生心理不成熟,外在因素对学习效果的影响更大。甚至对一部分心理不够成熟的中学生来说,师生关系对学习成绩也有影响。笔者曾经对个别高中生进行过访谈,其中的部分问题如下:哪门学科成绩最不好?为什么不好?最不喜欢哪个老师?为什么不喜欢?得到的回答是:化学成绩最不好,不喜欢学化学,最不喜欢化学老师,因为化学老师经常喋喋不休地训斥学生,说些"成绩不好还不努力学习、高中生了还不懂事"等之类并不过分的话。这说明中学生也会出现幼稚的现象,不喜欢哪个老师,就不喜欢哪门学科,也就会不努力学习,成绩自然就不会好,所以师生关系和谐相处非常重要。

---

① 吴正宪. 追求教师职业生命价值[J]. 人民教育,2005(17):38.
② 裴娣娜. 现代教学论基础[M]. 北京:人民教育出版社,2015:158.

如前文所述,学生的数学核心素养不应该仅仅局限在数学学科内部,学生在数学学习的过程当中,也应该得到必备品格的培养,进而全面和谐地发展。相对应的,数学教师也应该是这样。数学教师的主导作用,不仅仅体现在课堂教学如何组织、启发和引导学生的数学学习上,它的内涵也是非常丰富的。教师要有一颗爱心、真诚的心,学生上课认真听讲、积极发言讨论,不是出于被迫,而是出于情感的融洽、尊重和爱老师、爱学习。苏霍姆林斯基指出:

> 儿童身上没有任何东西,是需要教师严酷对待的,如果儿童心灵中出现了毛病,那首先要靠善良来驱走它,这不是在宣传马虎对待和自由教育,而是坚信,对儿童和善,亲切热爱,并不是抽象的,而是人性的现实,充满了对人信任的和善,亲切和热爱,这是一股强大的力量,在人身上创造一切美好的东西,使他成为一个理想的人。①

教师要信任、鼓励、表扬学生,而不是怀疑、训斥,尤其是对待一些学习成绩不好,或者是品行有一些缺点的学生,要相信和鼓励他们能够做得更好、能够进步,要及时表扬他们所取得的一点点成绩、一点点进步。关爱、信任、鼓励、表扬,也许不能使每个儿童在小学就成为和谐发展的理想的人,但是远比教训、愤怒、冷淡强得多。前者仍然是使所谓的后进生取得进步的最佳方法,因为我们不能断定今天学习不好的学生就永远不好,过早地对学生的学习和品格作负面的定性评价是不明智的,也是有害的。我们要相信每个学生都有一种潜能,有一种优势,使他走向成功和幸福,这是我们所能做的最正确的事。当然,并不是说对犯错误的学生就不能批评,批评要适当。对于有"问题"的学生,也许原谅、关爱、鼓励的效果更好。

我们看过很多优秀教师和特级教师的故事,他们的共同特点是不仅在专业水平和课堂教学水平上有过人之处,而且与学生感情深厚融洽,师生关系和谐,充满爱心,即使对待学困生和调皮捣蛋的学生,也能用爱融化坚冰,用爱感动学生,使得他们走正道,真可谓德业双馨。吴正宪老师在彷徨而茫然之后,经过不懈的学习和探索,慢慢地总结出了新型的师生关系,她指出:

---

① 苏霍姆林斯基.给教师的建议[M].周蕖,王义高,刘启娴,等译.武汉:长江文艺出版社,2014:13.

在教学实践中,我总结了十几种切合学生实际的教学方法和学习方法,为学生创设愉悦和谐的学习氛围,充分发挥学生的主动性和创造性。学生学习兴趣浓厚,求知欲望强烈,常常出现一派乐学、爱学、善学、会学的生动活泼局面。在课堂上,同学们时而紧锁双眉、沉思不语;时而各抒己见、争论不休,急性子的孩子索性跑到讲台前,引经据典,据理力争,思维碰撞的高潮时时迭起。孩子们在学习中充分体验着参与的快乐,合作的愉悦。我与孩子们心灵的沟通,情感的交融,人格的碰撞,使孩子们备受激励和鼓舞。抽象的数学内容不再枯燥乏味,而变得妙趣横生。教学改革促进了学生健全人格的发展,学生不仅学文化,而且学做人。在数学教学中,我坚持教书育人,注重培养学生的实践能力、创新精神和健全人格,使传授知识、启迪智慧、完善人格三者有机地结合起来。①

现在的学生虽然年龄小,但是比起他们的父辈、祖辈,接触信息和社会的渠道大大拓宽,学生与教师、孩子与家长的关系正在变革之中。如何在继承优秀的、传统的师生伦理关系的基础上,构建新时代的师生关系,这是教师应思考和改进的。我记得自己在大学四年级(1990年底)去上海育才中学实习一个多月(我和一个同学教初一(2)班)期间,除了努力向任课教师学习如何备课、上课外,课余时间常与学生一起踢毽、跳绳,打成一片,关系融洽。我发现与学生关系好了,上课没有学生捣乱了,学生特别认真听讲、积极发言、用心做作业,学生的测验成绩也比较好,学生、家长和学校都满意。最后与学生告别的班级联欢会上,有的学生流下了不舍的眼泪。我通过短暂的实习经历感悟到:如果师生做到了课上是师生、课下是朋友,感情融洽,把握好分寸,那么良好的班风就基本上形成了。

第二节 个性化的教学策略

二十多年来,我在数学课堂上听不同年级的课,不得不面对的一个基本事

---

① 吴正宪.追求教师职业生命价值[J].人民教育,2005(17):38.

实：学生在数学学习上的表现参差不齐。尽管我们知道产生差异的一些原因，既有遗传的因素，又有后天教育培养的因素。但是，我还是经常情不自禁地自问：学生之间的差距咋这么大呢？带着这个问题，我一直在努力地寻找解决办法，通过学习和思考，在此提出"个性化的教学策略"。基本观点是：课堂教学围绕中等水平学生展开，利用课堂教学时间的80%左右完成基本教学任务，剩余时间给学困生继续补课（包括再次讲解重难点内容、基本的巩固练习等），其他学生分不同层次拓展（包括变式练习、综合题、拓展题等）；学生的作业也要分层，学困生多做基础题，中等生在保证掌握基础题的基础上适当增加综合题，优等生多做综合题和拓展题。做到学困生不掉队、不欠债，中等生略有提高，优等生适当拓展。这样既能够保底，又能满足不同学生的发展需求，尽可能实现个性化的教学。

一、学生的数学认知结构存在差异性

如果我们根据多元智能理论来分析人的认知结构，那么可以明白人各个方面的智能的发展是不均衡的，有的学生数学强语文弱，有的学生反之。因此在数学上有一部分学生存在学习困难或者障碍，是正常的。比如某一位大名鼎鼎的互联网风云人物，由于数学成绩不好导致三次参加高考（据说三次高考数学成绩分别是：1分、19分、79分），最后考取，这表明，虽然这位风云人物的先天数学认知结构比较弱，但是通过努力可以取得较大进步。许许多多类似的例子告诉我们：即使先天数学认知结构有不足，通过后天的培养和努力也可以达到中等水平。

《义教数学课标》提出：人人获得良好的数学教育，不同的人在数学上得到不同的发展。前者属于"下要保底"，后者属于"上不封顶"。为什么这么说呢？因为人人有接受基本数学教育的权利，同时，又承认人的数学认知结构的差异性。更重要的是，在人工智能时代，我国各项事业的发展既需要具有高水平数学基础的人才，以满足高科技发展对人才的需求，也需要具备基本数学核心素养的人才，来满足日常生活与工作的需要。所以我们要想尽一切办法让"后进生"能够获得良好的数学教育，同时也应该让对数学感兴趣或者在数学上有天赋的学生能够得到更好的发展。

二、国外的一些做法

为什么有的学生的数学学习从一年级开始就不好呢？其中原因既有先天的数学认知结构的问题，也有后天的培养和教育的问题。出现这种状况的重要原因可能是教师没有关注到每一个人，尤其是没有关注到学习有困难的每一个学生。从一年级，教师就要开始努力让学生理解数学本质，不让一个学生掉队。无论是课前的教学设计，还是课堂教学，课后辅导，都应实行分层的个性化教学。苏霍姆林斯基在个性化教学方面有丰富的经验和做法：

> 关于分层的个性化教学，是教育和教学的艺术和技艺，是发挥每个学生的力量和可能性，使他们感到在脑力劳动中取得成绩的喜悦。这就是说，在学习方面应予个别对待，不仅在脑力劳动的内容，习题的性质上如此，在时间上也是如此。有经验的教师在一节课上给一些学生两三道甚至四道题，而给另一些学生仅仅一道题，一个学生的题较复杂，而另一个学生的题则较简单。①

苏霍姆林斯基还特别重视课外阅读材料的作用，并把它称为"第二个教学大纲"。在对学习困难学生的培养上，尤其特别重视第二个教学大纲的作用。他指出：

> 我试验过许多减轻这些学生脑力劳动的方法，得出结论认为，最有效的方法是扩大阅读范围，我在3—4年级和5—8年级工作时，经常关心为每个"困难"儿童挑选一些用最鲜明、有趣和吸引人的方式阐明概念、结论和科学特点的书籍和文章，供他们阅读。大脑半球皮质的神经细胞萎缩、怠惰和虚弱，可以用惊奇、诧异来治愈，正如肌肉的萎缩可以用体操治愈一样。②

苏霍姆林斯基还专门为几个在数学上学习困难的小学生编写习题集，这

---

① 苏霍姆林斯基. 给教师的建议[M]. 周蕖，王义高，刘启娴，等译. 武汉：长江文艺出版社，2014：21.
② 同①35.

些习题集不是传统的算术应用题,而是启迪学生思维的阅读材料。他认为,越是学习困难的学生,越需要阅读,阅读能使人思考,思考会刺激智力觉醒。

我曾经看过一节美国数学课堂教学的视频,内容是方程。当教师讲解完例题,让学生做练习时,每人发一张 A4 纸的题单,足有 30 道题,让学生选做,做多少题,做多大难度的题,由学生自主决定。我还曾经看过一节日本数学课堂教学的视频,内容是解方程组,教师让学生分组探索方程组的解法(同质分组,从二元一次方程组开始探索,再鼓励学生探索三元一次以上的方程组),然后让学生分组汇报,最弱的一组只完成了二元一次方程组,而优秀组找到了多元一次方程组的解法,通过类比和归纳,实现了方法的以此类推、迁移,完成了一次认知结构的完美构建。这都是个性化教学的体现,实现了不同的人得到不同的发展。

三、我国的数学教学现状

我国的数学课堂教学,由于班级人数比较多,教学内容严格按照课程标准或者教材齐步走,不敢越雷池半步,个性化教学还不够完善,一堂课基本上按照中等生的水平进行,教师很难照顾到"两头"的学生,存在学困生吃不了、优等生吃不饱的情况。因此,我们提出另一个教学理念是:高水平教学,标准化考试。尤其是期末考试,期末考试成绩对教师、学生和家长影响最大。我认为,教师的教学智慧分三个层次:第一,最不明智的教学是:低水平教学,高水平考试。这样会严重挫伤学生的自尊心和学习的积极性,这样的教学是成心跟学生和家长过不去,也是跟自己过不去。因为考试没有按照课程标准的要求出题,有难度的题目超越了课堂教学的水平,这种情况学生考不好责任在谁呢?第二,不太明智的教学是:考什么就教什么。这样的教学以应付考试为中心,而没有真正关注不同的人在数学上得到不同的发展,没有培养学生可持续发展的能力。这种做法对考试确实是负责了,但是没有做到对学生终身发展负责。第三,最有智慧的教学是:高水平教学、标准化考试。当然前提是先保证每个学生获得良好的数学教育。这样学生在数学上既得到了提高和拓展,也能得到优秀考试成绩的愉快的成功体验。这样的教学,对学困生也没有任何压力,因为考试考得简单。我记得有一年寒假,接到了一位家长的电话,生气地跟我诉说他的孩子在上学期数学期末考试当中,由于对一道题的解答不完全符合标准答案而被扣了5分,最终得了95分。我在对被扣5分的题目和答案进行评判后,发现孩子被扣分的题目确实超标了,而且题目还存在不严谨的问题。

总之,我国的数学课堂教学在分层的个性化教学上还不够完善,包括按照学生水平分层、教学内容的弹性设计、课堂时间的分配、教师对不同水平学生的指导、优等生对学困生的帮助、调整考试题目的难度、改进考试方式等方面都有比较大的改进空间。

四、个性化的教学策略

在上述理念的指导下,我们提出以下教学策略:"保底＋不封顶教学、标准化考试"的教学策略。

具体来说,课堂教学可以打破课标和教材的内容和结构限制。如果每堂课40分钟,那么可以用30分钟左右,完成人人获得良好的数学教育。对每个学生,尤其是学困生,要采取一切办法使其达到课程标准的基本教学要求。再用10分钟左右实现不同的人在数学上得到不同的发展,进行知识和数学思想方法的拓展。如果每堂数学课都这样做,长期坚持,就慢慢地打开了一扇窗,可以看到初中数学的世界。当然,如果学困生在30分钟之内还没有达到基本的教学要求,还没有能力参与拓展知识的学习,那么就不得不继续接受辅导,至少做到每堂课基本不欠债。

长期以来,教师们为此不断探索,可谓是"八仙过海,各显神通",总结了很多很好的经验。

曹培英老师在20世纪70年代刚参加工作就开始教六年级,创造了连续八年数学平均分全赣州地区第一名的好成绩。曹老师针对学困生的教育,采取了一些行之有效的办法(我为此与曹老师进行了微信交流),简述如下。

(1) 全面调查。每年新接一个班,先进行全面调查(试卷、前任教师、家访),然后制定计划措施。

(2) 补课前置。长计划、短安排,急用先补、重点详补。每一单元新授前,先给学困生补本单元必要的基础知识,力求新授课不欠新债。

(3) 作业面批，结对帮扶。一个优等生帮助一个学困生，当时很多学生自愿帮助同学。

(4) 降低要求。繁分数化简、工程问题不作要求。

(5) 有效辅导讲策略。策略一，首先消除情感障碍，让学生认同（请家长配合）老师给予辅导是一种"优待"。策略二，使学困生体验学习进步的愉悦（甚至单元测试前针对试题进行辅导，让学困生破天荒体验数学测试及格的成功感）。策略三，课后辅导不重复课堂的讲解，而是针对学困生具体特点变换讲解方式方法。

曹老师说：开始几年学困生数量多，分三批重点帮助提升，即第一学期期中考试前，重点帮助三分之一，期中考试见成效，影响其他学困生；第一学期期末前再转化三分之一，剩下三分之一第二学期期中解决。除了以上专门针对学困生的举措，针对解题步骤、环节展开专项训练，作业精选组织（结构性题组），批改不过夜，错了必须订正，建立错题本（部分学生请家长协助）等策略是确保年年升学统考全市第一的主要对策（以上文字感谢曹培英老师提供）。曹老师在教学的第三年是这样做的：

> 第三年，我苦苦思索保住第一的"绝招"。心理学的遗忘曲线与及时反馈理论给了我灵感。我要求学校上午第一节不排我的课，同时布置班上的数学课代表到校第一件事，收齐全班作业本。我抓紧第一节课的时间批改作业。这样，当我走进教室时，学生昨天的学习状况了如指掌。我相信及时反馈、环环相扣的力量。果然不出所料。[1]

上海的退休数学特级教师周继光老师，曾经在初中数学教学实践中总结了很好的分层教学经验。他根据学生数学认知水平及态度兴趣动机意志水平两个维度，每个维度分三个水平，一共把学生分成9类。

> 为了在数学教学中贯彻"因材施教"的原则，我在接班后，利用暑假和开学头两个星期的观察分析，初步将全班61个同学分别按学习基础（A）（兼顾学习能力）和学习态度B（兼顾学习兴趣、爱好）按上、中、下（即好、

---

[1] 曹培英. 在"规矩"与"方圆"中求索[J]. 人民教育，2007(19): 54.

中、差)分为九类……这样的分类使我对初三(1)班的学生学习情况一目了然。①

见表 5.2.1 所示,周老师把学习基础和学习态度"双优"的学生(编号①)中,喜欢数学的学生组织起来,参加课外数学小组或进行个别培养。把编号②④⑤的学生(大概占 60%以上),作为一般学生,这样安排道:

> 我主要通过课堂教学解决,对他们的作业和测验的反馈情况予以格外重视。……每次练习或测验,我都是在当天晚上批改试卷,并对每份试卷作详细分析,记录错误情况,找出失分原因。……及时、精心讲评是我在教学中查漏补缺,夯实基础的重要措施,也是我提高教学质量的一个法宝。②

周老师把编号⑥⑧⑨(编号③⑦的没有,编号⑨的 1 人)的学生,给予特别的关心和帮助,开展了这些工作:

> 课后辅导、作业面批、家庭访问和个别谈心,一切可以促使他们进步的措施都用上了。③

周老师为了这些学生的学习,经常夜以继日地工作,功夫不负有心人,该班超过三分之一的学生进入了高中"直升班",后进生毕业考试数学也都及格了。

表 5.2.1

A \ B	上	中	下
上	①	②	③
中	④	⑤	⑥
下	⑦	⑧	⑨

---

① 周继光.在阳光下亲历新中国基础教育六十年[M].上海:文汇出版社,2013:285.
② 同①285.
③ 同①285.

吴正宪老师在教学改革之路上曾经经历了十几年的不懈努力与探索。

20世纪80年代初期,我以"减轻学生负担,提高教学质量,促进学生全面发展"为目标,开始尝试进行小学数学教学改革实验。从教材改革入手,根据知识的内在联系和学生的认知规律,重新将教材组合成6个知识体系进行教学。教材内容结构的改革必然带来教法、学法、考法的全方位改革。在教学实践中我开始尝试改变"教师讲、学生听"的单一教学方式,提出了"在讨论对话中学习"、"在操作活动中学习"等10种学习方式。总结了"假设"、"转化"等10余种数学思维训练方法,促进了学生创造思维的发展和学习能力的提升。特别是在考试改革方面,我进行了大胆尝试。我坚持从三方面进行探索,一是从考试内容上,将过去侧重考查知识,转变为知识与能力并重,特别是考查学生解决实际问题的能力;二是考试形式从过去的单纯"笔试"转变为"笔试＋口试＋操作"的多种形式,让学生口、手、脑并用;三是从考试评价上,我尝试改变"一次考试定论"的做法,采取了平时作业与期末考试分数相结合。对学生的超常思路、独创性的解决问题方法给予加分,以此来鼓励学生的创新思维。学生一次没考好,还有二次重考的机会,为学生的重新跃起创造宽松的发展环境。这项考试改革在当时引起了一些风波。但今天看来我仍倍感欣慰,它虽然不能改变"一张考卷定终身"的大环境,但毕竟使班级小环境出现局部晴天。我的课堂上常常出现学生学习兴趣浓厚,思维活跃,爱学、会学、善学的感人场面,学生思维能力及解决实际问题的能力明显增强。这项改革实验减轻了学生的学习负担,在不增加课时、不设早晚自习、不占用其他课时的情况下,学生一年时间学完两年的数学课程,并提前一年参加全区小学六年级数学统一考试,平均成绩高于应届毕业生的成绩。①

正如吴正宪老师经常说的那样,要给学生"有营养又好吃的数学",就是既体现核心素养,又成为让学生喜欢的数学。

广东省佛山市南海区桂江小学潘光志老师,近年来虽然担任着行政职务,但是没有脱离一线课堂教学,并且一直保持着数学平均成绩名列前茅的水平。

---

① 吴正宪.我就这样一路走来[J].人民教育,2010(19):54.

我不止一次与潘老师交流取经,他通过各种手段,实现了个性化的教学。总体上他的课堂教学有这么几个特点和做法。

(1) 幽默风趣。潘老师个头不高、性格平和,语速舒缓的广东普通话中透着幽默风趣、睿智,使得他的数学课堂并不枯燥,能够吸引学生的注意力。

(2) 要求严格。潘老师外表温和,但是对学生的学习要求却非常严格、规范,使得学生的课前预习、听讲、独立思考、合作交流、练习、作业等各个方面都能够按照要求做到位。

(3) 进行立德树人的教育。潘老师深谙思想道德情感等因素的教育价值,经常对学生进行立德树人的教育,使学生做到全面发展,同时也能促进数学学习。

(4) 提高教学效率。潘老师针对教学内容的重点、难点,以及学生的学习特点和水平,采取课前预习、课堂交流、教师讲授、信息技术、变式训练等办法提高教学效率。

(5) 给学生独立思考的时间和空间。潘老师认为,遇到教学内容的重点、难点,要给学生足够的时间和空间去思考和交流,慢是为了快。

(6) 进行变式训练、拓展提高。潘老师不但能够把握教材例题的本质,在习题的设计上也非常有层次和针对性,通过变式训练、拓展训练让学生感悟数学思维和思想方法。

(7) 对学困生的关注。潘老师把例题和习题做成微课,学生可以课前预习看,也可以课后复习看,要求学困生经常看,课堂上继续关注学困生。如果学生作业还有问题,再对其进行辅导。做到了学困生不掉队、不欠债。

(8) 应用信息技术。潘老师所在学校特别重视信息技术在教学中的应用,潘老师利用数字教学平台,学生使用 iPad 上课,充分发挥了信息技术的优势,提高了教学效率。

总之,无论是曹培英老师、吴正宪老师,还是周继光老师、潘光志老师,虽然所走过的道路不同,经历不同,苦辣酸甜各有滋味,但是都有一些共同的东西:热爱教育与儿童的事业心、情怀和理想追求,努力学习数学、数学教育、数学学习、儿童心理学等各种理论,向前辈学习教学经验,改革创新并通过课堂教学实践不断探索……实现了个性化教学和学生的全面发展,这些成功经验能够进行推广普及。

第三节　自主学习的教学策略

在讨论自主学习的教学策略之前，我们首先简单说说深度教学和深度学习。因为这两个概念不仅仅是当前教育界的热门，也是一种代替传统的提高教学质量和效率的说法。关于深度教学和深度学习，简明扼要地说，我们认为，使学生达成深度学习目标的教学是深度教学，因为教是为了学。就当前而言，学生达成核心素养目标的学习是深度学习，二者是同一个问题的两种说法。深度学习是从学生的角度论述的，体现了以学生为中心的教学理念。我们要实现深度教学和深度学习，在明确努力方向和目标的前提下，还要确定实现深度学习的方法和途径、评价标准等问题。如前文所述，在小学数学核心素养体系中，我们已经简单讨论了独立思考、自主学习、合作交流等内容，这些既是个人发展的具体外在表现，又是实现个人发展的方法途径，综合说是实现深度教学和深度学习的重要教学策略。深度学习是一个相对的概念，是针对浅层学习而言的，深度学习与浅层学习的比较，如表 5.3.1。

表 5.3.1

浅层学习	深度学习
死记硬背	理解记忆
记忆模仿	掌握思想方法和核心素养、自主关联
孤立看待知识	关联、结构化
教师讲授为主	独立思考探究、合作、归纳概括
反馈流于形式	发现问题、及时解决
一节课内容过多	容量合适（给学生时间和空间）
课堂总结太虚	问真问题、重要问题
模仿例题训练	变式迁移、举一反三、举三反一

续表

浅层学习	深度学习
压力过大的焦虑和烦恼	感兴趣、积极主动、适度压力
不爱思考、只被动完成任务	养成深思、认真、乐学的习惯

自主学习本来是各种学习方式(听讲、独立思考、自主学习、合作交流、动手实践等)中的一种,那为什么以自主学习为本节标题而单独加以强调呢？我认为基于自主学习的学习,才是可持续发展的深度学习,所以应成为核心的学习方式。一方面,对学生而言,自我的认识觉醒与自主行为习惯的形成是学生发展的内因,比什么都重要,这样才能够学会学习、学会思考,形成可持续发展的态度和能力。另一方面,对教师而言,要认识到这样一个高度：学生核心素养的形成、自我成长能力的形成,仅仅依赖教师的讲授是不行的,更重要的是依赖学生自主学习、独立思考、合作交流,这是一种过程的教育。通俗地说,你想让学生将来(至少到18岁高三毕业)成为什么样的人,你每堂课都应该像你希望的那样去做。这是一个需要日积月累的过程,而不是仅仅靠18岁一个成人礼的宣誓仪式就可以达成的(当然,这个成人礼很重要)。关于自主学习,我国古代儒家教育思想就有论述,《孟子》说："君子深造之以道,欲其自得之也。自得之,则居之安；居之安,则资之深；资之深,则取之左右逢其原,故君子欲其自得之也。"大意是说,只有自觉地依靠正确方法思考学来的知识,才能掌握得牢固,运用起来得心应手。教师应深刻认识到：通过教学理念的提升、教学方法的改进、教学经验的积累,不但能够提高教学质量、提高教学效率、达到深度教学和深度学习,还能够减轻工作负担、形成良性循环、形成可持续发展的教学能力。老师们在教学过程当中逐步理解专家建议自己要这么教的原因,慢慢感受到这样去教学,工作就会很轻松,如果学生会学习了,也会学得很轻松。做与不做是不同的,教师会尝到这样教学的工作的甜头。这样去教学不是专家和校长强迫教师去做的,不是被动去做的,而是教师能够主动地去这样做。既是为了学生,也是为了自己,为了自己能够在教育的蔚蓝天空中自由、快乐、轻松地翱翔,真正达到了给教师和学生减负的目的。因此,为了凸显自主学习的重要性,我们把自主学习作为此节的标题单独进行讨论,希望能够引起教师的足够重视。

实事求是地说,我们要构建实现深度教学和深度学习的教学范式,是以自主学习为核心、多种学习方式融合的基本教学范式,而不是只有自主学习这种唯一的方式。

一、课程标准关于学习方式的理念

《义教数学课标》在课程基本理念中指出:

> 教学活动是师生积极参与、交往互动、共同发展的过程。有效的教学活动是学生学与教师教的统一,学生是学习的主体,教师是学习的组织者、引导者与合作者。数学教学活动,特别是课堂教学应激发学生兴趣,调动学生积极性,引发学生的数学思考,鼓励学生的创造性思维;要注重培养学生良好的数学学习习惯,使学生掌握恰当的数学学习方法。学生学习应当是一个生动活泼的、主动的和富有个性的过程。认真听讲、积极思考、动手实践、自主探索、合作交流等,都是学习数学的重要方式。学生应当有足够的时间和空间经历观察、实验、猜测、计算、推理、验证等活动过程。教师教学应该以学生的认知发展水平和已有的经验为基础,面向全体学生,注重启发式和因材施教。教师要发挥主导作用,处理好讲授与学生自主学习的关系,引导学生独立思考、主动探索、合作交流,使学生理解和掌握基本的数学知识与技能,体会和运用数学思想与方法,获得基本的数学活动经验。[①]

《新高中数学课标》在提倡培养学生学会学习和教学方式多样化方面指出:

> 教师要把教学活动的重心放在促进学生学会学习上,积极探索有利于促进学生学习的多样化教学方式,不仅限于讲授与练习,也包括引导学生阅读自学、独立思考、动手实践、自主探索、合作交流等。教师要加强学

---

① 中华人民共和国教育部. 义务教育数学课程标准(2011年版)[S]. 北京:北京师范大学出版社,2012:2.

习方法指导,帮助学生养成良好的数学学习习惯,敢于质疑、善于思考,理解概念、把握本质,数形结合、明晰算理,厘清知识的来龙去脉,建立知识之间的关联。①

对高中生要求的学会学习、自主学习的能力,不能到高中阶段才开始培养,要在义务教育阶段,甚至第一学段就开始逐步培养起来。

二、教育家关于学习方式的观点

陶行知(1891—1946)早在1919年所撰写的一篇名为"教学合一"的文章里就提出:

> 先生的责任不在教,而在教学,而在教学生学。我以为好的先生不是教书,不是教学生,乃是教学生学。教学生学有什么意思呢,就是把教和学联络起来:一方面要先生负指导的责任,一方面要学生负学习的责任。对于一个问题,不是要先生拿现成的解决方法来传授学生,乃是要把这个解决方法如何找来的手续程序,安排停当,指导他,使他以最短的时间,经过相类的经验,发生相类的理想,自己将这个方法找出来,并且能够利用这种经验理想来找别的方法,解决别的问题。得了这种经验理想,然后学生才能探知识的本源,求知识的归宿,对于世界一切真理,不难取之无尽,用之无穷了。这就是孟子所说的"自得",也就是现今教育家所主张的"自动"。所以要想学生自得自动,必先有教学生学的先生。②

以上观点把握了教师教学的目的和归宿是指导学生学会学习,学会思考、自主学习、探求真理和解决问题,能够触类旁通。

叶圣陶(1894—1988)先生主张教师要培养学生独立思考、自主学习的能力。他在1961年给教师作报告时讲道:

> 教师要善于引导学生自己多动脑筋,适当地多动脑筋,脑筋是不会受

---
① 中华人民共和国教育部. 普通高中数学课程标准(2017年版)[S]. 北京:人民教育出版社,2018:83.
② 董宝良. 陶行知教育论著选[M]. 北京:人民教育出版社,2015:33.

伤的。学生自己动脑筋,得到的东西格外深刻,光听老师讲,自己不思考,得到的东西就不太深刻。总之,讲的目的,在于达到不需要讲。如果一个老师能做到上课不需要讲,只作一些指点和引导,学生就能深刻理解,透彻领会,那就是最大的成功。这样做能使学生读了若干文章以后,能触类旁通,自己去领会别的文章。学生必须学会自己读书,不能老是带着一位老师给他讲,所以我们要培养学生独立读书的能力。①

叶圣陶先生又在1978年的一次讲话中,进一步说道:

> 教师教任何功课(不限于语文),"讲"都是为了达到用不着"讲",换个说法,"教"都是为了达到用不着"教"。怎么叫用不着"讲"用不着"教"?学生入了门了,上了路了,他们能在繁复的事事物物之间自己探索,独立实践,解决问题了,岂不是就用不着给"讲"给"教"了?这是多么好的境界啊!教师不该朝这样的好境界努力吗?再说怎么"讲"。我也曾经朦胧地想过,知识是教不尽的,工具拿在手里,必须不断地用心地使用才能练成熟练技能的,语文教材无非是例子,凭这个例子,要使学生能够举一而反三,练成阅读和作文的熟练技能;因此教师就要朝着促使学生"反三"这个目标精要地讲,务必启发学生的能动性,引导他们尽可能自己去探索。②

叶圣陶先生与陶行知先生真可谓英雄所见略同,都精辟地概括了教学的本质是教会学生自主学习,蕴涵了主体性教育思想。如果课堂教学让学生独立思考,让更多学生表达想法,师生间、学生间彼此思想多产生碰撞,学生有时间和空间去做、去想、去说、去悟,活动经验自然就积累了。根据20多年的课堂观察,我发现一个比较普遍的现象,即每当教师给学生呈现例题或者习题,让学生独立思考和解答时,如果没有给学生留出足够的时间,或者没有提醒学生有足够的时间去思考,那么就会出现部分学困生或者暂时不会解答的学生偷偷地抄袭同桌同学的解答的情况。长此以往,这些学生就丧失了真正独立思考的能力。这就说明我们一方面要给学生留出时间和空间;另一方面要深

---

① 叶圣陶.叶圣陶教育演讲[M].北京:教育科学出版社,2014:54.
② 同①85.

入地引导学生,不要不懂装懂,遇到问题就要与同学或者老师交流,直到理解掌握了为止;不懂装懂的后果前文已经阐述。

苏霍姆林斯基也特别重视培养学生的自主学习能力,他指出:

> 在小学面临的许多任务中,首要任务是教会儿童学习。请记住,中高年级后进生主要是不会学习,不会掌握知识的结果。首先要教会儿童很好地读和写,要教会所有低年级的学生阅读,使他们学会边读边想和边想边读。我坚信中高年级的顺利学习,首先取决于自觉阅读的能力,即边读边想和边想边读的能力。因此,低年级教师应仔细地研究每个学生的这种能力如何得到发展。30年的经验使我相信,学生的智力发展取决于是否会很好地阅读。中高年级的顺利学习,也决定于学生在低年级时学会快速和自觉地书写到了什么程度,以及这种能力后来是怎样发展的,要努力使儿童学会边写边想,让他们一面听和思考你所讲的,同时只简要地写成自己的思想。在三年级就应该教会学生这样做了。①

以上强调了阅读、思考、写作的重要性,而且在低年级就应该注意培养这方面的能力,也许这些要求是针对语文学科的,但是对数学学科来说,这些能力也至关重要。阅读理解能力不好,就不能准确提炼数学信息、不理解题意、不会分析解决问题,如同雾里看花花更"花",影响对数学的学习。

三、一线教师关于学习方式的探索

周淑红对小学数学核心素养的特质与建构进行了研究,在培养学生独立思考和积极主动学习的基础上总结了"五步训练法",取得了比较好的效果。她指出:

> 对于提升小学数学素养的教学,以启发数学思考为牵动,以塑造数学思维为主线,以感悟数学思想方法为准则,以培育数学积极情感为纽带,

---

① 苏霍姆林斯基.给教师的建议[M].周蕖,王义高,刘启娴,等译.武汉:长江文艺出版社,2014:27-29.

以形成数学核心素养为最终目标,遵循数学思维引导的"凡是学生愿意猜测的,绝不打断;凡是学生能独立解决的,绝不暗示;凡是学生希望表达的,绝不替答"的顺其自然的"三不原则"为研究思路开展实证研究,以期验证理论设计能否经受住实践的检验。……经过 4 年课堂教学实证研究,在课前准备阶段提出了"渗透一种数学思想、学习一类思维方法、掌握一项基本技能、体验一种数学情感"的教学目标,设计教学案例。在课堂实施阶段总结了提升小学数学素养的"RQSES"(Reading 阅读、Question 提问、Study 探究、Expression 表达、Summary 总结)"五步训练法",实施效果明显。课堂观察研究得出:实验班学生在数学学习中表现突出,反映在课堂听课效率高,专注度极高,思维紧紧围绕在数学内容本身,反应迅速,思路灵活,边写(计算)边画(图形),有积极进行数学表达的强烈愿望。课堂上一个可明显观测到的现象是在听讲过程中,学生会突然冒出新的想法,眼神发亮,表情生动,高高举手,迫切希望与教师马上交流,因此教师的课堂预设经常会被生成性环节替代。对实验班学生的问卷和访谈调研反馈,喜爱数学的学生比例为全班的 91%,这一数据明显高于非实验班。对 2016 年 9 月升入初中的第二届实验班毕业的 35 名小学生追踪调查反馈,这些学生普遍觉得小学数学与初中数学衔接自然,数学学习仍然受益于小学习得的"五步训练法",在各自班级中表现出优良的数学学习品质。……小学数学核心素养的提出缘起于对学生全面发展和长远发展培养的理念,扎根于对小学数学培养总目标的深入思考。数学素养是伴随一个人终身的品质,品质的养成需要在活动中慢慢浸润,小学数学活动离不开"童趣",为此教学时要依托小学生熟悉的生活经验创设有趣的情境,帮助他们构造所熟悉的数学现实,启发引导学生主动思考完成个性化的数学再创造过程。小学数学能力的提高依赖于学生独立思考的时间长度与思考深度,故数学活动宜采取个人独立思考与小组合作交流相结合的方式,教师因势利导,主张"教什么反而不告诉他什么",以激起小学生强烈的好奇心和探索欲望,教基于不教,变学生被动学习为主动学习。此外,对于小学生,要从最基本的听课习惯、审题习惯、作业习惯及反思习惯等开始一点点培养,逐渐塑造优良的数学学习品质,培育积极的数学学习情感。①

曹培英老师在刚工作教六年级就取得连续8年平均成绩排名全赣州地区第一的优异成绩,但是有一件事令曹老师感慨万千:

> 几年后,正当我对自己的"固本"之策和对自己教学水平的提高深信不疑时,主持市里数学竞赛集训班的教学经历,促使我又一次提升了认识。班上有一位学生,总能抓住解题的关键,还能用非常简练的语言讲清自己的思路,他对答案不感兴趣,他的问题总是"你是怎样想到的……"出乎意料,如此出众的学生竟然是我认识的一位不会解竞赛题的老师培养的。这位老师为完成学校安排的课外辅导任务,基本上是今天看懂两题,明天就讲两题。学生有问题,一概自己去想,"吃不饱",就布置自学。当时我十分感慨:如果这位学生在我班上,可能他会走上一条"捷径",但很难锻炼出这么强的自我填补认知空隙的能力。②

感谢曹老师给我们提供了一个能够辩证地审视当前课堂教学的例子,优秀的教师教得肯定好,学生的成绩也肯定好,但是如果不多给学生时间和空间去思考,去自主学习,也可能会使优秀生不够特别优秀。这是一个教师讲授与学生自主学习的平衡问题,是否与"钱学森之问"有关呢?

四、自主学习的教学范式

依据上述理念、观点和学习方式的探索经验,我们主张"自主学习的教学策略"。从低年级到高年级,逐步探索在教师引导、组织下的学生自主学习为主、其他学习方式为辅的教学(学习)范式。

在小学数学教育界,全国各地的一些学校也在探索以学生为主体的教学模式。多年来出现了"探究教学法""先学后教""尝试教学法""问题导学法""分享式教学法"等教学模式。这些教学模式的共同特点是以学生的自主学习

---

① 周淑红,王玉文.小学数学核心素养的特质与建构[J].数学教育学报,2017(3):59-60.
② 曹培英.在"规矩"与"方圆"中求索[J].人民教育,2007(19):54.

和探究学习为主,着重培养学生的探究能力和自学能力。当然,每种教学模式都不是十全十美的,各有它的优势和不足。尤其是在低年级的教学中,如何体现有效自主学习的教学策略,显然是一个难题。因此,需要广大教师的积极探索。

以培养自学能力为主的教学模式,主张教师与学生享有各自活动的时间和空间,教师的活动归教师,学生的活动归学生,教师既不越位,也不缺位。具体而言可采取下图 5.3.1 中的全部环节或部分环节。

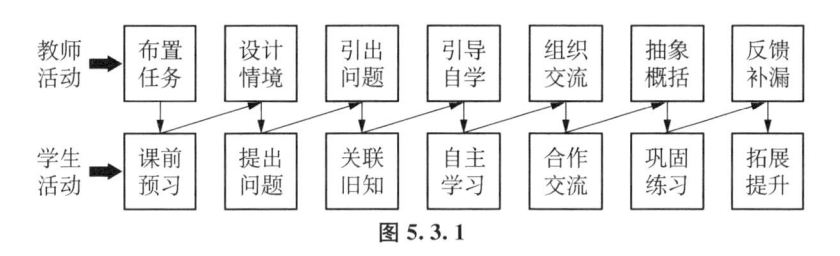

教师活动 → 布置任务 → 设计情境 → 引出问题 → 引导自学 → 组织交流 → 抽象概括 → 反馈补漏

学生活动 → 课前预习 → 提出问题 → 关联旧知 → 自主学习 → 合作交流 → 巩固练习 → 拓展提升

图 5.3.1

(1) 布置任务。如果需要学生课前预习或自学,那么教师就要提前布置任务,让学生复习与学习有关的旧知识,自学一节课的内容,查阅相关资料。任务越具体越好,如果能够明确每个学生或小组上课时要交流的任务,那么学生就会有强烈的学习动机,会认真对待预习。

(2) 课前预习。包括复习有关联的旧知识、自学新知识。在小学数学的常态教学中,多数学生没有预习的习惯,往往是上公开课时教师才会让学生预习。预习是自主学习教学范式的一个必不可少的环节,当学生在课堂上再次自学时,更容易理解知识,能够节省学生上课时自学的时间,提高教学效率。温故知新是我国儒家关于学习的思想精华,如果逐步养成预习的习惯,能够提高自学能力。有些老师可能会担心,如果学生课前预习了,上课会不认真听讲。实际上不必要担心,因为每节课的重点难点内容,数学思维、数学思想、核心素养等教学目标,需要学生进一步思考、交流以及教师的讲授,才可能逐步达到深度的学习。

(3) 设计情境。如果在教学中能够设计出有趣的、联系实际的,又有数学思维和思想含量的真情境,是理想的境界。

(4) 提出问题。引导学生根据创设的情境发现和提出数学问题。提出的问题要有一定的挑战性,得是一节课核心的、待研究的问题。

(5) 引出问题。如果学生在提出问题环节提出了本节课核心的、待研究的问题,那么教师就可以直奔主题。反之,教师可以提出相关问题。教师引出研究主题,同时启发学生思考,要解决的新问题需要用到哪些学过的知识,做到温故知新。

(6) 关联旧知。学生最好能够自主关联相关的旧知识,唤醒所有既有的认知结构,架起通往新知识的桥梁。

(7) 引导自学。教师根据学生的交流情况,提出自主学习的要求。教师进行巡视、启发、指导,了解学习情况,以便决策是否需要学生再进行小组合作交流。

(8) 自主学习。学生会独立思考是非常重要的,是自主学习的基础。学生在自主学习时,教师要提醒学生一些注意事项,如记住在学习中遇到了什么困难,如何防止犯低级错误,如何在已有知识和经验的基础上解决新的问题,有什么发现等。启发学生进行新旧知识的关联、类比、比较,有困难的学生借助几何直观,实现新旧知识的转化,初步得到结论。

(9) 组织交流。可以先进行小组合作学习,然后再全班交流;也可以是直接全班交流,视情况而定。教师提出合作交流的具体要求。

(10) 合作交流。本环节可以有两种形式,一是小组内的合作交流,二是全班的交流。交流时应给更多同学发言的机会,为了节省时间,重复的观点可以不必发言,鼓励学生发表不同的见解。重点交流新旧知识的关联、类比、比较,如何借助几何直观,实现新旧知识的转化方法。提示学生认真倾听他人的发言,引导生生互动和师生互动,注意及时纠正不准确的语言,表扬和鼓励发言表现好的小组和学生、认真倾听的小组和学生。同时这个环节要体现元认知的学习策略,就是通过交流反思自己和自己小组的理解是否深刻、学习方法是否合理、有哪些收获和不足等。

(11) 抽象概括。学生交流完后,教师要进行提炼、抽象、概括,并强化重要的知识、思想方法、知识结构。学生能够理解概念、掌握命题、形成认知结构。

(12) 巩固练习。巩固练习要有层次,由易到难,有变式练习,尽可能让每个学生独立解答,训练学生举一反三的能力。学生做练习时,教师要注意巡视,了解每个学生做题的情况,这一点非常重要。

(13) 反馈补漏。对巩固练习的反馈要认真细致,不走过场,敢于面对和暴露学生出现的问题,并让学生发表想法,反思原因,针对不同的情况进行纠正、补漏,或让出错的学生再做几道类似的题目,再次检验。而不是一般性地举手反馈,重做一遍。这样才能让学困生获得良好的数学教育。这个环节要继续体现元认知的学习策略,让出错的学生反思自己存在的问题、如何改进、总结学习方法等。教师也要反思自己教学的不足,调整自己的教学策略,通过引导练习加以补救。元认知的学习策略并不完全来自西方心理学,孔子(前551—前479)的弟子曾子说:"吾日三省吾身,……传不习乎?"意思是我每天数次自我反省:对老师教的知识是否认真复习了?

(14) 拓展提升。此环节应注重知识的综合、拓展、结构化,引导学生画思维导图。这个环节也是非常必需的,如果每堂课有 10 分钟左右的时间进行拓展提升,六年的时间日积月累,会由量变到质变,更多的学生将形成高水平的数学认知结构。初中数学是在小学数学的基础上进一步发展和提高的,有时他们二者就相差一步,小学数学的很多知识如果有机会向前迈一步,就会海阔天空,风景无限美好。学生的思维水平、思想方法、认知结构都会有很大提升。当然,学困生如果在 30 分钟内没有完成基本教学任务,还要继续补课,使不同的人在数学上有不同的发展。

以上是自主学习的基本框架和流程。在此特别强调学生进行自主学习的方法,具体阐述如下。

五、自主学习的方法

1. 学会自主关联

看到新学习的知识和待解决的问题马上自主联想相关条件,找到进行运算和推理所需要的前提条件(命题);或者根据给定的条件可以解决什么问题,然后一步一步进行运算和推理,直到把问题解决。也就是说,自主关联、类比、推理(运算也是推理)是非常重要的,前提是认知结构完善和畅通。

为什么要自主关联呢?我们首先要思考:为什么教师上课的时候学生听明白了,而课后做作业和考试遇到变式题目又不会了呢?这是因为课堂教学时,多数教师是通过讲解让学生被动接受所学知识,学生没有独立思考的时间和空间,没有形成举一反三的能力。而当学生自己独立面对一个新问题时,教师不再提供帮助,导致学生束手无策。这就好比学生上课学习知识是在学习翻越一堵 2 米高的墙,教师想尽一切办法给学生搭建了一个梯子,学生比较容易翻越了这堵墙。而当学生自己独立面对考试时,要自己翻越 3 米甚至 4 米高的墙,这时已经没有人再给他搭梯子了(在中考、高考、研究生、公务员等各类重要考试中,以及工作以后解决各种问题时,几乎没有提供每个问题怎么解决的关联知识),他自己如果没有学会搭梯子,怎么可能翻越这堵墙呢? 如果说上课时教师的角色是传道授业解惑的老师,而考试时教师的角色则变成了监督的监考。如果说上课时鼓励学生小组讨论合作交流,而考试时如果学生讨论交流,那叫作弊。因此,我们要搞明白,教师应努力培养学生见到问题,自主关联旧知识,独立思考如何用旧知识解决新问题的能力,这样学生在面对考试时,才会不惧怕监考的老师,甚至会感谢老师。也就是说,教学的生态环境要尽可能适应考试和生活(工作)的生态环境,就像人工繁育的大熊猫,如何在成年后能够适应野外生存的环境呢? 就是要营造这种野外环境、训练自我适应野外环境的生存能力。

我曾经听过一节课:七巧板中的分数。教师教学时把七巧板拼成的正方形面积作为 1,那么可以拼出很多分数,当学生找到一个大三角形的面积是 $\frac{1}{4}$ 时,就应启发学生想:$\frac{3}{4}$ 可以怎么得到? 有的学生继续拼,有的学生就能够把 $\frac{3}{4}$ 与 $\frac{1}{4}$、1 关联起来,因为 $1-\frac{1}{4}=\frac{3}{4}$,所以把大正方形去掉一个大三角形,剩下的就是 $\frac{3}{4}$。同理,已经拼出了 $\frac{1}{8}$ 和 $\frac{3}{8}$,那么 $\frac{5}{8}$ 和 $\frac{7}{8}$ 的寻找也应该快速与已有知识(刚刚获得的知识)关联起来,用减法快速得到结果,而不是让所有学生再重新去拼摆。当然,我们不是说重新拼摆出其他分数就不可以,而是说重新拼摆的学生头脑里没有已经学过的知识(刚刚学过的),这样的学习不但是碎片化的,而且还停留在直观操作的水平上,长此以往,这些学生将很难成为会自主学习的学生,也很难成为优秀的学生。当然,这种关联不能由教师直接告诉学生,而是启发学生自己想出来,日积月累,自主关联的能力也就逐渐培养出来了。我们看下面的案例。

例 有一组互不全等的三角形,它们的边长均为整数,每个三角形有两条边的长分别为5和7,第三边的长可以是几?这样的三角形最多有几个?

分析与解 题目的第一问是求三角形第三条边的长,马上联想到三角形边的性质,即三边的关系:三角形任意两边之和大于第三边,然后利用这个性质进行关系推理。已知三角形各边均为整数,那么我们采取枚举法,因为$5+7=12$,所以第三边最长为11,依次列举出第三边的长分别为:11,10,9,8,7,6,5,4,3。因为$2+5=7$,所以2不符合条件。于是这样的三角形最多有9个。

2. 学会类比

对于一个模块里的各个知识点的教学,我们主张初次学习用不完全归纳法,第二次及以上学习用类比法。通过类比,学生能够举一反三,逐步达到无师自通的水平。孔子要求自己的学生能够达到这个境界,如果学生达不到,他就不再重复教了,他说:"举一隅不以三隅反,则不复也。"例如,乘法口诀的教学,是一个模块的系列知识点的教学。在第一课时5的乘法口诀的教学中,学生通过观察情境图,理解求一共有多少个福娃用乘法计算,理解自然数的乘法的意义是加法的简便算法,求1盒到5盒各有多少个福娃,列出1—5分别与5相乘的算式;再通过点子图的几何直观,口算加法的和作为乘法的积;然后观察一列乘法算式的乘数、乘数、积的关系,用最简洁的汉语表达;最后通过交流,归纳5的乘法口诀。这样学生仅通过5的乘法口诀的学习,初步获得了规律,积累了活动经验,这就是不完全归纳法。接下来,其他口诀的学习,教师不必再进行过多讲授,把学生放在主体地位,让学生把其他口诀的编制与5的乘法口诀进行关联、类比,把5的乘法口诀的编制方法和经验迁移过来,自己多动手、动脑、动口、动笔,这是学生学会学习、深度学习、积累活动经验的根本。

综上所述,学生学会根据主题进行思考,能够新旧知识自主关联、类比、推理、转化,必要时借助几何直观、数形结合,达到举一反三、触类旁通、闻一知十、无师自通的境界。

在本书写作的过程中,我在全国各地进行教师培训作报告时,特别强调了自主学习的教学范式,有些教师在听完报告后便进行教学改革的探索。河南省开封市金明小学的王静老师在 2018 年下半年执教五年级时进行了教学改革的尝试,取得了很好的教学效果。下文是王静老师的经验总结。

"自主学习"教学法的探索
河南省开封市金明小学
王 静

  这些年,我年年接成绩名次倒数的毕业班级,每一届毕业班毕业时的成绩虽然都有提高,但从未奢望有突飞猛进的提升。工作之余看了一些书,尤其是王永春老师所著的《小学数学与数学思想方法》一书给了我很大的启示,感悟到自己虽自认教学经验丰富,又肯下功夫,实则在教学中存在很多不足,并没有真正落实"四基",造成师生均很忙碌,成绩提高与师生付出存在差距。机缘巧合,近一两年我又有幸聆听了王永春老师关于小学数学思想方法与数学核心素养、课堂教学改革的报告,更让我触动颇深、感悟良多,产生了在王老师教学观点引领下自己在课堂上改革教学的想法。加之今年我第一次有幸从五年级接班,升学压力得到了缓冲,从时间上来说也给了自己改革教学法的机会,所以从接班前的假期就列出了计划,下定决心从本届新接手的 507 班入手,着力培养学生的数学思想方法,改变以往的教学方式,寻找带动班级学习积极性、让学生学会自主学习的措施。一个学期下来效果很好、收效颇丰。学生学习的积极性、主动性有较大提高,自主学习的能力不断提升,班级的凝聚力、互利共赢的氛围逐步形成。考试成绩年级排名从接班时的第 15 名(五年级 18 个班),提高到期中考试的第 10 名,再跃升到期末考试的第 3 名(第 2 到第 6 名差距很小,与第 1 名差距明显)。班级名次的突飞猛进使我兴奋不已,在寒假期间我静心反思,一方面把经验总结梳理出来,另一方面准备在下学期加以进一步改进和细化。

  1. 接班伊始凝聚人心——强学风

  507 班的学生在一、二年级时,我教过他们两年。原本班级人数为 52 人,成绩位列年级前列。后来由于学校进行班级重新调整,507 班人数变为现在的70人。三、四年级时数学老师像走马灯似的换了三个,导致数学成绩下降明显。课堂纪律、学习风气均不能令人满意。

本学期我接手后学生欢呼雀跃,家长也像吃了定心丸。但上了几天课后,让我很不适应。课堂上,学生做小动作、抠小玩具、乱接话的不良现象时有发生。摸清情况一周后,我开始立规矩:"没收"的小玩具直接拍照发家长群,截断他们不良习惯的来源;爱接话的单独谈心;每周表现好的学生被树为榜样,安排为组长和老师的小助手,并在家长微信群公示……这样一来,良好的学风迅速形成,不断向好的方向发展,班级整顿初见成效。

接下来,就是各项学习常规的落实、检查、反馈。要求"今日事,今日毕"一改两年来的陋习,学生认真学习的多了,"小歪风"渐渐退散。

2. 强化数学思想方法——求高效

数学思想方法是数学的灵魂。要想学好数学、用好数学,就要深入到数学的"灵魂深处"。新课标由传统的"双基"变为"四基"后,老师们虽都了解,但真正在课堂教学中落实得并不理想。究其原因主要是意识、经验、策略的不足。

接507班前的假期,我认真学习《小学数学与数学思想方法》一书,同时思考教学法改革重点。我意识到:原来我认为凭着自己丰富的教学经验,就能在课堂上"挥洒自如",而实际上呢,在课堂上容易"就事论事",教什么就练什么,缺少对数学思想方法的抽象概括。学生举一反三、闻一知十的后力不足。

新班接手后,我决心按照书上和报告中的方向引领尝试教法的改变,进行"自主学习"教学法的改革探索,以知识为载体、以数学思想方法为灵魂和主线践行教改。现与老师们分享几个例子:

(1) 第一单元小数乘法的教学,同整数乘法进行类比。从竖式乘法的书写上找共性,利用小数点的移动轻松学会小数乘法的计算方法。

(2) 在通过类比学会小数乘法的基础上,学习第三单元小数除法时,学生就学会了迁移应用。但是小数除法类型很多,出错点也很多,学生不易掌握。教学中,教师要有前瞻性,分类教学。在目标明晰的前提下搜集典型题,加强多种归类题型横向、纵向对比,使算理在思辨中升华,最终使学生理解的数学思想方法沉淀于脑中,达到学以致用的目的。

小数乘、除法的教学,充分利用了类比、转化、比较差异的数学思想方法。

(3) 第五单元方程的教学,重点关注方程的本质,删除了形式主义的辨别题。用方程解决实际问题时,设置障碍题,加强算术法和方程法的对比。在潜移默化中让学生体会到用方程解决实际问题的优势,为学生今后的建模学习奠定基础。

(4) 第六单元多边形面积的教学,充分利用转化思想,引出平行四边形的面积公式;而三角形面积公式的探索存在一个难点,它与平行四边形通过割补、平移转化为长方形的方法不同,学生不容易想出把两个完全一样的三角形拼成平行四边形。为了突破难点,深入理解教材设计意图,我充分利用教材中平行四边形面积这一节相关练习的第十题,改变原有固定的常规教学方法,加强知识间的联系,建构整体与部分的关系,让学生根据教材第十题设计的图形轻松想到把两个完全一样的三角形合并成一个平行四边形,从而通过猜想、实践、验证得出三角形面积公式。以旧推新、多方求证,数学思想方法和原理在潜移默化中沉淀于学生脑海。在后面学习梯形的面积、组合图形的面积时,学生学得就很轻松,达到以此类推、闻一知十的效果。

(5) 第七单元植树问题的教学,整合知识版块,大胆尝试把原本三节课的教学内容合并成一节课进行教学。知识重组从封闭图形入手,化曲为直、数形结合。把"封闭种""一头种""两头种""两头都不种"和"两旁种"的植树问题全部打通,学生学得兴高采烈,收效显著。

每个单元的教学设计都充分落实了数学思想方法的感悟、沉淀,成为课堂教学的常态目标,逐步实现了学习的类比迁移、融会贯通,提高了学生的思维品质,课堂教学效率不断提高。

3. 激发学习积极性——促竞争

为了激发学生学习的积极性,在日常管理上采取了两个策略。

(1) 实行积分制

作业按书写规范度、正确率,分等次积分。为了养成学生良好的学习习惯,提高计算的正确率,演草本的检查也纳入评比之列,一周一评比总结,获得的积分可以换"小红花""小苹果"和"免( )牌",学生对努力换来的成果珍惜得不得了。

(2) 座位分层次

为了更好地激发学生学习的积极性,分层布置作业。根据日常积分和平时测试成绩,把座位按A组、B组、C组设置。规则定好之后,大家公平竞争,积分及测试成绩透明化、公开化,让每个学生心服口服。人员分好之后,第一次的座位设置,我把C组座位设在中间一大组(三列)的位置,便于老师特别关注;B组座位设在老师左手的位置,心理学表明这个位置也是老师习惯看的位置;而老师右手的一大组(三列)则设为A组,并告诉A组学生:这个位置是老师最放心的位置,希望你们坐在一起"比学赶超",看谁的光芒最灿烂。

为了让"水流动起来",进一步激发学生的学习积极性,座位的安排不固定。临近考试时,根据平时的测试成绩每两次一积累调整一次座位,自己找竞争对手,坐自己想坐的位置,这样一来,学生的主动性一下被调动起来了。

4. 师徒帮带"精准扶贫"——利共赢

相信每位数学老师对后进生下的功夫都很大,很多时间花在了他们身上,天天忙得团团转。而后进生中的后进生,更是让老师头疼。考试成绩出来后,老师往往觉得自己的倾情付出和实际效果不是完全成正比。

为了改善这种情况,本学期期中考试之后,我在原有分组座位上又进行了二次改革。根据期中考试成绩选出班级前八名和后八名(因为每一列坐八个人)进行师徒结对,把老师的部分辅导工作和权力下放,让前八名和后八名一对一结对帮扶,"精准扶贫"。为使师徒帮带有成效,我又做了如下工作:

(1) 跟学生做好思想工作,讲清楚在帮带过程中双方的收获,对帮带提出要求。

(2) 师徒结对双向选择,综合排名第一的学生优先选择,以此类推。第一名的同学选择的是倒数第一名结对帮扶,给自己以挑战,为此我进行了大力表扬。双向选择首先使师徒在情感上亲近了,也使双方可以坦然面对帮带结果。

（3）师傅定期培训，交流心得，帮带有方法，辅导上有竞争。

（4）徒弟不定期在全班讲师傅辅导的方法、态度、自己的困惑、获得的进步，使帮带扎实推进。

（5）平时测试时徒弟单列座位进行，避免师徒作弊。测试后随时点评进退步，师傅要分析徒弟卷子的得失，以便有的放矢地做好后续辅导。

（6）对未入选师傅级别的A组学生，请他们也做好积累，积极竞争，为新师傅的产生做好筹备。

（7）做好师傅们家长的疏导工作。因为师傅在观察辅导徒弟的过程中必然花费时间和精力，所以做家长工作时，要讲清这些优秀学生在做师傅的过程中能力的提升、荣誉的获得、成长的共赢，让家长站位要高，眼光要放长远，以此做好优秀生的后备工作。

（8）公示师徒结对奖励方案，使之有目标。

从期中考试后到期末考试，师徒结对在短短不到两个月内就收到了显著的成效。原来班级最后进的那名学生本是个考场上也敢睡觉，考卷从来都是大片空白的学生，这次却为了她的师傅拼了，考到了61分，比平时考试成绩高出了30分左右。考试成绩出来后，不仅全班都及格了，甚至八位徒弟中有三人考到了90分以上，一人考出了98分的好成绩。

师徒结对不仅让这16个学生共同受益，而且无形中还调动了其他同学的积极性。有些学生还跑到办公室主动要求我给他找师傅，要提高。我说我要考虑合适人选，结果没两天就又找到我，问帮他找到师傅没有？如果没找到，他说自己找好了，并说双方都同意。之后欢呼雀跃地跑了。我看在眼中，喜在心头……

5. 家校合一携手后援——齐奋进

孩子的成长从来都不是一个人的事，需要家校合作形成合力，方能促进其成长。

学校的家长会一般都安排在期末考试后开，这实际上是学期总结会、成绩汇报会。学生一个学期的努力与不努力，所学知识是否掌握得融会贯通，往往是通过期末考试成绩下结论。

由此，我在思考：与其把家长会开成总结会、汇报会，不如提前筹谋。在班级实行两次教学改革之后,期末考试前一个月我分期分批召开了 ABC 组的家长会,按照 CBA 的顺序进行。在 C 组和 B 组的家长会上,我把 A 组生积累的每单元知识重点本和他们孩子积累的重点本放在一起,让家长看到 A 生的成绩获得不是一蹴而就的,而是来自点点滴滴对知识的积累、细致的分析、思想方法的积淀、习惯的养成。以此,让 C 组和 B 组家长找出自己孩子的不足和今后努力的方向。为了便于管理、分层布置作业,家长会结束时直接面对面建群,并告诉家长:根据平时测试,群还有流动性,可调整。以此激发家长配合的主动性。

家长的配合也需要有持续性,尤其是关键时刻不能掉链子。平时要求落实的内容,分组群设定目标,让家长知晓。考试前,在复习策略上给家长建议、情感上给家长以鼓舞激励,让家校形成强大合力,朝着更高的目标齐奋进!

以上五个环节环环相扣,缺一不可。其中第 2、3、4 环节是我原来教学中没有做或做得不够的地方。现在反思起来,虽然自己教学经验也算丰富,并且也下功夫,都能在原有基础上提升,但是提升幅度不是很大。本学期一步一个脚印在教学中落实数学思想方法、改变教学策略,不仅极大地调动了学生学习的积极性、主动性,也给自身减了负,学生学习成绩和掌握学习方法的提升幅度,大踏步超越了平时比我更下功夫的同事所教班级。成功的欣喜,让我更加坚定了尝试教改的方向是正确的。新的学期,我将进一步关注每个环节的细节,去粗取精,百尺竿头更进一步!

第六章 小学数学认知的教学

第一节 小学数学概念的教学

本节我们先从一般性上讨论小学数学概念的教学,再对具体概念的教学进行阐述,这些概念的教学,均基于个性化教学和自主学习的基本教学范式。

一、数学概念的教学

(一) 概念的引入

我们把概念的引入分为两种情况:一种是一个知识模块中首次学习的知识,几乎没有相应的学过的旧知识进行关联,这样的概念,我们需要借助现实生活情境和几何直观来引入;另一种是能够找到相应的已经学过的旧知识,进行新旧知识的关联和类比,有利于把新知识转化成旧知识,或者促进新知识的学习和理解。数学的逻辑性很强,大多数的数学知识的学习属于后者,在后一种情况中,又可以细分为两种:知识的同化和顺应,同化就是直接把新知识纳入已有的认知结构,顺应就是需要把认知结构进行重建。

比如,自然数1是学生认识的第一个自然数。看似简单的1,表面上无人不知,可是1到底是什么?这需要教师认真思考,并让学生深刻感悟,因为1是学生建立自然数认知结构的开始,1的认识就是顺应。如果学生已经认识了0—7,那么8和9的认识就是同化,10的认识就是顺应。因为10和9的不同与9和8的不同,有本质的区别:9和8的不同仅是9比8大1,而10和9的不同不仅仅是10比9大1这么简单,10是学生真正认识十进位值制计数法的开始,10的抽象是更高级的抽象。教学8的认识时,除了可以创设各种生活情境外,还可以把8和7进行关联,7个珠子加1个就是8个(隐含了 $8 = 7 +$

1)。同理,9 的认识也是如此。10 的认识在下文讨论。

再比如,认识厘米和米。厘米的认识属于第一种情况,厘米是第一个认识的长度单位,没有学过的旧知识与之进行关联,只能通过创设联系实际的生活情境、测量活动、直观实物等建立厘米的长度表象,抽象出 1 厘米的概念。而接下来认识米,米虽然是一个陌生的概念,但是它与厘米可以进行关联,从二者的关系来认识,有利于理解米的概念。

因此,我们在概念引入的教学时,需要分类处理,为学生理解概念做好铺垫。

(二) 加强对概念的多元表征

1. 操作表征

通过操作材料和动作,使学生初步感知概念。如集合的交集这个概念,学生不容易理解,在教学过程当中可以让学生通过活动的方式表征这个概念。比如,可以准备两种颜色的大呼啦圈,让参加跳绳比赛的同学站在红色的呼啦圈里,参加踢毽比赛的同学站在黄色的呼啦圈里。这个时候学生就会产生一个认知冲突,既参加跳绳又参加踢毽比赛的同学站在哪个圈里呢?经过讨论和交流,就自然地形成了两个集合的交集这个概念。这样的活动既有趣,又有数学内涵。

2. 图形表征

图形表征就是借助几何直观或者建立表象对概念进行表征。图形表征不仅在数及数量关系、统计与概率等领域有广泛应用,而且在图形与几何领域本身也有广泛应用。比如,学生在认识长方体和圆柱的概念时,既要拿着长方体和圆柱的实物进行观察,也要适时给出几何直观图,包括应用几何画板的动态效果加强直观性,通过观察几何直观图或建立表象感知长方体和圆柱的本质特征。

3. 实物表征

数学概念是对现实情境和实物抛开物理属性抽象而成的,实物和情境是小学生理解数学概念的一个直观的表征方式;当一个数学概念形成之后,再通过具体的实物和情境表征概念,能够强化对概念的理解。比如,自然数的认识,通过创设古人打猎、分配食物等情境,以及对实物的计数来感悟数量抽象成数的过程。再比如,体积这个概念比面积的概念还抽象,它表达的是物体三维空间的大小。学生在认识体积的概念时,一定要借助一些实物,才能够感受不同大小的物体所占空间的大小不同。

4. 符号表征

数学符号是数学的一种特殊的语言,它具有抽象性、简洁性、概括性、一般性,符号表征是数学里常用的一种方式。比如,自然数用0—9这十个符号表达,简洁而且有逻辑性;分数与除法的关系,可以给出符号表征,如 $\frac{b}{a}=b\div a$(a、b均为整数,且 $a\neq 0$),既表达了二者的关系,也表明了分数的符号表征方式,体现了分数的一般性。

5. 语言表征

一般情况下人们都用语言对概念进行定义,数学概念也不例外,因此语言表征也是数学概念表征的一种重要的方式。如方程的定义,传统的定义为"含有未知数的等式叫方程"。

(三) 加强理解,而不是死记硬背概念

我们强调要加强理解数学概念,因为学生对数学概念的理解水平,决定了他对数学概念的本质接近的程度。概念不仅是思维的基本形式,同时也是思维的材料,在此基础上才能够有正确的判断和推理。理解概念,包括理解每个概念的名称、定义、内涵、外延。

1. 概念的抽象概括

我们之所以强调对概念进行多元表征,主要是由小学生的思维特点决定的,归根结底都是为了学生能够抽象概括数学概念、把握概念的本质属性,这是最重要的。同时,由于数学概念的抽象性很强,也非常强调几何直观,强调直观与抽象形影不离。要想让学生真正理解概念,不能直接灌输给学生抽象的定义,也不必让学生死记硬背教科书上的概念,而是应尽可能由学生自己经历概念的抽象概括的过程。史宁中指出:

> 概念的形成基本上需要两个条件:一是学习者必须能从许多事物、事件或情境中认识或抽象出它们的共有特征,以便进行概括;二是学习者

必须能够辨别与概念相关或不相关的标志,以便进行区别归类。换言之,概念形成的过程中,具有通过抽象去进行分类和辨别的能力是十分重要的,而这也应成为教师教学的着力点。[①]

学生通过对情境及数学对象的观察、操作、比较、分析、综合、抽象、概括,获得数学概念。例如,长方形和正方形的认识,教科书并没有给出定义,只是让学生在一些多边形当中,先辨认出长方形和正方形,学生通过上述一系列活动,初步抽象概括长方形和正方形的各自特征。考虑到部分学生的认知困难,无论是教科书,还是课堂教学,都回避了正方形是特殊的长方形。但是,这种回避丧失了一次认识概念的本质特征的机会,因为正方形满足长方形概念的本质特征,所以正方形也是长方形,只不过它比较特殊:四条边都相等。

2. 加强对概念的巩固

对概念的巩固方式可以有多种,让学生对概念进行多元表征以后,要加强各种表征方式的联系,这样有利于概念的理解和记忆,当然,通过举例和练习也可以加深对概念的理解。数学的逻辑性比较强,很多概念之间既有相同点、也有不同点,把握住概念的这些特征,才能更好地建立数学认知结构。例如,因数与倍数中的因数概念,与一般乘法中的因数概念,是两个不同的概念,而两个不同的概念用同一个名称,会给学生的学习带来麻烦。为了避免学生对整除中的因数概念的认知困难,教科书在编排二年级乘法算式各部分的名称时,先用乘数这个名称,后来才说明,乘法算式中的乘数也叫因数,这样就避免了因数这个名称先入为主。当五年级教学因数与倍数的概念时,就可以通过 $15÷5=3$,$15÷0.5=30$,$15÷4=3……3$,$3×5=15$,$30×0.5=15$ 这些算式,比较两个因数概念的不同本质。

3. 在结构中理解和记忆概念

数学认知结构中的知识结构来源于数学学科的知识结构,数学学科的知识结构主要来源于数学概念的关联、系统化、结构化。孤立地研究数学概念是没有意义的,只有把概念融在关系和结构中才有意义,才有利于对数学概念全面而深刻地理解和长久记忆。把小学数学概念按照它的逻辑性,进行纵向和

---

① 史宁中,王尚志. 普通高中数学课程标准解读[M]. 北京:高等教育出版社,2018:82.

横向的结构化,不但有利于理解和记忆概念,而且有利于数学认知结构的形成。纵向结构化,就是一类知识在不同阶段(年级)的碎片化分布的结构再还原。例如加法这个概念,从一年级到六年级要一直学习,甚至到初中、高中也要学习。加法分为自然数、正小数、正分数、有理数、实数、整式、分式、复数等的加法,自然数的加法又细分为10以内、20以内、100以内、万以内等。学生在学习的时候,要不断地把新旧知识关联结构化,这样不但有利于理解加法概念,还有利于学生自主理解算理算法、掌握系列的加法计算技能。横向结构化,就是不同类的知识在不同领域的碎片化分布的结构再还原。例如,数学里最高境界的横向关联结构化,就是数与形的关联结构化。

(四) 在概念的价值与应用中掌握概念

前文已经阐述,我们把知识分为五类,在数学学科范围内作如下解释。

(1) 事实性知识:主要是指蕴含数与形的联系实际的直观经验。

(2) 概念性知识:数学概念及原理、规律、关系。

(3) 方法性知识:计算、大小比较等程序性知识、数学方法。

(4) 价值性知识:数学思想、解决实际问题的工具。

(5) 元认知知识:对以上知识掌握情况的反思。

综合各家观点,我们认为,单纯教学孤立的概念是没有意义的,学生只有认识到每个概念的思想价值和应用价值,才有利于理解概念,同时在概念的应用中掌握概念。例如,小数的意义的教学,要启发学生理解以下几个层次的知识。

(1) 事实性知识:用小数表示物价、身高等。

(2) 概念性知识:小数是十进制自然数的拓展,利用十进分数表达。

(3) 方法性知识:无论是比较大小还是计算,都可以把整数知识类比到小数,整合统一。

(4) 价值性知识:小数的价值是可以带单位、计量方便,整数不能计量的更小的量,有了小数就可以表达了,体现了十进位值制思想。教师可以引导学生进一步思考小数的应用:四年级学生身高大约在什么范围?身高多少是偏矮的?怎么办?

(5) 元认知知识:反思以上知识掌握的情况。

二、具体内容的教学

我们按照数、方程、比例等几个重点领域分类讨论相关概念的教学，有关计算、图形、统计等概念的教学，将在第七章讨论。

（一）有关数的概念的教学

1. 自然数的教学

十进位值制计数法有几个重要的概念，十进制、数位、计数单位、0—9 这 10 个数字。十进位值制意味着只用 0 到 9 这十个数字，把这些数字放在不同的数位上就能够表达所有的数。无论是写数、读数、比较数的大小、数的顺序、计算等都要根据计数单位和数位进行。例如，自然数的认识，一年级学生从数实物开始，这里要特别强调 1—10 的认识，尤其是 1—5 的认识，我们综合史宁中等人的观点，认为不能用不同类的事物表示不同的数，而应该用同一种事物。比如，猎人捕猎，捕到 5 只羊，5 只羊排队进入羊圈，第一只进去了，我们先认识了 1，接着第二只进去了，在 1 只的基础上增加了 1 只，就是 2，以此类推，而不能用一只兔子、两只羊、三头猪、四匹马、五头牛，来分别表示 1—5。自然数是一个加一个大起来的，这样学生才易于理解自然数的基数、序数的意义和大小关系。认识 10 的时候，我们常常用数小棒的方式计数，习以为常地让学生从 1 根数到 10 根捆成 1 捆，可是我们让学生思考过为什么吗？让学生思考过 1 是什么吗？学生认识了 0—9 这 10 个数字，我们让学生思考过为什么自然数 10 的表达就没有再用新的数字，而是从 0—9 中选择 0 和 1 这两个数字表达呢？学生认识了 100 以内的数，我们让学生思考过什么是一位数、两位数的本质吗？也许有老师说低年级学生理解不到这么深刻，到四年级学习大数的认识的时候再总结。然而学生在第一学段学习了三年的数的认识和计算，有很多学生只知其然不知其所以然，主要的原因是对十进位值制计数法的本质不理解。所以，我再次重申我的基本观点和做法：高水平教学，标准化考试。高水平教学是为了抽象地理解和运用数学，标准化考试是为了不增加学生的负担，因为学生的负担主要来自考试。再如，100 以内数的认识，学生数数的难点之一是数到几十九，不知道接下来怎么数。实际上学生产生学习障碍的根本原因是对十进位值制计数法没有进行抽象,没有抽象就没有本质的理解。如果学生理解了十进位值制计数法,那么就会知道一个一个地数,每个数位上的最大数字是9,满十应该向高位进一。比如,数到29,再数一个,个位满十应该向十位进一,个位变成0,十位变成3,29的下一个数是30,而不是20。只要学生掌握了这个抽象的位值思想方法,就可以以此类推,顺利地数到99,而99是最大的两位数,如果再增加1,两位数已经不能表示了,就需要再增加一个更高级的数位——百位,于是产生了100,100是最小的三位数。其他自然数的学习,可以此类推,也是这个思想方法。

另外,自然数10的认识非常重要,10的出现是自然数乃至数学发展史上的第一个里程碑。教学10的认识,可以启发学生进行时光穿越,回想我们的祖先是如何数数和计数的。至少在3300年前的商朝,中国人使用的甲骨文中就有大量的数字符号使用了十进制。2500年前的春秋战国时期,用算筹计数,1个物体用"|"表示,2个物体用"||"表示,3个物体用"|||"……9个物体用"||||"表示(阿拉伯数字在我国推广使用才100多年),那么比9个多一个,用什么表示呢?让学生想象:可以继续用不同的符号表示,但是这样下去,有很多物体时,就得使用更多的符号或者小棒,很麻烦,也不容易记忆。怎么办才能解决用比较少的符号表示更多数呢?请同学们开动脑筋,想出好办法来。勤劳智慧的中国人受个、十、百、千、万等这些计数单位的启发,创造了数位(位值制),只用0—9(刚开始还没有0这个符号,用空一位表示0,后来到了宋朝才出现用圆圈"〇"表示0)这10个符号就能够表示所有的数,把数字放在不同的位置上,可以表示不同的值。例如数字1,把1放在个位上表示一,放在十位上就表示一个十(10);把1放在十位上、0放在个位上就表示10,10是最小的两位数……可别小瞧这个发明,古代中国人从3300年前发明十进制,到2500年前发明十进位值制居然用了至少800年,所以这个发明完全可以与中国古代的四大发明相提并论,可以自豪地说,十进位值制具有与四大发明相同的历史重要性。

2. 分数的教学

如前文所述,分数首先是数,同时又意义多元,是公认的教学难点。如果从数的产生历史来看,分数要远远早于小数,那么为什么分数的概念这么难理解呢?是因为分数如果不化成小数的形式,它的写法与整数、小数的十进位值制计数法不同,而且内涵更丰富,既可以表示量的大小,又可以表示两个量之间的关系,还可以表示除法运算的商。如果说小数的认知结构的建构主要是在整数、十进分数基础上的同化,那么分数的学习就需要通过顺应重建数的认知结构,每当需要通过顺应的学习,都是一个坎。为了解决分数教学的难点,中外很多专家学者对分数进行了深入的研究,给教材和课堂教学带来了丰富的可以借鉴的成果。在此,我们再强调以下几点。

(1) 加强分数概念的抽象概括。

针对分数的意义的教学,史宁中教授建议进行教材结构重建,把分数的意义提前到小数的意义之前教学,我认为这符合有限小数是十进分数的逻辑关系和顺序。教材可以创设一些情境:比如,把 1 个饼平均分给 3 个人,每人得到 $\frac{1}{3}$;把 2 个饼平均分给 3 个人,怎么分?先把第 1 个饼平均分成 3 份,每人得到 $\frac{1}{3}$,再把第 2 个饼平均分成 3 份,每人得到同样的 $\frac{1}{3}$,这样每人一共得到 2 个 $\frac{1}{3}$,就是 $\frac{2}{3}$;从而引出真分数。如果把 4 个饼平均分给 3 个人,先把其中的 3 个平均分给 3 个人,每人得到 1 个,再把第 4 个饼平均分给 3 个人,每人得到 $\frac{1}{3}$,这样每人就分得了 $1\frac{1}{3}$,这样就引出了带分数。那么假分数怎么引出呢?可以与分数的加法结合,通过对分数加法结果的表达引出假分数存在的必要性。比如,让学生计算 $\frac{1}{3}+\frac{1}{3}=$ _____,$\frac{1}{3}+\frac{1}{3}+\frac{1}{3}=$ _____,$\frac{1}{3}+\frac{1}{3}+\frac{1}{3}+\frac{1}{3}=$ _____,结果都是分数,启发学生对学过的这些分数分类,认识到假分数也是分数,但它不是通过对单位 1 平均分成若干份以后取出来的,因为从单位 1 里取出来得到的分数,最大的是分子等于分母的分数,而取不出分子大于分母的分数。让学生认识到:分子大于分母的分数确实是存在的,而且是有必要的,从而再次抽象概括分数的概念,全面理解分数的意义。在此需要强调的是,现行人教版教科书只通过对 $\frac{1}{4}$ 进行多元表征,就抽象概括分数的意义,是不太合适的,至少还要表征四分之几、八分之几等不同分子、分母的分数,然后再抽象概括。

(2) 重视各种丰富内涵的抽象概括。

分数的重要内涵包括：分数是一个数，可以表示一个具体的量的大小，这个功能与自然数、小数一样，如 3 米、1.7 米、$\frac{1}{4}$ 米、$\frac{5}{4}$ 米；分数可以表示部分与整体的关系，如把单位"1"平均分成若干份，表示其中几份的数；分数也可以表示两个量之间的关系，这与两个量之间的比的意义相同，如男生有 20 人，女生有 19 人，男生人数是女生的（男生人数：女生人数）$\frac{20}{19}$，女生人数是男生人数的（女生人数：男生人数）$\frac{19}{20}$；分数还可以表示两个数相除的商，如 $16 \div 12 = \frac{16}{12} = \frac{4}{3}$。当学生到六年级学习了比的概念，并且把比的概念与除法、分数的概念关联起来，概括成系统化的结构时，就基本上形成了分数概念比较完整的认知结构。

另外，张奠宙教授对分数的意义有一些补充观点，值得引起重视。

> 我国的分数定义是："把单位'1'平均分成若干份，表示这样的一份或几份的数叫作分数。"这样的定义，必须要预先知道平均分为几份。但是许多情境是难以做到的。事实上，对一个平均分问题，有两种情形：情形 1：先知道"分几份"，然后问所分的那份结果的大小。这是用分数表示"整体里的一个部分有多大"。例如 4 等分月饼，问每块多大？答案是 $\frac{1}{4}$。
>
> 情形 2：先知道分到的一部分的大小，然后问"该部分在整体中占多大"。至于整体要平均分为几份，那是需要计算或测量的。例如，一盒铅笔 12 支，现在取出 3 支，问取出的部分占整盒铅笔的多大的一部分？由于 12 包含了 4 个 3（$12 \div 3 = 4$），所以 3 支恰好是 12 支铅笔平均分为 4 份之后的一份，答案也是 $\frac{1}{4}$。这两类例子不可偏废。如果一提到分数就联想到等分月饼的模型，会限制人们对分数的理解。……通过以上的分析，我们可以看到，为了全面理解分数，知道"平均分为几份"的"分月饼"模型，只是考量了"情形 1"。停留于此是不够的，我们必须熟练地掌握各种各样属于情形 2 的包含除例子。……总之，分数的定义单纯用平均分的情形 1

作为引例进行概括,是不够的。过分强调,不求发展,将会带来呆板的思维定势。尤其因为"分数是整数之比"。以后分数的应用,多半会涉及部分与整体的比例关系,即情形 2 的问题。这一现象似乎还没有引起广泛的注意,课程标准和教材也都没有充分关注。因而建议从理论和实践上进行研究,妥善处理。[①]

(3) 沟通整数、小数、分数的表达方式。

虽然分数的表达方式与整数、小数的十进制计数法不同,但是分数就像整数、小数一样,也有计数单位。一个分数的分母是几,它的分数单位就是几分之一,分子是几,就有几个这样的分数单位。这样对学生理解分数的意义、性质、计算、大小比较以及分数与其他概念的关系等都有帮助。

3. 小数的教学

小数的认识,加强了与十进分数的关联,这把握了有限小数的意义。但是如果从认知结构上来看,小数其实是对整数的十进制计数法的拓展。把十进分数仿照整数写成不带分母的十进制形式,虽然小数的"满十进一"的位值思想更加抽象,但是对理解小数的本质,甚至将来理解实数的表达,同化和顺应小数概念及其运算,都具有极大的价值。因此小数相关知识的教学,应把教学重心向十进位值制的抽象概括转移,将整数和小数进行整合。例如,把 1 放在不同的数位上,可以得到不同的计数单位,把其他数字放在不同的数位上,也可以得到相应个数的计数单位,因为小数与整数的计数思想是一致的。

$$\cdots \quad 1 \quad\quad 1 \quad\quad 1 \quad 1 \quad 1 \;.\; 1 \quad\quad 1 \quad\quad 1 \quad\quad 1 \quad \cdots$$
$$\cdots 10000 + 1000 + 100 + 10 + 1 \quad + \quad 0.1 + 0.01 + 0.001 + 0.0001 \cdots$$

图 6.1.1

如图 6.1.1 所示的数,从左向右,单位越来越小,相邻两个单位是 10 倍的关系,纯小数部分只不过表达了比 1 小的数(量),这样就把整数与小数通过抽象统一到十进制上来。把 0—9 这 10 个数字放在不同的数位上,就可以表达所有的实数。从这个角度来理解自然数和小数,无论是数的认识还是计算,其思想方法是一致的,都可以实现方法的类比迁移和举一反三。

[①] 张奠宙."分数"教材里一个没有解决的问题——谈分数与包含除的关系[J].教学月刊小学版,2014(7-8):4-5.

4. 百分数的教学

《义教数学课标》提供了很好的百分数的教学建议：

> 上课开始，教师与学生共同展示自己收集的生活中的"百分数"例子，比如，在饮料的包装盒上、在衣服的标签上、在报纸上、在玩具的说明书上，学生们发现了很多的百分数。教师要引发学生对这些新认识的数的兴趣，并鼓励学生对于百分数提出问题。比如：
> (1) 人们为什么要用百分数？
> (2) 百分数与分数有什么区别？
> (3) 百分数是什么意思？
> (4) 百分号是怎么写的？
> (5) 百分数是干什么的？
> 在此基础上，教师可以与学生一起把问题归纳为：
> (1) 为什么要用百分数？
> (2) 在什么情况下用百分数？
> (3) 百分数是什么意思？
> (4) 百分数与分数有什么联系？
> 在对问题进行归纳后，可以让学生分小组尝试回答这些问题，然后教师和学生共同提炼出本节课所要学习的知识。在这些基础上，教师可以进一步引导学生考虑：还可以创造什么数？如果学生的思维活跃，可能会提到十分数、千分数等。这个过程，不仅促使学生对知识的理解更加深刻，而且也能鼓励学生思维的创新。[①]

当学生把百分数与分数的区别和联系搞清楚了，就要把教学重点转向他们的相同点，对百分数的意义、大小比较、与其他数的互化、问题解决等知识的学习，运用我们提倡的基本教学范式，通过把百分数与分数（表示两个量的比和关系的意义）进行类比，把所谓的新知识转化为旧知识，使得学生认识到：百分数无非是一个穿着马甲的表示两个量的比（关系）的分母是 100 的分数。

---

① 中华人民共和国教育部. 义务教育数学课程标准（2011 年版）[S]. 北京：北京师范大学出版社，2012：81.

(二) 有关方程的教学

方程概念的教学,我们提出以下几点建议。

(1) 培养符号意识,理解字母可以表示数和数量关系。

(2) 理解用符号表示的数量关系具有一般性。

(3) 用符号可以表示未知数和变量。

(4) 用字母表示的未知数和变量,虽然是未知的,但也是数,它可以与已知的数一同参与加减乘除的运算。

(三) 有关比例的教学

正比例关系和反比例关系的教学,用模型(符号关系式、公式及变式)表示数量关系,更有利于理解函数思想,把握本质,具有一般性。使学生理解,两个相关联的变量,不管这两个量怎么变化,只要他们比值是定值(一定),那么这两个量就成正比例关系;只要他们的乘积是定值,那么这两个量就成反比例关系。要让学生抛开物理属性,也就是说不管是时间、速度、路程、单价、数量、总价,还是正方形的周长与边长的关系,都无所谓,判断时只需看是否满足上述条件。例如:判断正方形的周长与边长是否成正比例或者反比例关系,有部分学生存在判断困难。根据我对学生的了解,主要原因就是学生在学习的时候没有抛开物理属性,没有真正对概念进行抽象概括,从而不能形成以此类推、举一反三的能力。任何一个正方形,都存在着这样的关系:它的周长与它的边长的比值等于 4,所以,正方形的周长与它的边长成正比例关系 $\left(C=4a \Leftrightarrow \dfrac{C}{a}=4\right)$。另外,正方形的面积与边长的关系是 $S=a^2$,面积与边长的比值等于边长,边长是变量,因而不成正比例关系。

第二节　小学数学命题的教学

本节我们讨论真命题的教学,如前文所述,真命题是数学中的"真理",如公理、运算律、性质、法则、定理等,是在数学原始定义的基础上抽象概括、推导出来的通理通法,是运算和推理的依据。与小学数学的运算和推理相关的真命题主要有:(1)运算律。(2)自然数、分数、小数,乘法、除法、等式的性质、比的性质、比例的性质。(3)运算法则。(4)图形的性质(特征)。下面分别讨论与数相关的命题的教学,图形的性质的教学将在后面讨论。

一、运算律的教学

我们已经阐述过,自然数的运算律有两种呈现方式。一是作为自然数公理的一部分性质,可以被看作是原始的性质。也就是说,运算律可以作为加法和乘法定义的一部分,在一年级、二年级、三年级紧随运算体现,而不必在学了加法和乘法以后到四年级才去发现验证。二是把运算律作为推导性质,也可以在低年级逐步体现,到四年级再进行归纳整理。

自然数、小数和分数的运算律是一个系列的知识模块,应采用自主学习的基本方法。其中自然数运算律的学习,通过归纳法抽象概括运算律;小数和分数的运算律的学习,通过新旧知识关联、类比猜想,然后进行举例验证,抽象概括出其运算律。教师应打破传统的一律采用归纳法的教材呈现方式和教学方式。

对于自然数加法运算律的学习,从一年级开始就可以适当地体现;乘法运算律的学习,可以从二、三年级开始适当体现,到了四年级再进行全面系统归纳。加法交换律,如 $3+5=5+3$,张奠宙教授认为可以用数的方法教学。如图 6.2.1 所示,左边有 3 根小棒,右边有 5 根小棒,先从左边往右边数,是 $3+5=8$;再从右边往左边数,是 $5+3=8$,所以 $3+5=5+3$,让学生体会整数加法满足交换律。加法结合律也是这个思路。

图 6.2.1   图 6.2.2

乘法交换律,从二年级开始体现,适时给出矩形图,如图 6.2.2 所示。横着数,每行 5 个方片,有 3 行,可以写成 $5\times3=15$;竖着数,每列 3 个方片,有 5 列,可以写成 $3\times5=15$。 这里默认相同加数在左,相同加数的个数在右,标准一致即可(这样书写,有利于学生理解乘法的意义)。这样做能够让学生理解对同一个方阵计数,不同的角度可以写成不同的乘法算式,二者是相等的,也能够让学生体会整数乘法满足交换律。进一步,在学生学习了长方形的面积公式以后,可以从面积模型、几何直观的角度理解。如图 6.2.3 所示,设一个长方形的长为 4、宽为 3,面积等于 4×3。换一个角度,如果把长看作 3、宽看作 4,面积等于 3×4。无论怎么计算这个长方形的面积,结果始终是不变的,所以 $4\times3=3\times4$。这样不仅体现了乘法的交换律,而且可以将它推广到更一般的情形,$ab=ba$。

图 6.2.3

乘法结合律是三个数连乘,相对复杂,可以结合三年级下册连乘的实际问题来理解。例如,文具店卖了 5 盒铅笔,每盒装 12 支,每支卖 2 元,一共卖了多少钱? 此题可以有两种解答方法:一是先求出每盒卖了多少钱,再求 5 盒一共卖了多少钱,列式为 $2\times12\times5$;二是先求 5 盒一共有多少支铅笔,再求出这些铅笔一共卖了多少钱。学生已经学习了小括号,把第一个式子 $2\times12\times5$ 加上小括号,就变成 $2\times(12\times5)$,符合计算顺序。两种方法答案相同,这样就体现了乘法结合律。等学生到五年级学习了长方体的体积公式以后就可以从体积模型、几何直观的角度,进一步体会乘法结合律。长方体的体积公式是 $V=abc$,这是把 a 看成长,b 看成宽,c 看成高。如果换一个角度,把 $V=abc$ 改为 $V=a(bc)$,那么就相当于把 b 看成长,c 看成宽,a 看成高。两种方法都能得到长方体的体积,所以 $abc=a(bc)$,体现了乘法结合律。

乘法对加法的分配律,在学生学习了长方形的面积公式以后,可以从面积模型、几何直观的角度理解。如图 6.2.4 所示,设一个长方形的长为 4,宽为 3;另一个长方形的长为 5,宽同样为 3。把两个长方形拼成一个宽为 3 的大长方形,这个大长方形的长为(4+5)。根据两个小长方形的面积和等于大长方形的面积,所以 $(4+5)\times 3=4\times 3+5\times 3$。这不仅体现了乘法对加法的分配律,而且可以推广到更一般的情形,$(a+b)c=ac+bc$。

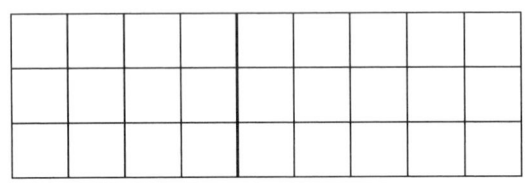

图 6.2.4

分配律也可以结合一些现实模型来解释。例如:妈妈买了 3 千克苹果和 4 千克香蕉,价格都是每千克 8 元,一共花了多少钱? 可以用两种方法解答:分步列式与综合列式,总价钱是相等的,即 $(3+4)\times 8=3\times 8+4\times 8$。还可以设计行程问题的情境:由 A 城开往 B 城的汽车每小时行 110 千米,由 B 城开往 A 城的汽车每小时行 100 千米,两车同时开出,2 小时相遇,A、B 两城的路程是多少千米? 可以用两种方法解答:分步列式与综合列式,总路程是相等的,即 $(110+100)\times 2=110\times 2+100\times 2$。另外,工程问题等其他模型也能表达同样的规律,分配律把加法与乘法联系起来,是对生活中各种现实情境高度的抽象概括。

小数与分数运算律除了通过新旧知识关联、类比猜想,然后进行举例验证,抽象概括出小数、分数的运算律,还可以用面积、体积模型和几何直观进行验证,就是把单位线段再进行细分,用更小的单位度量面积和体积。

我根据多年的课堂观察及调研发现,在加法和乘法的五条运算律中,分配律是学生最难理解和掌握的一条,部分学生即使到了初中也没能很好掌握。伍鸿熙指出:

> 分配律是唯一一条同时涉及加法和乘法的定律,分配律是把加法与乘法联系起来的纽带,假如你忘记了乘法的定义,分配律可以提醒你,乘法就是反复做加法,例如 $3\times 7=(1+1+1)\times 7=7+7+7$。尽管分配律很重要,但它仍然是五条定律中,学生掌握情况最差的一条。造成这个现象的一部分原因可能是教师没有坚持要求学生学会分配律。因此,我

们先来说服你,让你相信,分配律非常重要,然后再提出一个更好的方法让你的学生学习分配律。①

分配律难以被学生理解掌握这个问题看起来是国际性的。尽管教材为了便于学生理解,创设了植树的情境,教师在课堂上也充分利用情境进行教学,但是效果并不理想。现在看起来,光有情境是不够的,如上所述,还应该充分利用面积等各种模型,以突破难点。

二、数与运算的性质的教学

1. 自然数的性质的教学

如前文所述,几位数是针对自然数而言的。虽然这是比较公认的定义,但是关于最小的一位数是1还是0的问题一直存在争议。实际上,这与0是不是自然数有关。因为0是不是自然数,国际上的标准并不统一。0被我国规定为自然数,理论上始于1993年颁布的国家标准;从小学数学教科书角度而言,始于2001年。长期以来,人们习惯了把1作为最小的自然数,符合生活常识,学生也容易理解。但是,自从0被规定为自然数以后,从理论上来讲,需要重新界定最小的一位数。我们知道,十进位值制计数法保证了每个整数表达的唯一性和简洁性,如0的表达只需要一个数字0,1的表达只需要一个数字1,在0和1的前面高位增加再多的0也不会改变它们的大小,这就是自然数的性质。所以,数00和01都不是两位数,00和01十位上的0不是有效数字,因为00=0,01=1,本质上都是一位数。因此,对于自然数而言,最小的一位数是0,而不是1。教师在教学中可以适当地给学生介绍,至于从什么年级开始介绍合适,我个人认为可以从一年级开始,有多少人能够理解算多少人,慢慢体会。当然,这样界定以后,不能保证所有的小学生理解,因此,广大试卷命题者也要回避此类问题,不要考查学生这个问题。

2. 分数的性质的教学

分数相关概念的逻辑关系是这样的:先给出分数的定义和两个分数相等

---

① 伍鸿熙.数学家讲解小学数学[M].赵洁,林开亮,译.北京:北京大学出版社,2016:39.

的定义,在此基础上,定义并推导分数的性质。因此,先给出分数相等的定义：两个分数,如果一个分数的分子与另一个分数的分母分别交叉相乘,它们的积相等,那么这两个分数相等。用字母表达为：两个分数 $\frac{a}{b}$ 和 $\frac{c}{d}$,如果 $ad=bc$,那么 $\frac{a}{b}=\frac{c}{d}$。再用字母表示分数的性质：(1) $\frac{a}{b}=\frac{a\times m}{b\times m}$;(2) $\frac{a}{b}=\frac{a\div m}{b\div m}$($m\neq 0$)。下面来证明分数的性质。

证明：(1) 因为 $a(bm)=abm$,$(am)b=amb=abm$,且 $bm\neq 0$,所以 $a(bm)=(am)b$,得 $\frac{a}{b}=\frac{am}{bm}$。

(2) 因为 $\frac{a\div m}{b\div m}=\frac{(a\div m)\times m}{(b\div m)\times m}=\frac{a}{b}$,其中 $m\neq 0$,所以 $\frac{a}{b}=\frac{a\div m}{b\div m}$。

如前文所述,分数的性质的教学应体现等价类的思想、分类的思想、集合的思想。因此,可以在现行教材的基础上加强这些思想的教学。浙江省杭州市胜利小学的胡晓敏老师和浙江省杭州市大关小学的陈华琼老师,为了落实这些数学思想,进行了课堂教学的尝试。教学思路大体是这样的：让学生在大小相等的6个单位正方形上涂色表示 $\frac{1}{2}$、$\frac{2}{4}$、$\frac{4}{8}$、$\frac{1}{3}$、$\frac{2}{6}$、$\frac{3}{9}$ 这6个分数,借助数形结合与几何直观,启发学生对这些分数分类,其中一个分类结果是按照分数相等的标准分成两类(两个集合)。接下来让学生展开讨论交流,为什么每个集合里的分数相等,学生从几何直观和分数的部分与整体关系的角度(分数性质的两个方面：一个是扩大,一个是缩小)进行解释,抽象概括分数的相等性质。最后启发学生从每个等价类中选择一个代表分数,学生选择了单位分数,从而引出最简分数的概念。当然还可以进一步拓展,$\frac{1}{3}$、$\frac{2}{6}$、$\frac{3}{9}$ 是一个等价类,没有涂色的 $\frac{2}{3}$、$\frac{4}{6}$、$\frac{6}{9}$ 恰好是另一个等价类,这个等价类里的 $\frac{2}{3}$ 也是最简分数,因此,最简分数的分子不一定是1。另外还要注意,不能用除法商不变的性质来解释分数的性质,而应该让学生在分数的性质基础上去思考并解释除法商不变的性质。

在此特别指出：本书所给出的各种命题和问题的证明方法(类似于上述

分数性质的证明),大多数小学生未必能够理解,还需要借助数形结合的具体例子加以探究说明。之所以给出符号表达的证明,主要是让广大教师理解命题的逻辑关系。如果在教学的拓展环节,让部分学生在具体数的运算的基础上,逐步体会符号化的推理证明的逻辑关系和方法,也是有必要的。学生学习了六年的数学,由于算术思维的过度学习和训练,使得具体数的运算(算术思维)占据了他们大脑的主要空间,代数思维和逻辑思维没有培养起来,对初中的学习是不利的。而且,有一部分学生的计算能力是靠模仿、记忆法则训练出来的,并没有真正理解法则,其计算技能是通过缺乏理解的机械模仿获得的,这样的学生到初中就会掉队。

3. 小数的性质的教学

小数的性质的教学,可以有以下几个层次。

(1) 结合具体的量进行教学。如常用的货币、长度等,用不同的单位表示同一个量,小数的位数虽然不同,但是表示的量相等,所以两个数相等,也就是大小不变。引导学生仔细观察,发现小数位数多的只是多了 0 而已,不影响其大小。

(2) 借助数形结合与几何直观进行教学。给出大小相等的两个单位正方形,一个平均分成 10 份,一个平均分成 100 份,涂色的部分全等,分别用位数不同的小数表示。学生发现小数的位数虽然不同,但是表示的图形大小一样,所以两个数相等,也就是大小不变。仔细观察,发现小数位数多的只是多了 0 而已,不影响其大小。

(3) 根据十进制计数法进行教学。启发学生根据十进制计数法,写 1 个任意大的小数,然后在这个小数最小的非零数字的数位的后面增加若干个 0,根据十进制计数法和数的组成拆分小数。如 1.26、1.260、1.2600,可按下列方式拆分:

$1.26 = 1 + 0.2 + 0.06$;

$1.260 = 1 + 0.2 + 0.06 + 0.000 = 1 + 0.2 + 0.06 = 1.26$;

$1.2600 = 1 + 0.2 + 0.06 + 0.000 + 0.0000 = 1 + 0.2 + 0.06 = 1.26$。

再根据学生举的不同例子,推及发现都有这个规律,以此抽象概括出小数的性质。

(4) 根据分数的性质进行教学。有限小数与十进分数等价,小数的性质等价于十进分数的性质,即:十进分数的分子与分母同时乘或除以 10 的 n 次幂,它的大小不变。例如,启发学生根据分数的性质,写 1 个任意大小的小数,然后在这个小数最小的非零数字的数位的后面增加若干个 0,用十进分数表示,根据分数的性质和小数的意义,可以推出小数的性质。如 0.3、0.30、0.300,可按下列方式表示:

$0.3 = \frac{3}{10}$；

$0.30 = \frac{30}{100} = \frac{30 \div 10}{100 \div 10} = \frac{3}{10} = 0.3$；

$0.300 = \frac{300}{1000} = \frac{300 \div 100}{1000 \div 100} = \frac{3}{10} = 0.3$。

再根据学生举的不同例子,推及发现都有这个规律,以此抽象概括出小数的性质。

4. 乘法的性质的教学

积变化的性质是四年级的教学内容。教学时可以先通过具体的例子,运用不完全归纳法抽象概括规律,让学生知道这种方法的或然性。等学生到了六年级,就可以用字母表示,推导出积变化的性质,让学生知道这是证明出来的,是讲道理的。

5. 除法的性质的教学

商不变的性质,也可以先通过具体的例子,运用不完全归纳法抽象概括规律,让学生知道这种方法的或然性。等学生学习了分数的性质,根据分数与除法的关系,就可以通过分数的性质推导出商不变的性质,让学生知道这是证明出来的,是讲道理的。

6. 等式的性质的教学

学生在乘法和除法的学习中,已经通过具体的数的运算,体会了积和商的变与不变的性质,这为学习等式的性质打下了基础。教材为了让学生理解等式的性质,编排了天平如何保持平衡的情境,实际上在教学中不容易操作,并没有起到应有的作用。教学的时候,可以引导学生自己写几个任意的等式,然后对等式两边进行同样的四则运算,去发现规律,教师进行抽象概括。

实际上等式的性质属于公理,不需要证明。

7. 比的性质的教学

比的性质的教学，可以与分数的性质进行类比，因为比可以写成分数的形式，所以分数具有的性质，比同样有。

8. 比例的性质的教学

如果把比用分数的形式表达，那么比例的性质可以表示为：如果 $\dfrac{a}{b} = \dfrac{c}{d}(a, b, c, d \neq 0)$，那么 $ad = bc$。

证明：根据等式的性质，两边同乘 bd，得 $\dfrac{a}{b} \times bd = \dfrac{c}{d} \times bd$，约分得 $ad = cb$，所以 $ad = bc$。

三、运算法则的教学

如前文所述，运算法则是依据运算的定义、数的意义和性质、运算律等抽象概括出来的计算规则。应用运算律和运算法则使我们能够简便计算。传统的课堂教学，对于这些运算法则制定的依据（包括数的意义和性质、运算的原理、思想、运算律等）体现得不够深入本质，而教师为了让更多的学生能够保证计算的速度和正确率，往往把教学的重点放在了死记硬背运算法则和计算技能的训练上。这样做的结果是很严重的，学生表面成绩的优秀可能掩盖了背后隐藏的危机。如果学生没有真正理解运算的本质、运算法则制定的依据，没有得到数学思维和数学思想方法的培养，到初中以后就会后继乏力。俗话说，"工欲善其事，必先利其器""磨刀不误砍柴工"，这些至理名言对我们的课堂教学也是一个很好的启发。我们如果想让学生具备可持续发展的自学能力，必须得让他拥有很好的数学认知结构，这其中就包括对运算法则的原理（通常所说的算理）的理解和掌握，在此基础上再进行适当的训练。

（一）自然数运算法则的教学

1. 加减法的运算法则的教学

自然数的运算法则依据的主要是运算律和十进位值制计数法。我们在教学的过程当中,应该让学生逐步理解这个原理和思想,而不是简单地记住法则。例如,为什么要相同数位对齐?这是由位值制计数法决定的,因为只有相同单位上的数相加减才有意义。比如计算 12+34,可得 12+34=10+2+30+4=10+30+2+4=46。如果把 12 中的 1 与 34 中的 4 加起来得到 5,但这个 5 是没有意义的。我们还可以通过一个实际例子来理解,12 元(1 张 10 元的纸币、2 张 1 元的纸币)加 34 元(3 张 10 元的纸币、4 张 1 元的纸币),相加的时候,一定要分别把 10 元纸币的数量相加(1+3=4),1 元纸币的数量相加(2+4=6),才能够保证得到正确结果 46。为什么要按从低位到高位的顺序计算?如果计算的数值简单,也不必考虑这一点;但是如果数据比较大,而且会出现连续进位或者连续退位的情况,这个约定就是有必要的了。加法为什么要满十进一?因为参与运算的自然数是用十进位值制计数法表达的,每个数位上的数字最大只能是 9,所以要满十进一。如果是二十进位值制计数法,那么就满二十进一了。减法为什么要哪一位不够减要向相邻高位借(实际上不是借,因为有借要有还,这里是拿走了没有还,叫退位,是退一当十)一当十?比如计算 23-18,我们可以通过一个实际例子来理解,23 元(2 张 10 元的纸币、3 张 1 元的纸币)减 18 元(1 张 10 元的纸币、8 张 1 元的纸币),相减的时候,一定要分别把 10 元纸币的数量相减(2-1=1),1 元纸币的数量相减(3-8),3 减 8 不够减了,所以要拿一张 10 元的纸币换成 10 张 1 元的纸币,与 3 张 1 元的纸币合起来是 13 张 1 元的纸币,从 13 张 1 元的纸币中减去 8 张,13 减 8 就够减了,这样才能够保证得到正确结果 5。

2. 乘法的运算法则的教学

如前文所述,乘法就是连续做加法,整个乘法的逻辑关系如下。

(1) 利用加法解决了一位数乘法,编制乘法口诀,即表内乘法。

(2) 在此基础上解决整百、整十数乘一位数,仍然用乘法口诀计算。

(3) 然后学习多位数乘一位数。根据十进制计数法和分配律,把多位数乘一位数转化成旧知识。

(4) 最后学习多位数乘两位数。详细分析见第七章第四节。

例如计算 123×3,学生已经学习了 $1 \times 3, 2 \times 3, 3 \times 3$;然后学习了 $100 \times 3, 20 \times 3$,用乘法口诀计算;根据十进位值制计数法,知道 $123=100+20+3$,再依据分配律进行计算,过程如下:

$$123 \times 3$$
$$=(100+20+3) \times 3$$
$$=100 \times 3+20 \times 3+3 \times 3$$
$$=300+60+9$$
$$=369$$

$$\begin{array}{r} 1\ 2\ 3 \\ \times\quad\ 3 \\ \hline 3\ 6\ 9 \end{array}$$

由上式可知,横式体现了自然数的意义、十进位值制计数法和分配律,更容易理解算理。那为什么还要列竖式计算呢?因为如果有进位的时候,尤其是多位数乘两位数的时候,竖式更方便计算,所以就需要列竖式计算。请看下例:

$$123 \times 6$$
$$=(100+20+3) \times 6$$
$$=100 \times 6+20 \times 6+3 \times 6$$
$$=600+120+18$$
$$=738$$

$$\begin{array}{r} 1\ 2\ 3 \\ \times\quad\ 6 \\ \hline 7\ 3\ 8 \end{array}$$

3. 除法的运算法则的教学

自然数的除法,要从除法是乘法的逆运算的角度思考,表内除法是通过乘法口诀计算的。笔算除法按照难易程度分为除数是一位数和两位数进行教材编排和教学,但是二者在算理和运算法则上是相同的,也就是说,学生理解掌握了除数是一位数的笔算除法,就应该能够自主学会除数是两位数的笔算除法。当然,除数是两位数的除法比除数是一位数的除法增加了一个难度,即由于除数是两位数,在试商时增加了估商的难度。

笔算除法,为了易于计算和计算正确,需要把计算过程分成多步表内除法,可以分为横式和竖式两种。前者有利于理解算理,后者有利于掌握算法。下面我们通过除数分别是一位数和两位数的除法的具体例子来抽象概括运算法则。

$$525 \div 5$$
$$=(500+20+5) \div 5$$
$$=(500+25) \div 5$$
$$=500 \div 5+25 \div 5$$
$$=100+5$$
$$=105$$

$$\begin{array}{r} 1\ 0\ 5 \\ 5\overline{)5\ 2\ 5} \\ \underline{5} \\ 2\ 5 \\ \underline{2\ 5} \\ 0 \end{array}$$

$$553 \div 35$$
$$=(550+3) \div 35$$
$$=(350+200+3) \div 35$$
$$=350 \div 35+203 \div 35$$
$$=10+5(余 28)$$
$$=15(余 28)$$

```
          1 5
    ┌─────────
 35)  5 5 3
      3 5
      ─────
      2 0 3
      1 7 5
      ─────
          2 8
```

由上面的计算过程，我们可以抽象概括笔算除法的运算法则。我们知道，笔算加减法一般按照从数位的低位到高位的顺序计算，这是为了进位或者退位的方便。那么，除法为什么按照从数位的高位到低位的顺序计算呢？这是因为被除数的高位数字不能总是被除数整除，余下来的数需要与低位的数合起来继续除，所以笔算需要按照从数位的高位到低位的顺序计算。

第一步，除数是几位数，被除数从最高位起，看前几位够不够除（平均分），如果不够除，就再多看一位。商的书写位置要与商的实际值的大小（表示几个百还是几个十、几个一）吻合。如 $525 \div 5$，被除数 525 最高位的 5 表示 5 个百，够 5 除，商 1 表示 1 个百，所以商 1 需要写在被除数的百位上，这样书写才能准确表达商的实际大小。再如 $553 \div 35$，被除数 553 高位的 55 表示 55 个十，够 35 除，商 1 表示 1 个十，所以商 1 需要写在被除数的十位上。$55-35=20$，余数比除数小，表示先把 55 个十分掉了 35 个十或者 10 个 35，余 20 个十。

第二步，第一次除完的余数与下一位数合起来，看是否够除。如果不够除，再多看一位继续除，同时需要用 0 占商的数位。如 $525 \div 5$，第一次除完余数是 0，十位的 2 不够除，再看 25，够除，先商 0 占十位，25 除以 5 得 5 个一，个位上商 5。0 的作用不仅仅表示没有，更重要的是作为十个数字符号之一，起到了占数位的作用。

在此特别说明，伍鸿熙教授认为应该把"$553 \div 35 = 15 \cdots\cdots 28$"这种写法清除出所有的教科书，因为"$15 \cdots\cdots 28$"没有任何意义，不代表任何数，他认为带余除法的正确表达方式是"$553 = 15 \times 35 + 28$"（具体讨论见第七章第三节）。我认为除了用乘法的形式表达除法外，还可以这样写"$553 \div 35 = 15(余数是 28)$"。

（二）分数运算法则的教学

1. 加减法的运算法则的教学

理解分数的加法运算法则，一方面要理解分数加法与自然数的加法的意义相同，就是求两个数和的运算；另一方面要理解分数与自然数和小数在运算法则的本质上是相同的，即只有相同单位的数才能够进行直接相加。同分母分数和异分母分数加减法的运算法则，除了用一般语言表达以外，还可以进一步抽象，用符号表达，使得运算法则不但具有一般性，还具有简洁性。2018 年 5 月在河北省唐山市举办的东北华北小学数学核心素养示范课观摩交流会上，来自辽宁省盘锦市的孙晗老师执教了"同分母分数加减法"一课。在引导学生总结运算法则时，孙老师巧妙地提出了一个问题：如果你要把同分母分数加减法的运算法则讲给美国的小朋友、日本的小朋友，甚至是其他国家的小朋友听，你准备怎么办？在讨论交流的基础上，学生总结出了用字母表达的方法，即 $\frac{b}{a}+\frac{c}{a}=\frac{b+c}{a}$，$\frac{b}{a}-\frac{c}{a}=\frac{b-c}{a}$。当然，应让学生体会用具体的数表达法则是写不完的，体会用字母表达的本质是为了体现法则的一般性、简洁性、普适性，而不仅仅是为了能让各国学生看懂。

同理，异分母分数加减法的运算法则也可以用字母表达。学生通过对异分母分数加减法运算法则的探究和抽象概括，理解通分的必要性，理解分数与自然数和小数在运算法则的本质上是相同的，即只有相同单位的数才能够进行直接相加减。

2. 乘除法的运算法则

如前文所述，分数乘法的定义本身已经包括运算法则，即：分数相乘，分子的积做分子，分母的积做分母。但是，如何说服学生接受或者理解这个法则呢？这涉及对分数乘法意义的理解。乘法结构是学生认知的第二次飞跃，在乘法结构中，分数乘法比自然数乘法更难理解，自然数乘法是连续做加法，而分数乘法本质上涉及自然数除法和乘法的混合。分数乘自然数的法则比较容易理解，如 $\frac{2}{3}\times 5=\frac{2}{3}+\frac{2}{3}+\frac{2}{3}+\frac{2}{3}+\frac{2}{3}=\frac{2+2+2+2+2}{3}=\frac{2\times 5}{3}=\frac{10}{3}$。而分数乘分数更复杂，如 $\frac{2}{3}\times\frac{5}{7}=2\div 3\times 5\div 7=2\times 5\div(3\times 7)=\frac{2\times 5}{3\times 7}=\frac{10}{21}$。

从中可以看出,先把分数乘法转化为自然数乘除法,再根据自然数乘除法的性质进行变式,变成分子相乘除以分母相乘,然后变成分子相乘做分子、分母相乘做分母,最后变成分子相乘的积做分子、分母相乘的积做分母。从几何直观的角度看,用长方形表示单位"1",就是把单位1先平均分成3份,取2份,再平均分成7份,又取5份。用一句话概括就是:分了再分,取了又取。

分数除法的运算法则,可以有多种推导方法。

可以从分数与自然数乘除法的关系去推导,如下:

$$\frac{2}{3} \div \frac{5}{7} = 2 \div 3 \div (5 \div 7) = 2 \div 3 \div 5 \times 7$$
$$= 2 \times 7 \div (3 \times 5) = \frac{2 \times 7}{3 \times 5}$$
$$= \frac{2}{3} \times \frac{7}{5} = \frac{14}{15}。$$

也可以从除法是乘法的逆运算的角度去推导,如下:

$$\frac{2}{3} \div \frac{5}{7} = x,$$
$$\frac{5}{7} x = \frac{2}{3},$$
$$\frac{7}{5} \times \frac{5}{7} x = \frac{2}{3} \times \frac{7}{5},$$
$$x = \frac{2}{3} \times \frac{7}{5} = \frac{14}{15}。$$

还可以先把两个分数通分,转化为分子的整数除法,如下:

$$\frac{2}{3} \div \frac{5}{7} = \frac{2 \times 7}{3 \times 7} \div \frac{5 \times 3}{7 \times 3} = \frac{2 \times 7}{21} \div \frac{5 \times 3}{21}$$
$$= 2 \times 7 \times \frac{1}{21} \div (5 \times 3 \times \frac{1}{21}) = 2 \times 7 \div (5 \times 3)$$
$$= \frac{2 \times 7}{5 \times 3} = \frac{2 \times 7}{3 \times 5} = \frac{2}{3} \times \frac{7}{5} = \frac{14}{15}。$$

学习了分数除法的运算法则以后,要启发学生感悟辩证思想,即分数除法一般不直接计算，而是转化成乘法再进行计算，这样就构建起新旧知识的联系，简单易学。因而，除法不但是乘法的逆运算，而且二者实现了统一。

(三) 小数运算法则的教学

1. 与自然数运算法则的相同点

小数与自然数都用十进位值制计数法表达。因此，小数的加减法与自然数一样，也要把相同数位上的数相加减，相同数位对齐。小数乘法可以仿照自然数乘法的法则进行计算，需要理解积的小数点的原理，小数除法也可以仿照自然数除法的法则进行计算，但是情况稍复杂，需要分类讨论。

2. 与自然数运算法则的不同点

(1) 小数加减法与自然数不同的是要求把小数点对齐，本质上是为了竖式计算保证相同数位对齐。

(2) 小数乘法中，积的小数的位数，为什么等于两个乘数的小数的位数之和呢？我们用符号表达，进行证明。

设两个小数分别为 x（去掉小数点后的自然数为 A）和 y（去掉小数点后的自然数为 B），x 有 m 位小数，y 有 n 位小数，那么有

$$x = \frac{A}{10^m},\ y = \frac{B}{10^n},$$

$$xy = \frac{A}{10^m} \times \frac{B}{10^n} = \frac{AB}{10^{m+n}}。$$

从中可以看出，两个小数的积的小数位的个数，就是 $m+n$，这样就从理论上说明了算理。

为了便于理解这个原理，我们用一个具体的例子解读。

$$1.7 = \frac{17}{10}, 0.25 = \frac{25}{100},$$

$$1.7 \times 0.25 = \frac{17}{10} \times \frac{25}{100} = \frac{17 \times 25}{10 \times 100} = \frac{425}{1000} = 0.425。$$

上述计算过程非常清楚地说明了小数乘法的积的小数点如何处理的问题，其基础是自然数乘法和十进分数乘法，所以教材编排和课堂教学，都应先

讲十进分数的乘法,再讲小数乘法。

这样用具体的例子的推理过程,可以启发引导学生自主探究。

（3）小数除法,我们分除数是自然数和小数两种情况讨论。除数是自然数的小数除法,可以直接仿照自然数除法的法则进行计算,只需要注意被除数与商的小数点对齐;除数是小数的除法,需要把除数转化为自然数,再进行计算。为什么要这样呢？因为除数是自然数的除法法则与自然数除法类似,学生容易理解掌握。实际上除数是小数的除法,不把除数转化成自然数也可以直接计算,但是不容易理解。

除数是自然数的除法,为了保证商的小数位书写正确,需要把商的小数点与被除数的小数点对齐。我们在学习自然数的除法时,经常遇到有余数的情况,如上述的例子 $553 \div 35 = 15$（余数是 28）,学习了小数除法后就可以继续除,可以得到用小数表达的不同精确度的结果,具体看下面两个例子。

$$5.25 \div 5$$
$$= (5 + 0.20 + 0.05) \div 5$$
$$= 5 \div 5 + 0.25(25 \text{ 个 } 0.01) \div 5$$
$$= 1 + 0.05(5 \text{ 个 } 0.01)$$
$$= 1.05$$

$$553 \div 35$$
$$= (550 + 3) \div 35$$
$$= (350 + 200 + 3) \div 35$$
$$= 350 \div 35 + (200 + 3) \div 35$$
$$= 10 + (175 + 25 + 3) \div 35$$
$$= 10 + 175 \div 35 + 28 \div 35$$
$$= 10 + 5 + 280 \times 0.1 \div 35$$
$$= 15.8$$

除数是小数的除法,教科书上直接用商不变的规律,这在逻辑上不通,因为除数是小数的除法是否有这个规律,需要推理证明。下面我们用符号推理证明将除数转化为自然数的原理。

设两个小数分别为 x 和 y（去掉小数点后的自然数为 B）,y 有 n 位小数,

那么有

$$y = \frac{B}{10^n}, \quad x \div y = x \div \frac{B}{10^n} = \frac{x \times 10^n}{B} = (x \times 10^n) \div B.$$

从上式可以得出,除数化成自然数的原理及方法。为了便于理解,我们再用具体的例子运算一遍。

$$13.26 \div 0.03 = 13.26 \div \frac{3}{10^2} = \frac{13.26 \times 10^2}{3} = (13.26 \times 10^2) \div 3.$$

如果不把除数转化为自然数,直接计算,那么怎么计算呢?

$$\begin{aligned}
& 13.26 \div 0.03 \\
=& (12 + 1.20 + 0.06) \div 0.03 \\
=& 12 \div 0.03 + 1.2 \div 0.03 + 0.06 \div 0.03 \\
=& 400 + 40 + 2 \\
=& 442
\end{aligned}$$

$$\begin{array}{r}
4\ 4\ 2 \\
0.03\overline{)1\ 3.2\ 6} \\
\underline{1\ 2} \\
1\ 2 \\
\underline{1\ 2} \\
6 \\
\underline{6} \\
0
\end{array}$$

由上述过程可知,这样计算需要口算小数乘法,难度比较大,而且不方便书写商的位置。但是,这可以作为一种有趣的方法让学生探索数学的奥秘。

第三节　小学数学认知结构的教学

数学学科的知识结构是一个完整的、纵向和横向连接的网状结构,就像一座数学的高楼大厦,是古今中外广大数学工作者集体智慧的结晶。但是无论是教材还是教学,都不能直接把这个完整的数学知识结构呈现给小学生,而应通过一本一本的教科书呈现给学生,一课时一课时地教学。数学教科书根据学生的认知水平和规律,把这座数学的高楼大厦拆散、碎片化,进行螺旋上升式的编排。学生从小学一年级到高三,在12年的时间里一课时一课时地学习,就像用一砖一瓦把自己的数学大厦重新盖起来,形成学生自己的数学认知结构。如前文所述,学生个体的数学认知结构主要包括:个体的数学知识结构、数学思想方法、元认知、非智力因素等。教师的任务就是指导学生,如何添好自己的一砖一瓦,把自己头脑里的这座数学大厦盖得结构完整、结实美观。

关于结构的重要性,美国心理学家布鲁纳有过精辟论述:

> 一门学科的课程应该决定于对能达到的给那门学科以结构的根本原理的最基本的理解。教专门的课题或技能而没有把他们在知识领域更广博的基本结构中的脉络弄清楚,这在几个深远的意义上,是不经济的。第一,这样的教学使学生要从已学得的知识推广到他后来将碰到的问题,就非常困难。第二,陷于缺乏掌握一般原理的学习,从激发智慧来说,不大有收获。使学生对一个学科有兴趣的最好办法,是使这个学科值得学习,也就是使获得的知识能在超越原来学习情境的思维中运用。第三,获得的知识,如果没有完满的结构把它连在一起,那是一种多半会被遗忘的知识。一串不连贯的论据在记忆中仅有短促得可怜的寿命。根据可借以推断出论据的那些原理和观念来组织论据,是降低人类记忆丧失的速率唯一的已知方法。[①]

从中可以看出,布鲁纳非常注重学科课程的原理、观念和结构。这不但有利于学习和掌握学科知识,还有利于记忆、技能和方法的迁移。本文所提出的在概念、命题基础上形成的结构,与布鲁纳的观点有许多相似之处。

关于认知结构的教学,其过程是复杂的、具有个性化的。在此特别需要强调的是,教师首先要有数学知识关联和结构化的思想和意识。每节课新知识的学习,都要进行关联。一般情况下,课始直接呈现主题,进行新旧知识的自主关联,启发学生类比思考:这个新知识点与哪些学过的旧知识有关系?如何把新知识转化成旧知识?能不能用学过的知识和方法理解新知识?解决新问题?然后在每堂课的小结阶段,也应进行关联和结构化,使新知识通过同化或者顺应纳入已有的认知结构当中,让学生理解学习的过程就是每天给自己的认知结构添砖加瓦。另外,要注意的是即使教师每堂课把数学知识结构完

---

① 布鲁纳.教育过程[M].上海:上海人民出版社,1973:21.

整地呈现在黑板上,也并不表明每个学生都把数学知识结构转化为了自己的认知结构中的一部分,或者说掌握了数学认知结构。要让学生经历数学知识结构的形成过程,包括理解概念、掌握命题、关联和结构化。这个过程要体现数学思想方法、元认知和非智力因素等整体认知结构的协调发展。关于教学方法和基本教学范式,前文已经阐述,总体上主张把学生的自主学习、探究学习、合作学习与教师有意义的讲授相结合,达到一种比较理想的平衡。一方面特别提倡学生的自主学习、合作学习,另一方面也不能摒弃教师的讲授。因为学生自主学习与合作交流的成果需要教师的抽象概括,一是把数学知识结构进行补充完善,二是为了让学生能够理解数学知识结构,三是对数学认知结构进行强化。

本节主要讨论学生个体的数学认知结构中的数学知识结构这部分的教学,数学思想方法的教学将主要在第七章讨论,非智力因素的培养已经在第四章简要论述,元认知的教学在第五章也略有涉及。

每个单元、每个模块、每个领域,都有不同层次的结构,每堂课都要把新学习的知识与已有的结构进行自主关联,始终做到温故知新、瞻前顾后。下面我们按照数与代数、图形与几何两个大领域讨论认知结构的教学,每个大领域分单元结构、模块结构、领域结构三个层次阐述。特别需要强调的是,凡是涉及内容结构优化整合而压缩课时数的教学,都务必运用自主学习(尤其是自主关联)的教学范式,使学生通过自学,慢慢地达到以此类推、举一反三、无师自通的境界,否则由于内容整合增多、学习方法不当等原因会导致学习负担的加重。

单元就是教科书的独立内容篇章。单元的知识结构可能相对独立,也可能因为单元划分比较细,导致单元不够完整和独立,这是现行小学数学教材的一个显著特点。

模块是在若干单元基础上形成的独立知识系统。由于模块是由若干个碎片化的单元整合而成的,因此其知识结构具有独立性。

领域是在若干模块基础上形成的比较完整的知识体系。比如数的认识、数的计算、代数、图形与几何等。

小学数学单元整体设计与教学,从字面上看似乎是新概念、新理念,但实际上这并不是新的概念和理念。小学数学单元整体设计与教学主要是依据课程改革的新理念,尤其是贯彻落实学科核心素养的目标,针对当前小学数学教学存在的浅表化、碎片化等问题，为了达到核心素养目标下的数学认知结构而提出来的。结构化学习本质上就是把数学的知识结构转化为学生的认知结构，而认知结构理论来源于皮亚杰和布鲁纳等人的结构主义学习理论。几十年来教科书本来就是按照单元整体设计编排的，课堂教学也早就应该贯彻单元整体教学的目标，进行认知结构的教学，这不是现在才形成的主张；只是过去我们的教学对认知结构的理解不全面，对结构化的教学不够重视，而从现在开始要重视起来。另外需要强调的是，单元整体设计与教学的单元结构还不一定是完整的数学知识结构，可能只是数学知识结构的一部分，因此，单元整体设计与教学还不是结构化教学的全部或者终点。小学数学单元整体设计与教学的理论基础是，数学学科具有知识结构，学生头脑具有数学认知结构；其内涵是把数学学科的知识结构转化为学生头脑中的数学认知结构。

另外，应让学生认识到，数学是研究数及数量关系、图形及图形关系、数与形关系的学科，学习数的时候离不开形，学习形的时候离不开数，数学结构的最高境界是数形结合。这样就构成了小学数学比较完整的知识结构体系。

一、数与代数的结构

1. 单元结构的教学

教科书对单元划分过细，使得每个单元未必能构成独立的知识结构，知识碎片化、浅尝辄止，有可能达不到深度学习和结构化的高度。但是，这样做的好处是每册教材内容丰富、螺旋上升、避免单一枯燥。比如人教版教材二年级下册第7单元"万以内数的认识"就相对独立和完整，而表内除法被拆分成第2单元"表内除法（一）"和第4单元"表内除法（二）"两个单元。那么，面对这些单元，如何整体备课与教学设计呢？现在有些教师在探索单元整体备课和教学设计，这正体现了单元结构化的思想。

单元结构教学的流程大致如下。

（1）分析教材，单元整体备课。

对教材进行深度分析，包括细致阅读全单元教材和教师教学用书，分析教材编排意图，提炼单元教学目标，包括数学核心素养目标，进行学情分析，了解学生在本单元的学习中可能遇到的困难，分析以往的课时安排有何利弊以及是否适合本班学生。

（2）内容整合，课时重新划分。

根据单元整体备课的情况、知识关联的程度、学生的认知水平，重新调整课时内容和课时数，确定新的每课时内容和目标，完成从整体到部分、从单元到课时的优化整合和课时划分。单元的最后1—2节课要进行关联与复习，再次回到整体，完成结构化。

（3）课时教学设计。

根据新的课时内容和目标，进行教学设计，体现自主学习的教学范式。

（4）课堂教学实施。

根据课时教学设计实施教学，注意处理好教学的各个环节，包括时间的分配。浙江省台州市路桥小学的徐春艳观察了一位教师一节课的时间分配，并进行了时间分配统计与数据分析。这位教师进行了单元整体备课，打破教材结构，重新进行内容整合与教学设计，把加法与乘法交换律整合在一节课教学。

> 从表3可知，教师在加法交换律教学上用时大约10分钟，在乘法交换律教学上用时大约4分钟。分析其原因，一方面，教师引导学生有意识地应用加法交换律的学习方法来探索乘法交换律，少走了一些"弯路"；另一方面，乘法交换律和加法交换律在形式和结构上具有一定的相似性，自主建构困难不大。在此之后，教师又引导学生猜想减法运算和除法运算中是否存在交换律，分别用时大约2分30秒和10分钟。其中，学生在除法交换律的验证上花时最多，主要原因在于相当一部分学生对小数作被除数、大数作除数这一除法算式的商无从下手。从整体来看，该教师为我们呈现了一堂高效的数学课，在有限的时间内不仅完成加法、乘法交换律的探究，还对减法和除法有没有交换律进行了举例验证，表明其时间利用率高。①

从中可以发现，这节课的内容整合与课堂教学还是比较成功的，为单元结

---

① 徐春燕.从课堂观察看教学时间分配——以"加法、乘法交换律"的教学为例[J].教育观察，2018(2)：54.

构教学提供了可借鉴的经验。

（5）思维导图的教学。

如前文所述，数学思维导图是学生数学认知结构中的数学知识结构与数学思想方法等方面的外显表现（很可能不是全部或者最高水平的表现），而学生的元认知能力与非智力因素不容易在思维导图中显现出来。因此，我认为学生的数学认知水平与他的数学思维导图的水平呈正相关，但是相关系数有多大不好确定。我们不能认为一个学生的数学思维导图的水平完全代表了他的数学认知结构水平，但是可以认为，不断开展数学思维导图的教学有利于学生数学认知结构的构建。近年来，思维导图开始被越来越多的教师所重视并引入课堂，开展了有益的探索。山东省临沂市朴园小学数学教师团队进行了思维导图的教学探索，郑玲玲老师概括介绍了她所在学校的研究情况，并发来了 6 幅教师绘制的六个年级的思维导图作品和 8 幅学生绘制的六年级"比例"单元的思维导图作品，她介绍说："四年前，我在临沂市教科研中心于江美科长的引领下，开始学习和研究思维导图。我先从思维导图的历史、理论、基本技法、应用等方面进行系统学习。接着把它应用到数学教学中，例如，在新课小结时运用思维导图对知识内容进行归纳整理，帮助学生准确、清晰、快速地整理新授内容；在单元复习中将零散的知识根据逻辑关系进行有效整合，形成一个系统的知识体系。现在我们临沂朴园小学已经在全校普及思维导图，老师们在备课、教研活动、班级管理、制定计划、工作总结等方方面面都自觉地运用思维导图，极大地提高了教学教研的效率；学生在学习过程中也养成了利用思维导图梳理的习惯，形成了系统的学习和思维的习惯，提升了思维品质和学习能力。"由此可知，郑老师及她所在的学校在思维导图的研究与实践方面走在了前面。由于本书篇幅所限，只能遗憾地展示 1 幅学生的作品，如图 6.3.1 所示。

这幅图是赵敏彤同学绘制的思维导图，该思维导图非常清楚，字迹工整美观，结构比较完整，把比例这个单元的主要的概念、性质、关系表述得比较清楚和准确，同时体现了一些数学思想方法。当然，这些思想方法并不是独立存在的，而是存在于这些知识和关系当中。我建议不要把数学思想方法独立出来，而应在具体知识当中标注思想方法，真正理解每一个思想方法的应用所在及其价值。比如，正比例和反比例关系用符号表达，体现了符号思想、模型思想、函数思想、变与不变的思想，用图像表达体现了数形结合思想。图形的

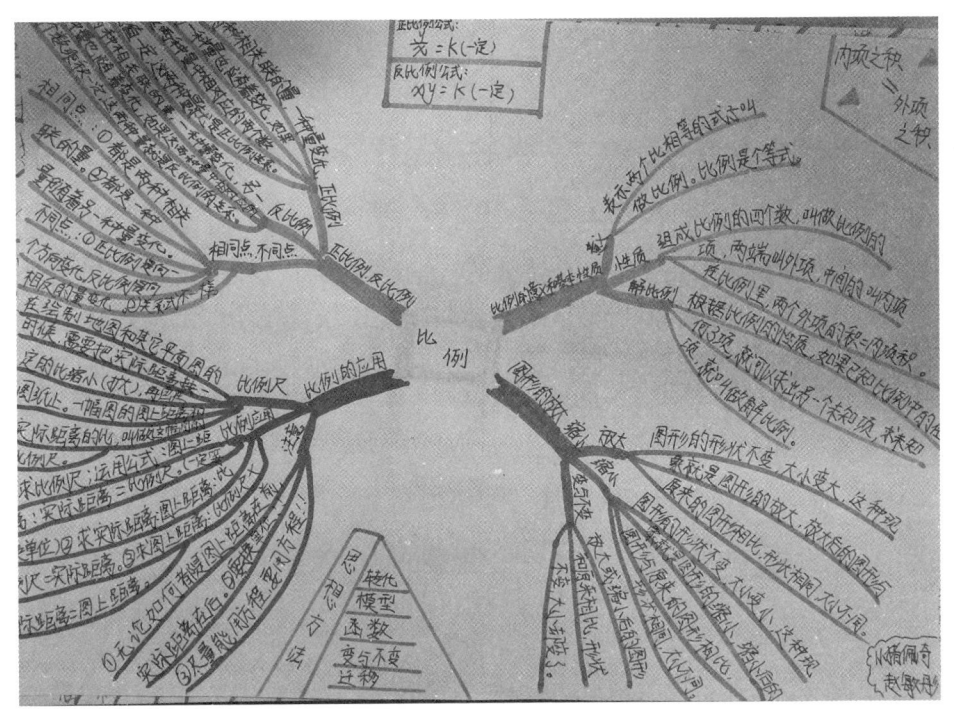

图 6.3.1

放大与缩小体现了几何变换的思想,解比例体现了模型思想、方程思想和函数思想。另外每一个概念和性质都是通过抽象概括出来的,所以都体现了抽象思想。

关于思维导图的教学,我特别建议:如果时间允许,每堂课的最后都可以画思维导图,而不必等到单元复习时再画。因为学生的认知结构是在每堂课的学习中一砖一瓦逐步建构起来的,所以思维导图也是逐步完善的。每堂课都可以画微型思维导图或者画思维导图的一部分,然后在相关的已画思维导图的基础上连接成更大的思维导图,每个单元或者模块的思维导图都可以从一开始就学多少画多少,每天都在前一天的基础上增添内容。经过这样的日积月累,到单元或者模块结束时,完整的思维导图就基本形成了。

(6)教学反思。

无论是教材编写,还是课堂教学,永远没有十全十美。教材一旦出版了,基本上就会稳定 10 年,内容结构基本上就定型了,但是课堂教学可以灵活多变,进行教学改革的各种实验,探索适合自己的教学范式与风格。每天的课堂教学,都可以进行课后反思,对内容整合的效果、目标达成情况、情境创设、教学方法、时间分配、板书设计、各环节的处理、应变能力等各方面进行总结,积累经验、提出建议,以期不断提高。

2. 模块结构的教学

数与代数的模块主要有：自然数的认识,分数的认识,小数的认识,自然数的四则计算,分数的四则计算,小数的四则计算,问题解决,式与方程,比与比例,量与度量等知识系统；自然数与小数,分数与小数,除法、分数与比等关系系统。

模块结构教学的流程大致如下。

（1）分析教材,模块整体备课。

此部分与单元结构教学的不同之处,就是要对全套教材进行分析,提炼模块教学目标,了解学生在本模块的学习中可能遇到的困难。

（2）内容整合,单元与课时重新划分。

根据模块整体备课的情况、知识关联的程度、学生的认知水平,重新调整单元课时内容和课时数,确定新的每课时内容和目标,完成从整体到部分、从模块到单元课时的优化整合和课时划分。单元和模块的最后1—2节课要进行关联与复习,再次回到整体,完成结构化。

比如自然数笔算乘法,教材拆分成三个单元进行学习,而且不在一个年级,分别是三年级上册"多位数乘一位数"、三年级下册"两位数乘两位数"和四年级上册"三位数乘两位数"。这样编排的初衷是减轻学生学习的负担,但是,如果按照传统的教学方式把三个单元孤立地、碎片化地进行教学,实际上降低了教学效率,因为学生没有机会进行自主关联学习。如果按照笔者的自主学习方法和教学范式,这三个单元构成一个模块,对于每个模块一系列类似的知识点,初次学习时用不完全归纳法,就是通过特殊的、具体的例子得到一般性的算理、算法；再次学习时则用类比法,启发学生自主关联类比,自己完成算理、算法的转化和迁移,就会达到举一反三的水平,从而提高学习效率。一个模块的各个知识点的教与学,优等生应尽早学会类比,举一反三、触类旁通、闻一知十,达到无师自通的境界；中等生应该逐步达到这个境界；学困生先至少学会模仿,保证不掉队,教师要耐心等待学生学会自学的那一天。按照这个思路,四年级上册"三位数乘两位数"可以前移至三年级下册,与"两位数乘两位数"合并,这样能够提高教学效率,提前完成结构化。

(3) 课时教学设计。

根据新的课时内容和目标,进行教学设计,体现自主学习的教学范式。

(4) 课堂教学实施。

我和原北京市宣武区教研员李燕燕老师在北京市西城区宣武回民小学,与该校的穆铮老师共同研究"三位数乘两位数"的教学,经过几次磨课,体现了自主学习的教学范式,取得了较好的效果。下面是穆铮老师在 2016 年全国人教版课堂教学观摩交流会上展示课的教学设计(人教网上有此课的视频)。

三位数乘两位数

一、复习旧知

师:今天我们一起研究三位数乘两位数。大家听说过"温故知新"吗?在研究三位数乘两位数之前先来思考一下,学习过哪些笔算乘法?

做学习单 1,见图 6.3.2 所示。

$$432 \times 2 = \qquad 32 \times 12 =$$

图 6.3.2

【设计意图:复习旧知为新知的迁移打基础。】

二、探究新知,利用知识迁移自主构建

(一) 辨析中明确算理算法

1. 学情预设:出示 432×12 的试做情况,如图 6.3.3 所示。

图 6.3.3

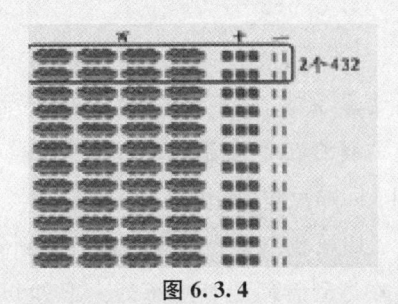

图 6.3.4

2. 借助小棍模型理解算理。

出示如图6.3.4所示的小棍图,理解第一层积的算理。

(1)师:竖式中第一层积先算了2个432,在图中?

(2)师:关键是百位上的数是几?我们在图中找找答案。

在图中理解第二层积的算理。

3. 小结:和以前学习的两位数乘两位数方法相通,逐位计算。

【设计意图:把学生的真实需求作为教学目标。借助小棍模型,突破百位上到底该怎么办,在理解算理基础上掌握算法。从计算方法中悟出算理,从算理中提炼出方法,法中有理,理中见法。让学生在学习中都有新的收获。】

(二)利用知识迁移解决进位问题

1. 学情预设:学生自主出题试做,如图6.3.5所示。

$$356 \times 28 \quad 563 \times 46 \quad \cdots\cdots$$

图 6.3.5

2. 订正。

【设计意图:利用学生的现场错误资源,让学生真实表述思维过程,把学生的"错误"留在课堂,在不断修正思路和积淀经验中享受学习过程。】

三、巩固提升

1. 学生出题,互相交流。

2.
```
      1 3 2
   ×  2 □
   1 0 5 6
   2 6 4
   3 6 9 6
```

【设计意图:第一组题巩固三位数乘两位数的计算方法,第二组题学生要分析运算条件,探索运算方向,选择运算方法,使运算符合算理、合理简洁。它的精彩在于普普通通的计算中孕育着数学思维能力。】

四、回顾反思,感悟提升

师:回顾整个研究过程,"温故知新"这节课哪里是新?哪里是旧?在今后学习中遇到新问题时想想哪个旧知识可以帮助我们解决,你就是个会学习的孩子。

【设计意图：回顾反思，感悟提升，不仅收获了三位数乘两位数的计算方法，还收获了学习方法——温故知新。】

[板书设计]见图6.3.6所示。

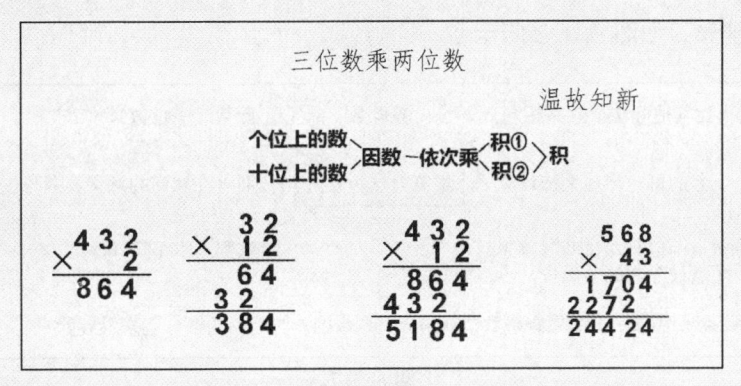

图6.3.6

（5）思维导图的教学。

笔算乘法的模块结构的教学已经讨论过，下面我们以笔算除法为例，讨论一下模块结构的思维导图的教学。根据人教版教科书的编排，整数笔算除法安排了两个单元，即除数是一位数的除法和除数是两位数的除法，分别安排在三年级下册和四年级上册。根据笔者对课堂教学的观察，多位数除以两位数的教学，尽管有些教师让学生自主探索，但很少启发学生与学过的多位数除以一位数这个旧知识进行关联，而是把三位数除以两位数当做完全陌生的知识进行教学，学生只是凭借经验而不是凭借已经学习的算理、算法来进行新旧知识的类比，实现转化、迁移学习。这种情况下，学生在自主做题时，只有少数优秀学生能够做到自主关联旧知识（多位数除以一位数），进行类比，完成知识的转化、方法的迁移类推；其他学生出现了各种各样的错误，比如商的大小意义及书写位置不对，这样就没有达到自主学习应有的效果，自主学习的范式只是形似而神不似。当然，除数变成两位数以后，确实增加了问题的难度，比如，试商时首先要看被除数的前两位而不是前一位，前两位不够除再看前三位。但是，计算时商的意义及书写位置是旧知识，应该在除数是一位数的除法的学习时已经理解并掌握其算理、算法，而在除数是两位数的除法的学习时仍然有太多的学生出现这样的错误,没有达到迁移类推,这是不应该的。因此,在多位数除以两位数教学的法则概括环节,进行交流反思,指导学生画模块思维导图是必要的,学生通过交流及画思维导图,掌握自主学习的方法,即看到学习主题,自主进行新旧知识的关联、类比、比较,发现法则的相同点与不同点。整数除法思维导图如图 6.3.7 所示。

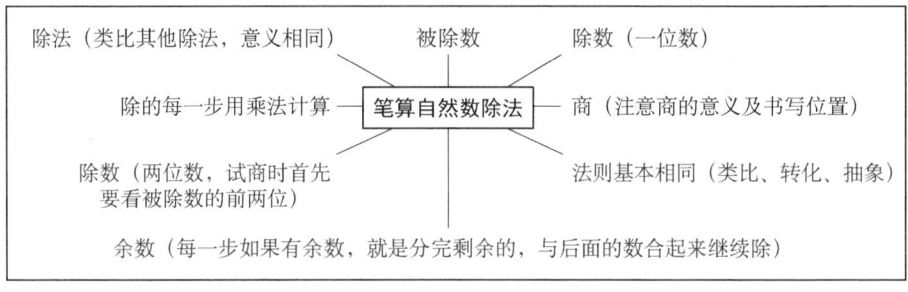

```
除法（类比其他除法,意义相同）      被除数           除数（一位数）

除的每一步用乘法计算 ——— 笔算自然数除法 ——— 商（注意商的意义及书写位置）

除数（两位数,试商时首先                     法则基本相同（类比、转化、抽象）
要看被除数的前两位）

     余数（每一步如果有余数,就是分完剩余的,与后面的数合起来继续除）
```

图 6.3.7

（6）教学反思。

模块的整合,除了关注结构化,仍然不能轻视对概念、算理、算法的理解,概念与命题是结构的基础。另外,要对学困生给予特别的关注,保证他们不落知识、不掉队。

3. 领域结构的教学

数与代数的领域主要有:数的认识,数的计算,代数等知识领域。领域结构的教学,主要在小学数学总复习阶段进行,通过领域结构的教学,使得学生的数学认知结构逐步比较完整地建立。

领域结构教学的流程大致如下。

（1）分析教材,领域整体备课。

在分析模块结构的基础上进一步关联与整合,把自然数、分数、小数的认识统一到数的认识,把自然数、分数、小数的计算统一到数的计算,把用字母表示数与数量关系、方程、用方程解决问题、比、比例等统一到代数。

（2）内容整合,课时重新划分。

根据领域整体备课的情况、知识关联的程度、学生的认知水平,重新调整课时内容和课时数,确定新的每课时内容和目标,完成从整体到部分、从领域到课时的优化整合和课时划分。

(3) 课时教学设计。

根据新的课时内容和目标,进行教学设计,体现自主学习的教学范式。

(4) 课堂教学实施。

关于小数与分数的关系,三年级初步认识小数,是从分母是 10 的 n 次幂的分数引入的,这样容易造成小数是特殊的分数的误解。实际上分数等价于有理数,小数等价于实数,分数是小数的子集,小学数学所学习的整数、小数、分数、百分数的知识结构如图 6.3.8 所示。

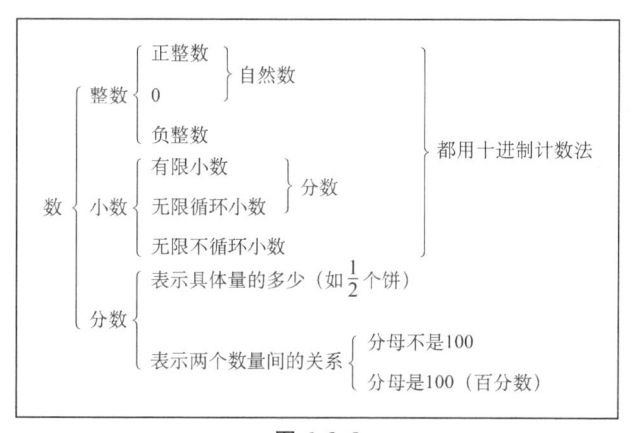

$$
\text{数}\begin{cases}\text{整数}\begin{cases}\text{正整数}\\0\\\text{负整数}\end{cases}\!\text{自然数}\\\text{小数}\begin{cases}\text{有限小数}\\\text{无限循环小数}\end{cases}\!\!\!\!\!\!\!\!\!\!\!\!\!\!\text{分数}\\\quad\ \text{无限不循环小数}\\\text{分数}\begin{cases}\text{表示具体量的多少(如}\frac{1}{2}\text{个饼)}\\\text{表示两个数量间的关系}\begin{cases}\text{分母不是100}\\\text{分母是100(百分数)}\end{cases}\end{cases}\end{cases}\!\!\!\!\!\!\!\!\!\!\!\!\!\!\text{都用十进制计数法}
$$

图 6.3.8

(5) 思维导图的教学。

领域结构的思维导图,不能是已有知识的简单结构化,而应引导学生对已有知识进行再认识,更深入、更全面地结构化,包括思想方法的运用。以数的认识为例,包括分数与小数的关系、小数的意义、小数的性质等,均有新的理解,见图 6.3.9 所示。

(6) 教学反思。

根据笔者的观察,有关数的这一领域的总复习教学,教师照顾到了内容的广度,而缺少了深度。在总复习阶段,不能仅仅停留在对已有概念、命题的回忆的水平上,更应该进一步上升到对这些概念之间、命题之间的关联,形成结构,同时能够更深刻地认识数的本质(无论是自然数,还是分数、小数,都是对现实世界数量及数量关系的抽象),体会自然数、分数、小数之间的关系,以及各自的应用价值,还能够感悟甚至应用抽象、推理、模型、符号、数形结合、集合、转化等数学思想方法。

数的认识（对现实世界的数量及数量关系的抽象）

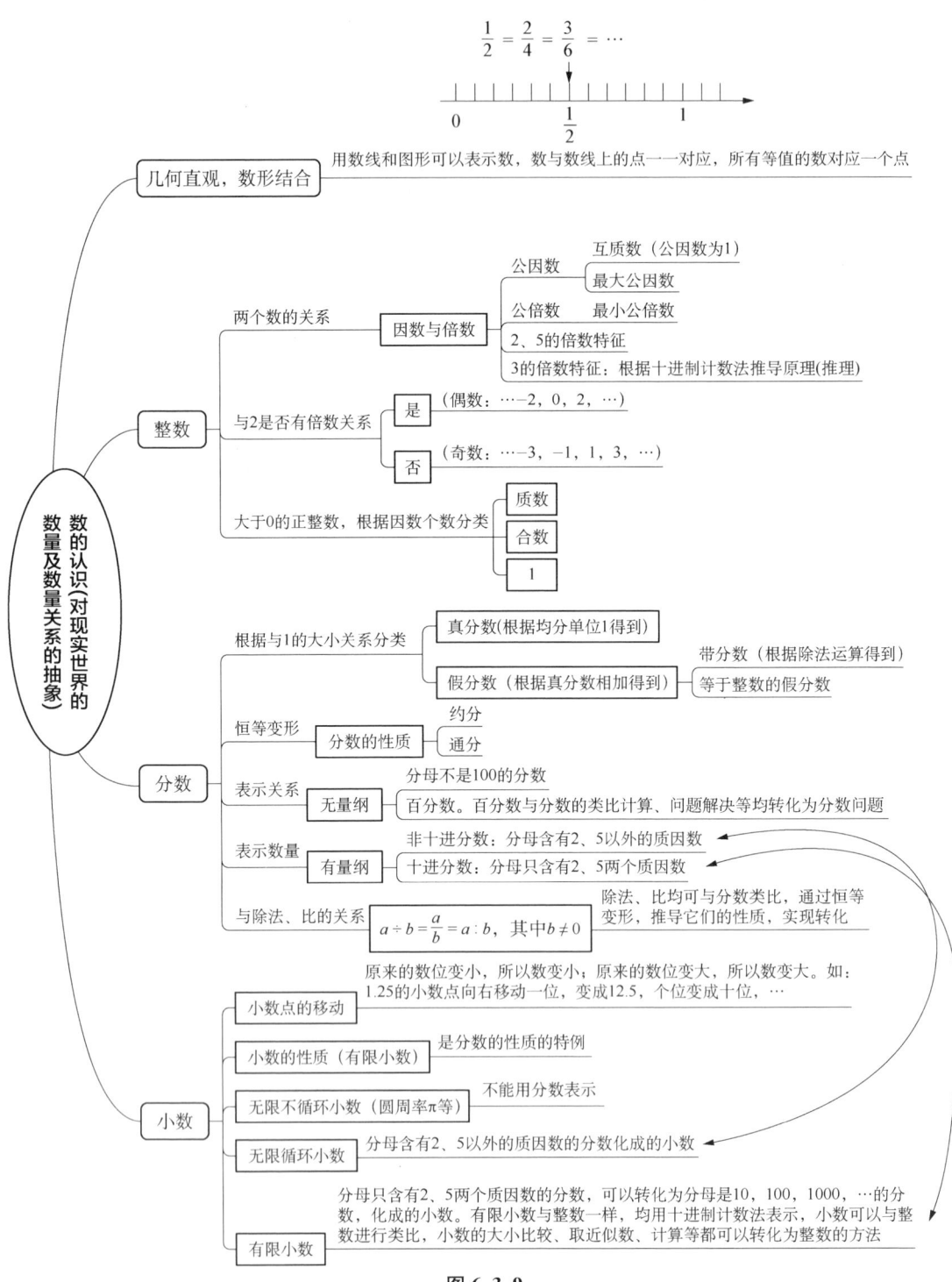

- **几何直观，数形结合**：用数线和图形可以表示数，数与数线上的点一一对应，所有等值的数对应一个点

  $$\frac{1}{2} = \frac{2}{4} = \frac{3}{6} = \cdots$$

- **整数**
  - 两个数的关系 —— 因数与倍数
    - 公因数
      - 互质数（公因数为1）
      - 最大公因数
    - 公倍数　最小公倍数
    - 2、5的倍数特征
    - 3的倍数特征：根据十进制计数法推导原理(推理)
  - 与2是否有倍数关系
    - 是（偶数：…−2，0，2，…）
    - 否（奇数：…−3，−1，1，3，…）
  - 大于0的正整数，根据因数个数分类
    - 质数
    - 合数
    - 1

- **分数**
  - 根据与1的大小关系分类
    - 真分数(根据均分单位1得到)
    - 假分数（根据真分数相加得到）
      - 带分数（根据除法运算得到）
      - 等于整数的假分数
  - 恒等变形 —— 分数的性质
    - 约分
    - 通分
  - 表示关系 —— 无量纲
    - 分母不是100的分数
    - 百分数。百分数与分数的类比计算、问题解决等均转化为分数问题
  - 表示数量 —— 有量纲
    - 非十进分数：分母含有2、5以外的质因数
    - 十进分数：分母只含有2、5两个质因数
  - 与除法、比的关系：$a \div b = \dfrac{a}{b} = a : b$，其中 $b \neq 0$
    - 除法、比均可与分数类比，通过恒等变形，推导它们的性质，实现转化

- **小数**
  - 小数点的移动：原来的数位变小，所以数变小；原来的数位变大，所以数变大。如：1.25的小数点向右移动一位，变成12.5，个位变成十位，…
  - 小数的性质（有限小数）：是分数的性质的特例
  - 无限不循环小数（圆周率π等）：不能用分数表示
  - 无限循环小数：分母含有2、5以外的质因数的分数化成的小数
  - 有限小数：分母只含有2、5两个质因数的分数，可以转化为分母是10，100，1000，…的分数，化成的小数。有限小数与整数一样，均用十进制计数法表示，小数可以与整数进行类比，小数的大小比较、取近似数、计算等都可以转化为整数的方法

图 6.3.9

二、图形与几何的结构

1. 单元结构的教学

该单元结构的教学与数与代数的教学类似,因此不再赘述。

2. 模块结构的教学

图形与几何的模块主要有：平面图形的认识(包括图形的概念、性质、关系、结构)、立体图形的认识,平面图形的度量(包括角度、周长、面积),立体图形的度量(表面积、体积),图形的运动(包括轴对称、平移、旋转、相似),图形与位置(包括比例尺、极坐标、有序数对)。

对图形进行分类与关联,能够进一步认识平面图形之间、立体图形之间的关系,包括从属和演变关系,这样就完成了平面图形之间、立体图形之间各自的关联和结构化。

关于模块结构的思维导图的教学,以平面图形为例,不仅要引导学生理解图形的概念、性质,还要理解概念之间的关系,理解无论是什么封闭平面图形,面积概念和面积公式的本质是一样的,都是用面积单位去度量一个平面图形的大小,求度量结果(面积数)的普遍方法就是面积公式,面积公式的探索都用到了转化、几何变换(图形的运动)、推理等思想方法。平面图形的思维导图如图 6.3.10 所示。

3. 领域结构的教学

图形与几何的领域主要有：图形的认识(包括平面与立体图形的概念、性质、关系、结构),图形的度量(包括角度、长度、面积、体积)。

在模块结构的基础上,要更进一步进行平面图形与立体图形之间的关联,整体认识图形的概念、性质及其关系,几何的重点是研究图形的位置和关系,而不是一个个孤立的概念,包括长方体与长方形的关系、正方体与正方形的关系、圆柱与圆和长方形的关系、平面图形与立体图形度量的关系、立体图形与展开图之间的关系等。例如,在教学长方体的认识时,首先我们通过观察实物,抽象出了长方体这个立体图形,再通过观察长方体,发现长方体的表面是长方形,长方体有 8 个顶点、12 条棱、6 个面,这些是基本的知识,但不是最重要的知识,最重要的是图形的性质与概念间的关系,如长方体哪些棱互相平行

且相

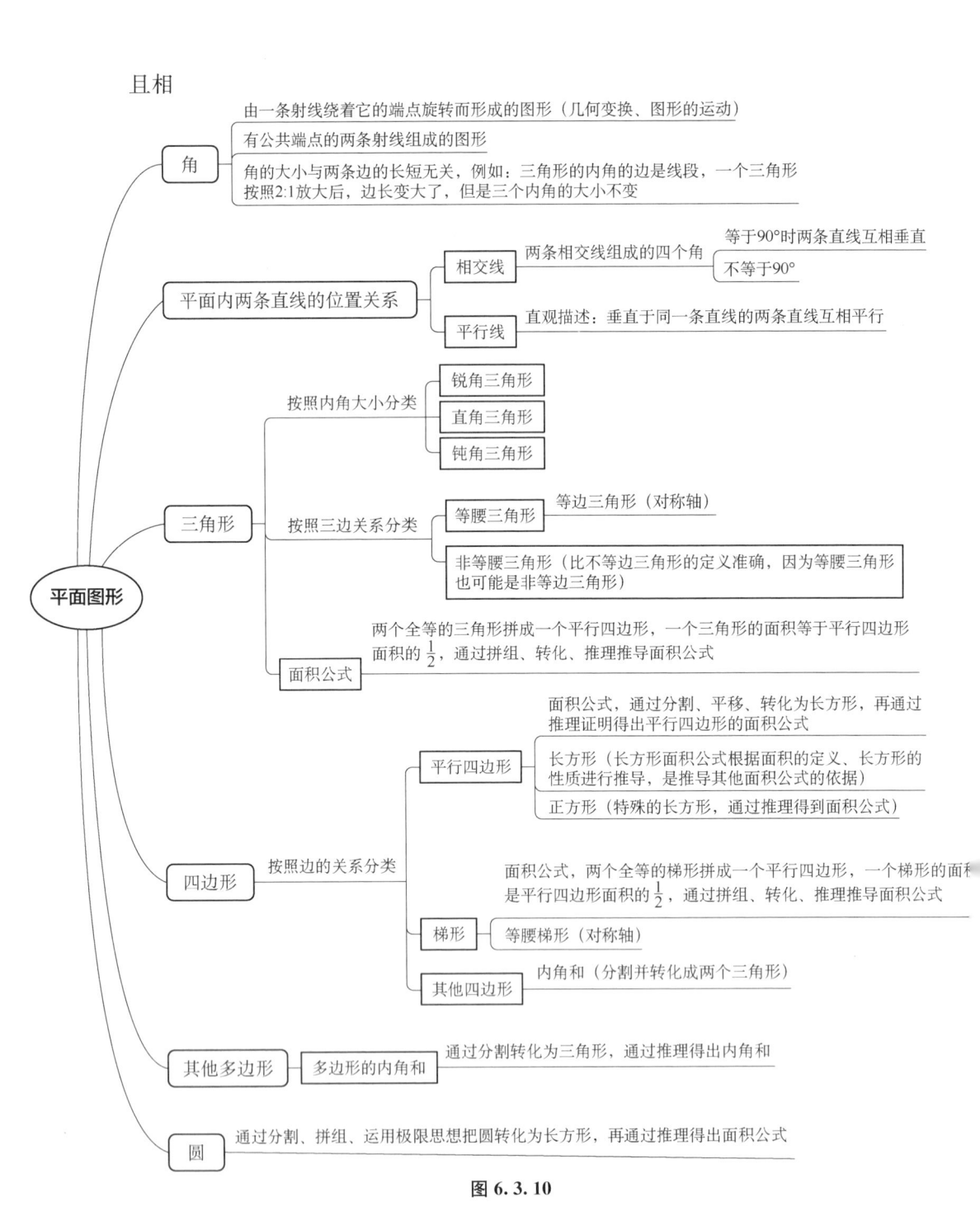

- **角**
  - 由一条射线绕着它的端点旋转而形成的图形（几何变换、图形的运动）
  - 有公共端点的两条射线组成的图形
  - 角的大小与两条边的长短无关，例如：三角形的内角的边是线段，一个三角形按照2:1放大后，边长变大了，但是三个内角的大小不变

- **平面内两条直线的位置关系**
  - 相交线——两条相交线组成的四个角
    - 等于90°时两条直线互相垂直
    - 不等于90°
  - 平行线——直观描述：垂直于同一条直线的两条直线互相平行

- **平面图形**
  - **三角形**
    - 按照内角大小分类
      - 锐角三角形
      - 直角三角形
      - 钝角三角形
    - 按照三边关系分类
      - 等腰三角形——等边三角形（对称轴）
      - 非等腰三角形（比不等边三角形的定义准确，因为等腰三角形也可能是非等边三角形）
    - 面积公式：两个全等的三角形拼成一个平行四边形，一个三角形的面积等于平行四边形面积的 $\frac{1}{2}$，通过拼组、转化、推理推导面积公式
  - **四边形**
    - 按照边的关系分类
      - 平行四边形
        - 面积公式，通过分割、平移、转化为长方形，再通过推理证明得出平行四边形的面积公式
        - 长方形（长方形面积公式根据面积的定义、长方形的性质进行推导，是推导其他面积公式的依据）
        - 正方形（特殊的长方形，通过推理得到面积公式）
      - 梯形
        - 面积公式，两个全等的梯形拼成一个平行四边形，一个梯形的面积是平行四边形面积的 $\frac{1}{2}$，通过拼组、转化、推理推导面积公式
        - 等腰梯形（对称轴）
      - 其他四边形——内角和（分割并转化成两个三角形）
  - **其他多边形**——多边形的内角和——通过分割转化为三角形，通过推理得出内角和
  - **圆**——通过分割、拼组、运用极限思想把圆转化为长方形，再通过推理得出面积公式

图 6.3.10

等,哪两条棱互相垂直,哪些面全等、平行、垂直等,体会平面图形与立体图形间的关系。图形间的关系还包括二维图形与三维图形间的关系,如长方体、正方体、圆柱与他们的展开图之间的关系,加强立体图形与展开图关系的学习,更有利于整体认识图形、培养空间想象能力。

领域结构的思维导图的教学,不仅要把这些相关的知识进行关联结构化,还要认识到各种平面图形的抽象过程、各种立体图形的抽象过程、各种图形的度量在思想方法(新旧知识关联、类比、转化、抽象概括、模型、关系与结构等)上的一致性,达到以旧推新、举一反三、以此类推、由厚到薄、由薄到厚的境界,详细论述见第七章。图形的度量的思维导图如图 6.3.11 所示。

图形的度量

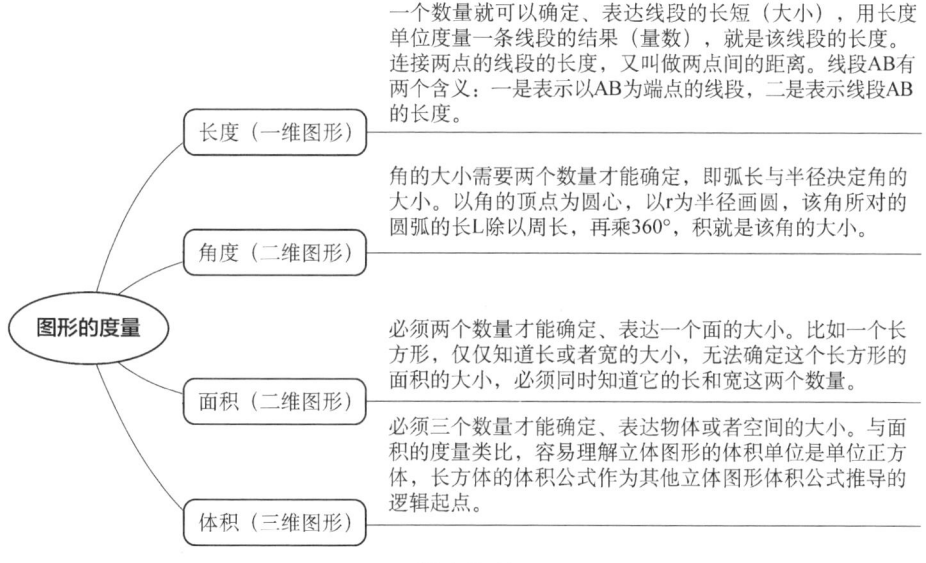

- 长度（一维图形）：一个数量就可以确定、表达线段的长短（大小），用长度单位度量一条线段的结果（量数），就是该线段的长度。连接两点的线段的长度,又叫做两点间的距离。线段AB有两个含义：一是表示以AB为端点的线段,二是表示线段AB的长度。

- 角度（二维图形）：角的大小需要两个数量才能确定,即弧长与半径决定角的大小。以角的顶点为圆心,以r为半径画圆,该角所对的圆弧的长L除以周长,再乘360°,积就是该角的大小。

- 面积（二维图形）：必须两个数量才能确定、表达一个面的大小。比如一个长方形,仅仅知道长或者宽的大小,无法确定这个长方形的面积的大小,必须同时知道它的长和宽这两个数量。

- 体积（三维图形）：必须三个数量才能确定、表达物体或者空间的大小。与面积的度量类比,容易理解立体图形的体积单位是单位正方体,长方体的体积公式作为其他立体图形体积公式推导的逻辑起点。

图 6.3.11

第七章　小学数学核心素养的教学

第一节　数学抽象的教学

一、对数学抽象的再认识

《义教数学课标》和新义教数学课标提出的"四基"总目标中的基本思想分别是：数学抽象、逻辑推理、数学模型，这三个基本思想是义务教育阶段数学核心素养的最重要组成部分，同时作为《新高中数学课标》数学核心素养"六核"中的前三个，说明其重要地位和作用得到了进一步巩固。如前文所述，新义教数学课标和《新高中数学课标》解释了数学抽象的定义、内涵、地位、作用、具体表现水平，为小学数学抽象思想的教学提供了参考依据。数学的研究对象是数和形，数是对生活中具体事物的数量和数量关系的抽象，形是对生活中的图形与图形关系的抽象，无论是对数量的抽象还是对空间形式的抽象，都要抛开这些事物的物理属性，包括大小、颜色、材料等，找到事物的本质属性，即抽象的共性存在，用数学符号和语言进行表达，上升到一般性。

数学抽象思想很重要！数学抽象作为基本思想之一，它重要在哪里呢？对此，林崇德指出：

> 思维品质的成分及其表现形式很多。我们认为，它主要包括深刻性、灵活性、独创性（创造性）、批判性和敏捷性五个方面。深刻性是指思维活动的抽象程度和逻辑水平，以及思维活动的广度、深度和难度。它表现为个体在智力活动中深入思考问题，善于概括归类，逻辑性强，抽象程度高，善于抓住事物的本质和规律，开展系统的理解活动，善于进行各种逻辑推理，善于预见事物的发展进程。超常智力的人抽象概括能力高，低常智力

的人往往只是停留在直观水平上。①

由此可知,数学抽象不是一般的重要,它几乎决定一个人的智力水平。但是笔者近年来通过课堂观察发现,课堂教学对这个目标的落实还不理想。多数教师在教学设计中没有体现数学基本思想或者数学抽象思想的目标,如此在课堂教学过程中的体现就更不理想。由此导致没有达到深度教学、深度学习,因为数学抽象的水平决定了思维的深刻程度,思维的深刻性是思维品质的重要表现,也是衡量人的智力水平的重要指标。

学生数学认知结构的构建过程,衡量其数学认知结构的水平以及抽象概括的能力都是至关重要的,林崇德指出:

> 概括是数学能力的基础,是数学思维深刻性的直观体现。概括是形成或掌握数学概念的直接前提,……与数学思维深刻性相联系的数学概括能力,就是从大量繁杂的数学材料中抽出最重要的东西,以及从外表不同的数学材料中看出共同点的能力。数学概括的过程,应包括以下四个方面:第一,数学概念和数学规律的概括;第二,把概括的东西具体化;第三,在现有概括的基础上进行更广泛、更高层次的概括;第四,在概括的基础上把数学知识系统化,这是概括的高级阶段。②

本文中运用了抽象、概括、抽象概括三个不同名称,三者的关系是什么呢？从心理学家和数学家的表达来看,是这样的：从数学学科知识、思想的角度谈深刻性,一般用抽象水平衡量;从数学思维或者认知的角度谈深刻性,一般用概括水平衡量。所以我们认为二者是一致的,只是看问题的角度不同,人们在叙述时,有时候用抽象,有时候用概括,有时候用抽象概括,本书不再区分三个概念。综上所述,数学抽象作为义务教育阶段核心素养的要求是必要的、合适的。

二、数学抽象的教学

数学抽象是有层次的。史宁中认为抽象有三个层次：简约阶段、符号阶

---

① 林崇德.智力发展与数学学习[M].北京:中国轻工业出版社,2011:11.
② 同①15.

段和普适阶段。荷兰数学教育家弗赖登塔尔(H. Freudenthal,1905—1990)提出了数学化的教学原则,包括水平数学化与垂直数学化。水平数学化是对现实世界的抽象概括,数学化的结果是数学概念、命题、模型等;垂直数学化是对数学本身进行进一步的数学化,可以是知识的深化,也可以是对知识的结构化、系统化、体系化。他认为与其让学生学习数学,不如让学生学习数学化,让学生经历知识的再创造过程。史宁中认为,对于学生而言抽象的第一个层次非常重要,往往在教学过程中被忽略。这些对数学抽象的不同观点,只是论述的角度不同,却有着异曲同工之妙。很多时候教师直接给学生讲授概念、公式、法则、性质等,学生没有经历数学概念、命题、原理、思想的抽象过程,这样做的结果是多数学生只能死记硬背、简单模仿,而没有真正完成数学化、形式化和抽象概括。

数学抽象的结果包括形成概念、命题、关系与结构、思想方法,当然绝大多数命题是通过抽象与推理共同得到的。如前文所述,新义教数学课标关于小学阶段的数学抽象不仅包括数感、量感、符号意识等,还应该包括图形及图形关系的抽象、概念的抽象、关系的抽象、结构的抽象等。有关数、式和图形的概念、命题、关系、结构及思想方法的抽象的教学在其他章节已经进行了讨论,包括涉及数感、量感、符号意识等相关的部分。鉴于新义教数学课标把数感、量感、符号意识等作为抽象能力的重要组成部分单独提出来,本节再对其进行简单的补充讨论;另外,每学完一个知识点——抽象的结果,应不断地对其分类、归类,学生才能够形成自己头脑中数学知识的关系与结构,才有利于构建自己的认知结构。因此,本节主要阐述数感、量感、符号意识、分类的教学。

(一) 数感

如前文所述,新义教数学课标更加强调理解数的意义、感悟运算结果等重要的方面。教学时要创设合适的情境和活动,让学生经历从数量到数的抽象过程,理解和掌握数的相关概念;知道数是对数量的抽象,感悟数的概念在本质上的一致性,比如:整数、小数和分数都是对数量的抽象,都可以表示数量的多少,都是对数量多少的度量,都有计数单位,度量结果用数表达,是包含计数单位的个数;整数和小数都有数位,都用十进制计数法表达,整数的计数单位从个位开始,向左每相邻的两个单位是 10 倍关系,小数的计数单位从个位开始,方向刚好相反是向右变化的,每相邻的两个单位是 $\frac{1}{10}$ 的关系。良好的数感有利于理解和掌握数量关系。

(二) 量感

我们生活在地球上,每天都会观察到各种有趣的物理现象,如:城市夜晚的霓虹灯闪耀着五彩缤纷的光芒而令人流连忘返,这是物体的发电、发光现象;清晨的鸟儿迎接阳光雨露的欢快歌声把人们从美梦中叫醒,这是物体的发声现象;冬天午后的阳光照在黑色的衣服上,一会儿后背就会热乎乎的,这是物体的发热现象;人在地球的各个角落自由行走而不会掉到太空中,这是地球的引力现象;等等。为了科学地认识这些物理现象,掌握事物的特点和规律,需要对很多物理量进行测量,这就是度量的重要性和意义,要求学生能够理解。物理量有很多:线段的长短是距离、图形的大小是面积、空间的大小是体积、轻重是质量(重力)、冷热是温度、运动的快慢是速度、价值的大小是价格(单价)、声音的大小(强弱)是响度(音量)等。量感就是对上述比较常用的且小学生能够理解的物理量的可测量属性以及大小关系的直观感知。教学时,要让学生理解人类经历从用不同单位的测量到逐步统一度量单位的测量的漫长过程和必要性。

以上这些物理属性的计量大体上可以分为两类:一类是用一个单位量去计量,如长度、面积、体积、质量、温度、时间等;另一类是必须用两个量进行计量。比如物体运动的快慢,单独用时间度量不行,单独用距离度量也不行,必须得用距离和时间的比,用比值来度量运动快慢,确定谁快谁慢。再比如商品的价格,只看总价的大小不行,只看商品的数量也不行,必须把总价与商品的数量,或者是相应质量进行比较,才能衡量商品价格的大小。不管哪类度量,都会有相应的统一的度量单位,例如,长度的基本单位是米,时间的基本单位是秒;如果抛开具体的单位,就可以抽象成数学上的单位 1,这与自然数的表达是一致的。测量本质上是求两个量的比值,也是用数表达图形的大小,就是把待测的量与一个公认的单位量(标准量)进行比较,看待测的量包含多少个单位量,求出的比值就是测量结果。"虽然度量单位都是人规定,但就度量单位的形成过程而言,大体可以分为两类:一类是通过抽象得到的,是人思维的结果;另一类是借助工具得到的,是人实践的结果。"①通过抽象得到的度量单位是1,是自然数产生的基础。把量感作为核心素养的价值在于,建立量感有助于养成用定量的方法认识和解决问题的习惯,是形成抽象能力和数学的应用意识的经验基础。

教学时,要让学生体会到借助工具得到的单位就是对物理量进行测量的单位,能够初步感受度量工具和方法引起的误差,能合理得到或估计度量的结果。传统的度量包括长度、面积和体积,其基础是距离的概念,特别是线段的长短概念;具体的教学实施在后文阐述。另外,按照新义教数学课标的要求,质量、时间和人民币等度量内容将以综合与实践的主题活动的形式呈现,开展过程性、体验式、综合性、跨学科、合作式、校内外结合、课内外结合的方式学习,培养学生的"四能"和"三会"。

(三) 符号意识

与《义教数学课标》相比,新义教数学课标强调感悟符号的数学功能,知道符号表达的现实意义,即量感中提及的两类度量单位及数量、物理量的度量。初步体会符号的使用是数学表达和数学思考的重要形式,即对数学研究对象进行抽象表达必须用数学符号,也就是说运算及推理需要借助符号作为载体,这样就更能体现数学的简洁性、一般性和抽象性。因此,符号意识是数学抽象的重要体现,是形成数学抽象能力和逻辑推理的经验基础。

如前文所述,从小学到初中,学生的数学学习面临至少三次飞跃,或者说数学认知结构面临至少三次质变:从算术思维到代数思维的飞跃,从实验几何到论证几何的飞跃,从常量数学到变量数学的飞跃。其中代数思维、推理证明、变量数学的共同特点是符号运算和逻辑推理,这些都离不开符号表达,而且都具有抽象性、逻辑性和一般性。因此,为了能够顺利实现这三次飞跃,应努力做好几个方面:一是培养学生的符号意识,知道符号的数学功能;二是引导学生对数学符号的一般性与抽象性的理解掌握;三是帮助学生对符号运算与推理证明的逻辑性和抽象性的理解掌握。

---

① 娜仁格日勒,史宁中.度量单位的本质及小学数学教学[J].数学教育学报,2018(6):13-16.

1. 关于数字符号的教学

现实中只有量没有数。例如我们看到的一个人、两个苹果……并不是数而是量,数是从量抽象出来的虚拟而抽象的存在。再次强调,用 0—9 这 10 个数字符号和十进位值制计数法可以表达所有的实数。"10"的出现是自然数发展历史上的第一个里程碑,应努力使学生从一年级开始逐步理解其原理、思想方法及对自然数和小数四则计算的价值。具体的教学建议在前文中已经讨论,在此不再赘述。

2. 关于等号"＝"的教学

关于等号"＝",无论是在教科书还是课堂教学中,传统上一直用等号表示运算的命令和结果。而数学家们却有着截然不同的观点,其中的代表是伍鸿熙,他指出:

> 有一件事情极其重要并且需要铭记在心。虽然随着数学学习越来越深入,等于号的使用也要求越来越高的数学水平(从本书后面的章节中可以发现)。但是对自然数来说,等于号是非常简单的。如果可以用数数的方法证明两个自然数 a 和 b 是同一个数,那我们称这两个自然数相等,记作 $a=b$,例如 $4+5=2+7$。因为我们先数到 4,再数 5 步,可以到达 9,而先数到 2,再数 7 步,也可以到达 9,这就是 $4+5=2+7$ 的意思。或者我们可以用数轴来解释两个自然数 a 和 b 相等。因为每个自然数对应于数轴上的一个点,所以 a 等于 b 的意思是这两个点在数轴上重合。不论用什么方法,请多花点时间给你的学生解释,两个自然数之间的等于号,并不表示经过运算得到一个答案,如果需要的话,请反复地多讲几遍,此时等于号的意思仅仅是:用数数的方法检验等于号的左右两边是否为同一个数,或者把等于号两边的数置于数轴上检验结果是否为同一个点。为了成功地实现这样的课堂教学,教师必须做一些恰当的准备工作。比方说,如果学生不知道什么是自然数,那么你就不能让学生用数数的方法检验等号的左右两边是否为同一个数,否则无异于让学生去数教学楼三楼东北角上有几只幽灵。这就是为什么我们要用数数的方法,尽力把什么是自然数定义清楚,并在后来把自然数定义成数轴上的一些点。这两种定义都足够具体和明确,当给定两个自然数时,学生能够去验证它们是否为

同一个数。如果教师有时在不经意间给学生留下了这样的印象,等于号是进行计算的命令,例如,4＋7＝? 那么也会引起学生对于等于号的困惑,教师必须尽量避免无意识地传递这种信息,以防导致学生的误解。①

我们从这段文献中可以得到非常重要的信息,即"＝"本质上表示相等关系或者等价关系,而不是运算的命令和结果的表达。

如果学生从接触加法 3＋1＝4 开始,不断地把"＝"看作是运算结果的表达,那么长期下来,学生无疑会形成思维定势,认为"＝"是执行运算的命令,而不是表示相等关系。这样会导致很多学生不理解形如 2＋3＝(　　)＋1 的题目,没有真正理解"＝"表示相等关系,把"＝"看成是执行 2＋3 等于多少的命令,从而把括号里的数错误地填写成 5。还有一些学生,遇到一些变式训练会感到更加困难,甚至不会计算如(　　)－3＝9,10＝7＋(　　)的题目。另外,只把"＝"看作是运算结果的表达,对学生将来学习等式和方程等表示相等关系的知识也是不利的。

"＝"作为关系符号,与不等号"＜""＞"可以进行比较,让学生理解:任意给定两个有顺序的数量或者数,它们之间必然存在小于、等于或者大于的关系,而且只可能有其中一种关系存在,例如,1 与 2 存在 1＜2 的关系,1＋1 与 2 存在 1＋1＝2 的关系,2＋1 与 2 存在 2＋1＞2 的关系。

3. 关于字母符号的教学

用字母表示数及数量关系,进而用字母符号进行运算,是数学从算术真正发展到代数的标志。字母符号参与运算对于数学的意义是重大的,一方面字母符号可以像数一样进行运算,另一方面用字母表达的数量关系和规律具有一般性。比如,用字母 a、b、c 表示数,进而表达运算律,使得这些运算律具有一般性,这些字母不但可以表示自然数、整数、小数、分数,还可以扩充到中学的有理数、无理数、实数、复数。用 x、y、z 表达方程中的未知数,根据数量的相等关系列出方程,来解决问题。用 x 和 y 表达正比例关系 $\frac{y}{x}=k$(一定)、反比例关系 $xy=k$(一定)以及函数中的变量,所表达的数量关系更具有一般性,

---

① 伍鸿熙.数学家讲解小学数学[M].赵洁,林开亮,译.北京:北京大学出版社,2016:32-33.

使得我们从传统的算术运算上升到代数运算,便于进行运算和推理。我国的古代数学善于运用方程(组)解决实际问题,这在我国的数学名著《九章算术》中有专门讨论。这一贡献走在了当时世界的前列,但是由于没有字母符号,只能用文字叙述列方程和解方程的过程,使得这些方程的表达比较繁琐。后来西方的数学家韦达(F. Viète,1540—1603)发明了用符号表达方程和方程的求根公式,就显得简洁明了。我们很多人都听过老师给学生做的一个猜数的数学小游戏:让学生心里想一个任意的自然数,把这个数先乘4,加上18,然后把所得的结果乘2,再减去20,再减去16。把最后的结果告诉老师,老师就能知道你原来想的自然数是多少。教师屡试不爽,学生非常好奇地想知道秘密所在。于是可以启发学生用字母表示原来设想的这个数,列出方程,密码便被找到,学生自然体会了字母的价值。$(4x+18)\times 2-20-16=8x$,把学生计算的结果除以8就得出了原来想的数。

符号不仅可以表达数量及数量关系,还可以表达图形及图形关系,这为几何的推理证明带来了简洁性。比如两条直线相交,形成四个角$\angle 1$、$\angle 2$、$\angle 3$、$\angle 4$,见图7.1.1所示。我们给定$\angle 1$一些具体的度数,假设$\angle 1$分别等于$45°$、$46°$、$47°$,根据$\angle 1+\angle 2=180°$,

图 7.1.1

$\angle 1+\angle 4=180°$,通过具体的算术运算,可以算出$\angle 2$和$\angle 4$分别对应等于$135°$、$134°$、$133°$,初步发现$\angle 2=\angle 4$。那么学生可能就会猜想:不管$\angle 1$具体是多少度,$\angle 2$和$\angle 4$永远都是相等的。这是通过归纳推理得到的一个猜想:对顶角相等。归纳推理得出的结论是否为真命题,这个猜想是否具有一般性,需要进一步的证明。证明需要通过演绎推理,不能通过具体度数的算术计算来证明,而是通过一般符号的表达进行逻辑运算,在$\angle 1$为任意角($0<\angle 1<180°$,不知道$\angle 1$是多少度)的情况下来证明,这个时候我们只给定条件:两条直线相交,形成4个角$\angle 1$、$\angle 2$、$\angle 3$、$\angle 4$,证明:$\angle 2=\angle 4$。那么,$\angle 1$、$\angle 2$、$\angle 3$、$\angle 4$这四个角的符号以及证明的结论就具有一般性、代表性。证明过程详见人教版教科书六年级下册。

(四) 分类

人们面对比较复杂的问题,有时无法通过统一研究或者整体研究加以解决，需要把研究的对象按照一定的标准进行分类并逐类进行讨论，再把每一类的结论综合，使问题得到解决，这种解决问题的思想方法就是分类的思想方法。类就是有相同性质的事物组成的一个全体。分类实质是把问题"分而治之、各个击破、综合归纳"。分类规则和解题步骤是：(1)根据研究的需要确定分类标准；(2)恰当地对研究对象进行分类，分类后的所有子项之间既不能"交叉"也不能"从属"，而且所有子项的外延之和必须与被分类的对象的外延相等，通俗地说就是要做到"既不重复又不遗漏"；(3)逐类逐级进行讨论；(4)综合概括、归纳得出最后结论。

分类既是解决问题的一般的思想方法，适用于各种科学的研究，也是数学领域学习新知识、解决问题较常用的思想方法。

《义教数学课标》在总目标中要求学生能够运用数学的思维方式进行思考，数学思考的部分特征包括有顺序的、有层次的、全面的、有逻辑性的思考，分类就是具有这些特性的思考方法。因此，分类思想是培养学生有条理地思考和良好数学思维品质的一种重要而有效的方法。无论是解决纯数学问题，还是解决联系实际的问题，都要注意数学原理、公式和方法在一般条件下的适用性和特殊情况下的不适用性，注意分类讨论，从而做到全面地思考和解决问题。

从知识的角度而言，把知识从宏观到微观不断地分类学习，既可以把握全局，又能够由表及里、细致入微；把抽象后的概念与命题分类，有利于形成比较系统的数学知识结构和构建良好的认知结构。分类思想与集合思想也有比较密切的联系，与集合的定义有相似之处，实际上一个类就可以看成一个集合，集合思想也离不开分类，一个元素是否属于一个集合，标准是明确的。另外，分类思想还是概率与统计知识的重要基础。

分类思想在小学数学的学习中有很多应用。从宏观的方面而言，小学数学可以分为数与代数、图形与几何、统计与概率、综合与实践四大领域。从比较具体的知识来说，几大领域的知识又有很多分支。例如小学数学中负数成为必学的内容以后，小学数学数的认识范围实际上是在有理数范围内，有理数可以分为整数和分数，整数可以分为正整数、零和负整数，整数根据它的整除性又可以分为偶数和奇数，正整数可以分为1、素数和合数。分类思想不但有利于理解各种知识及相互间的关系，而且是解决问题时非常有效的方法，如小学生在解决简单的排列组合问题时,不会利用加法和乘法原理,但是可以用分类讨论的方法、穷举法、数形结合法等方法对其进行有效地解决。

分类思想在小学数学中还有可以挖掘的素材。如有些教师在教学正比例和反比例的意义时,先给出一些语句,让学生判断哪些量是相关联的量,哪些量不是。然后引导学生对相关联的各组量进行分类,发现每组都有两个变量,可以分成 4 类:两个量的比值一定,两个量的积一定,两个量的和一定,两个量的差一定。在此基础上引出正比例关系和反比例关系。

如前所述,分类思想在小学数学中占有比较重要的地位,而且应用也比较广泛。在教学中应注意以下几点。

第一,在"分类与整理"单元的教学中,注意体现分类思想,知道统计数据时经常要对统计的事物进行分类,如把气球按颜色分类,把人按照性别分类等。

第二,在三大领域知识的教学中,注意经常性地体现分类思想和集合思想。如:平面图形和立体图形的分类、数的分类等;在教学方程的意义时从天平的情境引入各种式子,先把式子分类为不等式和等式,再继续把等式分类为含有未知数的等式和不含未知数的等式,然后引出方程的概念。

第三,注意从数学思维和解决问题的方法上体现分类思想,如排列组合、抽屉原理等问题经常运用分类讨论思想解决。

第四,在统计知识的教学中,体现分类的思想。现实生活中的数据丰富多彩,很多时候需要把收集到的数据进行分类、整理和描述,从而有利于分析数据和综合地做出推断,如把全班数学考试分数按照优、良、合格、不合格分类,把体重按照一定的范围分类等。

第五,注意让学生体会分类的目的和作用,不要为了分类而分类。如对商品和物品的分类是为了便于管理和选购,对数学知识和方法进行分类是为了更深入地研究问题、理解知识、优化解决问题的方法。

第六,注意有关数学规律在一般条件下的适用性和特殊条件下的不适用性。也就是说,有些数学规律在一般情况下成立,在特殊情况下不一定成立;而这种特殊性在小学数学里往往被忽略,长此以往,容易造成学生思维的片面性。如在小学数学里经常有争议的一道判断题:如果 $5a=2b$,那么 $a:b=2:5$。有人认为这个说法是对的,有人认为是错的。严格来说,这个说法是错的,因为这里并没有规定 a 和 b 不等于 0。之所以产生分歧,是因为在小学数学里有一个不成文的约定:在讨论整数的性质时,一般情况下不包括 0。这种约定是为了避免麻烦,有一定道理,但是这样就造成了在解决有关问题时产生分歧,而且不利于培养学生思维的严密性,尤其是在学生进入初中后的学习中,经常会因为解决问题不全面、忽略特殊情况而出现低级错误。

例 1 计算:$1-\dfrac{1}{2}=($),$\dfrac{1}{2}-\dfrac{1}{3}=($),$\dfrac{1}{3}-\dfrac{1}{4}=($)。你能发现什么规律?如果用 a_n 表示第 n 个算式,请把这个规律表示出来。

分析:本题是人教版教材五年级下册中习题的改编,归纳规律并不难,难的是学会用字母表示规律。观察每个式子,可以发现第几个式子的被减数的分母就是几,减数的分母比被减数的分母大 1。那么第 n 个式子的被减数的分母就是 n,减数的分母就是 $n+1$,所以

$$a_n = \dfrac{1}{n} - \dfrac{1}{n+1} = \dfrac{n+1}{n(n+1)} - \dfrac{n}{n(n+1)} = \dfrac{1}{n(n+1)}。$$

例 2 一个等腰三角形的两条边长分别为 5 cm 和 6 cm,求周长。

分析:此题并没有明确说明腰和底分别是多少,因此需要分类讨论。
(1) 如果腰 $=6$ cm,底 $=5$ cm,那么周长 $C=6\times 2+5=17$(cm);
(2) 如果腰 $=5$ cm,底 $=6$ cm,那么周长 $C=5\times 2+6=16$(cm)。

例 3 任意给定 4 个两两不等的整数,请说明:其中必有两个数的差是 3 的倍数。

分析:任意一个整数除以 3,余数只有三种可能:0、1 和 2。运用分类思想,构造这样的三个抽屉:除以 3 余数分别是 0、1 和 2 的整数。根据抽屉原理,必有一个抽屉里至少放了两个数,且这两个数除以 3 的余数相等。设这两个数分别为 $3m+r$ 和 $3n+r$(m、n 都是整数,$r=0,1,2$),它们的差是 $3(m-n)$,因此必是 3 的倍数。

第二节　逻辑推理的教学

一、对逻辑推理的再认识

推理一般分为合情推理和演绎推理,合情推理主要有归纳推理、类比推理、统计推断,演绎推理主要有三段论、选言推理、关系推理等。如前文所述,合情推理和演绎推理都是逻辑推理。关于这个问题,我查阅了逻辑学的著作,合情推理和演绎推理确实均是逻辑学研究的范畴。两种推理都离不开经验和直觉,是一个日积月累的感悟过程。史宁中指出:

> 数学不是经验科学,也不是实验科学,但数学概念的形成,依赖基于经验的抽象,数学推理的过程依赖基于直觉的思维。因此,经验的积累,特别是思维经验和实践经验的积累对于学习数学是至关重要的,学习数学的要义不仅仅是为了记住一些东西,甚至不仅仅是为了掌握一些会计算会证明的技巧,而是能够感悟数学所要研究问题的本质,理解命题之间的逻辑关系,在感悟和理解的基础上学会思考,最终形成数学的直觉和数学的思维。这也是《标准(2011 年版)》中提出四基,强调基本思想和基本活动经验的本意。[①]

我认为之所以强调合情推理、经验与直觉的重要性,可能是因为我们的数学教育太缺乏合情推理、缺乏经验积累、缺乏数学的直觉的缘故,培养出的人才千人一面,通俗地说,可能是缺乏"灵气灵性"。

1. 对归纳推理的认识

归纳推理,是从特殊到一般的推理方法,即依据一类事物中部分对象的相同性质推出该类事物都具有这种性质的一般性结论的推理方法。归纳推理往

---

① 史宁中. 数学基本思想 18 讲[M]. 北京:北京师范大学出版社,2016:115.

往是在人们实践经验的基础上得出结论的,如通过观察、实验、比较、分析、综合、抽象、概括,形成对思维对象的共性认识,最后归纳结论。

归纳法分为完全归纳法和不完全归纳法。完全归纳法是根据某类事物中的每个事物或每个子类事物都具有某种性质,而推出该类事物具有这种性质的一般性结论的推理方法。如小学阶段学习了自然数、小数、分数的乘法满足交换律,中学阶段学习了有理数、实数、复数的乘法也满足交换律,所以关于数的乘法都满足交换律,就是运用了完全归纳法。完全归纳法考察了所有特殊对象,所得出的结论是可靠的。不完全归纳法得到的结论可能为真也可能为假,需要进一步证明结论的可靠性。归纳法有助于发现并提出问题,进行大胆猜想,数学史上有很多著名的问题都是这样被提出来的,如哥德巴赫猜想、费马猜想等。哥德巴赫通过观察几组加法算式,发现这些大于或等于6的偶数等于两个奇素数之和:

$$6=3+3, 8=3+5, 10=3+7, 12=5+7, 14=7+7, \cdots$$

于是他大胆猜想:任何一个不小于6的偶数都等于两个奇素数之和。

那么这个猜想是否正确呢?二百多年来很多数学家进行了不懈的努力,而且取得了很大进展。如我国著名数学家陈景润(1933—1996)已经证明了"任何一个大偶数都可表示成一个素数与另一个不超过2个素数的乘积之和",创造了距离摘取这颗数论皇冠上的明珠只有一步之遥的辉煌成果。

2. 对类比推理的认识

类比推理,是从特殊到特殊的推理方法,即依据两类事物的相似性,用一类事物的性质去推测另一类事物也具有该性质的推理方法,也叫类比法。依据该方法得到的结论可能为真也可能为假,需要进一步证明结论的可靠性。如根据整数的运算律,小数可以与整数进行类比,得出小数具有同样的运算性质。

类比不同于比较,类比是在比较的基础上进行的推理,而比较则是认识两类事物异同点的一种方法。

类比法与归纳法有不同之处,类比法是从特殊到特殊的推理,归纳法是从特殊到一般的推理。但它们也有相同之处,它们的结论都是或然的,即正确与否都是不确定的,有待证明。

3. 对演绎推理的认识

我们主要讨论常用的三段论和关系推理。

(1) 直言三段论。有两个前提(直言命题)和一个结论(直言命题)的演绎推理,叫做直言三段论,简称三段论。三段论是演绎推理的一般模式,包括:大前提——已知的一般原理,小前提——所研究的特殊情况,结论——根据一般原理,对特殊情况做出的判断。例如:长方形的面积等于长乘宽,正方形是特殊的长方形,所以正方形的面积也等于长乘宽(即边长乘边长)。

三段论一般要借助于一个共同的词(项)把两个命题联系起来,然后推出一个新的命题(结论)。两个前提包含的共同项称为"中项",上述例子的"长方形"就是中项;大前提与结论包含的共同项就是大项,上述例子的"长乘宽"就是大项;小前提与结论包含的共同项就是小项,上述例子的"正方形"就是小项。我们用字母 S 表示小项,M 表示中项,P 表示大项,一般的推理形式可概括如下:

所有 M 都是 P,
S 是 M,
所以,S 是 P。

三段论的核心思想是:一类对象的全部具有或不具有某属性,那么该类对象的部分也具有或不具有某属性。第一种情况见上述关于长方形的面积的例子,第二种情况见下例。例如:一切奇数都不是 2 的倍数,4 的倍数加 1 的和是奇数,所以 4 的倍数加 1 的和不是 2 的倍数。

两种情况的推理可以用图 7.2.1 所示的关系表示。

图 7.2.1

在小学数学教材和教学中,如果两个前提中的某个不言自明,有时可能会省略一个前提。如"这个图形是个三角形,它的内角和是 180°",这个推理省略了大前提"三角形的内角和是 180°";又如"所有多边形都是由线段围成的,长方形也是由线段围成的",这个推理省略了小前提"长方形是多边形"。

(2) 关系推理。关系推理是前提中至少有一个是关系命题的推理。下面简单举例说明几种常用的关系推理：第一种，对称性关系推理，如1米＝100厘米，所以100厘米＝1米。 第二种，反对称性关系推理，如 a 大于 b，所以 b 不大于 a。 第三种，传递性关系推理，分为相等关系与不等关系的传递，比如：$a=b$，$b=c$，所以 $a=c$；$a>b$，$b>c$，所以 $a>c$。 关系推理在数学学习中的应用比较普遍，如在一年级学习数的大小比较时，把一些数按从小到大或从大到小的顺序排列，实际上都用到了关系推理。

二、现行教材与课堂教学存在的误区

在小学数学中，归纳推理运用广泛，而类比推理运用较少，一般的概念、命题都是通过不完全归纳推理得到的。小学数学虽然简单，但是要做到符合逻辑，是非常不容易的。我们的小学数学教材和课堂教学，有时会犯违反逻辑的错误，数学家已经多次指正，应引起小学数学教材编者和广大教师的重视，加以纠正和改进。在此再次强调，如前文所述，有些教师从正方形或者长方形出发，证明三角形内角和是180°，同样违反了数学逻辑。

张奠宙教授多次指出存在的相关问题，为了说清楚这些存在的问题，在此长篇引用其文：

> 平行和平移都是小学数学中的几何学名词。二者之间存在内在的逻辑顺序，即先有平行，才有平移。小学数学尽管需要深入浅出，却不宜违背这一逻辑顺序。……最为严重的混淆是用平移来界定平行，把二者的逻辑顺序弄颠倒了。说到底，究竟是先有"平行"，还是先有"平移"呢？先来看什么是平移。"百度词典"这样定义："在平面内，将一个图形上的所有点都按照某个方向作相同距离的移动，这样的图形运动叫做图形的平移运动，简称平移。"这里的关键是"所有点按某个直线方向"，它的意义就是每组对应点连成的直线都彼此平行。这就是说，教材图上那支平移的铅笔，其上的每个点都要沿"水平方向"移动一个固定的距离。如果将铅笔头移动前后两点的连线记为 AB，将铅笔底部移动前后两点的连线记为

CD，那么因为是同一方向，所以必须有 $AB/\!/CD$。这时，顺次联结 $ABCD$ 四点构成一个矩形。进一步，那支铅笔也可以沿 45 度角向"东北"方向平移，铅笔各点扫过的图像就是一个平行四边形。这就是说，作平移运动时，图形中无限多的点都要保持"同一方向"，也就是要形成无限多条的平行线。因此，先有平行概念和平行判断准则，才能作平移运动。用平移定义平行，在逻辑上有误，混而有错。[①]

也就是说，小学数学提倡对知识多元表征，提倡运用合情推理，但是不能违反逻辑顺序。

再来看 A 版教材，四年级上册中"平行四边形与梯形"单元的开头就严格定义"在同一个平面内不相交的两条直线叫做平行线"；接着说"两条直线相交成直角，叫做互相垂直"；然后定义"从直线外一点到这条直线所画的垂直线段的长度叫做这点到直线的距离"。于是，引导学生通过操作发现"与平行线垂直的所有线段的长度都相等"。

可是，要得出这一结论，就要跨越以下障碍：

- 从 a 上一点向 b 画垂线，这条垂线也和 a 垂直吗？即与两条平行线都互相垂直吗？
- 对于"选几个点"画垂线所得的几条线段，如果产生误差，其长度不相等，该怎么办？
- 从 a 上"选几个点"就能断定从 a 上其他无限多个点向 b 作垂线所得线段的长度都彼此相等吗？无限多个点如何一一检验？做不到啊！

这样的思维跨度让学生不假思索就跨过去了，是不是有点儿随意呢？这样得出的结论顶多是一个猜想，我们在行文上要不要有所保留呢？在小学数学教学中固然不必严格证明，但是总要符合逻辑才好。如果一味地将未加证明的"发现"不加怀疑地当作真理，久而久之，养成一种不加论证就断然肯定的思维习惯，必将对以后学习数学理性文明带来负面影响。

更进一步，即便通过操作得出"与平行线垂直的所有线段的长度都相

[①] 张奠宙,巩子坤,任敏龙,等.小学数学教材中的大道理——核心概念的理解与呈现[M].上海：上海教育出版社,2018：208.

等"这一结论,那么反过来是否成立呢? 教材上没有说。众所周知,原命题成立,其逆命题未必成立。但是,教材上紧接着就要求学生将上述结论(平行线的性质)作为检验两条直线是否平行的准则,这在逻辑上说不通。

事情还没有结束。到了练习阶段,又要求学生通过量一量发现,一条直线和两条平行线相交而成的两个角相等($\angle 1 = \angle 2$),即同位角相等。同样地,尽管平行线有此性质,却未必就是平行线的判定定理。一次又一次地重复这样不合逻辑的思维过程,后果堪忧。[①]

我们要感谢张先生对教科书的批评和意见建议,认真研究这些建议,发现教科书的不足,在未来新教材中加以改进。教师们也要从现在的课堂教学做起,在教学中探索专家建议的合理性及可操作性,使学生更好地理解数学的本质。

三、逻辑推理的教学

就演绎推理和合情推理的关系及教学建议,《义教数学课标》明确指出"推理贯穿于数学教学的始终,推理能力的形成和提高需要一个长期的、循序渐进的过程。义务教育阶段要注重学生思考的条理性,不要过分强调推理的形式。……教师在教学过程中,应该设计适当的学习活动,引导学生通过观察、尝试、估算、归纳、类比、画图等活动发现一些规律,猜测某些结论,发展合情推理能力;通过实例使学生逐步意识到,结论的正确性需要演绎推理的确认,可以根据学生的年龄特征提出不同程度的要求"。

在中学数学中,合情推理和演绎推理运用广泛,包括类比推理也大量运用。尽管类比推理具有或然性,但是运用类比推理能够大大提高学习效率和培养创新意识,在生活中也应用广泛。因此,在小学数学中应加强类比推理的教学。从小学到初中,循序渐进地安排推理论证:"说点儿理"—"说理"—"简单推理"—"符号表示推理"。培养学生通过观察、测量、实验、探究、归纳、类比

[①] 张奠宙,巩子坤,任敏龙,等.小学数学教材中的大道理——核心概念的理解与呈现[M].上海:上海教育出版社,2018:191.

得出结论,再通过演绎推理证明结论,逐步养成严谨的思维习惯。

记得有一次我在国培班培训,有初中数学和物理老师对我说:"初一的学生遇到问题,不会思考,不知如何是好,思维没有逻辑性。"我认为这个责任应主要在小学,在小学阶段没有培养小学生学会思考、学会学习的习惯和能力。

数学思考主要包括数学思维和数学思想方法,大体上有以下几点。

(1) 抽象概括。以形成概念、关系、结构。

(2) 归纳法。从一类事物的部分对象的共同性质,推出这类事物具有这个性质。从特殊例子推出一般结论,以形成命题、模型。

(3) 类比法。依据两类事物的相似性,用一类事物的性质去推测另一类事物也具有该性质。从特殊到特殊的推理,以形成命题、模型。

(4) 演绎推理与证明。判断命题、模型等结论的真假,推出结论。主要包括:三段论,通过大前提、小前提推出特殊结论;关系推理,相等关系或者不等关系的传递性;分析法,从问题出发倒推找条件,执果索因;综合法,从条件出发推导结论,由因导果。

抽象概括已经在前面作了阐述。下面讨论归纳法、类比法及演绎推理证明。

(一) 归纳法的教学

这里要特别注意归纳法的合理运用,我们不能只通过一个具体例子的性质,就归纳出一般结论,如计算法则的归纳,至少要在两个例子的基础上归纳,才是合适的。再如认识分数的意义,不能仅通过表征 $\frac{1}{4}$ 就抽象概括分数的意义,至少启发学生举一反三,再表征 $\frac{1}{4}$、$\frac{2}{4}$、$\frac{3}{4}$、$\frac{4}{4}$、$\frac{1}{8}$、$\frac{3}{8}$、$\frac{4}{8}$ 等分数,最后抽象概括。

小学数学归纳推理的教学,主要体现在以下几个方面。

1. 法则的归纳

整数的加、减、乘、除的笔算,都是先通过几个有限的由易到难的例子,让学生在理解算理和口算方法的基础上探索计算的方法,最后进行交流和总结出算法,这种法则的得出就是运用了归纳法。如多位数乘一位数的计算法则的归纳总结,学生在已经掌握乘法口诀、口算乘法、笔算同数加法的基础上,通过利用竖式计算 12×3、16×3、24×9,来探索、交流、归纳计算法则。

2. 性质的归纳

商不变的性质、小数的性质、分数的性质、比的性质、比例的性质、等式的性质等,是小学数学中重要的性质,这些性质的获得,都是通过几个例子,让学生进行探索、交流,最后归纳总结而得到的。如分数的性质,让学生通过几何直观理解一类等价分数,观察这类分数的分子与分母是怎样从小到大、从大到小变化,而分数值始终保持相等,再通过举其他例子,归纳规律。

3. 公式的归纳

小学数学的数量关系式有很多,其中计算公式主要是图形的周长、面积和体积公式,以及比、正比例、反比例、比例尺、百分数等的应用的计算。有些计算公式是在学生探索、交流的基础上归纳得到的,如长方形的面积计算公式,就是通过让学生在给定的长方形上密铺小正方形,初步猜想长乘宽等于面积,再进一步任取几个单位面积的正方形拼长方形,发现长方形的面积等于长乘宽。

4. 运算律的归纳

小学生最早学习运算律是关于整数加法和乘法的运算律,引导学生通过计算几组算式来猜想并归纳规律。如根据 $40+56=56+40$,$28+37=37+28$,$120+80=80+120$ 等几个有限的例子,得出加法交换律。

5. 规律的归纳

小学数学中的规律主要有图形、数列、算式的规律,乘法和除法的变化规律,排列组合的规律。这些规律的发现主要是通过对一些例子的观察、比较、联想,再提出猜想,这是归纳法的典型应用。在小学数学范围内很难对发现的规律进行证明,一般情况下可通过再举一些例子进行验证。如乘法中,一个因数不变,另一个因数扩大到原来的多少倍,积就相应地扩大到原来的多少倍。这一规律的发现就是运用归纳法得到的。

例1 观察下面的这组算式,你能发现什么规律?
$14+41=55$,$34+43=77$,$27+72=99$,$46+64=110$,$38+83=121$。

分析:通过观察算式,能够发现这样一些规律:所有的算式都是两位数加两位数,每个算式的两个加数中的一个加数的个位和十位数互换变成另一个加数。再进一步观察,所有算式的得数有两位数也有三位数,它们有什么共同的规律呢?把它们分别分解质因数发现,每个数都是 11 的倍数。这样就可以大胆猜想并归纳结论:两个互换个位数和十位数的两位数相加,结果是 11 的倍数。再举例验证:$57+75=132=11\times 12$,$69+96=165=11\times 15$,初步验证猜想是正确的。

例 2 请你任意选定一个自然数,把该数各个数位上的数字相加,得到的和乘 3 再加 1;再把得到的结果不断地按以上程序重复计算;最后得到一个常数为_____。

分析:根据题目给出的信息,可任意取一个自然数 12,$1+2=3$,$3\times 3+1=10$,$1+0=1$,$1\times 3+1=4$,$4\times 3+1=13$,$1+3=4$,$4\times 3+1=13$……由此可以归纳出这个常数为 13。再任意取一个自然数 367,$3+6+7=16$,$16\times 3+1=49$,$4+9=13$。

教师在教学过程中,还应使学生认识到通过归纳法得出的结论有时是不正确的,如下面的案例。

例 3 比较 $\dfrac{2}{5}$ 与 $\dfrac{2+2}{5+2}$,$\dfrac{3}{8}$ 与 $\dfrac{3+4}{8+4}$,$\dfrac{7}{10}$ 与 $\dfrac{7+7}{10+7}$ 这三组分数的大小,会发现每组分数中,把一个分数的分子和分母同时加一个大于 0 的数,这个分数会变大。由此归纳结论:分数的分子和分母同时加上一个大于 0 的数,分数值一定变大。你认为这个结论对吗?

分析:根据题目给出的例子,发现每个分数都是真分数,再任意举一个真分数的例子验证,如 $\dfrac{19}{30}$ 与 $\dfrac{19+20}{30+20}$,$\dfrac{19}{30}=\dfrac{95}{150}$,$\dfrac{19+20}{30+20}=\dfrac{39}{50}=\dfrac{117}{150}$,可以推出 $\dfrac{19}{30}<\dfrac{19+20}{30+20}$。说明这个结论对于真分数成立。再举一个假分数的例子,$\dfrac{11}{10}$ 与 $\dfrac{11+10}{10+10}$,$\dfrac{11}{10}=\dfrac{22}{20}$,$\dfrac{11+10}{10+10}=\dfrac{21}{20}$,$\dfrac{11}{10}>\dfrac{11+10}{10+10}$,与结论不符。说明这个结论是错误的。如果用符号 a、b、c 表示,其中 $a>0$,$b>0$,$c>0$,$a>b$,有

如下关系：$\frac{b}{a} < \frac{b+c}{a+c} < 1 < \frac{a+c}{b+c} < \frac{a}{b}$。当 c 趋向于无穷大时，$\frac{b+c}{a+c}$ 与 $\frac{a+c}{b+c}$ 的极限都是 1。

（二）类比法的教学

无论是学习新知识，还是利用已有知识解决新问题，如果能够把新知识和新问题与已有的相类似的知识进行类比，进而找到解决问题的方法，这样就实现了知识和方法的正迁移。因此，要引导学生在学习数学的过程中善于利用类比思想，提高解决问题的能力。有些类比比较直接，如由整数的运算律迁移到小数、分数的运算律，问题解决中数量关系相近的问题的类比等；而有些类比比较隐蔽，需要在分析的基础上才能实现。如抽屉原理，变式练习有很多，难度较大，解决此类问题的关键就是通过类比找到抽屉和物品的数量，然后运用模型思想和演绎推理思想解决问题。应用类比的思想方法，关键在于发现两类事物相似的性质，因此，观察、比较与联想是类比的基础。中学数学与小学数学可以类比的知识有很多，打好小学数学的知识基础和掌握类比思想，对于中学数学的学习会有较大益处。代数与算术、空间与平面的类比，高维与低维的类比，无限与有限、曲与直的类比，等等，都是常用的类比形式。如在代数中，与整数的运算顺序和运算律相类比，可以导出有理数和整式的运算顺序和运算律；与分数的基本性质相类比，可以导出分式也具有类似的性质，并且可以推出它和分数一样能够进行化简和运算。

再次强调，本书提倡自主学习的基本范式，关键是将新知识与旧知识进行自主关联、类比（有时可能需要借助几何直观），把新知识转化为旧知识，从而得到结论。因此，类比是本书特别提倡的非常重要的思想方法。

小学数学类比推理的教学，可分成以下几个方面。

1. 概念的类比

小学数学中有很多概念因为学生理解起来有困难，没有进行严格定义，而是采取了描述或者直接给出的方式，这种情况下可运用类比法来初步认识概念。如圆的面积等概念，教材没有给出定义，可以与以前学过的长方形、正方形等的面积进行类比，使学生知道围成圆的一圈曲线内部区域的大小就是面积，由此同样可以达到不用定义而认识相关概念的目的。再如学生理解了反比例的概念后,如何用关系式表达反比例关系,可以引导学生与正比例关系式 $\dfrac{y}{x}=k$(一定)进行类比思考,从而得出反比例关系式 $xy=k$(一定)。

2. 性质的类比

小学数学中有很多性质有相似之处或者在本质上是一致的,像小数的性质、分数的性质、比的性质等知识点之间有着密切的联系。如学习比的性质,与分数的性质进行类比。再如,百分数的意义与分数的比的意义(无量纲性)是一致的。因此,启发学生运用类比法学习,也就是老师们经常说的迁移类推,能够起到事半功倍的效果。

3. 运算律的类比

学生在学习了整数的运算律后,在学习小数、分数的运算律时,可以直接通过与整数的运算律类比得到。先是猜想,然后让学生自己随机出几组习题计算,并对几个例子进行验证,最后进行归纳。

4. 法则的类比

小学数学中有些计算法则是在已有知识基础上扩展的,如小数与整数有密切的联系,它们都是采用十进制计数的,因此它们的四则计算法则有诸多相似之处,可以进行类比。例如小数乘法,除了注意两个因数小数的位数、点准小数点外,其他法则与整数乘法是一样的。

5. 计算的类比

如前文所述,在一个模块的教学中,这个模块有若干个类似的知识点,第一个知识点用不完全归纳法抽象概括概念、命题、关系和模型;第二个及以上的知识点的学习,用类比的方法,运用自主学习的教学范式。比如,整数笔算乘法这个模块,一共要学习三次,三年级上册学习多位数乘一位数,三年级下册学习两位数乘两位数,四年级上册学习三位数乘两位数。根据自主学习的基本范式,多位数乘一位数,用不完全归纳法抽象概括计算方法;两位数乘两位数与两位数乘一位数进行类比;三位数乘两位数与三位数乘一位数、两位数乘两位数进行类比,实现转化。这个转化过程,需要给学困生进行指导,并借助几何直观。两位数乘两位数的转化过程,难点在于,第二个因数十位上的数,要分别与第一个因数各个数位上的数分别相乘,得到另一部分积,再把这两部分积加起来。三位数乘两位数的转化过程,难点在于,三位数百位上的数与另一个因数十位上的数相乘,所得的积的意义及积的书写位置,是一个新知识,不过,这个新知识可以运用十进位值制的计数原理类推出来。根据课堂教学观察来看,中等偏上的学生都能够独立完成知识的类比迁移,能够说清楚计算的依据,即理解了算理;而学困生需要借助几何直观来帮助他们理解算理,掌握算法。总之,应培养学生逐步悟出数学的道理。

6. 代数与算术的类比

小学生学习用字母表示数及简单的一元一次方程,这必然涉及初步的代数式运算的法则和运算律,但教材并没有在例题及正文中呈现这些知识。实际上运用类比法就能使得学生在解决问题的过程中能够运用这些法则和运算律。初中分式的学习,就是与分数进行了类比。

7. 立体与平面的类比

学生在学习立体图形的有关知识时,可以把立体与平面进行类比,如体积与面积的类比。面积是求一个平面图形所占的平面的大小,即含有多少个单位面积;体积是求一个立体图形所占的空间的大小,即含有多少个单位体积。本质上它们都是用单位1去度量,那么面积公式和体积公式的探索、推导的过程和方法是类似的。

8. 曲与直的类比

就平面图形而言,有直线型的线段围成的图形,如长方形、三角形等;还有曲线型的图形,如圆、扇形、椭圆等。根据我国古代数学家刘徽的思想,方与圆,即曲与直是可以相互转化的。也就是说曲线型的图形,与直线型的图形在某些方面有相似的地方,可以进行类比,曲线型的图形的面积可以用直线型的图形的计算方法,以直代曲。如现行小学数学教材在推导圆的面积公式时,利用的是割补转化的方法,把圆转化成长方形来计算面积,化圆为方、以直代曲。这种思想非常重要,微积分里求不规则图形的面积就运用了这种思想。

例1 足球中超联赛胜一场得3分、平一场得1分、负一场得0分。某球队全年共计得了51分,比赛30场,其中负了7场。该球队胜和平各为多少场?

分析:该球队共比赛30场,其中负了7场,所以胜和平的总场次为 $30-7=23$。与鸡兔同笼问题类比,有着相似的条件和问题,这样就把问题转化为鸡兔同笼类的问题。假设23场比赛全为胜,那么就应该得 $23\times3=69$ 分,实际上才得了 51 分,69－51＝18,18÷(3－1)＝9,得数 9 就是平的场次,23－9＝14。所以该球队战绩为 14 胜、9 平、7 负。

例 2 观察下面的式子,你能发现什么规律?

(1) $8>4, 8+3>4+3$;
    $100>98, 100+20>98+20$;
    $157<268, 157+123<268+123$。
    $8>4, 8-3>4-3$;
    $100>98, 100-20>98-20$;
    $157<268, 157-123<268-123$。

(2) $9>5, 9\times3>5\times3$;
    $25>16, 25\times10>16\times10$;
    $128<132, 128\times4<132\times4$。
    $9>5, 9\div3>5\div3$;
    $25>16, 25\div10>16\div10$;
    $128<132, 128\div4<132\div4$。

分析：上面这些式子有一个共同特点,就是都用">"或"<"连接这些数,与 $25+11=5\times5+11$ 这样的等式相类比,用">"或"<"连接数的式子,可以称为"不等式"。我们在小学学习了等式的两条性质,将不等式与等式类比,再根据上面不等式的一些例子的特点,可以归纳出不等式的两条类似的性质。

(1) 不等式的两边同时加上或减去相同的数,不等号的方向不变。

(2) 不等式的两边同时乘上或除以相同的正数,不等号的方向不变。

类比法得到的结论具有或然性,下面举几个类比法的反例加以说明。

例 3 (1)小明原有 100 元钱,妈妈又给他 10 元,他自己花去了 10 元,小明原有的钱数不变。(2)一只股票周一的收盘价是每股 100 元,周二以涨 10% 收盘,周三以跌 10% 收盘,周三的收盘价与周一相比价格不变。两题的叙述是否正确?

第(1)小题,$100+10-10=100$,叙述正确。第(2)小题,有些学生会跟第(1)小题类比,认为叙述正确,但 $100\times(1+10\%)\times(1-10\%)=99$,价格变小

了,所以叙述不正确。

> **例 4** 平行四边形的面积公式的猜想。

我们听过很多次教师上平行四边形的面积公式这节课,课上让学生猜测平行四边形的面积公式,很多学生会与长方形面积公式类比。

长方形的面积＝长×宽,长和宽是相邻的两条边。

平行四边形的相邻的两条边分别是底和邻边(斜边)。

类比推出平行四边形的面积＝底×邻边。

> **例 5** 3 的倍数特征的规律探究。

人教版教材为了给学生探究 3 的倍数特征的机会,与 2、5 的倍数特征的编排类似,继续利用百数表探究。也想到了学生可能会与探究 2、5 的倍数特征的方法和所得规律类比,继续沿着这个思路猜想:看一个数的个位数是否为 3 的倍数? 学生在探究中会遇到困难。当学生遇到了困难也没有关系,不要怀疑类比法,应深刻体会类比法是或然推理,然后继续观察涂色的 3 的倍数有没有其他特征,并在此基础上发现并归纳规律。

通过以上例题的学习,一方面让学生体会类比法的重要性,另一方面也认识到类比法的或然性。

(三) 演绎推理与证明的教学

如前文所述,小学数学的内容主要为数与计算、图形与几何。数与计算的内容遵循的是皮亚诺算术公理,图形与几何的内容遵循的是欧氏几何的公理体系。也就是说,除了在几何领域可以进行演绎推理证明的教学以外(因为一说到推理证明,人们首先想到几何),数的认识及计算也遵循着公理化思想,计算也体现了演绎推理的思想。张景中院士曾说:"计算是具体的推理,推理是抽象的计算。"因此,我们需要重新对计算教学进行逻辑定位,学生理解算理算法的过程实际上是演绎推理的过程。"小学儿童在运算能力的发展中,掌握归纳与演绎两种推理形式的趋势和水平是相近的。只有儿童的思维中归纳推理和演绎推理处于有机统一时,他们才真正掌握了抽象逻辑思维能力。"[①]

在人们的传统观念中,小学几何是实验几何,很难进行演绎推理证明的教

---

① 林崇德.小学儿童数概念与运算能力发展的研究[J].心理学报,1981(3).

学。同时,在初中阶段培养学生的演绎推理能力又是重要的教学目标之一。然而对于部分初中学生而言,这部分内容又是学习中的难点。心理学研究表明,在小学高年级如果能进行演绎推理思想的感悟和教学,就会使刚升入初中的学生有演绎推理的初步经验。人教版教科书数学六年级下册总复习的数学思考小节部分,编排了演绎推理证明的例题和习题,这是小学数学教材史上的第一次探索。需要教师在教学实践中探索并总结经验,摸索出在小学数学教学中进行演绎推理证明的可行模式。当然,不必要去追求证明的格式体例的形式化,主要是引导学生学会有根据、有条理地思考。

根据以上课程标准关于推理思想的理念和要求,以及小学儿童推理能力发展的相关研究成果,在小学数学教学中要注意把握以下几点。

第一,推理是重要的思想方法之一,是数学的基本思维方式,要贯穿于数学教学的始终。在小学数学中,除了运算要加强说理、理解算理外,几何的内容也要加强说理。无论是低年级的找规律、理解算理、总结计算法则,还是高年级的面积、体积公式的推导,无不用到推理的思想方法。因而,广大教师要牢记推理思想从一年级开始就要渗透和应用,是一个长期的培养过程。培养一年级的孩子有根据、有条理地思考问题,也是一种演绎推理思想的熏陶。因为小学生甚至教师的演绎推理意识和能力都不容乐观,对此,曹培英指出:

> 以平行四边形概念为例,近年来上海的教师都采用新的操作引进方式(用两条对边平行的透明彩带交叠),……绝大多数学生(五年级)根本无视"两边互相平行"的已知条件,依然通过观察、测量,重新发现重叠所得四边形的共同特征。因为他们善于归纳,不习惯依据已有知识(长方形对边平行)演绎推出新图形的特征。[①]

第二,合情推理和演绎推理二者不可偏废。合情推理多用于根据特殊的事实去发现和总结一般性的结论,演绎推理往往用于根据已有的一般性的结论去证明和推导新的结论。二者在数学中的作用都是很重要的。如小学数学常用的法则、性质、公式、定律等常常是经过归纳法得出结论,然后再利用这些结论进行计算,运用规定的规则计算,实际上就是演绎推理。

---

① 曹培英.跨越断层走出误区[M].上海:上海教育出版社,2017:130.

第三,推理能力的培养与四大内容领域的教学要有机地结合。推理能力的发展与各领域知识的学习是一个有机结合的过程,因而在教学过程中要给学生提供各个领域丰富的、有挑战性的观察、实验、猜想、验证等活动,去发现结论,尝试说理,培养推理能力。

1. 三段论的教学

三段论通过大前提、小前提推出特殊结论。在小学数学中虽然很少有初中阶段的类似于数学证明等严密规范的演绎推理,但是在很多结论的推导过程中应用了三段论推理的省略形式。

例1 根据平行四边形的面积公式推出三角形的面积公式。

平行四边形的面积等于底乘高。　　　　　　　　　　　　　　　（大前提）
两个同样(全等)的三角形的面积等于平行四边形的面积。　　　　（小前提）
两个同样(全等)的三角形的面积等于底乘高。　　　　　　　　　（结论）
再根据等式的性质,推出一个三角形的面积就等于底乘高的积除以2。

例2 证明3567是3的倍数。

各个数字之和为3的倍数的自然数是3的倍数。　　　　　　　　（大前提）
3567是各个数字之和($3+5+6+7=21=3\times7$)为3的倍数的自然数。
　　　　　　　　　　　　　　　　　　　　　　　　　　　　（小前提）
3567是3的倍数。　　　　　　　　　　　　　　　　　　　　　（结论）

例3 两条直线相交,形成4个角(如图7.2.2)。

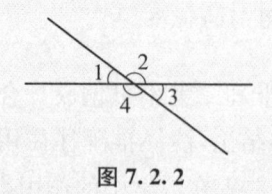

图 7.2.2

已知 $\angle1=45°$,求 $\angle2$ 的度数。

解:$\angle1$ 与 $\angle2$ 组成平角,即 $\angle1+\angle2=180°$。

$\angle2=180°-\angle1=180°-45°=135°$。

在课堂观察中发现,很多学生直接列出下式:$\angle 2 = 180° - \angle 1 = 180° - 45° = 135°$。

虽然计算基本合理正确,但是少了两个前提,至少应该有 $\angle 1 + \angle 2 = 180°$ 这个前提才比较合理。

2. 关系推理,主要是相等关系或者不等关系的传递性

本书在多个章节讨论了十进位值制计数法对学生理解算理、掌握算法的重要性,尤其是乘除法的计算。算式、代数式的运算过程,就是一个关系推理和恒等变形的过程。

例1 分别用横式和竖式计算 12×36。

$$\begin{aligned}
& 12 \times 36 \\
= & 12 \times (30+6) \\
= & 12 \times 30 + 12 \times 6 \\
= & (10+2) \times 30 + (10+2) \times 6 \\
= & (300+60) + (60+12) \\
= & 360 + 72 \\
= & 432
\end{aligned}$$

$$\begin{array}{r}
1\ 2 \\
\times\ 3\ 6 \\
\hline
7\ 2 \\
3\ 6 \\
\hline
4\ 3\ 2
\end{array}$$

例2 任意给定一个两位数,交换十位与个位数字后得到一个与之对称的两位数,证明:这两个数的和是 11 的倍数。

可设任意一个两位数是 ab(a 和 b 是 $1 \sim 9$ 的自然数),与它对称的两位数是 ba,那么 $ab + ba = (10a+b) + (10b+a) = 10a+b+10b+a = 11a+11b = 11(a+b)$,从而证明了结论的正确。

例3 小明带 100 元去书店买书,语文读物每本 19.6 元,数学读物每本 23.8 元,英语读物每本 32.7 元,漫画读物每本 22.5 元,科普读物每本 27 元。小明决定先买语文、数学、英语 3 本读物,请帮助小明估算:剩余的钱够买漫画读物吗?够买科普读物吗?

前一问,用不等式解答如下:

$19.6<20,23.8<24,32.7<33$,所以 $19.6+23.8+32.7<20+24+33$,即 $19.6+23.8+32.7<77$,$100-77=23$,所以 $100-(19.6+23.8+32.7)>23$,$23>22.5$,得 $100-(19.6+23.8+32.7)>23>22.5$,说明剩余的钱数一定大于漫画读物的价格,所以够买漫画读物。

后一问,用不等式解答如下:

$19.6>19,23.8>23,32.7>32$,所以 $19.6+23.8+32.7>19+23+32$,即 $19.6+23.8+32.7>74$,$100-74=26$,所以 $100-(19.6+23.8+32.7)<26$,$26<27$,得 $100-(19.6+23.8+32.7)<26<27$,说明剩余的钱数一定小于科普读物的价格,所以不够买科普读物。

3. 分析法与综合法的教学

在小学数学的问题解决中,分析法与综合法应用广泛,而且关系密不可分,我们把二者放在一起讨论。

数学中的分析法有一种特定的含义,一般被理解为:在证明和解决问题时,从结论出发,一步一步地追溯到产生这一结论的条件是已知的为止,是一种"执果索因"的分析法。综合法一般被理解为:在证明和解决问题时,从已知条件和某些定义、定理等出发,经过一系列的运算或推理,最终证明结论或解决问题,是一种"由因导果"的综合法。如小学数学中的问题解决,可以由问题出发逐步逆推到已知条件,这是分析法;从已知条件出发,逐步求出所需答案,这是综合法。分析法和综合法在中学数学作为直接证明的基本方法,应用更为普遍。因此,分析法和综合法是数学学习中应用较为普遍的相互依赖、相互渗透的思想方法。

例1 如图 7.2.3,平行四边形 ABCD 的底是 12 cm,高是 5 cm,求阴影部分的面积。

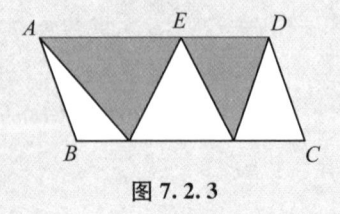

图 7.2.3

此题阴影部分由两个三角形构成,需要知道三角形的底和高才能计算面积,但是题目没有直接给出每个三角形的底和高。通过观察发现,两个三角形的高与平行四边形的高相等,两个三角形的底之和等于平行四边形的底。那么

$$阴影部分的面积 = \frac{1}{2}AE \times 5 + \frac{1}{2}ED \times 5 = \frac{1}{2}(AE+ED) \times 5$$
$$= \frac{1}{2} \times AD \times 5 = \frac{1}{2} \times 12 \times 5 = 30(\text{cm}^2)。$$

例2 如图 7.2.4,一个梯形的上底 $AD=5$,下底 $BC=10$,$BD \perp CD$,$BD=8$,$CD=6$,求梯形的面积。

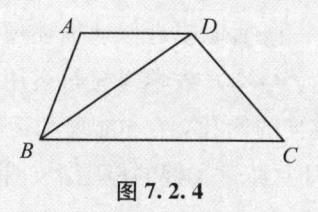

图 7.2.4

此题可从问题出发,根据问题找相应的条件。这道题的问题是求梯形的面积,我们马上关联到梯形的面积公式为 $\frac{1}{2}(AD+BC)h$。由于 AD 和 BC 已经知道了,现在需要找到这个梯形的高 h。这个梯形的高没有直接给出,需要继续寻找另外一些条件。根据 $BD \perp CD$,$BD=8$,$CD=6$,我们能够联想到的是 BD 和 CD 这两条线段分别是三角形 BCD 的底和相应的高。于是就可以求出三角形 BCD 的面积,这个三角形的面积求出来了,但是还没有解决这个梯形高的问题。我们再进一步观察发现,在三角形 BCD 当中,还有另一个已知条件就是 $BC=10$,如果把 BC 作为三角形 BCD 的一个底,那么 BC 边上的高也就是这个梯形的高 h。再根据三角形 BCD 的面积 $= \frac{1}{2}CD \times BD = \frac{1}{2}BC \times h$,可得 $6 \times 8 = 10h$,$h=4.8$,这个三角形的高等于这个梯形的高,那么这个梯形的面积就可以计算了。

$$梯形的面积 = \frac{1}{2}(AD+BC)h = \frac{1}{2}(5+10) \times 4.8 = 36。$$

第三节 数学模型的教学

一、对模型思想的认识

如果说抽象形成了数学概念和关系,推理形成了数学命题和结论,那么数学建模就是形成了数学模型,体现了数学的广泛应用性。

数学模型是用数学语言概括地或近似地描述现实世界事物的特征、数量关系和空间形式的一种数学结构。数学建模是运用数学的语言和工具,对现实世界的一些信息进行适当的简化,经过推理和运算,对相应的数据进行分析、预测、决策和控制,并且要经过实践的检验。如果检验的结果是正确的,便可以继续指导我们的实践。

当今的数字化、大数据、云计算、人工智能等,对数学思想方法产生了重大影响,如模型思想、算法思想、推理思想、统计思想等将会得到进一步的重视和发展。随着计算机技术的大力发展,它的应用领域也在不断扩大,不但能够代替人脑完成大量的数据计算和处理,还能够代替人类完成精细的体力劳动,如各个领域的机器人的应用、3D打印技术等都需要设计程序,这些程序都是数学模型。因此,模型思想的应用会日益广泛。

如果说符号化思想更注重数学抽象和符号表达,那么模型思想则更注重数学的应用。即通过数学结构化解决问题,尤其是解决现实中的各种问题。当然,把现实情境数学结构化的过程也是一个抽象的过程。

《义教数学课标》在课程内容中明确提出了"初步形成模型思想",具体解释为"模型思想的建立是帮助学生体会和理解数学与外部世界联系的基本途径。建立和求解模型的过程包括:从现实生活或具体情境中抽象出数学问题,用数学符号建立方程、不等式、函数等表示数学问题中的数量关系和变化规律,求出结果,并讨论结果的意义。这些内容的学习有助于学生初步形成模型思想,提高学习数学的兴趣和应用意识",并在教材编写建议中提出了"教材应当根据课程内容，设计运用数学知识解决问题的活动。这样的活动应体现'问题情境—建立模型—求解验证'的过程，这个过程要有利于理解和掌握相关的知识技能，感悟数学思想、积累活动经验；要有利于提高发现和提出问题的能力、分析和解决问题的能力，增强应用意识和创新意识"。

这就可以理解为：在小学阶段，从课程标准的角度正式提出了模型思想的基本理念和作用，并明确了模型思想的重要意义。这不仅表明了数学的应用价值，同时明确了建立模型是数学应用和解决问题的核心。

二、模型思想的教学

新义教数学课标与《义教数学课标》相比较，把小学三个学段数与代数领域分为"数与运算"和"数量关系"两个主题内容。三个学段的内容相互关联，由浅入深、层层递进、螺旋上升，构成相对系统的知识结构。新义教数学课标注重引导学生会用字母表达现实情境中数量的关系、性质和规律，强调让学生感受字母表达的一般性，以及通过字母的运算或推理得到结论的一般性，形成与发展符号意识和推理意识。由此可知，这是一个比较大的变化，这与大纲时代的教科书把应用题作为一个领域有相似之处，但是又有比较大的不同。新义教数学课标强调让学生经历在具体情境中运用数量关系解决问题的过程，感悟加法模型和乘法模型的意义，提高发现和提出问题、分析和解决问题的能力，形成模型意识和应用意识。

模型思想与符号化思想都是在经过抽象后用符号和图形表达数量关系和空间形式，这是它们的共同之处；但是模型思想更加重视如何创设真情境、经过分析抽象建立模型，更加重视如何应用数学解决生活和科学研究中的各种问题。

小学生学习数学模型大概有三种情况：第一种是基本模型的学习，即学习教材中以例题为代表的新知识，这个学习过程主要是一个有意义的接受过程；第二种是利用基本模型去解决各种问题，即利用学习的基本知识解决教材中丰富多彩的习题以及各种生活中的问题，这些问题与例题的难度基本类似或者稍加变化，主要是一个以此类推、举一反三的过程；第三种是变化比较大一点的问题，是稍复杂的变式练习或者开放题，需要在基本模型的基础上构建变式模型，灵活地解决问题，主要是一个综合应用知识、思想方法的探究过程。

当然，如果让小学生通过建立一个全新的复杂模型去解决现实中的一些问题，是有很大困难的。

数学建模是一个比较复杂和富有挑战性的探究过程，这个过程大致有以下几个步骤：(1)理解问题的实际背景，明确要解决什么问题，属于什么模型系统；(2)把复杂的情境经过分析和简化，确定必要的数据；(3)建立模型，可以是数量关系式，也可以是图形；(4)解答问题；(5)检验模型。

对模型思想的教学，提出以下三条建议。

第一，学习的过程可以经历类似于数学家建模的再创造过程。现实生活中已有的数学模型基本上是数学家和物理学家等科学家们把数学应用于各个科学领域经过艰辛的研究创造出来的，使得我们能够享受现有的成果。如阿基米德(Archimedes，前287—前212)发现了杠杆定律：平衡的杠杆，物体到杠杆支点的距离之比，等于两个物体质量的反比，即 $F_1:F_2=L_2:L_1$。根据课程标准的理念，学生的学习过程有时是一个探索的过程，也是一个再创造的过程。也就是说，有些模型是可以由学生进行再创造的，可以把科学家发明的成果再创造一次。如在学习了反比例关系以后，可以利用简单的学具进行操作实验，探索杠杆定律。再如利用若干个相同的小正方体拼摆成一个长方体，探索长方体中含有小正方体的个数与长方体的长、宽、高的关系，进而归纳出长方体的体积公式，建立模型 $V=abh$，这是一个模型化的过程，也是一个再创造的过程。

第二，对于大多数人来说，在现实生活和工作中利用数学解决各种问题，基本上都是根据对现实情境的分析，利用已有的数学知识构建模型。这样的模型是已经存在并且是科学的，并不是新发明的，由学生进行再创造也几乎是不可行的。换句话说，有些模型由于难度较大或不便于探索，不必让学生再创造。如两个变量成反比例关系，如果给出两个量的数据变化的表格，学生通过观察和计算有可能发现这两个量的关系。但是如果让学生动手实践操作去发现规律，还是有一定难度的。再如物体运动的路程、时间和速度的关系为 $s=vt$，利用这个基本模型可以解决各种有关匀速运动的简单的实际问题。但是由于这个模型比较抽象，操作难度较大，因而也不适合学生进行再创造。教师只需要通过现实模拟或者动画模拟，使学生能够理解模型的意义便可。

第三，创设真情境、联系真生活，应用已有的数学知识分析数量关系和空间形式，经过抽象和推理建立模型，进而解决各种问题。传统上应用题的编排结构是与四则运算、混合运算相匹配的,包括有连续两问的应用题、相似应用题的比较、多个问题构成的问题串,这些都是很好的传统做法和经验,是知识结构的基础。但是,这种结构往往是线性的。如果以数学模型为核心进行问题解决的教学,构建问题链,从而形成网状结构,可以最大限度地整合丰富多彩的问题,这也应该是很好的方法。

(一)基本数量关系

1. 加法模型

理解加法模型是两个以上的数的和(合起来),不仅仅是用"一共"描述的,还有其他语言可以表达加法。不要通过背关键词去理解加法,重点是理解加法及相关概念(关键词与运算的关系),在丰富多样的实际问题中学会分析基本的数量关系:一个部分量+另一个部分量=总量。在此基础上理解减法的意义及与加法的关系,形成一个结构。"建立加法结构是儿童认知结构的第一次飞跃。加法结构乃是一个概念域,是以加法减法概念为核心的概念体系,是多种数学概念,被减数、减数、差数、部分数、总数等,围绕加减法概念形成的连接网络。"[①]

伍鸿熙认为可以用数轴表示数和加减法运算,给定1对应数轴上的点以后,就能够确定任何一个数在数轴上的对应点,从0开始,0+1=1,1+1=2,2+1=3,自然数的加法是通过连续计数定义的,加几就是走几步。为此,他举例指出:

> 例如,为求4+7,我们从4开始,数7步直到到达11,这就是所要求的和。对应的几何表示是从4开始,向右走7步,每一步的长度是1。因此,加法在数轴上的表示如图7.3.1。[②]

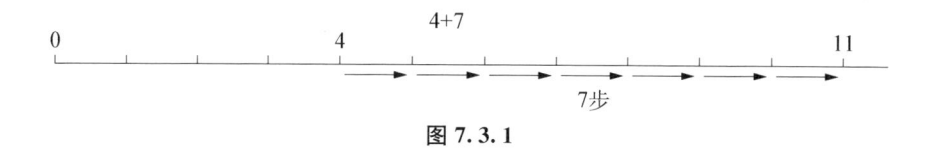

图 7.3.1

[①] 孙昌识,姚平子.儿童数学认知结构的发展与教育[M].北京:人民教育出版社,2005:51.
[②] 伍鸿熙.数学家讲解小学数学[M].赵洁,林开亮,译.北京:北京大学出版社,2016:20.

4 加 7 同时相当于把长度为 7 的线段的左端点与长度为 4 的线段的右端点连接,拼起来,得到长度为 11 的线段。

史宁中认为应基于对应的思想定义加法,体现集合元素一一对应,从不等关系到相等关系,这对学生理解方程是有益的。例如小明有 3 块糖,小丽有 4 块糖,谁的糖多?答案:小丽多。因为 4 块比 3 块多,即 $4>3$ 或者 $3<4$。再给小明 1 块,小丽比小明还多吗?答案:这时一样多。$3+1=4$,突出了相等关系:左边＝右边。这与伍鸿熙的观点一致,强调"＝"表示相等关系,而不是执行计算的命令,有利于学生认识运算的守恒,如 $4+5=(2)+7$。

加减法对比学习有利于加法模型的整体建构,包括变式练习、问题串、问题链、自编问题等。学生从一年级开始理解加减法的意义是非常重要的,理解减法模型不仅仅是从总量中去掉一部分,不仅仅用"还剩"表达,还有其他语言,应加强各种丰富多彩的题型和语言表达的练习,建立数学概念与语文概念的关联。更进一步,减法是加法的逆运算。一个部分数＋另一个部分数＝总数,总数－一个部分数＝另一个部分数,用符号表示为:$a+b=c$,$c-a=b$。减法还可以表示为两个集合的元素一一对应后剩下的部分,尤其是这类求两数相差多少的问题是难点,需要借助图形或者线段图帮助理解,可见图 7.3.2。低年级学生问题解决出现困难,与其说是数学学习有问题,倒不如说是语文或者语言上存在障碍,因此,低年级加强数学概念与语文概念的协调发展,甚至优先发展相关语文概念,非常重要。

○○○○○○○○○○○○○○○○
●●●●●●●●●●

图 7.3.2

我个人反对一年级学生把加法问题列成减法算式解决或者把减法问题列成加法算式解决。如若不然,表面上好像尊重了学生的个性,但是实际上这样的学生并没有真正理解运算的意义,等今后学习多步问题时会遇到很大困难。例如,低年级的问题解决可以这样设计。

例 1 红花有 15 朵,黄花有 8 朵,红花和黄花共有 23 朵。请选择其中两个作为已知条件,写在横线上,分别解答下面的问题。

(1) _____,红花比黄花多多少朵?
(2) _____,黄花比红花少多少朵?
(3) _____,黄花有多少朵?
(4) _____,红花有多少朵?
(5) 黄花有8朵,_____,红花有多少朵?(再添加一个条件,用加法解答)
(6) 红花有15朵,_____,黄花有多少朵?(再添加一个条件,用减法解答)

2. 乘法模型

理解乘法模型是从加法中分离出来的,但比加法模型更抽象。如果说加法模型是运算的第一次抽象,是认知结构的第一次飞跃,那么乘法模型是运算的第二次抽象,是认知结构的第二次飞跃。

乘法的几何直观可以理解为:两个数相乘是长方形的面积,三个数相乘是长方体的体积。

如前文所述,孙昌识主张提前让学生体会四量关系式,引入乘法结构表。具体来说就是把比例思想提前,用除法或者分数的形式教学,小学里有两个重要的乘法模型:路程、时间、速度;总价、数量、单价。这些模型的本质是一致的,速度和单价都是由两个不同类的量的比得到的。

例2 小明用8元钱买了4支同样的铅笔,小丽想买6支同样的铅笔,需要多少钱?

此题按照传统说法是归一问题,先求单价,再求总价,列式为

$$8 \div 4 \times 6 = 12(元)。$$

按照比例模型理解,需要用字母表示量,设用 x 表示小丽花的钱数,那么小丽的钱数除以6就得到单价,小明的钱数8除以4也得到同样的单价,于是就建立了相等关系,即四量关系式

$$x \div 6 = 8 \div 4,即 x \div 6 = 2。$$

根据乘除法的关系,得 $x=2\times 6=12$(元)。

这也是我们为什么要从一年级起就强调用"＝"表示相等关系的原因,它经常要被用到。此种解法实际上是比例方程,但是由于还没有学习方程和等式的性质,只能用四则运算各部分的关系解答,由此我们可以改变教科书的编排结构：把用字母表示数及数量关系提前编排,与方程内容分离是可行的和必要的。实际上比例解法与归一的解法本质上是一致的,只不过是三个量与四个量的表面形式的区别,适当加强比例思想的教学,有利于中小学衔接。

小学生的乘法结构主要是停留在算术及方程的水平,不习惯用符号运算。孙昌识指出：

> 乘法结构的最高水平是要求小学生能摆脱具体事物的支持,在较高的概括水平上进行运算,而小学生远远没有达到这一水平。他们还有依靠具体事物解题的倾向,在大盒子的长、宽、高分别是小盒子长、宽、高的 2、3、2 倍时,小盒子体积是大盒子的几分之几的问题上,许多五、六年级学生都要求知道长、宽、高各是多少,有些学生通过给予长、宽、高一定的具体数值,然后计算大小盒子的体积,然后再求比值。而不能抛开具体数字,直接用求比值的方法去解。这个事实说明小学生的思维能力处在具体运算阶段(只有极少数人在数学领域内可以开始进入形式运算阶段)。因此,小学数学教学不能忽略各种形式的直观教学。[①]

这个事实也充分说明我们对五、六年级小学生还缺乏运用符号进行运算的教学,缺乏运用符号进行推理的思想和意识的教学,今后可以适当加强。

说完乘法,自然想到除法,我们一般把除法理解为乘法的逆运算。但是,一些数学家有不同的观点。在自然数范围内,余数为 0 的除法与余数大于 0 的除法,伍鸿熙教授认为这是有本质区别的,前者就是乘法的逆运算,商是一个自然数；而后者被称为带余除法,带余除法运算得到的结果不是一个数,而是两个数：商和余数。伍鸿熙指出：

> 在中小学数学里,25 与 6 做带余除法,所得商为 4 余数为 1,通常写

[①] 孙昌识,姚平子.儿童数学认知结构的发展与教育[M].北京：人民教育出版社,2005：123.

作 $25 \div 6 = 4 \cdots\cdots 1$,应当把这种记法清除出所有的教科书。有很多原因,其中一条是它没有任何意义,从最基本的角度看,如果允许 $25 \div 6 = 4 \cdots\cdots 1$,那么我们也不得不写出 $21 \div 5 = 4 \cdots\cdots 1$。二者都等于 $4 \cdots\cdots 1$,所以 $25 \div 6 = 21 \div 5$。可是"四组物体,每组 5 个,还余 1 个"与"四组物体,每组 6 个,还余 1 个"怎么能一样呢?…… 正确的表示带余除法的方式是"$25 = (4 \times 6) + 1$",这才是你真正应该带到课堂上的东西。①

这个观点在自然数范围内是有道理的。

当然,如果学生学习了小数及分数的除法运算,仍然可以理解除法是乘法的逆运算,等学生学习了分数除法以后,学生应该能够上升到这个高度,因为除以一个非零的数,等于乘这个数的倒数,不存在余数的问题,乘除法就统一了。

3. 路程模型

我们对生活的地球空间和星球的运动过程进行度量,那就涉及了距离和时间。关于路程、时间、速度,路程是距离的累加,距离是对空间事物位置关系的度量结果;时间是对事物运动的过程及先后关系的度量结果;速度是路程与时间的比值,或者是物体单位时间运动的路程,也可以理解为用时间去度量空间。也就是说,速度是一个复合量,是由时间和路程(空间)两个量生成的,时间已经是一个比较抽象的概念,那么速度就是一个更加抽象的概念。求速度是等分除,用时间去度量路程,把路程平均分成若干(时间的量数)份,每一份就是速度。已知路程与速度,求时间,是包含除,用速度去度量路程,看路程里包含多少个速度(速度的量数),度量结果就是时间。

速度这个概念很抽象,但是非常重要,为什么重要呢? 地球自从有人类文明以来,人类在地球和宇宙空间上活动,交通工具的速度,决定了我们活动空间的大小。我们可以想象差不多 1000 年前北宋年间的大文豪苏东坡(1037—1101)在全国各地颠沛流离,足迹踏遍了半个中国,但是由于受到交通工具速度的限制,尽管他的活动空间比较大,但是也付出了相当大的时间代价,也可以说苏东坡的一生,是流浪在路途上的一生,估计至少有 5 年的时间在路上。

---

① 伍鸿熙. 数学家讲解小学数学[M]. 赵洁,林开亮,译. 北京:北京大学出版社,2016:88.

当然,速度慢也有速度慢的益处,正因为他的性格、才学,及四处漂泊,沿途走亲访友、赏景吟诗,才给我们后人留下了如《念奴娇·赤壁怀古》《水调歌头·明月几时有》《饮湖上初晴后雨·其二》(水光潋滟晴方好,山色空蒙雨亦奇。欲把西湖比西子,淡妆浓抹总相宜。)等千古佳作。

要理解速度,首先要理解时间的概念及其重要性。时间源于地球、太阳、月亮的不停运动。从1天24小时开始,太阳每天早晨从东方升起,晚上从西方落下。我国伟大思想家、教育家孔子这样形容时间的流逝:逝者如斯夫,不舍昼夜。每天如此循环往复,地球自转一圈,把这个过程平均分成24份,每一份就是1小时。把1小时平均分成60份,每一份就是1分钟;再把1分钟平均分成60份,每一份就是1秒钟。时间为什么重要呢?因为就我们生活的地球而言,人类和其他生物甚至包括地球本身都是有寿命的,人类的寿命也是非常有限的,中国人的平均寿命目前大约是76岁。郭沫若(1892—1978)曾经精辟地比喻了时间的价值:时间就是生命,时间就是速度,时间就是力量。如何让每个有限的生命过程有意义,就离不开时间,我们要用时间去度量生命,因而要珍惜时间。

速度就是物体单位时间运动的路程,学生1秒走多少米,1分走多少米,1小时走多少米(千米);再扩大到自行车、电动车、轮船、汽车、高铁、飞机、火箭、卫星、月球绕地球、地球绕太阳、光线等,由小到大理解速度。理解概念是理解和建立模型(结构)的基础。

我们可以把速度与单价进行类比,单价是单位数量或者质量的物品的钱数。例如1本书10元,写作10元/本;1千克苹果12元,写作12元/千克。还可以把速度与工作效率(工效)进行类比。例如某同学写作文每小时写500字,写作500字/时;铺路机每小时铺路100米,写作100米/时。无论是单价、工效,还是速度,都是单位1的量所对应的另一个量的大小。

很多专家反对解答应用题时"记类型、套公式",怎么理解这句话呢?我们反对的是"死记硬背",基本的公式当然需要记住,否则没有思维材料和载体;但是要在理解的基础上记忆,理解了一个模型,可以举一反三,以此类推。比如路程=时间×速度,学生理解了这个模型的基本概念、乘法的意义、数量关系,这个模型有三个量,一定要做到知二求一。这样任何一个相关的问题都可以一步一步分析解决,而不必关心什么情境、什么交通工具(地上跑的、天上飞的、水里游的)。行程问题是教师和学生非常头疼的问题。如前文所述,通过变式练习,形成问题串,有利于学生完整认识模型,形成模块结构。

例3 妈妈和小红相距600米,妈妈和小红同时出发相向而行,5分钟后相遇,妈妈每分钟行75米,小红每分钟行多少米?

这是我在浙江听课时一位教师在开展行程问题教学时使用的例题。

师生完成例题的学习后,启发学生自编题目,要求是把解决的问题变成已知条件,把一个已知条件变成要解决的问题,然后展示交流。由于有了例题作为基础,学生比较顺利地完成了编题和列式,取得了很好的教学效果,学生编写的题目如下。

1. 妈妈和小红相距600米,妈妈和小红同时出发相向而行,5分钟后相遇,小红每分钟行45米,妈妈每分钟行多少米?

2. 妈妈和小红相距600米,妈妈和小红同时出发相向而行,妈妈每分钟行75米,小红每分钟行45米,几分钟后相遇?

3. 妈妈和小红同时出发相向而行,妈妈每分钟行75米,小红每分钟行45米,5分钟后相遇,妈妈和小红原来相距多少米?

接下来教师出示多种方程模型,对比沟通,建立大结构。

1. 小明和小王绕400米的操场跑道散步,两人同时出发背向而行,小明每分钟走45 m,小王每分钟走35 m,两人几分钟后相遇?

$$(45+35)x=400$$

2. 两个工程队计划20天打通一条560米的隧道,各从一端相向施工,甲队每天开凿12米,乙队每天开凿多少米?

$$(12+x)20=560$$

3. 用图呈现一张发票,铅笔每支0.8元,橡皮每块0.5元,共付了6.5元,已知买的铅笔和橡皮的数量相同,你能把这张发票填写完整吗?

$$(0.8+0.5)x=6.5$$

4. 如图 7.3.3，长方形原来长 20 米，现在将长增加 15 米，宽不变，长增加后的长方形面积为 420 平方米，这个长方形的宽是多少？

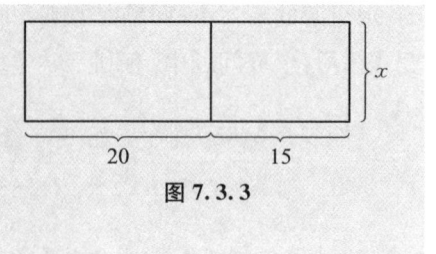

$$(20+15)x=420$$

图 7.3.3

最后把这些模型统一为一个大结构 $(a+b)c=d$。

例 4 李白的著名诗句："朝辞白帝彩云间，千里江陵一日还。两岸猿声啼不住，轻舟已过万重山。"描写的是李白在流放途中突然得知被赦免而即兴创作的一首七言绝句。白帝城位于重庆市奉节县，江陵即现在的荆州市，两地的水路大约 340 千米，千里江陵是一种夸张的说法，形容路途遥远。假设顺水平均船速为 20 千米/时，如果李白早晨 6：00 出发，"一日还"是真的吗？

分析：根据给定的信息，从早晨 6：00 到当天晚上 12：00 的时间是 18 小时，要想判断当天能否到达江陵，就是要求出船行驶的时间，这个时间如果小于或者等于 18 小时，就是真的。

$340\div 20=17$（时），$17<18$，所以"一日还"是真的。

4. 植树模型

以植树问题为例，可以封闭圆圈植树问题为核心模型，再演变出其他模型。封闭圆圈植树中的点与间隔一一对应，长度÷间隔＝棵数。根据实际情况演变出其他模型，如图 7.3.4 所示。

（1）一端栽一端不栽与封闭圆圈植树模型相同：长度÷间隔＝棵数。

（2）两端都栽：长度÷间隔＋1＝棵数。

（3）两端都不栽：长度÷间隔－1＝棵数。

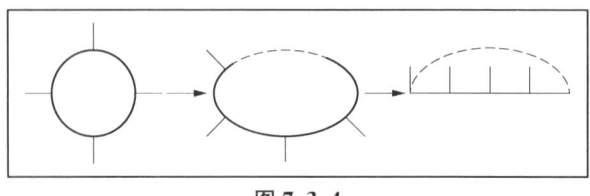

图 7.3.4

5. 工程模型

工程问题的基本模型是工作总量＝工作效率×工作时间。这个模型本质上与路程、速度、时间,总价、单价、数量的模型是一致的。在实际问题中,一项工程的工作总量如果没有直接给定,往往把其假设为"1",这个工程由甲、乙两个人或者团队进行工作,甲单独完成需要 x 天,乙单独完成需要 y 天,甲、乙工作效率分别是 $\frac{1}{x}$、$\frac{1}{y}$。那么甲乙合作,同时开始共同完成,需要的天数就是：$1 \div \left(\frac{1}{x} + \frac{1}{y}\right)$。把工程问题的基本模型进行拓展,还可以联想到传统的进水管和出水管的注水问题。一个无水的水池子有一根进水管和一根出水管,如果只开进水管需要 10 小时注满水,如果只开出水管需要 15 小时把满池水放完,问题是：如果进水管和出水管同时开,把一个无水的水池子放满水,需要多少小时？进水管的工作效率是 $\frac{1}{10}$,出水管的工作效率是 $\frac{1}{15}$,两个水管同时工作的注水工作效率是 $\left(\frac{1}{10} - \frac{1}{15}\right)$,因此,放满水需要的时间是：$1 \div \left(\frac{1}{10} - \frac{1}{15}\right)$。进行变式练习,将池子的 $\frac{3}{4}$ 注满水需要的时间是：$\frac{3}{4} \div \left(\frac{1}{10} - \frac{1}{15}\right)$。

说到进水管和出水管问题,相声《着急》曾讽刺这个问题是吃饱了撑的。实际上,这个模型在生活中有很多应用,例如收入、支出与攒钱问题,水库泄洪问题,地铁站、广场等人流管控问题,人口政策问题等。

更进一步,也可以把路程、总价看作单位"1",通过类比解决相关问题。

例5 椭圆形跑道,小明走一圈需要 4 分钟,小丽走一圈需要 5 分钟。如果小明和小丽从跑道的同一地点同时出发,背向而行,走到 2 分钟时,小丽站住,小明继续走,还需要走多长时间与小丽相遇？

分析：把一圈路程看成单位 1,速度分别是 $\frac{1}{4}$ 和 $\frac{1}{5}$,已经走了 2 分钟,走的路程是 $2 \times \left(\frac{1}{4} + \frac{1}{5}\right)$,用余下的路程除以小明的速度即可。

$$\left[1-2\left(\frac{1}{4}+\frac{1}{5}\right)\right]\div\frac{1}{4}=\frac{2}{5}(分)。$$

(二) 方程

传统的方程定义是：含有未知数的等式叫方程。判断一个式子是不是方程，只需要同时满足两个条件：一个是含有未知数，另一个是必须是等式。如有些小学老师经常对以下这道判断题有疑问：$x=0$ 和 $x=1$ 是不是方程？根据方程的定义，他们满足方程的条件，都是方程。方程按照未知数的个数和未知数的最高次数，可以分为一元一次方程、一元二次方程、二元一次方程、三元一次方程等等，这些都是初等数学代数领域中最基本的内容。方程思想的核心是将问题中的未知量用数字以外的数学符号（常用 x、y 等字母）表示，根据相关数量之间的相等关系构建方程模型。方程思想体现了已知与未知的对立统一。关于方程的定义，张奠宙先生认为：

> 方程的本质是为了求未知数，在已知数和未知数之间建立一种等式关系。既然方程的本意就是要求未知数，如果 $x=1$，未知数已经求出来了，也就没有方程的问题了。这类问题与我们学习方程知识没有关系，应当淡化。①

史宁中认为方程是讲两个故事，用等号连接。我进一步补充一下：方程是讲两个故事，两个故事的主人公是同一个量，每个故事都可以用已知数和未知数表达这个量，然后用等号连接起来。在比较复杂的数量关系中，等号两边的量离未知数越远越好，具体见下面例6、例7、例8。

例6 小明和小丽两家周末去甲地玩，小明的爸爸从家以 90 km/h 的速度开车先出发，小丽的爸爸 0.5 小时后开车从同一地点以 110 km/h 的速度追赶，几小时能追上？

分析：小丽的爸爸出发时小明的爸爸已经开出 0.5 小时，因为他们从小明

---

① 张奠宙，唐彩斌.关于小学"数学本质"的对话[J].人民教育，2009(2).

家这个同一地点出发,所以追上时两车行驶的路程相等。设 x 小时能追上,这个方程讲两个故事,分别是:小明的爸爸开车从家出发行驶了一段路程,小丽的爸爸开车从小明家晚出发 0.5 小时行驶同样的这段路程,故事的主人公是:路程。可列出如下方程:

$$110x = 90 \times 0.5 + 90x,$$
$$20x = 45,$$
$$x = 2.25。$$

即 2.25 小时能追上。

例7 有一批捐赠的图书分给一个班的学生,如果每人分 3 本,则还缺 15 本;如果每人分 2 本,则剩余 25 本。这个班有多少学生?

分析:根据题意,这批书的数量和学生人数都是定值,那么书的数量就是故事的主人公。题目求的是学生的数量,可设为未知数,书的数量可由学生的数量表示。

解:设这个班有 x 名学生,那么书的数量可分别表示为 $3x - 15$ 和 $2x + 25$,因此,可列如下方程:

$$3x - 15 = 2x + 25,$$
$$x = 40。$$

即这个班有 40 名学生。

此题还可以变换故事的主人公——相等关系的量列出其他方程,如下:
用两个式子表达每人分 3 本的图书数量:$3x = 2x + 25 + 15$;
用两个式子表达每人分 2 本的图书数量:$3x - 25 - 15 = 2x$;
用两个式子表达每人分 3 本减去每人分 2 本的数量:$3x - 2x = 25 + 15$;
用两个式子表达班级人数:$x = (25 + 15) \div (3 - 2)$。

最后一种方法本质上就是算术方法,未知数离故事的主人公最近,即未知数本身作为相等关系的量,这样的方程最复杂。

例8 有一列按一定规律排列的数:1,4,7,10,13,…。其中某三个相邻的数的和是 570,这三个数各是多少?

分析：这列数的规律是，每个数比前一个大 3，可以用算术方法解决，也可以用方程解决，故事的主人公可以是三个相邻数的和。设这三个数分别是 x，$x+3$，$x+6$。由三个数的和是 570，得

$$x+x+3+x+6=570,$$
$$3x+9=570,$$
$$3x=561,$$
$$x=187。$$

这三个数分别是 187，190，193。

方程是义务教育阶段重要的数学思想方法，用方程表示数量的相等关系，不仅能体现方程的应用价值，也有助于学生形成模型思想。根据《义教数学标准》的理念，方程思想的教学应关注以下几点。

(1) 用字母表示数量和数量关系，加强代数思维的培养。如某校六年级一班男生有 x 人，女生有 y 人，一共有 $(x+y)$ 人，这个 $x+y$ 既是加法运算，又是加法运算的结果，即一个数。这里要让学生体会从常量到变量，从具体的数到抽象的数的运算的转变。

(2) 结合天平的平衡，引出等式和方程；结合具体情境，通过分析数量关系来理解相等关系，并用方程表示相等关系；再通过解方程解决问题，从而认识方程的作用。

(3) 培养学生利用等式的性质解方程，有利于培养代数思维并做好中小学的衔接。

(4) 通过列方程解决稍复杂的问题，认识到方程方法比算术方法具有优越性，培养用方程解决问题的意识。

(5) 解方程(组)就是不断转化化归的过程，把复杂的方程最终化为未知数的系数为 1 的方程，未知数用已知数表达。

(6) 从一年级开始体现代数思维和方程思想。

如前文所述，本人反对一年级的学生把加法问题列成减法算式或把减法问题列成加法算式。有些专家认为可以这样做，理由是可以培养方程思想。那么，怎么做既不影响学生理解运算的意义，又可以体现方程思想呢？例如，小明有 5 块糖，小丽有 7 块糖，小明比小丽少几块糖？正确列式为 $7-5=2$，而

有些人认为 $5+2=7$ 也可以。在此,如何正确体现方程思想呢?方程思想的应用,一定要把待解决的问题的数据作为未知数参与列式,让学生明确这个数据原来不知道是多少,只有通过列式计算才能求出来。可以假设小明比小丽少○块,那么5块加上○块就等于7块,即 $5+○=7$,所以 $○=7-5=2$。

2018年11月6日在北京西城区阜成门外第一小学举办了同课异构活动,来自阜成门外第一小学的蒋芳老师和北京第三十五中学初中部的刘璐老师分别给五年级的学生执教了《方程的意义》一课。

蒋老师的教学过程简述如下。

> 1. 复习用字母表示数及数量关系。
> 2. 通过天平认识相等与不等关系。用动画演示放砝码认识天平及平衡,引出天平平衡可以用式子表达相等的数量关系;接着天平左边放一个空杯子,右边放100克砝码,天平平衡;继续在天平右边增加或者减少砝码,往杯子里倒满水,最终砝码是250克,天平平衡,启发学生列出各种不等式与等式。
> 3. 脱离天平,通过线段图、实物图、长方形周长找相等关系。
> 4. 通过观察、比较、分类,抽象概括方程概念。
> 5. 巩固练习,用方程讲故事,回到生活。

本节课总体上层次清楚,注重从天平的情境抽象概括方程概念,数学思想方法及核心素养的教学目标得到了落实,学生体会了方程的意义及价值。需要改进的是,学生脱离天平如何寻找相等关系是一个难点,如何突破这个难点还需要研究,要启发学生理解:天平平衡实际上是两边质量相等,可以用数学符号和式子表示;如果没有了天平,其他情境问题中的两个量还是可以找到相等关系,用符号和式子表示。即方程是讲两个故事,故事的主人公是同一个量,两个故事用等号连接。

刘璐老师的教学过程简述如下。

> 1. 通过跷跷板及天平认识不等关系及相等关系。认识到相等关系就是天平及等号两边的量一样多。
> 2. 通过天平进一步探索相等关系、用符号表达相等关系。体会等号、字母符号的价值,感悟抽象思想。

> 3. 脱离天平,通过线段图、篮球与足球价格等不同形式表示相等关系,列出等式。比较天平与等式的异同,抛开量的物理属性,完成从生活、物理中的天平向数学中的"天平"(等式)的升华。
> 4. 通过把式子分类,抽象概括方程的概念。强化方程概念,判断是否为方程的标准有两条:含有未知数,是等式。
> 5. 巩固练习,讲故事。
> 6. 总结方程的抽象概括过程:
>   现实生活—相等关系—符号表示—构造方程。

本节课逻辑关系清晰,注重概念的抽象概括,注重对方程、分类、抽象、符号等数学思想方法的感悟,注重数学核心素养目标的达成,尤其是在培养学生从生活情境到数学概念、思想方法的抽象过程的方面设计得非常到位。

通过两节课的对比可以发现,中学数学教师在把握重点和难点,让学生理解并掌握概念,以及培养学生学会数学地思考等方面的教学更加到位,这些值得我们学习借鉴。

(三) 函数

函数也是解决实际问题的重要思想和工具,可以用来描述现实世界的各种变量的数量关系。

设集合 A、B 是两个非空的数集,按照某种确定的对应关系 f,如果对于集合 A 中的任意一个数 x,在集合 B 中都有唯一确定的数 y 和它对应,那么就称 y 是 x 的函数,记作 $y=f(x)$。其中 x 叫做自变量,x 的取值范围 A 叫做函数的定义域;y 叫做函数或因变量,与 x 相对应的 y 的值叫做函数值,y 的取值范围 B 叫做值域。以上函数的定义是从初等数学的角度出发的,自变量只有一个,与之对应的函数值也是唯一的。这样的函数研究的是两个变量之间的对应关系,一个变量的取值发生了变化,另一个变量的取值也相应发生变化。中学里学习的正比例函数、反比例函数、一次函数、二次函数、幂函数、指数函数、对数函数和三角函数都是这类函数。实际上现实生活中还有很多情况是一个变量会随着几个变量的变化而相应变化,这样的函数是多元函数。虽然在中小学里不学习多元函数,但实际上它是存在的。如圆柱的体积与底面半

径 r 和圆柱的高的关系：$V=\pi r^2 h$。半径和高有一对取值，体积就会相应有一个取值；也就是说，体积随着半径和高的变化而变化。函数思想的核心是事物的变量之间有一种依存关系，因变量随着自变量的变化而变化，通过对这种变化的探究找出变量之间的对应法则，从而构建函数模型。函数思想体现了运动变化的、普遍联系的观点。

1. 方程和函数的区别

从小学数学到中学数学，数与代数领域经历了从算术到方程再到函数的过程。算术研究具体的、确定的常数以及它们之间的数量关系，方程研究确定的常数和未知数之间的数量关系，函数研究变量之间的数量关系。

方程和函数虽然都是表示数量关系的，但是它们有本质的区别。如二元一次方程组中的未知数往往是常量，而一次函数中的自变量和因变量一定是变量，因此二者有本质的不同。方程必须有未知数，未知数往往是常量，而且一定用等式的形式呈现，二者缺一不可，如 $2x-4=6$。而函数至少要有两个变量，两个变量依据一定的法则相对应，呈现的形式可以有解析式、图象法和列表法等，如集合 A 为大于等于 1、小于等于 10 的整数，集合 B 为小于等于 20 的正偶数，那么这两个集合的数之间的一种对应关系可以用 $y=2x$ 表示，也可以用图象表示，还可以用如下的表格表示，如表 7.3.1 所示。

表 7.3.1

x	1	2	3	4	5	6	7	8	9	10
y	2	4	6	8	10	12	14	16	18	20

人们运用方程思想，一般关注的是通过设未知数如何找出数量之间的相等关系构建方程并求出方程的解，从而解决数学问题和实际问题。人们运用函数思想，一般更加关注变量之间的对应关系，通过构建函数模型并研究函数的一些性质来解决数学问题和实际问题。方程中的未知数往往是静态的，而函数中的变量则是动态。方程已经有 3000 多年的历史，而函数概念的产生不过才 300 年。

2. 方程和函数的联系

方程和函数虽然有本质的区别，但是它们也有密切的联系。如二元一次

不定方程 $ax+by+c=0(ab\neq 0)$ 和一次函数 $y=kx+b$，如果方程的解在实数范围内，函数的定义域和值域都是实数，那么方程 $ax+by+c=0$ 经过变换可转化为 $y=-\dfrac{a}{b}x-\dfrac{c}{b}$，它们在直角坐标系里画出来的图象都是一条直线。因此，可以说一个二元一次方程对应一个一次函数，这时这个二元一次方程就转化成了一个一次函数。如果使一次函数 $y=kx+b$ 中的函数值等于 0，那么一次函数转化为 $kx+b=0$，这就是一元一次方程。因此，可以说求这个一元一次方程的解，实际上就是求使函数值为 0 的自变量的值，或者说求一次函数图象与 x 轴交点的横坐标的值。

一般地，就初等数学而言，如果令函数值为 0，那么这个函数就可转化为含有一个未知数的方程；求方程的解，就是求使函数值为 0 的自变量的值，或者说求函数图象与 x 轴交点的横坐标的值。

方程中的未知数有时是动态的，如圆的方程：$x^2+y^2=1$，虽然 x、y 在区间 $[-1,1]$ 内可以取任意数值，x 和 y 可以理解为变量，但这个关系不是函数关系，因为每对确定的绝对值相等的 x 的值（0 除外），如 $x_1=+0.6$ 和 $x_2=-0.6$，都有两个 y 的值与之对应，$y_1=+0.8$ 和 $y_2=-0.8$，不满足函数的自变量与因变量一对一或者多对一的法则。

如果把圆的方程变换为半圆的方程：$y=\sqrt{1-x^2}$（$|x|\leqslant 1$），就可以看成 y 是 x 的函数。

17 世纪，随着社会的发展，传统的研究常量的算术和方程已经不能解决以探究变量之间的关系为主的经济、科技、军事等领域的重要问题，这时函数便产生了。函数为研究运动变化的数量之间的依存、对应关系和构建模型带来了方便，从而能够解决比较复杂的问题。

概括地说，方程和函数思想是中小学数学，尤其是中学数学的重要内容之一。方程和函数在研究和构建现实世界的数量关系模型方面，发挥着重要的不可替代的作用。

3. 函数思想的教学

在小学数学里没有学习函数的概念，但是有函数思想的体现，与正比例函数和反比例函数最接近的正比例关系和反比例关系是小学数学的必学内容。另外，在小学数学的一些知识中也体现了函数思想，如数与数的一一对应就体现了函数思想。方程和函数是小学数学与初中数学衔接的纽带之一。

函数是义务教育阶段重要的数学思想方法，用函数表示数量关系和变化规律，不仅能体现函数思想的应用价值，也有助于学生形成模型思想。根据《义教数学课标》的理念，函数思想的教学应关注以下几点。

（1）正比例关系和反比例关系等函数关系式中的字母 x、y 等代表的是变化的量，即变量，而且这两个量是相关联的量，一个量变化，另一个量会随之变化，你变我也变，这是函数思想的基础。同时，一个量确定了，另一个量也随之确定，你定我也定。

（2）结合简单情境，认识成正比例的量或反比例的量，通过分析数量关系和变化规律建立比例关系式，再通过解比例解决问题。

（3）能根据给出的有正比例关系的数据在方格纸上画图，并根据其中一个量的值估计另一个量的值。

下面再结合案例谈谈函数思想的教学。

例9 小明家的果园供游人采摘桃，每千克 10 元。请写出销售桃的总价（总收入）y 元与数量（千克数）x 之间的关系式。如果某天的销量是 50 千克，这天的总收入是多少？如果上个月的总收入是 12000 元，上个月的销量是多少？

分析：此题涉及的也是商品的单价、数量和总价的关系，仍然要根据数量关系"单价×数量＝总价"进行分析。根据题意，已知的量是单价，未知的量是总价和数量，题目已经告诉我们分别用 y 和 x 表示。因为桃的单价一定，所以它的总价与数量成正比例，可列关系式：$y=10x$。某天的销量是 50 千克，则总收入是 500 元。上个月的总收入是 12000 元，则销量是 1200 千克。

例10 某地成人的身高与脚长呈正比例关系，比值 $k=6.9$。如果设身高为 y，脚长为 x。

（1）身高与脚长的关系式为_____。

（2）某人身高为 181.47 cm，该人的脚长是_____。

（3）某人的脚长为 25 cm，该人的身高是_____。

分析：(1) 一般的正比例关系式是 $y=kx$，此题中 $k=6.9$，所以身高与脚长的关系式为 $y=6.9x$。

(2) $181.47 \div 6.9 = 26.3$，该人的脚长是 26.3 cm。

(3) $6.9 \times 25 = 172.5$，该人的身高是 172.5 cm。

例 11 如图 7.3.5 所示，正方形内有一个最大的圆，正方形的边长是 $2r$。如果用 x 表示圆的面积，y 表示正方形的面积，请写出 y 与 x 的关系式，并判断二者成什么关系。

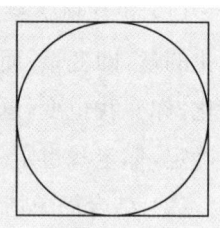

图 7.3.5

分析：根据题目给出的信息可推出圆的直径为 $2r$，半径为 r，所以 $x = \pi r^2$，$y = (2r)^2 = 4r^2$。根据 $x = \pi r^2$，可得 $\dfrac{x}{\pi} = r^2$，那么 $y = 4r^2 = \dfrac{4}{\pi}x$。因为 $\dfrac{4}{\pi}$ 是常数，所以 y 与 x 的比值是定值，由此推出 y 与 x 成正比例关系。

例 12 爸爸骑自行车上班，最初以正常的速度匀速行驶，行至中途时，停下来与熟人聊天几分钟，然后他加快了速度继续匀速行驶。下面是行驶路程 s（米）与时间 t（分钟）的关系图象，那么符合行驶情况的大致图象是（   ）。

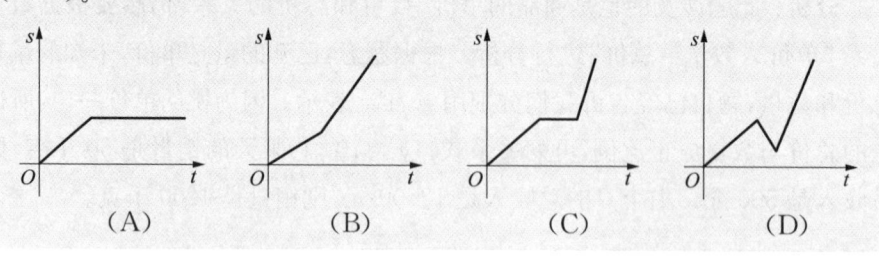

(A)   (B)   (C)   (D)

分析：根据题目给出的信息，爸爸中途停留了几分钟，这几分钟内，行驶的路程 s 不变，在图象上应该是一段水平线段，由此可判断 B、D 选项不符合条件。爸爸聊了几分钟后，继续加快速度行驶，根据已有的知识和经验，后半段的图象比前半段更陡，可判断 A 选项不符合条件。所以 C 选项是正确答案。

(四) 开放题

问题解决所提倡的四能:发现问题,提出问题,分析问题和解决问题,与数学模型思想密切相关。为了培养学生发现与提出问题的能力,情境要联系真生活,多呈现开放题。阅读理解生活的情境,能培养学生阅读理解的能力。

2018 年 5 月在湖南长沙召开的全国小学数学核心素养示范观摩课上,浙江省杭州市江干区采荷第三小学教育集团邱婉倩老师执教的问题解决,创设了毛竹生长的情境。该情境是联系真生活的开放题,非常重视培养阅读理解能力。当然,教学过程中如果能结合问题去阅读理解、分析数量关系,就更好了。

例 13 阅读以下图 7.3.6 中的信息,请判断:毛竹最快 2 天能长高 2 米,是真的吗?

> 毛竹是世界上生长最快的植物,它广泛分布于 400—800 米的丘陵、低山地带。它从笋到竹子长成,仅仅需要 2 个月左右的时间,高度却可达到 20 米,相当于六七层楼的高度,粗可达 20 多厘米。据统计,毛竹在生长高峰时期,6 小时就可长高 30—35 厘米。因此人们常常用"雨后春笋"来形容发展很快的事物。

图 7.3.6

分析:题目中的信息量非常大,根据要解决的问题来找需要的条件。问题是:最快时 2 天能否长 2 米,求的是生长速度。那么与毛竹的海拔高度无关,2 个月长到 20 米,2 个月大约按照 60 天计算,也不能确定 2 天是否长 2 米。再看生长高峰时期,6 小时可长 30—35 厘米,我们按照 6 小时生长 30 厘米计算,如果高峰期能够维持 2 天,2 天是 48 小时。

$$24 \times 2 \div 6 \times 30 = 240(厘米) = 2.4(米), 2.4 > 2。$$

如果高峰期能够维持 2 天,那么 2 天长高 2 米是真的。

例 14 如何当一名会挣钱的出租车司机？请先阅读以下信息，发现并提出问题，然后分析解答。之后再回答前面的问题。

一辆出租车每月上交给公司 5040 元份儿钱(承包费)，如果每个月按 30 天计算，每天工作 12 小时。一辆出租车每天的燃油费是 150 元，平均每天工作 12 小时。不考虑其他费用(成本)，只考虑每月上交的份儿钱和油钱。出租车的起步价是 3 千米 13 元，单价是每千米 2.3 元。

出租车某天第一个活儿打车的路程是 14 千米，因为堵车用时 1 小时。

在第二个 1 小时的时间里，没有堵车，这辆车拉了两个活儿：一个路程是 10 千米，另一个路程是 8 千米。

启发学生要计算每天的成本，每小时的成本，发现并提出以下问题。

(1) 平均每天的份儿钱是多少？平均每小时的份儿钱是多少？

$$5040 \div 30 = 168(元)，168 \div 12 = 14(元)。$$

(2) 平均每小时的油钱是多少？(结果保留一位小数)

$$150 \div 12 = 12.5(元)。$$

(3) 这辆出租车每天固定支出的费用是多少？每小时固定支出的费用是多少？

$$168 + 150 = 318(元)，14 + 12.5 = 26.5(元)。$$

(4) 第 1 小时司机净赚了多少钱？

$$13 + (14 - 3) \times 2.3 = 38.3(元)，38.3 - 26.5 = 11.8(元)。$$

(5) 第 2 小时司机净赚了多少钱？

$$13 + (10 - 3) \times 2.3 = 29.1(元)，13 + (8 - 3) \times 2.3 = 24.5(元)，$$
$$29.1 + 24.5 = 53.6(元)，53.6 - 26.5 = 27.1(元)。$$

(6) 比较第(4)、(5)题的计算结果，你有什么发现？

27.1 比 11.8 的 2 倍还多，说明越堵车赚钱越少，每个活儿用时越少越好，对于出租车司机来说，时间就是金钱。

(五) 分析法与综合法

分析法是从问题出发逐步逆推,便于把握探索的方向;综合法的思维具有发散性,能够提供多种策略。简单的问题,往往直接应用综合法便可解决;复杂的问题,往往需要将分析法和综合法结合运用。把二者结合起来,便于根据已知条件提供向问题靠拢的策略,使问题尽快得到解决。

我们要思考一个现象:为什么在三年级问题解决时就出现了两极分化的现象?就是因为学生对于比较复杂的、联系实际的、丰富情境的问题没有形成分析问题的方法,无法通过简单的模仿来解决问题。为了突破解决问题的难点,老师们在教学过程当中采取了各种办法,数形结合、几何直观、画图列表等。但是以上策略都不是本质的方法,最重要的是学会用分析问题的方法执果索因(顺藤摸瓜),根据题目中要解决的问题,逆向思考、寻找需要的条件。下面举例说明。

例 15 一件衬衫的标价是 150 元,现在因换季按标价打八折的优惠价出售,优惠价扣除进价后是毛利,毛利占优惠价的 20%,这款衬衫的进价是多少钱?

分析: 要想求进价是多少钱,需要知道进价加上获利一共是多少钱,进价加上获利等于优惠价,优惠价等于标价的 80%,而获利等于优惠价的 20%。

用分析法找出数量关系和解题思路,用综合法列式如下:
(1) 进价加获利一共的钱数是:$150 \times 80\% = 120$(元);
(2) 这款衬衫的进价是:$120 - 120 \times 20\% = 96$(元)。
列成综合算式是:$150 \times 80\% - 150 \times 80\% \times 20\% = 96$(元)。

例 16 妈妈和小红相距 600 米,两人同时出发相向而行,4 分钟后两人相距 120 米(没有相遇),妈妈每分钟行 75 米,小红每分钟行多少米?

分析: 从问题出发,要求小红每分钟行多少米,是求小红的速度,马上想到速度与路程、时间的模型。于是再找小红行的路程和时间,时间是 4 分钟,路程不知道,然后再继续根据其他已知条件求路程。根据"妈妈和小红相距 600 米,妈妈和小红同时出发相向而行,4 分钟后两人相距 120 米"这些条件,知道了妈妈和小红共同行了(600－120)米,也就是两个人的路程的和是480米,480减去妈妈行的路程就是小红行的路程;要想知道妈妈的路程,需要知道妈妈的速度和时间,妈妈的速度是每分钟75米,时间是4分钟,需要的条件都找到了。到此,问题基本解决了,这个分析过程虽然繁琐,但是思路清楚,通俗说就是顺藤摸瓜。然后根据综合法列式,可以用算术方法,也可以用方程方法。

算术方法:$(600-120-75\times 4)\div 4=45$(米/分)。

方程方法:设小红每分钟行 x 米。

$$(75+x)\times 4+120=600,$$
$$x=45。$$

例17 明明家有一些苹果和梨,苹果的个数如果减少5个,就恰好是梨的个数的3倍。如果每天吃4个苹果和2个梨,当梨吃完时苹果还剩15个。那么原来梨和苹果各有多少个?

分析:要想求出苹果和梨的个数,一是要找出苹果和梨的关系,二是要求出苹果或者梨的个数。从题目中可以看出,苹果比梨的个数多,可考虑把梨的个数作为标准量来分析它们的倍数关系。从题目的第二句话可以得出:苹果比梨的2倍多15个;从第一句话可以得出:苹果比梨的3倍多5个。综合起来可以得出:苹果与梨相比较,苹果减少15个是梨的2倍,减少5个是梨的3倍;所以,从15个中减去5个,剩下的10个就是梨的个数。

第四节 数学运算的教学

长期以来,我们一直在强调运算能力的重要性,但是教师往往更多地把焦点关注到运算正确与熟练的方法和技巧上。为此,教师和学生付出了大量时间和精力去训练,在考试的巨大压力下,这实在是无奈之举。教师和学生对计算投入了很多的时间和精力,得到的回报是考试确实能够考出好成绩。但是负面影响也不可忽略,如学生对数学的意义和价值认识太过狭隘,而且很多学生即使计算熟练,也未必理解计算的道理,即知其然却不知其所以然。

因此,必须挖掘运算的更多价值。计算教学的价值取向,不仅仅是运算正确与比较熟练,更重要的是体会运算中的原理、推理的思想方法、逻辑关系、规定算法的合理性以及计算的应用。再次强调,计算是具体的推理,要把对算理的理解上升到推理的高度、思想方法的高度,才能收到事半功倍的效果。

一、整数与小数的计算教学

数的运算就是对于任何一个单一运算或者混合运算,把参与运算的数根据运算的意义、运算律、运算法则组合成算式并进行恒等变形,最终得到运算结果,这个结果仍然是一个数。这个运算的算理、过程和方法,以及结果的表达一般都离不开十进位值制计数法(分数除外,当然如果把分数化成小数,也要遵循这个计数法)。那么,对于整数与小数的笔算乘法和除法的学习,学生的认知困难到底在哪里呢?前文已经有所讨论,再补充几点。根据课堂观察和学习思考,笔者认为学生的认知困难主要有三点:一是对算式中的乘法和除法的意义没有真正理解,乘法和除法的竖式对于横式而言,只是形式上的变化,它们的意义没有变。有些学生能够把横式 43×2 理解成两个 43 相加,而对竖式就不理解了。二是对十进位值制的计数原理没有真正理解,无论乘法还是除法,每一步计算的结果表示多少?写在什么位上?这需要依据十进位值制的计数原理。三是运用数学思想方法的能力和意识比较弱。每一个新知识都是在已有知识的基础上发展的,要善于运用类比推理和比较差异的思想方法进行新旧知识的转化,达到触类旁通、方法迁移的目的。

(一) 算理的重要性

小学数学关于计算内容的重难点是:多位数乘除法、小数乘除法、分数乘除法。多位数乘法的重难点在于两位数乘两位数,多位数除法的重难点在于多位数除以一位数。这些难点主要在于算理,为什么要强调算理的重要性呢?我们来做一些具体分析。

2014年,有一次我听刘坚教授作报告得到一个信息:全国对四年级学生进行数学质量抽样监测,结论是我国学生笔算整数乘法平均正确率为76%。这个正确率在国际上尽管是名列前茅的,但是我认为并不是特别理想,也经常听到中学老师对小学生的计算能力的抱怨。近年来我在给教师培训时讲过中小学衔接的报告,课间与教师交流时有教师问我:为什么我的孩子在小学时数学经常考100分,到初中只考80分了?我说这个问题原因比较复杂,但是主要原因可能是学生缺乏对数学学科本质的理解。我们在小学可能学了很多"假数学",即只会死记硬背算法,不理解道理,只知其然不知其所以然,不理解算理的一些算法与技巧到初中根本用不上,而且会慢慢归零,所以没有数学思维和思想方法含量的小学阶段的100分到初中就会变成80分。如果学生慢慢学会了用抽象和推理的思想方法理解算理,学会说理,那么就慢慢学会了思考,这样的100分到了初中才是经得起考验的。于是我想起了质量监测的例子,我跟老师们说:实际上这76%的学生有多少是理解算理的?(我当时并不知道,这个疑问一直没有得到数据)有多少学生具有数学思维和思想方法的高度?有多少学生具有到初中可持续发展的能力?我们小学数学计算教学要追求具有核心素养(掌握算理、算法、类比与转化的思想等)的计算技能和正确率,这才是真数学。后来恰巧在撰写本书查阅文献时,得到了三年级的相关数据:

  本项目组在2009年的测试中设计了如下的两道题目,题目1:计算42×25。目的是考查三年级学生是否掌握了两位数乘两位数的法则。题目2:在34×12的竖式中,箭头所指(34乘12的第二层积34)的这一步表示的是( )。A. 10个34的和; B. 12个34的和; C. 1个34的和; D. 2个34的和。本题考查的是三年级学生是否理解两位数乘两位数竖式中每一步的含义。之所以设计题目2,源于笔者与学生的一次谈话。在笔者与一位三年级学生讨论如何计算两位数乘两位数的题目时,他很快利用竖式给出正确结果。笔者进一步追问竖式的"第二层"(即题目中箭头所指的这一步)是怎么得到的,他快速地回答道:"老师告诉的用1乘34,乘完向左错一位,我也不知道为什么。"这次简短的谈话引起了笔者的深思,到底有多少学生真正理解了法则,而不仅仅是机械套用。在2009年所做的全国常模抽样测试中随机抽取了1664份样本,学生在题目

1和题目2的得分率分别是0.7010,和0.4309,二者有显著性差异。与题目1相比,题目2的低得分率固然可能是由于学生对于这类题目不熟悉,但不得不说确实有不少学生并不真正理解法则的意义,特别是本题最大错误选项C更加说明了这一点。因为在实际教学中,或者不少教师不重视学生探索如何计算的过程,或者当学生刚刚探索出方法后,教师立即就引导学生学习竖式,在对竖式还未真正内化的情况下,教师又开始引导学生学习"简化"的竖式(即箭头所指的那一步要把340的末尾0写成虚的,意思是可以省略不写,最后再把0省略掉)。这样仓促地同时完成几个内容的教学,就可能造成学生因为并没有真正理解竖式每一步的道理就只好记住法则了。[1]

这些数据表明,可能只有一半的学生理解两位数乘法的算理。

张景中院士认为"运算是具体的推理,推理是抽象的计算"[2]。也就是说,运算原本是推理,或者说本来运算就是推理,只不过我们习惯用运算或者计算的称谓罢了。运算的本质是一种数学思维能力或者推理思想,但是如果运算不讲算理,只讲算法,或者学生不懂算理,只会算法,那么学生就只会照葫芦画瓢,模仿着计算。这种运算就不是推理,也不是真正的数学,而只是浅层次的算术了。所以我始终认为:算理比算法重要!

(二) 整数笔算乘法的教学

多位数乘两位数,两位数乘两位数是重点、难点,要想尽办法让学生理解两位数乘两位数的算理。前文已经分析了三位数乘一位数的算理与法则,已经分析了横式与竖式的意义相同,都是求积是多少,只是书写形式不同。

接下来我们再看三位数乘两位数和两位数乘两位数,本质上是十进位值制计数法的应用和分配律的推广,即多项式乘法,转化为多位数乘整十数加一位数,再转化为多位数乘整十数加多位数乘一位数。其中,多位数乘整十数还可转化为多位数乘一位数。为了让小学生容易理解,我们分步按照多位数乘一位数的方法计算。见下例:

---

[1] 张丹. 小学数学教学策略[M]. 北京: 北京师范大学出版社, 2010: 72.
[2] 张景中. 感受小学数学思想方法的力量[J]. 人民教育, 2007(18): 32-35.

12×34
$= 12 \times (30+4)$
$= 12 \times 30 + 12 \times 4$
$= (10+2) \times 30 + (10+2) \times 4$
$= 300 + 60 + 40 + 8$
$= 360 + 48$
$= 408$

$$\begin{array}{r} 1\ 2 \\ \times\ 3\ 4 \\ \hline 4\ 8 \\ 3\ 6\ \ \\ \hline 4\ 0\ 8 \end{array}$$

上题难就难在第二个因数变成了两位数,要把两位数分成整十数加一位数,再运用分配律计算。把 12×34 转化为 $12 \times 30 + 12 \times 4$,再把 12×30 转化为旧知识。通过上面的横式发现,两位数乘两位数开始得到四个积,然后得到两部分积,分别对应竖式中的四个数 3、6、4、8,学生就容易理解竖式计算当中为什么两个因数的数字要交叉相乘,一共乘 4 次。这样的算理确实比较繁琐,但是如果学生理解了算理,就有利于掌握算法,达到一劳永逸、举一反三、以此类推的效果。

再看 123×23。

123×23
$= 123 \times (20+3)$
$= 123 \times 20 + 123 \times 3$
$= 123 \times 2 \times 10 + 123 \times 3$
$= 2460 + 369$
$= 2829$

$$\begin{array}{r} 1\ 2\ 3 \\ \times\ \ \ 2\ 3 \\ \hline 3\ 6\ 9 \\ 2\ 4\ 6\ \ \\ \hline 2\ 8\ 2\ 9 \end{array}$$

通过横式与竖式的比较就会理解竖式计算时的第二步乘积的意义,及其书写位置为什么要向左移动一位,才能够保证相同数位上的数相加。因此,用横式解析竖式的算理,学生就会更加明白,理也就通了,法也就明了。

最近很多人在微信里转发印度乘法口诀,包括很多老师都觉得很神奇,实际上这有什么可神奇的呢? 20 以内的乘法,如果理解了算理,根本用不着背口诀,也可以快速计算出结果。比如,$13 \times 15 = (10+3)(10+5) = 10 \times 10 + 10 \times 5 + 3 \times 10 + 3 \times 5 = 100 + 50 + 30 + 15 = 180 + 15 = 195$,两位数乘两位数,一共有 4 部分积,口算的时候直接算前 3 个积的和,即把两个个位数 3、5 相加的和 8 作为 8 个十,与 100 相加,得 180;两个个位数 3、5 相乘的积 15,再算 180 与

15 的和,得 195。同理可得,$14 \times 18 = 220 + 32 = 252$,$19 \times 19 = 280 + 81 = 361$。大家可以试试,都可以很快学会。

(三) 小数笔算乘法

前文已经根据具体例子,在自然数乘法和十进分数乘法的基础上,讨论了小数笔算乘法的算理及法则,主张教材编排和课堂教学都应先教学十进分数的乘法,再教学小数乘法。

那么,如果按照现行教材的逻辑结构,如何教学能够让学生理解算理呢?教材的编排是运用整数乘法积的变化规律推广到小数,先把乘数中的小数移动小数点化成整数,按照整数乘法的计算法则计算,再数出乘数中小数点的位数,在积中点上小数点。根据小数点移动引起小数大小变化的规律,由于乘数扩大积也相应扩大了,要想保持原来的积不变,需要把整数乘法得到的积再次沿反方向移动小数点,进行小数点位置的还原。积的小数点需要移动多少位,取决于两个乘数的小数点一共移动了多少位。这个思路小学生不容易想到,需要教师启发引导。

那么,如果启发学生直接根据小数点移动引起小数大小变化的规律,转化成整数乘除法,应如何计算呢? 举例如下。

$$0.72 \times 5$$
$$= 72 \div 100 \times 5$$
$$= 72 \times 5 \div 100$$
$$= 360 \div 100$$
$$= 3.6$$

学生已经学习了 $0.72 \times 100 = 72$,所以 $0.72 = 72 \div 100$,这样就可以把小数乘法转化成整数乘除法。

$$0.72 \times 0.5$$
$$= 72 \div 100 \times 5 \div 10$$
$$= 72 \times 5 \div 100 \div 10$$
$$= 360 \div 1000$$
$$= 0.36$$

(四) 整数笔算除法的教学

前文已经结合具体例子讨论了整数笔算除法的法则,本节再结合案例提出几条教学建议。

第一,要使学生理解除法的意义。除法是乘法的逆运算,乘法是合的运算,除法是与乘法意义相反即分(平均分)的运算,这个运算过程的每一步要用到表内乘法和除法。这些在有余数除法和除数是一位数的除法中就应理解到位。有余数的除法是第一次学习竖式,例如13÷4,13用1捆零3根小棒进行直观表示,这样帮助学生理解以十为单位(1捆表示1个十)不够分,把1捆拆开与3根合起来是13根(13个一)就够除(分)了,商3是表示3组(3个一),所以3应写在个位上,如果写在十位上就表示3个十,是30组,就错了。学生有个误区,十位上的1是10根,怎么会不够分呢? 误把1个十想成10个一去除了,1个十与10个一虽然大小相等,但是意义不同。

第二,要使学生掌握算理算法。笔算除法比表内除法要复杂,一般来说不是一步计算就能完成,要一步一步进行平均分;每一步平均分的结果(商)表示多少,写在什么位上,依据是十进位值制计数法;表示几个一就写在个位,表示几个十就写在十位,以此类推(类比法),与除数是几位数没有关系。学生的认识需要上升到这样的一般性和共性。实际上,整数与小数的竖式计算,无论是加减还是乘除,都要遵循一个共同的法则:每一步计算的结果是多少个计数单位,就要写在相应的数位上。

第三,借助直观帮助学生理解算理算法。教材在除数是两位数的除法的例1中,仍然结合小棒图的直观性帮助学生理解算理算法。笔者听一位教师在教学笔算除法时,没有按照教材的包含除教学,而是按照等分除教学,充分发挥了小棒的直观作用,暗示把92本连环画平均分给30个班,每个班分得的是3个一。在学生独立计算之前,用PPT出示9捆和2根小棒,告诉学生一根小棒表示一本书,然后让学生思考:两根表示多少本书? 9捆呢? 这些小棒一共表示多少本书? 用30个圈表示30个班,把这些小棒平均分给30个班,能直接以捆为单位分吗? 然后引导学生把9捆打开,92个一就可以直接分了。渗透了商在个位数的道理,然后让学生独立计算。在展示学生的各种错误资源后,再结合分小棒的过程,理解算理和算法。当然,笔者在学生独立计算时进行巡视,发现仍然有几个学生商30,说明这些学生没有把分小棒的结果与商几建立联系,直观暗示对他们没有产生真正的影响。由此提醒教师应该注意,在巡视的时候可再次提醒学生结合刚才分小棒的过程进行计算,判断商的意义。再比如 178÷30,假设有 178 元钱,平均分给 30 人,先看前两位数 17,表示 17 个 10 元,平均分给 30 人,以 10 元为分配单位,不够分;再看前三位 178,表示 178 个一元,以一元为分配单位,就够分了。每人可分到 5 元,余 28 元。5 元是 5 个一元,商 5 应该写在个位上。那么有的学生在计算时会有疑问说:百位上是 1,是 1 个 100,100 元怎么会不够分呢? 实际上百位的 1 是 1 个百,1 个百与 100 个 1 虽然数量相等,但是意义不同,以百为单位当然不够分。这是学生认识的误区,也是学生理解笔算除法商的意义及书写位置的障碍,实际上就是没有理解掌握十进位值制计数法。

第四,有效地铺垫及指导学生自主探究。如前文所述,教师在教学过程中把学生真正放在了主体地位,学生在笔算除法的学习过程中经历了理解算理、掌握算法的探究过程,这种教学方法是非常值得肯定的。但是如何有效地进行自主探究,需要广大教师进行理论学习和实践探索,总结出行之有效的办法。根据笔者的课堂观察情况,学生在自主计算时,比较多的学生出现了困难,有的学生不知所措,有的学生出现各种错误。如一位教师在让学生独立计算 92÷30 时,尽管给了学生直观的小棒图和方格图,但是根据笔者巡视的情况看,多数学生不会做,数形结合没有起到作用。笔者当时与学生进行了个别对话,初步了解了一些情况,主要有:会计算 90÷30,但是不会计算 92÷30,遇到有余数的除法不知所措;知道 92÷30 的商应该是 3,但是商 3 的位置写在了十位上,不知道商的位置应与被除数的个位对齐;数与形脱节,没有真正结合。发生这些情况的主要原因是学生没有把 92÷30 与除数是一位数的除法关联起来,尤其是与 92÷3 进行类比,借助直观完成转化。

第五,关键环节要反馈。在每节课的教学中,有两个环节特别需要有效的反馈:一是新知识教学完的环节,要了解所有学生是否理解所学知识,如笔算的算理;二是巩固练习结束的环节,要了解所有学生是否掌握相关技能,如笔算的算法。前文所述,大多数教师能够做到展示学生的各种作业,包括错误的作业,让学生发表想法,然后总结算理算法,这种处理的方式很好。如果能够再追问:笔算除法的道理,还有谁不理解? 笔算除法的计算方法,还有谁有疑问? 就更好了。

2016年10月在陕西省西安市召开的全国人教版小学数学核心素养示范观摩课上，来自广东省广州市的简敏豪老师执教的"除数是两位数的除法"一课，比较好地体现了以上几点。这节课上课开始先复习除数是整十数的口算和估算除法，接下来复习除数是一位数的笔算除法的计算法则及应注意的问题，然后出示本节课的主题，在学生已有知识和经验的基础上教学，借助小棒直观引导学生理解算理，即引导学生通过在小棒图上分一分、圈一圈，理解此题的意义是把92本连环画每30本分成1份，求能够分成多少份，初步求出商几；再让学生自主列竖式计算，展示商3的位置一对一错（3写在了十位上）的两位学生的作业，引导学生进行交流，理解3是一位数，应写在个位上的道理。接着讨论竖式中的90和2是什么意思，怎么得来的，并结合小棒图说明，使学生理解算理算法。

（五）笔算小数除法

前文已经结合具体例子讨论了小数除法的计算法则。下面我们再结合具体例子来讨论如何教学，仍然分除数是整数和除数是小数两种情况来说明。

1. 除数是整数的小数除法

除数是整数的小数除法关键在于：学生应该理解在整数范围内，除法计算一直除到最后余数是零或者余数大于0、小于除数为止，就不能再进行计算了；而除数是整数的小数除法将原来在整数范围内不能继续进行的计算，在小数的范围内继续算下去，直到除尽或者除到需要的精确结果为止。这个单元的教学应继续运用自主学习的基本范式，通过新旧知识的自主关联与类比，使学生理解小数与整数都用十进位值制计数法表达，只不过小数位所表示的计数单位比自然数1更小，但是计数与计算的道理是一样的。所以除数是整数的小数除法可以仿照整数除法的方法继续进行计算，需要注意，当除到小数位的时候要把商的个位与十分位进行正确的划界，点上小数点。也就是说，如果商有小数，那么为了准确表示商的小数的每一位，应与被除数的小数位继续保持相同数位对齐，所以商与被除数的小数点也要对齐。因此，被除数是小数、除数是整数的除法与整数除法的道理相同。下面结合例子说明：

```
         5.6
    ┌─────────
  4 )2 2.4
      2 0
      ───
        2 4
        2 4
        ───
          0
```

上述算式中被除数的整数部分是 22，按照老办法计算，个位商 5，余 2，不够除，这时遇到了困难。学生通过类比推理会想到把十分位的 4 与 2 合起来继续除，但是要思考：24 表示多少？商 6 表示什么意思？写在什么位置上？24 个十分之一平均分成 4 份，每份是 6 个十分之一，6 应写在十分位上，小数点在 5 和 6 之间。

2. 除数是小数的除法

除数是小数的除法，怎么教学？按照自主学习的基本范式，把新知识与旧知识进行自主关联，学生会想到，前边刚刚学习了除数是整数的小数除法，现在遇到了除数是小数的情况，我们就要想办法把小数转化成整数，一旦找到办法把除数变成了整数，新知识就转化成了旧知识。那么，怎么样才能够完成转化呢？小数如何才能变成整数呢？这就需要根据小数的意义、小数点的移动引起小数大小的变化规律来进行，要把小数的小数点向右移动，有几位小数就移动几位。然后问题来了，仅仅把除数的小数点移动行吗？如果被除数不跟着变化，商就会比原来小了，按照教科书的编排，根据商不变的规律（实际上是把整数除法商不变的规律推广到小数，还没有证明），需要把被除数也按照与除数的小数点相同的移动方向移动相同的位数，这样才能保证被除数与除数同时扩大到原来的若干倍，商才能保证不变。

河南省开封市金明小学的王静老师对这部分内容的教学进行了有益的探索，取得了较好的效果。下面是"除数是小数的除法"这节课的教学设计思路、经验总结与反思。

除数是小数的除法

一个数除以小数是在除数是整数的小数除法的基础上学习的。按照知识的关联性、延伸性和思维的惯性，学生在探究新知时很容易就能想到转化的思想方法。因此，在进行本节课的教学时，不妨采取"温故推新"的教学方法,构建起知识间的联系,提升学生的数学素养。

温故: 复习上节课所学内容,即除数是整数的小数除法。例如:765÷85,54.4÷16,27÷75。设计复习题要有目的,既要温习旧知,又要有前瞻性,为新例题的转化做好铺垫,还要想到学生在新知探究中的易错点。

推新: 出示教科书第28页例4。分析后列出算式7.6÷0.85。设疑:小数除以小数与小数除以整数有什么相同点与不同点? 小数除以小数如何计算? 让学生尝试自主探究。有的学生通过米和厘米的转换解决问题,有的学生则是在温故的基础上,联想到复习题765÷85,进而通过转化解决问题。在学生汇报交流的同时,老师针对学生出现的各种问题进行点拨,包括商的大小意义、书写位置及其他书写格式等。

如果不把除数转化为整数,而直接计算,怎么计算呢? 学生可以试着算一算。一石激起千层浪,这一问题极大地调动了学生的好奇心及积极性。学生在计算过程中发现,如果这样做需要口算小数乘法,那么难度比较大。这样的对比中,学生发现将除数转化为整数的方法简单易行,就会自然接受。

随着年级的升高,教师应有意识地在教学中让学生体会数学思想方法的引领作用,慢慢地在学习新知时有意识利用转化这一数学思想方法来推新。但在实际教学中往往出现一学就会,一练就退的现象。就拿这节课来说,小数变化的情况太多,学生面对变化多端的情况难以应对。因此,让学生尝试推新,学会新知以后,一定要继续巩固新知,进行变式训练,达到真正领会算理掌握算法的目的。

固新: 一个数除以小数,变化虽多,但通过归类变式、展示错题,让学生进一步去讨论、辨别,就会真正理解算理,将数学思想方法灵活运用到计算中。下面是各种类型的错例。

1. 小数除以小数

(1) 被除数和除数小数位数相同。

$$0.85)\overline{7.6\,5} \quad 2.6)\overline{62.4} \quad 0.03)\overline{6.2\,1}$$

```
        9                    2.4                   2 7
   ┌─────────          ┌─────────            ┌─────────
0.85)7.6 5           2.6)6 2.4              0.03)6.2 1
     7 6 5                5 2                     6
     ─────                ───                     ───
       0                  1 0 4                   2 1
                          1 0 4                   2 1
                          ─────                   ───
                            0                      0
```

(商要写在被除数扩大后的个位上。)　　（商有小数点吗?）　　（商中间应有0。）

(2) 被除数和除数小数位数不同。

```
         3 4              4.5             2.4
0.16)0.5 4 4     0.28)1 2.6 0     3.5)0.8 4
     4 8              1 1 2            7 0
       6 4              1 4 0          1 4 0
       6 4              1 4 0          1 4 0
         0                  0              0
```

(同时扩大后,被除数位数够时,商要点小数点。)　　（同时扩大后,被除数位数不够需补零,商有小数点吗?）　　（同时扩大后,被除数不够除,怎么办? 商不要错点小数点。)

2. 整数除以小数

```
         2
0.13)2 6.0 0
     2 6
       0
```

(如何移动被除数的小数点? 被除数还有小数点吗? 商不要漏写两个0。)

通过每组题的横向对比,及组与组之间的纵向对比,让学生在探究、讨论、思辨、改错中固新,达到理越辨越清的目的。

反思：小数除法计算方法的学习分两个阶段完成,分别是除数是整数的小数除法和除数是小数的小数除法。前者是后者的基础,后者是本单元的学习重难点。本节课先复习小数点的位置移动,然后有针对性地设计,从除数是整数的小数除法入手,引入新知,让学生基于情境、结合意义,通过米和厘米的转换以及商的变化规律等已有知识,将除数是小数的除法转化为除数是整数的除法进行计算。

如果说例4的设计是从情境引入,让学生利用旧知转化推及新知,掌握基本算理和算法。那么例5及相关习题就出现了多种变化的练习。面对学生计算中出现的各种情况,教师在教学前要有前瞻性,不妨从课题入手去思考。一个数除以小数包含两方面,一是小数除以小数,二是整数除以小数。如果教师在教学目标明晰的前提下搜集典型题,让学生探讨思辨,从中领会

> 无论哪种题型都是先移动除数的小数点,使它变成整数;除数和被除数变化方向及移动位数一致,位数不够时,在被除数末尾用零补足,然后按除数是整数的小数除法进行计算。这一算理在多种归类题型的横向、纵向对比思辨中升华,最终成为学生理解的数学思想方法沉淀于脑中,达到学以致用的目的。

二、分数计算的教学

(一) 分数乘法的教学

前面已经论证了分数乘法的法则,这个推理过程可能未必适合学困生,他们还需要数形结合,借助几何直观来帮助理解。教科书上是这样数形结合的:先画一个大的长方形表示 1 公顷,再取这个长方形的一半作为 $\frac{1}{2}$ 公顷,然后根据分数的意义,求 $\frac{1}{2}$ 公顷的 $\frac{1}{5}$,就是把 $\frac{1}{2}$ 公顷平均分成 5 份,取其中的 1 份。也就相当于把 1 公顷平均分成 2×5 份,取其中的 1 份,所以 $\frac{1}{2}\times\frac{1}{5}=\frac{1\times 1}{2\times 5}=\frac{1}{10}$。

我们沿着几何直观这个思路,把两个分数相乘看作求一个长方形的面积。例如 $\frac{3}{4}\times\frac{2}{5}$,先画一个单位正方形,两条边长都是 1,把两条边长分别平均分成 4 份和 5 份,依次取 3 份和 2 份,得到了 $\frac{3}{4}$ 和 $\frac{2}{5}$,也就得到了长为 $\frac{3}{4}$,宽为 $\frac{2}{5}$ 的长方形,这个长方形的面积就是所求的积。下面我们看图 7.4.1,计算涂色部分的面积。

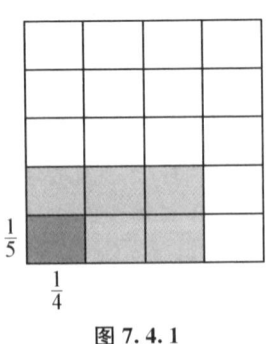

根据图 7.4.1,把单位正方形分割以后,得到了 4×5 个全等的小长方形,小长方形的长为 $\frac{1}{4}$,宽为

图 7.4.1

$\frac{1}{5}$,面积为 $\frac{1}{4} \times \frac{1}{5} = \frac{1}{4 \times 5}$。而长为 $\frac{3}{4}$,宽为 $\frac{2}{5}$ 的长方形由 3×2 个这样的小长方形组成,所以它的面积是 $\frac{1}{4 \times 5} \times 3 \times 2 = \frac{3 \times 2}{4 \times 5}$,即 $\frac{3}{4} \times \frac{2}{5} = \frac{3 \times 2}{4 \times 5}$,从而归纳出了分数乘法的法则。用教师们的一句话概括就是:分了再分,取了又取。

(二) 分数除法的教学

与分数乘法类似,在前面也已经推导了分数除法的法则。分数除法的法则比分数乘法的法则更难理解,同样要借助几何直观。人教版教材六年级上册的例题编排,利用数形结合比较清楚地体现了算理。当然,还可以从整数除法过渡到分数除法。例如,有 2 个饼,如果平均分给 2 人,$2 \div 2 = 1$,每人得到 1 个;如果平均分给 4 人,$2 \div 4 = \frac{2}{4} = 2 \times \frac{1}{4} = \frac{1}{2}$,每人得到 $\frac{1}{2}$ 个,初步体会一个数除以整数,等于乘这个数的倒数,然后再学习一个数除以分数。

2016 年 10 月在陕西省西安市召开的全国人教版小学数学核心素养体系示范观摩课上,来自湖北省襄阳市的周丛俊老师执教的"除数是分数的除法"一课,在复习时间、速度和路程的关系的基础上,引导学生自主探究 $2 \div \frac{2}{3}$,然后汇报交流各种方法。一些学生用商不变的规律,将被除数与除数同时乘 $\frac{3}{2}$,转化为乘除数的倒数。实际上直接用整数除法商不变的规律,在逻辑上行不通,因为分数除法的法则还没有解决,分数除法是否有这个规律还需要证明。还有学生用分数与除法的关系,把它转化为整数乘除法,得到正确结果,列式为 $2 \div \frac{2}{3} = 2 \div (2 \div 3) = 2 \div 2 \times 3 = 3$,学生这一想法很好,但是还不够完整,教师没有抓住机会把此种方法展开,像第六章第二节那样把推理过程补充完整,使学生体会推理证明的思想。

这里需要补充说明的是,新义教数学课标对分数与除法关系的处理与现行教科书多年传统的方式有所不同,将重新梳理二者的逻辑关系,除了结合情境、数形结合和分数的意义、除法的意义,还利用等式的性质进行逻辑推理。例如,把 3 个月饼平均分给 4 个人,每人分得多少个?列式为 $3 \div 4 = $ 　　。这个问题的解决除了用教科书的方法,还可以推导。3 除以 4 的商为什么是 $\frac{3}{4}$ 呢?设 $3\div 4=a$,根据除法是乘法的逆运算,可得 $3=4a$,再根据等式的性质,等号两边同乘 $\frac{1}{4}$ 等号不变,即 $3\times\frac{1}{4}=a$,然后根据等量代换,可得 $3\div 4=\frac{3}{4}$。

三、关于估算的教学

数产生于生活,是对数量的抽象,反过来说,数又应用于生活,数与数量是有密切联系的。学生数感的培养,不但强调对数与数量、数量关系的感悟,还需要关注对运算结果的大小估计。比如 1.5 亿到底有多大?学生已经探究了 1 亿张 A4 纸摞起来有 1 万米高,民航飞机大约能飞到这么高,那么 1.5 亿张 A4 纸摞起来有 1.5 万米高。1 亿个四年级小学生手拉手大约是 1.5 亿米,1.5 亿千米大约是地球到太阳的平均距离,需要 1000 亿个四年级小学生手拉手才能达到这个距离,而现在地球上有 70 多亿人。我在生活中遇到过一个真实故事:一次在健身游泳馆男更衣室里,一个十岁左右的男孩进来更衣,手里拿着编号是 009 的钥匙,他把钥匙编号拿倒了,看成了 600,然后就在房间里找编号是 600 的柜子(嘴里念叨着六百在哪里呢),怎么找也找不到。后来才明白是拿反了,正过来一看是 009 号,于是打开了柜子,还高兴地说他上次就犯过一次同样的错,丝毫没有反思的意思。实际上这个更衣室柜子的最后一个编号是 091(而且 013、含数字 4 的均不编号),总数不到 80 个柜子,每列有上中下三个柜子,一共不到 25 列。这是四年级学生需具备的数感,也许还有很多学生,真的需要好好培养这样的数感,应时刻有"三会"的意识。

估算往往是关于数量的计算,也就是说估算是有背景的、直观的,而精算是关于数的计算,是抽象的。估算不是简单的四舍五入,也不是简单的取近似数。

例1 公园收到运来的 1596 棵树,大约是( )棵。

这道题只有估计,没有算,只是取近似数,不是估算。有的学生答案是 1600,有的是 2000,各有道理。估算首先要联系生活中的量,建立度量的观念,比如，学生去文具店买笔和本子，几十元就够了；如果是周末逛商店购物，可能要带几百元；如果爸爸去买车，可能需要十万元。另外，估算要结合具体的数量进行计算。下面我们把本章第二节的例题再次进行解读。

> **例2** 小明带 100 元去书店买书，语文读物每本 19.6 元，数学读物每本 23.8 元，英语读物每本 32.7 元，漫画读物每本 22.5 元，科普读物每本 27 元。小明决定买 4 本不同的读物，他先买了语文、数学、英语 3 本读物，请帮助小明估算：剩余的钱够买漫画读物吗？够买科普读物吗？

此题有两个问题，都是估算买 3 本书的剩余钱数，但是方法不同。漫画读物比科普读物便宜，解决第一个问题时，可以把价钱往大了估，估大了都够就肯定够。解决第二个问题时，可以把价钱往小了估，估小了都不够，肯定不够。

第一问，语文、数学、英语 3 本读物分别估计成 20、24、33，合计 77，100－77＝23，剩余至少 23 元，23 元比 22.5 元多，即剩余钱数大于漫画读物价格，所以够买漫画读物。

第二问，语文、数学、英语 3 本读物分别估计成 19、23、32，合计 74，100－74＝26，剩余至多 26 元，26 元少于 27 元，即剩余钱数小于科普读物价格，所以不够买科普读物。

估算教学的重点是估算的方法，根据解决问题的需要把数据取舍到能够口算的近似数进行计算，实际上是在比较大小中进行计算和关系推理。至于学生解答的格式，可以是语言描述，也可以运用不等式，没有统一要求。

第五节　直观想象的教学

一、对直观想象的再认识

直观想象并不是对几何直观与空间想象的简单合并，而是一种融合。主要体现在以下几个方面。

（1）借助图形（几何直观）可以把复杂的数学问题变得简明、形象，有助于探索解决问题的思路，预测结果，这里的数学问题包括几何本身的问题。也就是说不仅仅数与代数的学习需要借助几何直观，几何内容本身的学习也需要借助几何直观，如学生认识各种立体和平面图形要借助实物和直观图来观察学习。

（2）加强数与形的联系和相互促进。数和形是客观事物不可分离的两个数学对象，两者既是对立的又是统一的。数学家华罗庚曾说过："数缺形时少直观，形少数时难入微。"数与形的对立统一主要表现在数与形的互相转化和互相结合上，尤其是把代数与几何相结合的直角坐标系是数形结合的完美体现。

数形结合有两个方面：

第一个方面，以形助数。用图形的直观性帮助学生理解数与代数的抽象性，帮助解决问题。从数的认识到计算、问题解决等，无不需要借助几何直观。

第二个方面，以数解形。用数与代数的运算来深入地研究图形及图形关系。对各个维度空间图形的度量，给图形确定度量单位1并且赋予每个图形一个量数，就是以数解形。

也就是说几何直观与数形结合中的以形助数类似，但是又比以形助数的范围更宽泛些，它还包括以形助形。

（3）培养学生的空间观念及初步的空间想象力。我个人认为义务教育阶段对学生空间观念培养的要求还达不到高级水平，不能仅仅停留在空间观念培养的水平上，还要加强培养学生初步的空间想象能力，因为学生空间观念和空间想象能力的形成的最佳时期是小学和初中阶段。而且我认为，空间想象能力不仅仅体现在根据已有的空间表象创造建立新表象的过程，根据空间建立的表象进行空间推理，也是空间想象力非常重要的部分。例如，加强学生的操作，进行立体图形的分拆与复原。再比如认识长方体的性质，不同面上的相对的棱相等而且平行，这不仅仅是直观地看出来的，更是推导出来的，任何一条棱都与所在长方形的对边平行且相等，同时这条棱也是这两个长方形的公共棱，根据平行、相等关系的传递性，就可以推导出这些性质。

二、直观想象的教学

(一) 图形的认识

如前文所述,数学是研究数量关系和空间形式的一门科学,数学的主要概念除了与数有关的概念外,其次是与图形有关的概念。概念的形成,要加强多元表征和抽象概括。图形本身是直观的,同时图形的概念又是抽象的。学生对图形概念的建立,要遵循从生活情境的实物到立体图形的抽象概括,再从立体图形到平面图形的认识过程。图形的抽象概括过程中,要让学生在纷繁复杂的实物的外表下,对形状进行分类,然后抛开颜色、材料、大小等物理属性,发现形状上的共性,进行抽象概括。学生一定要认识到,无论是平面图形,还是立体图形,一旦建立起抽象的概念,那么它既不是特指某一个具体的图形,也不是生活中的实物,它是一个抽象的存在。比如长方体,它既不是纸上画的那个具体的长方体,也不是黑板上画的那个具体的长方体,它是你心中想象的那个抽象的长方体,这个抽象的长方体的长、宽、高可以是大于 0 的任何数,与量(单位)无关。

1. 一维图形

关于一维图形,表面上看起来是直观的,但实际上是抽象的,因为学生无法想象线没有粗细、直线和射线无限长。

2017 年 5 月在福建省福州市召开的全国小学数学人教版示范课观摩交流会上,来自广东省汕头市的林清老师执教了"线段、射线、直线"一课。在这节课的教学中,林老师运用了多元表征,让学生通过动作、画图、动画、语言等方式表示线段、射线、直线这三个概念,再通过比较它们的区别和联系,使学生真正建立概念。

2. 二维图形

关于二维图形,前文已有所讨论,我们再来讨论一些内容。

(1) 相交线与平行线。

关于相交线与平行线的教学。鉴于学生不易理解教科书上平行线的定义,教学时可以这样展开:让学生在纸上随意地画两条相交的直线,这是可以实现的,不会有人怀疑;然后制作一个学具,相交的两条直线,固定其中一条直线为水平线,另一条相交线从两条直线重合开始向逆时针方向旋转,慢慢地开始形成锐角,当旋转的这条直线与水平的直线形成直角的时候,就说这两条直线相互垂直;再继续旋转,就形成了钝角。平行线在纸上不容易画出来,而且画的往往都是线段,这提示我们学生容易理解两条线段是平行的,比如说我们创设一个生活中的情境,110 米跨栏跑跑道,或者 100 米短跑跑道。运动员起跑的时候都站在了起跑线上,而每条跑道都由两条线段构成,每条线段都垂直于起跑线,学生能够理解这些线段都垂直于起跑线,这些跑道线互相都是平行的。这样就定义了线段的平行,或者平行线段。从平行线段出发,把这两条线段分别沿着两个方向无限延长,得到的两条直线也是保持平行的(不会相交),就形成了平行线的概念。高中数学教材人教版 B 版主编高存明在他的著作中从方向、角度两个维度描述了平行线:

> 如图 7.5.1,要判断两条直线 AB 和 CD 表示的方向是否相同,可分别在 AB,CD 上取点 E,F,作直线 EF。取 EF 的指向作为直线 EF 的方向,并把它定为基准方向。分别取射线 EB,FD 的指向作为直线 AB,CD 的方向。直线 EF 把平面分为两个半平面,如果射线 EB 和 FD 都在同一半平面内,且它们的方向按同一旋转方向偏离直线 EF 方向的角度相同,则这两条直线表示的方向相同。即 $\angle 1 = \angle 2$,直线 AB,CD 方向相同;否则,方向不同。不难想象,有两个人分别沿着这两条方向相同或者相反的直线 AB,CD 运动,这两个人永远不会相遇。也就是说,这两条直线永远不会相交。在同一平面内不相交的两条直线,叫做平行线。[①]

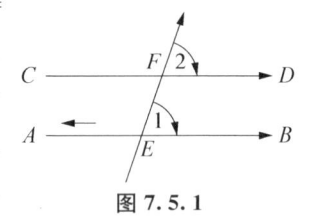

图 7.5.1

(2) 三角形。

关于三角形的认识,2017 年 5 月在福建省福州市召开的全国小学数学人教版示范课观摩交流会上,来自广东省深圳市的黄爱华老师执教的"三角形的认识"一课,运用了大问题教学的模式。首先出示主题,启发学生提出几个想

---

① 高存明. 新数学读本:初中几何[M]. 北京:人民教育出版社,2017:31.

研究的问题，学生提出了如下几个问题：三角形的定义是什么？什么是三角形的底和高？三角形为什么会有稳定性？在学生提出问题的基础上，黄爱华老师梳理了本节课要研究的三个主要问题：三角形的定义，三角形的特性，三角形的底和高。然后让学生自己画一个三角形进行汇报，大家画的这些三角形有什么一样和不一样的地方？刚开始学生对三角形这些共同的性质体会不深，把思路放在了三角形的大小和形状不一样的这类表面现象上。通过进一步的师生、生生之间的交流，学生分别说出了三角形有三个顶点、内角和是180度、有三条边、三条线段等性质。黄老师接着学生的发言，引出了三角形的定义，并共同梳理了三角形的定义和性质。接下来继续研究三角形的性质，老师让一名学生从黑板上摆出的三角形中拿走一条边，又让该生重复老师的话：这是三角形的一条边，不要小瞧这条边。然后启发学生想要说出什么，学生说这条边的长短决定了他所对的角的大小，体现了大边对大角的性质。

老师用教具演示并强化，给出三角形的固定的两条边，第三边进行长短的变化，它所对的角的大小也随之相应变化，进一步感受了大边对大角这个性质。学生进而想到了一旦这条动边的长短固定，那么这个三角形的形状也就固定了，抽象概括出三角形的三边长一旦固定，三个角就固定了，形状和大小也固定了，体现了三角形数学意义上的稳定性（初中证明两个三角形全等，有边边边定理）。

关于三角形的稳定性，特别补充说明，把这个稳定性应用于生活，用金属或者木条等制作的三角形物体才具有物理上的稳定性，即不易变形。但并不是说所有三角形的实物都不易变形，这与材料有关，如红领巾是三角形的实物，却是容易变形的。

学生对三角形概念和性质的抽象概括，需要一个思考、交流的过程，使得学生从关注对三角形的形状和大小这些表面物理现象，到抽象概括三角形的本质，真正形成概念，达到这样一个高境界：三角形，它既不是学生自己画的那个三角形，也不是黑板上拼出的那个三角形，更不是红领巾、三角板，是学生心中的那个三角形。

黄老师的课堂教学体现了以学生为本的理念。引导学生对数学的重要问题进行研究，通过学生之间的交流、师生之间的交流，达到深度学习；对学生提出的问题进行研究而不是置之不理，这样学生在课堂上才敢于质疑，敢于发现问题,敢于提出问题,真正培养学生对数学的兴趣。

关于三角形的高,2017 年 5 月在福建省福州市召开的全国小学数学人教版示范课观摩交流会上,来自黑龙江省哈尔滨市的王均杰老师执教的"认识三角形"一课,体现了自主学习的基本教学范式,对高的概念建立达到了深度学习,启发学生把三角形的高与学过的高自主关联、类比、比较,用动画直观演示及变式练习。从三角形的顶点向底边可以画无数条线段,但是垂直于底边的只有一条,垂直于底边的线段可以有无数条,但是经过三角形顶点的只有一条,体会了三角形的高与平行四边形、梯形的高的相同点与不同点,使学生真正建立了三角形高的概念。

3. 三维图形

关于三维图形,初中阶段要求学生会画简单立体图形的三视图,并会根据视图描述简单的几何体,即根据几何体的三视图想象出几何体,用空间想象还原几何体。那么在小学阶段可以利用操作还原几何体,操作还原以后,还要观察、睁开眼睛想象、闭上眼睛想象、再睁开眼睛想象,然后把摆出的几何体撤掉、再想象,直到建立空间观念为止。长方体、正方体的展开图也要加强用操作、观察、想象这些方法反复进行立体图形的拆分与复原练习,这样有利于空间观念和空间想象能力的培养。

关于空间想象能力的培养,2018 年 5 月在河北省唐山市举办的东北华北小学数学课堂教学观摩交流会上,来自宁夏回族自治区银川市实验小学的张海欢老师执教人教版五年级下册的"探索图形"一课,进行了有益的探索,取得了很好的教学效果。下面是教学设计的一部分。

探索图形

[设计理念]

这节课将借助正方体六个面涂色问题的研究,引导学生通过操作、演示、观察、列表、推理、想象、建模等数学活动发现小正方体的表面涂色情况的一般规律和位置特征,使学生经历从特殊到一般的归纳过程,获得一些研究数学问题的方法和经验,积累数学活动经验,渗透化繁为简、数形结合、归纳、推理、模型等数学思想。在解决问题的过程中,感受数学的有趣,激发主动探索、勇于实践的精神和实事求是的科学态度。所以,"空间观念、几何直观、推理能力、模型思想"等数学"核心素养"的培养是本节课关注的重点。

[教学目标]

1. 进一步加深对正方体特征的认识和理解。借助正方体涂色问题,通过实际操作、演示、观察、列表、想象等活动发现小正方体涂色情况的位置特征和规律。

2. 在探索规律的过程中,经历从特殊到一般的归纳过程,获得一些研究数学问题的方法和经验。积累数学活动的经验,渗透化繁为简的解决问题的策略,感悟数形结合、分类、归纳、推理、模型等数学思想,培养学生的空间想象力,发展空间观念。

3. 在解决问题的过程中,感受数学的有趣,激发主动探索、勇于实践的精神和实事求是的科学态度。

[教学过程]

一、沟通联系,导入新知

师:这是一个点"·",现在让它变一变,再变!变成了什么?

(课件动画演示:点动成线、线动成面、面动成体。)

二、引发猜想,激发探究欲望

师:这里有这么多棱长是1的小正方体,你能一眼看出来有多少个吗?

师:现在我把它摆一摆,摆成一个棱长为10的大正方体,它是由多少个小正方体组成的?(课件动态演示1000个凌乱摆放的小正方体(棱长为1)由"无序"到"有序"地逐渐形成一个大正方体(棱长为10)的过程。)

师:如果给这个大正方体的六个面都涂上颜色(课件动态演示涂上颜色的过程),那么是不是每个小正方体的每个面也都被涂上了颜色?

师:同桌互相说一说,这些小正方体表面涂色的情况有哪几种?分别在什么位置上呢?(指名学生汇报小正方体的涂色情况及位置。)

课件出示分类结果:三面涂色的;两面涂色的;一面涂色的;没有涂色的。

师:每一类小正方体的数量各是多少个?

师:看来这个问题还是有一定难度的!这是因为小正方体的数量太多了,逐个去数很麻烦,那怎么办呢?(生:从小一些的正方体开始研究。)

师:这是个好办法,不妨我们先从数量较少的情况开始研究,看看能不能找到一些规律。

师板书:化繁为简。

三、动手操作,初步感知规律

1. 研究棱长为3和4的正方体涂色情况。

师:老师给每个组准备了棱长不同的正方体学具,下面我们请同桌合作展开研究。

课件出示活动要求:

(1) 同桌合作,仔细观察正方体学具中每一类小正方体的位置,数一数每一类小正方体的个数,并填写在表格中。

(2) 如果观察计数有困难,可将正方体学具边拆分边研究。

师:动手操作前,一定要先观察思考,看看哪一个小组最先完成学习任务。

2. 分别请不同小组汇报研究结果及计算方法,教师顺势引导板书。

(重点引导学生讲清一面涂色的小正方体在大正方体每一个面上有多少个,是怎么计算的,以及没有涂色的小正方体的个数如何计算。)

3. 研究棱长为5的正方体的涂色情况。

师:我们已经找到了棱长为3和4的正方体的两组数据。现在,我们让这个正方体再大一点!咦?现在的棱长变成几啦?(棱长是5)

师:这回可没有学具啦!那你能不能找出每一类小正方体的个数呢?请用你的眼睛仔细观察,用你的大脑想象思考,同桌商量着完成表格(见表7.5.1第3、4、5行)。

学生汇报。

四、总结规律,建立数学模型

师:在同学们的共同努力下,我们已经找到了3组数据信息,现在我们来竖着看表格。

从上往下观察表格中的数据,师生共同归纳计算方法,归纳总结一般规律,建构数学模型。

师:(课件出示)如果这个大正方体的棱长为n,请大家思考一下,其中三面涂色、两面涂色、一面涂色和没有涂色的小正方体的个数分别应该怎样表示呢？

学生先独立思考，后交流归纳。

师将表格补充完整（见表 7.5.1 最后一行）。

表 7.5.1

小正方体的数量	三面涂色小正方体的数量	二面涂色小正方体的数量	一面涂色小正方体的数量	零面涂色小正方体的数量
$2\times2\times2$	8	$0\times12=0$	$0\times6=0$	0
$3\times3\times3$	8	$(3-2)\times12=12$	$(3-2)^2\times6=6$	$(3-2)^3=1$
$4\times4\times4$	8	$(4-2)\times12=24$	$(4-2)^2\times6=24$	$(4-2)^3=8$
$5\times5\times5$	8	$(5-2)\times12=36$	$(5-2)^2\times6=54$	$(5-2)^3=27$
( )×( )×( )	8	……	……	……
$n\times n\times n$	8	$(n-2)\times12$	$(n-2)^2\times6$	$(n-2)^3$

师：（课件出示）请结合图形解释符号式中的每一部分表示的数学意义和符号式的意义。

师追问：n 最小是几？此时规律还适用吗？

这节课的设计理念与目标都非常清晰地描述了数学思想方法与核心素养的教学要求，尤其是在培养学生的几何直观、分类讨论、数形结合、空间推理、建立模型、转化等思想方法方面，不但目标预设到位，而且课堂教学得到了很好的落实。

（二）图形的度量

无论是长度，还是面积、体积，数学意义上度量的本质是一致的，都是对图形的大小根据度量法则赋予一个非负数，这个数有没有物理意义上的单位、用什么单位都不重要，重要的是必须有数学上的单位1。所有这些图形的度量都需要给定一个度量单位1，然后用这个度量单位1去铺这些图形，度量的结果就是求这个图形能用多少个度量单位1把这个图形铺满，这个数（一个非负数）就是度量结果。

1. 线段的度量

笔者在一些群里看到老师们讨论一道这样的判断题：直线比线段长，直线比射线长。我偶尔也会直接给老师们回复：在初等几何里，直线和射线是无限长的，无法度量，它们不能比较长短。虽然欧几里得第五公理是"整体大于部分"，有些老师认为直线如果是一个整体，线段和射线都是直线的部分，显然直线比射线和线段长。这样推理似乎有道理，但是如果这样推理，那么射线和直线都是无限长的，两个无限长的线又出现了一长一短，这是矛盾的。所以，在传统的欧氏几何范围内，没有办法解决无限长的图形的度量问题，如直线、平面的度量，只是研究有限长的图形的度量，如线段、多边形、立体图形的度量。因为，度量的本质是给每个图形对应一个正数，在无穷大和极限等概念引进之前，无法给直线的长度对应一个正数。直线比线段或者射线长，这样的命题无法判断真假。

那么如何解决这个问题呢？现代分析（实变函数）中引入了测度的概念，把长度、面积、体积、n 维空间体积的度量结果统称为测度，从而把度量归一、一网打尽；一维测度是长度概念的推广。为了度量无穷大量，这里要补充定义新的实数，$-\infty$、$+\infty$ 被定义为广义实数，通常的实数称为有限实数，对于任意有限实数 a，有 $-\infty < a < +\infty$；运算法则为：$a-(-\infty)=+\infty-a=+\infty-(-\infty)=+\infty$。实数范围内点集 $E(E=(a,b])$ 的测度为 $m(E)=b-a$，那么点集 $A=(-\infty,a]$，$B=(a,+\infty)$，$R=(-\infty,+\infty)$ 的测度为 $+\infty$。从测度角度看，射线和直线的测度都是 $+\infty$，线段的测度是有限实数，如果这样理解线的长短，就是：直线与射线同样长（测度相等），它们都比线段长（它们的测度大于线段的测度）。但是一维测度与长度不完全一样，测度更像一个密度的问题，如有理数点集的测度为 0。二维测度就是面积，点集 $[a,b]$ 和 $[c,d]$ 的笛卡儿积是一个长为 $(b-a)$、宽为 $(d-c)$ 的长方形，测度为 $(b-a)(d-c)$，就是它的面积。同理可知，体积是三维测度，是三个点集的笛卡儿积。

张奠宙建议图形的度量应体现图形的有限可加性、运动不变性、正则性这三条性质。有限可加性，例如，不重叠的两条线段，要求它们的总长度，那么先分别量出各自的长度，然后加起来就可以了。运动不变性，例如，一个长方形，无论怎么运动（平移、旋转、轴对称），它的形状和大小（测度）不变。正则性，点集 $[0,1]$ 的测度为 1，实际上确定了度量单位 1.

2. 周长与面积

关于周长与面积,小学生容易混淆,该如何教学呢?我的想法是把两个概念放在一起同时教学。例如,给定一个长方形。(1)它的周长,顾名思义就是一周线段的长度,可以把这四条边拉直成一条线段,求四条边的长度和就是周长。(2)它的面积。面,就是长方形四条边围成的部分;积,就是两个数相乘的结果,即长与宽相乘的结果。长和宽的长度确定了,必须相乘求积,才能够确定这个长方形能够用多少单位正方形铺满,这就是长方形的面积数,所以面积公式是 $a \times b$。教师和学生都需要思考:为什么叫面积?而不叫面商和面差呢?

关于平行四边形面积公式的探索,宜用自主学习的教学范式,学生比较容易想出把平行四边形转化为长方形。而三角形面积公式的探索,学生可能会想到把三角形转化为平行四边形,但是怎么完成转化,依据和原理是什么,是教学难点。河南省开封市金明小学的王静老师进行了有效的探索。

三角形的面积

一、创设情境,揭示课题

师:① 先来观察几件实物(出示红领巾、标牌等)。

② 你发现这些实物有什么共同特点?

③ 是啊,这些实物就在我们生活中。就拿同学们天天佩戴的红领巾来说,你们知道做一条红领巾需要多少布料吗?

④ 通过今天这节课的学习,我们就能学以致用。(板书:学以致用)。

板书:三角形的面积。

二、主动探究,获取新知

1. 启发学生关联旧知识

师:三角形的面积如何求呢?大家想一想,我们原来学习过哪些图形的面积。(学生:长方形,正方形,平行四边形。)

师:前两天我们刚刚学习过平行四边形的面积,大家印象一定很深刻。回忆一下,我们在推导平行四边形面积公式时用到了什么方法?(学生:转化。)(板书:转化)。

师：今天我们学习三角形的面积，你们觉得和平行四边形的面积有无关联？为什么？

预设学生1：三角形的面积在平行四边形面积之后学习一定有关联。

预设学生2：我们昨天做过书上第90页的第10题，把一个平行四边形分割成两个三角形。我猜想，两者一定有关联。

2. 复习旧知、猜想

师：既然有同学联想到这道题了，那我们来看看。（出示）

师：平行四边形面积是多少？涂色三角形的面积是多少？空白三角形的面积又是多少？

预设学生（跃跃欲试）：就这幅图来说，涂色和不涂色的三角形的面积都是平行四边形面积的一半。

师：你能根据这道题猜想一下三角形的面积与平行四边形面积的关系吗？

三角形的面积＝与三角形等底等高的平行四边形面积÷2。

师：如果没有方格纸，并且给你更多的三角形，是否都能让你们的猜想成立呢？

3. 小组合作探究

师：四人小组合作。拿出学具袋里的各种三角形，先想一想，再去动手研究研究。填写好学习单（见表7.5.2），说明你们的发现。

表 7.5.2

( )小组探究三角形面积学习单

组别 \ 项目	选择三角形的形状	拼成了什么图形	怎样拼的
1			
2			
3			
4			

我的发现：_____

4. 学生展示汇报

预设学生1：任意两个完全一样的三角形都能拼成一个与三角形等底等高的平行四边形。

预设学生2：三角形的面积是平行四边形面积的一半。

预设学生3：平行四边形的面积＝底×高，所以三角形的面积＝底×高÷2。

5. 抽象概括三角形的面积公式

梳理、重复、强化学生探究交流的成果，抽象概括出完整结论：

三角形的面积＝底×高÷2，即 $S=ah\div 2$。

三、巩固、应用、拓展

1. 书上第93页第2题，可把数据改小一些，便于学生口算，关键是会用公式计算。

2. 多个数据干扰练习，考查学生是否掌握用三角形的底与对应的高相乘再除以2，求得三角形的面积。

3. 首尾呼应，回头看。一条红领巾需要多少布料？（小组合作测量数据，计算出结果）

4. 灵活应用，变式求高。

四、梳理方法、感悟提升

师：今天我们共同学习了三角形的面积公式。回顾一下整个研究过程，我们采用温故推新的方法，达到学以致用的效果。

想一想，这节课首先温习了哪些旧知识啊？又推出了什么新知识呢？这个新知识解决了什么问题？

在今后的学习中，如果遇到新问题，想想哪些旧知识可以帮助我们解决？那你就如同找到了开启智慧大门的金钥匙，就会感受到学习数学原来如此简单！

比如说，接下来我们要学习梯形的面积，你会关联和转化吗？老师将和同学们一起期待下节课的精彩！

板书：

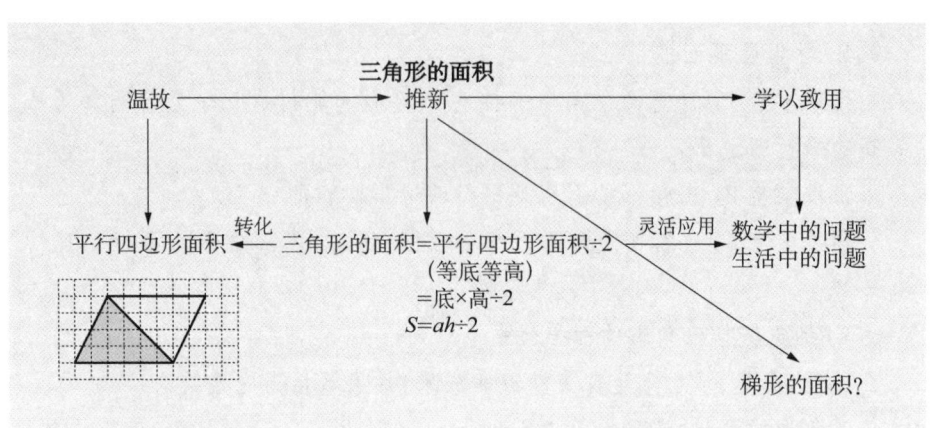

```
                        三角形的面积
     温故   ─────────→    推新      ─────────→  学以致用
       │                   │                       │
       │                   │              灵活应用  │
       ↓          转化      ↓                       ↓
  平行四边形面积  ←──── 三角形的面积=平行四边形面积÷2   数学中的问题
                         (等底等高)                 生活中的问题
                       =底×高÷2
                       S=ah÷2
                                                梯形的面积?
```

教学反思：

三角形的面积这节课是在学生掌握平行四边形面积公式基础上学习的。因此，在设计这节课时就有了"温故推新，学以致用"的想法，就是运用关联、类比、转化、几何直观等数学思想贯穿学习过程，体现自主探究的教学方式。

三角形面积计算公式的推导，一方面以实际问题"怎样计算红领巾的面积"为载体导入；另一方面，根据平行四边形面积公式推导的转化方法，以及一个平行四边形包含两个全等三角形的关系，启发学生探究解决问题的思路。

以往学习三角形面积计算公式推导这节课，都是直接让学生以小组合作形式动手操作，启发学生用两个同样的三角形拼摆，将三角形转化成已经学过的图形。学生比较容易理解这种方法的推导过程，但是带来了另一个问题，即学生在计算三角形面积时经常忘记除以 2。基于此，再次教学这节课时就有了新的想法。

仔细分析人教版教材，我们就会发现：平行四边形的面积教学内容之后安排的练习第 10 题，设计了一个在方格纸上的平行四边形包含两个全等三角形的面积问题。实际上这道题的意图就是构建起了平行四边形和与之等底等高的三角形面积之间的关系，为三角形面积公式探究做好铺垫。由于学生在学习三角形面积公式的前一天才练习过这道题，必然印象深刻。

在启发学生探究三角形面积关联旧知时,学生一定会想到。于是抓住这个契机,可以从容面对课堂生成。教师应注意跟进追问:"不涂色三角形的面积是多少?"有了这个"不起眼"的追问,学生立刻顿悟,涂色和不涂色的三角形的面积都是平行四边形面积的一半。这一顿悟,实际上为温故推新奠定了基石。于是学生比较自然地猜想三角形面积与平行四边形面积的关系,然后动手验证,自己探究得出结论,坚信猜想的正确。

从直观看到三角形面积是与其等底等高平行四边形面积的一半,到拼摆逆向验证,得出结论。既顺理成章,印象深刻;又在"不知不觉"间,将"温故推新"的关联、类比、转化、几何直观等数学思想运用到学习中。

练习的设计采取层层递进的方式。一、直接给数据;二、多种数据干扰,乱中思辨;三、首尾呼应;四、灵活应用,逆向思维,倒推求高。看似平常的练习,其思维含量却是"不平凡"的。既解决了数学中的灵活问题,又解决了生活中的现实问题,真正达到学以致用的目的。

3. 体积

关于体积,教科书上定义为物体所占空间的大小。这个大小是什么意思?用什么来衡量?就像面积的大小是用单位正方形来度量,也就是说平面图形的面积就是这个平面图形包含单位正方形的个数。那么以此类推,体积或者说空间的大小使用单位正方体来度量,一个立体图形的体积就是这个立体图形包含单位正方体的个数。长方体的体积,顾名思义就是长、宽、高这三个数相乘的积。长×宽×1的积,就是表示高是1的长方体的体积,即一个长方体第一层(从底面开始数)有多少个体积单位(棱长是1的小正方体);长×宽×2的积,就是表示高是2的长方体的体积;以此类推,长×宽×高的积,如果用h表示高,就是表示高是h的长方体有多少个体积单位。这里有教师教学时,出现了一些误区,认为长乘宽的积,就是第一层的体积。长乘宽的积是面积,怎么可能是体积呢?长×宽×1的积才表示第一层的体积,只是因为面积数和体积数相等,就错把面积当体积,这是不行的,二维与三维不能混淆。就像有一道判断题:边长是4厘米的正方形的周长与面积相等。该命题是错误的,这个正方形的周长与面积是数量,一个单位是厘米、一个单位是平方厘米;只能说它们的量数相等。另外,还有一些老师有另一个误区,认为长×宽×1的积表示长方体第一层的体积,那么长×宽×1×高的积就是长方体的体积,这也是不对的。体积是三维的,只需要三个数据就能唯一确定其大小,因而体积的单位是立方,长×宽×1×高就变成了四个量相乘,是四次方,变成四维的了,多了一维,同样不对。

(三) 图形的运动

这里所说的图形的运动,是关于平面图形在同一个平面内的变换。在中小学教材中的平移、旋转和反射(轴对称)等都属于合同变换。图形的放大与缩小属于相似变换,平移、旋转和反射(轴对称)实际上就是相似比为1的相似变换,是特殊的相似变换。

1. 平移变换

将平面上任一点 P 变换到 P',使得:(1)射线 PP' 的方向一定;(2)线段 PP' 的长度一定,则称这种变换为平移变换。也就是说一个图形与经过平移变换后的图形上的任意一对对应点的连线相互平行且相等,而且这些有向线段的方向都相同,射线 PP' 的方向就是平移的方向,线段 PP' 的长度就是平移的距离。

平移变换有以下一些性质。

(1) 变换后的图形与原来的图形全等。

(2) 在平移变换下两点之间的方向保持不变。如任意两点 A 和 B,变换后的对应点为 A' 和 B',则有 $AB \; / \!\!/ \; A'B'$,$AA' \; / \!\!/ \; BB'$,即 AB 与 $A'B'$,AA' 与 BB' 的方向相同。

(3) 在平移变换下两点之间的距离保持不变。如任意两点 A 和 B,变换后的对应点为 A' 和 B',则有 $AB = A'B'$,$AA' = BB'$。

通俗地说,一个图形经过一次平移变换,就是把一个图形变换成了一个新的图形,这两个图形完全相同,还满足两个图形上的对应点的所有连线平行且相等,并且这些线段的方向是一致的,即 $ABB'A'$ 是平行四边形。也就是说,图形的平移运动并不关注运动过程中的路线是水平的、竖直的、还是弯曲的,只关注图形运动最后的结果。如摩天轮中的座舱的运动,画成平面图形,其运动就是平移,而不是旋转,见下图 7.5.2。

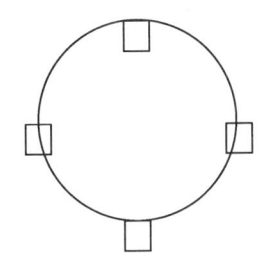

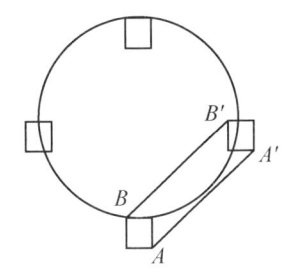

图 7.5.2

上述变换中,原图形中的任意一点 P,在变换后的图形中的对应点为 P',满足 $PP'=AA'=BB'$, $PP' \parallel AA' \parallel BB'$。

在解初等几何问题时,常利用平移变换使分散的条件集中在一起,使具有更紧凑的位置关系或变换成更简单的基本图形。

2. 旋转变换

在同一平面内,使原点 O 变换到它自身,其他任何点 X 变换到 X',使得:(1) $OX'=OX$;(2) $\angle XOX'=\theta$(定角),则称这样的变换为旋转变换。点 O 称为旋转中心,定角 θ 为旋转角。当 $\theta>0$ 时,表示逆时针方向旋转;当 $\theta<0$ 时,表示顺时针方向旋转。当 θ 等于平角时,旋转变换就是中心对称。通俗地说,就是一个图形围绕一个定点在不变形的情况下转动一个角度的运动,就是旋转。

旋转变换有以下一些性质。

(1) 变换后的图形与原来的图形全等。

(2) 在旋转变换下,任意两点 A 和 B,变换后的对应点为 A' 和 B',则有直线 AB 和直线 $A'B'$ 所成的角等于 θ。

(3) 在旋转变换下,任意两点 A 和 B,变换后的对应点为 A' 和 B',则有 $AB=A'B'$。

在解决几何问题时,旋转的作用是使原有图形的性质得以保持,但通过改变其位置,组合成新的图形,便于计算和证明。

3. 反射变换

在同一平面内,若存在一条定直线 L,使对于平面上的任一点 P 及其对应

点 P'，其连线 PP' 的中垂线都是 L，则称这种变换为反射变换，也就是常说的轴对称，定直线 L 称为对称轴，也叫反射轴。

轴对称有如下性质。

(1) 变换后的图形与原来的图形全等。

(2) 在反射变换下，任意两点 A 和 B，变换后的对应点为 A' 和 B'，则有直线 AB 和直线 $A'B'$ 所成的角的平分线为 L。

(3) 两点之间的距离保持不变。任意两点 A 和 B，变换后的对应点为 A' 和 B'，则有 $AB=A'B'$。

如果一个图形沿一条直线折叠，直线两旁的部分能够互相重合，那么这个图形就叫做轴对称图形。图 7.5.3 所示即为轴对称图形。

把一个图形沿某一条直线折叠，如果它能够与另一个图形重合，那么就说这两个图形关于这条直线对称。图 7.5.4 所示即为两幅两个图形关于直线对称的图形。

图 7.5.3　　　　图 7.5.4

轴对称变换和轴对称图形是两个不同的概念，前者是指图形之间的关系或折叠运动，后者是指一个图形。中小学数学中的很多图形都是轴对称图形，利用这些图形的轴对称性质，可以帮助我们解决一些计算和证明的几何问题。

综上所述，平移、旋转和轴对称都属于保距变换，都能使变换前后的图形的大小、形状不变，保持全等。另外，轴对称在适当的条件下可以转化为平移和旋转。把一个图形连续进行两次轴对称变换，如果两条对称轴平行，那么就转化为平移，平移方向垂直于对称轴，平移距离等于两条对称轴之间距离的 2 倍，如图 7.5.5 所示。把一个图形连续进行两次轴对称变换，如果两条对称轴相交，那么就转化为旋转，旋转中心是两轴的交点，旋转角为两轴交角的 2 倍，如图 7.5.6 所示。

图 7.5.5　　　　　　　　　图 7.5.6

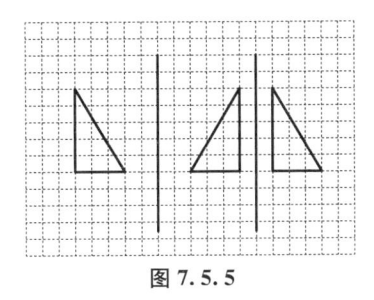

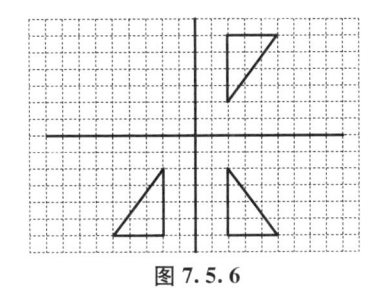

4. 相似变换

在同一平面内,图形中的任意两点 A、B,变换后的对应点为 A'、B',也就是任一线段 AB 变换成 $A'B'$,总有 $A'B' = K \cdot AB$($K > 0$,且为常数),则称这样的变换为相似变换。通俗地说就是一个图形按照一定比例放大或缩小,图形的形状不变。其中,K 称为相似比或相似系数,当 $K = 1$ 时,即为合同变换。

相似变换有以下一些性质。

(1) 两个图形的周长的比等于相似比。

(2) 两个图形的面积的比等于相似比的平方。

(3) 两条直线(线段)的夹角保持不变。

生活中的许多现象都渗透着相似变换的思想,如物体和图形在光线下的投影、照片和图片的放大或缩小、零件的图纸等,因而利用相似变换可以解决生活中的一些几何问题。

近年来几何的教学已经由传统的注重图形的性质,周长、面积和体积等的计算、演绎推理能力转变为培养空间观念、空间想象能力、几何直观,包括推理能力及观察、操作、实验并重的全面、和谐的发展。其中推理不仅仅重视演绎推理,还特别强调合情推理。也就是说,新课程的理念在几何的育人功能方面注重空间观念、空间想象能力、几何直观、创新精神、探索能力、推理能力、几何模型等全面、和谐的发展。图形变换作为几何领域的重要内容和思想方法之一,在几何的育人功能方面发挥着非常重要的作用。图形变换来源于生活中物体的平移、旋转和轴对称这些运动现象,因而了解图形的变换,有利于我们认识生活中丰富多彩的生活空间和形成初步的空间观念。利用图形变换设计美丽的图案,有利于感受、发现和创造生活的美,有利于认识图形之间的关系和发展空间观念。利用图形变换让静止的几何图形通过运动变换动起来,可以找到更加简捷的解决问题的方法。

几何变换这些内容虽然难度不大,但是其概念的准确性和教学要求比较难把握,给一些教师的备课和教学带来一定困惑。下面谈一谈如何把握相关的概念和教学要求。

第一,对一些概念的准确把握。

平移、旋转、轴对称变换与生活中物体的平移、旋转和轴对称现象不是一个概念。数学来源于生活,但不等于生活,是生活现象的抽象和概括。生活中的平移和旋转现象往往是物体的运动,如推拉窗、传送带、电梯、钟摆、旋转门等物体的运动,都可以称之为平移现象或旋转现象。而中小学中的几何变换是指平面图形在同一个平面的变换,也就是说原图形和变换后的图形都是平面图形,而且都在同一个平面内。几何中的平移、旋转和轴对称变换来自生活中物体的平移现象、旋转现象和轴对称现象,如果把生活中这些物体画成平面图形,并且在同一个平面上运动,就可以说成是几何中的平移、旋转和轴对称变换了。

一个变换是不是合同变换或相似变换,要依据概念进行判断。如平移,不必关注过程,只关注结果,即不必看运动的路线是直线还是曲线,甚至是圆形也无所谓,只要满足平移的两个条件。如高山索道缆车、滑雪、摩天轮座舱等的运动都可以看成平移现象,画成平面图形就是平移变换。再如旋转,像旋转门、螺旋桨、钟表指针等的运动都可以看成旋转现象,但是要注意它的严密性:一是旋转中心必须固定,二是物体不能变形,三是旋转的角度可大可小,可以是1度,也可以是300度。这样的旋转运动画成平面图形在同一平面的运动才是旋转变换。另外,几何意义上的变换都是从图形的对应点及其连线的几何性质进行描述的,与图形的颜色等物理属性无关。

曹培英老师在一篇文章中指出:

> 一次,在观摩"平移与旋转"一课,当讨论到摩天轮的运动时,大家都认定它在旋转。始料不及的是,一个学生发言道:我坐过摩天轮,我坐在上面,始终是头朝上、脚朝下,所以我认为人坐在上面是平移,不是旋转。

教师的应对方法是,小组讨论。结果可想而知:众说纷纭,莫衷一是。……这一小学生提出的问题"摩天轮在旋转,上面的座舱是在平移还是旋转",不仅难倒了小学数学教师,也难倒了中学数学教师。[①]

由此可见,把握数学本质是应用数学思想并保证课堂教学质量的基础和关键。

第二,注意图形变换与其他几何知识的联系。

小学几何中的很多平面图形都是轴对称图形,如长方形、正方形、等腰三角形、等边三角形、等腰梯形、菱形、圆等。要加强这些图形与轴对称的融合,一方面要在学习轴对称时加强对这些图形的对称轴和轴对称的有关性质的认识;另一方面要在学习这些图形的概念和性质时进一步体会它们的轴对称特点,建构联系。另外,现行人教版教材二年级的学习内容"图形的运动"中的轴对称,只是让学生体会了轴对称图形,而没有体会轴对称这个运动。

在推导平行四边形、三角形和梯形的面积公式时,包括在计算组合图形的面积时,都用到了变换思想。如三角形面积公式的推导,是把任意两个完全相同的三角形拼成一个平行四边形,再利用三角形和平行四边形的关系,推出三角形的面积公式。这实际上是把任意一个三角形绕某一点旋转180度,再沿着一条相应的直线平移,就组合成了一个平行四边形。也就是说,任意一个三角形经过旋转和平移变换,一定可以变换成平行四边形。梯形面积公式的推导也是利用了这个原理。我国古代数学家刘徽利用出入相补原理求三角形和梯形的面积,实际上也用到了旋转变换。

第三,对教学要求和解题方法的准确把握。

《义教数学课标》对图形变换的内容和教学要求有比较清晰的描述,要把握好两个学段的内容、教学要求和解题方法。

首先直观判断题。例如,一个平面内有若干图形,要判断哪些图形经过平移可以互相重合。对于小学生来说很难用任何一对对应点的连线平行且相等来判断,只能通过直观感受判断,也就是说直观感受原图形在没有任何转动的情况下,通过水平、竖直或者沿斜线滑动能够与另一个图形重合,就是平移。

---

① 曹培英.学科知识是提升教学水平不可或缺的基础[J].小学教学(数学版),2013(10).

同一平面内的任何两个图形,如果通过平移后能够重合,那么最多只需要通过两次水平或者竖直方向的平移就能够重合,借助方格纸可以帮助我们理解其中的道理。如在方格纸上原图形中的点 $A(2,3)$,经过平移后它的对应点为 $A'(8,10)$。那么原图形可以通过先向右平移 6 格,再向上平移 7 格;或者先向上平移 7 格,再向右平移 6 格,得到平移后的图形。

其次作图题。例如,画出一个图形沿着一个方向平移几格后的图形。应让学生明确,一个图形沿着一个方向平移几格,这个图形上的任何一个点和线段都沿着相同的方向平移几格。可以重点掌握以下几个步骤:找出图形的关键的几个点;明确平移的方向和距离;画出平移后关键点的对应点;按照原图形的顺序连接各个点。再如,画出一个图形旋转 90 度后的图形。应让学生明确,一个图形绕一个点沿一个方向旋转多少度,这个图形上的任何一个点和线段都围绕该点沿着相同的方向旋转相同的度数。可以重点掌握以下几个步骤:确定旋转中心、旋转方向;找出图形的关键的几个点;画出旋转后关键点的对应点;按照原图形的顺序连接各个点。其中的难点是,图形的关键点与旋转中心的连线是斜线的时候如何旋转 90 度,可以先画能够确定旋转 90 度的线段,再根据原图形的形状特点来确定其他的关键点。

另外,在学习利用平行线画平行四边形之前,还可以利用平移在方格纸上画平行四边形。在方格纸上先任意画出顶点在方格交叉点上的相邻两条边,再根据平移的原理画出相对的两条边。

例1 如图 7.5.7 所示,在直角三角形纸片中,$\angle C$ 是直角,D 是 AC 的中点,E 是 AB 的中点,把三角形沿 DE 剪开,然后把两部分拼成不重叠的图形,那么不可能拼成下列选项中的(　　)。

(A) 平行四边形　　　　(B) 直角梯形
(C) 长方形　　　　　　(D) 等腰梯形

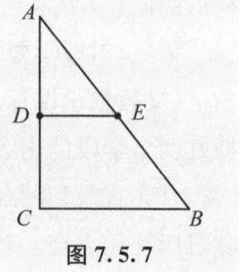

图 7.5.7

分析:根据已知条件,剪开后的两个图形分别是直角三角形 AED 和直角梯形 $DEBC$,并且 $AD=CD$,$AE=BE$,所以拼接的时候必须让相等的边重合拼在一起。分几种情况讨论:以 D 点为中心,把三角形 AED 沿逆时针旋转

180°,得到平行四边形;以 AC 为对称轴,把三角形 AED 进行轴对称变换,再把变换后的图形向下平移,得到等腰梯形;以 E 点为中心,把三角形 AED 沿顺时针旋转 180°,得到长方形。综合以上分析,不可能拼成直角梯形。

例 2 小明家的院子里有一块长 30 米、宽 20 米的长方形菜地,其平面图如图 7.5.8 所示,地里有两条相互垂直而且宽都是 1 米的小路。这块地实际种菜的面积是多少?

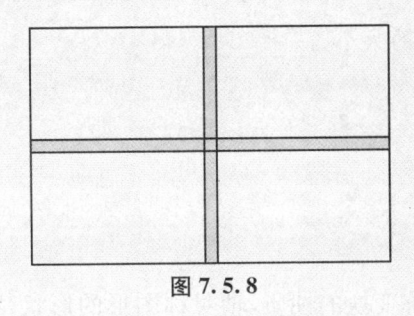

图 7.5.8

分析:此题对于小学生来说,并不是难题,可以有多种方法。这里可以应用平移原理,把小路向底边和右边平移。这时实际种菜的面积就转化为求长 29 米、宽 19 米的长方形的面积,用长乘宽就可求出该面积。

例 3 如图 7.5.9 所示,三个同心圆中最大的圆的两条直径相互垂直,最大的圆的半径是 2 cm,求阴影部分的面积。

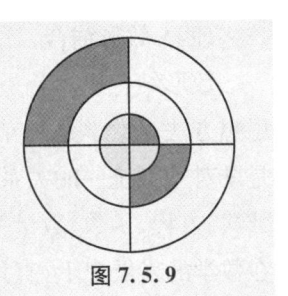

图 7.5.9

分析:此题从表面上看,阴影部分比较分散,没有足够的数据计算每部分阴影的面积。根据两条直径相互垂直可以得出每个圆都被平均分成了 4 份,每一份旋转 90 度都可以与相邻的部分重合。因此,可以把含最外圈阴影部分的四分之一大圆绕圆心顺时针旋转 90 度,把含中间阴影部分的四分之一大圆绕圆心逆时针旋转 90 度,使阴影经过旋转集中在右上角的四分之一大圆里。

阴影部分的面积为 $\frac{1}{4} \times \pi \times 2^2 = \pi (\mathrm{cm}^2)$。

以上解题思路告诉我们,在计算一个图形尤其是组合图形的面积时,利用变换原理可以使原有的图形转化为易于计算面积的新的组合图形,从而简化计算的步骤。

例 4 如图 7.5.10 所示,将正方形纸片 ABCD 折叠,使边 AB、CB 均与对角线 BD 重合,得到折痕 BE、BF,则 ∠EBF 的大小为_____。

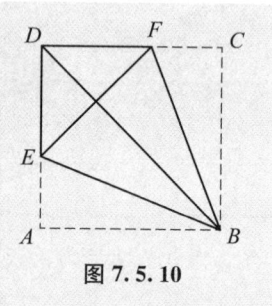

图 7.5.10

分析:根据轴对称变换的性质,轴对称图形的形状、大小完全相同。正方形的对角线把正方形分成两个一样的等腰直角三角形,底角是 45°,即 ∠ABD = ∠CBD = 45°。沿着折痕 BE、BF 对折,又把每个 45° 的角平均分成两份,所以 ∠EBF = ∠EBD + ∠FBD = (∠ABD + ∠CBD) ÷ 2 = 45°。

(四) 数形结合

数形结合思想就是通过数和形之间的对应关系和相互转化来解决问题的思想方法。数学是研究现实世界的数量关系与空间形式的科学,数和形之间是既对立又统一的关系,在一定的条件下可以相互转化。这里的数是指数、代数式、方程、函数、数量关系式等,这里的形主要是指几何图形和函数图象等。在数学的发展史上,直角坐标系的出现给几何的研究带来了新的工具,直角坐标系与几何图形相结合,就是把几何图形放在坐标平面上,使得几何图形上的每个点都可以用直角坐标系里的坐标(有序实数对)来表示,这样可以用代数的量化的运算方法来研究图形的性质,堪称数形结合的完美体现。数形结合思想的核心应是代数与几何的对立统一和完美结合,就是要善于把握什么时候运用代数方法解决几何问题是最佳的、什么时候运用几何方法解决代数问题是最佳的。如解决不等式和函数问题,有时用图象解决非常简洁。几何证明问题在初中是难点,到高中运用解析几何的代数方法或者向量方法解决,有时就比较简便。

数形结合思想可以使抽象的数学问题直观化,使繁难的数学问题简洁化,使得原本需要通过抽象思维解决的问题借助形象思维得到解决,这有利于抽象思维和形象思维的协调发展和优化解决问题的方法。众所周知,小学生的逻辑思维能力还比较弱,在学习数学时必须面对数学的抽象性这一现实问题,教材的编排和课堂教学都在千方百计地使抽象的数学问题转化成学生易于理解的方式呈现,借助数形结合思想中的图形直观手段,可以提供非常好的教学方法和解决方案。如从数的认识、计算到比较复杂的实际问题,经常要借助图形来理解和分析。也就是说,在小学数学中数离不开形。另外,几何知识的学习,很多时候只凭直接观察看不出什么规律和特点,这时就需要用数来表示。如一个角是不是直角、两条边是否相等、周长和面积是多少等。换句话说,就是形也离不开数。因此,数形结合思想在小学数学中的意义尤为重大。

数形结合思想在数学中的应用大致可分为两种情形:一是借助于数的精确性、程序性和可操作性来阐明形的某些属性,可称之为"以数解形";二是借助形的几何直观性来阐明某些概念及数之间的关系,可称之为"以形助数"。数形结合思想在中学数学的应用主要体现在以下几个方面:(1)实数与数轴上的点的对应关系;(2)函数与图象的对应关系;(3)曲线与方程的对应关系;(4)与几何有关的知识,如三角函数、向量等;(5)概率统计的图形表示;(6)在数轴上表示不等式的解集;(7)数量关系式具有一定的几何意义,如 $s = 100\,t$。

数形结合思想在小学数学的四大领域知识的学习中都有非常普遍和广泛的应用,主要体现在以下几个方面:一是利用"形"作为各种直观工具帮助学生理解和掌握知识、解决问题,如从低年级的借助直线认识数的顺序,到高年级的画线段图帮助学生理解实际问题的数量关系。二是数轴及平面直角坐标系在小学数学中的渗透,如数轴、位置、正反比例关系图象等,使学生体会代数与几何之间的联系。这方面的应用虽然比较浅显,但这正是数形结合思想的重点所在,是中学数学的重要基础。三是统计图本身和几何概念模型都是数形结合思想的体现,统计图表把抽象的、枯燥的数据直观地表示出来,便于分析和决策。四是用代数(算术)方法解决几何问题。如角度、周长、面积和体积等的计算,通过计算三角形内角的度数,可以知道它是什么样的三角形等。

数形结合思想的教学,应注意以下几个问题。

第一,如何正确理解数形结合思想。数形结合中的形是数学意义上的形,主要是几何图形和图象。刘加霞认为:

> 借助于直观形象模型理解抽象的数学概念以及抽象的数量关系是小学生学习数学的重要方法,但这一方法与数学意义上的"数形结合"方法的内涵不一致,它至多只能是"数形结合"方法的雏形。[①]

如6+1=7,可以通过摆各种实物和几何图片帮助学生理解加法的算理,这里的几何图片并不是数形结合中的形,因为这里并不关心几何图片的形状和大小,并没有赋予图片本身形状和大小的量化的特征,甚至不用图片用小棒等材料也能起到相同的作用。如果结合数轴(低年级往往用类似于数轴的尺子或直线)来认识数的顺序和加法,那么就把数和形(数轴)建立了一一对应的关系,便于比较数的大小和进行加减法计算。笔者赞同刘老师的观点,用数轴、线段图、正方形、圆、图象等帮助学生理解数、数量关系,包括函数关系,这才是真正的以形助数,有利于教师把握数形结合思想的本质。

当然,如果教师能够把握数形结合思想的本质,再从广义角度理解这一思想,也未尝不可,那么借助实物和图形理解数、运算、数量关系,也可以理解为原始的数形结合。

例1 $\frac{1}{2}+\frac{1}{4}+\frac{1}{8}+\frac{1}{16}+\cdots=$ _____。

分析:此题很难用小学算术的知识直接计算,因为它有无穷多个数相加,如果是有限个数相加,用等式的性质进行恒等变换可以计算。从题中数的特点来看,每一项的分子都是1,每一项的分母都是它前一项分母的2倍,或者说第几项的分母就是2的几次方,第 n 项就是2的 n 次方。联想到分数的计算可用几何直观图表示,那么现在可构造一个长度是1的线段或者面积是1的正方形,于是不妨构造一个面积是1的正方形,如图7.5.11所示。先取它的

[①] 刘加霞."数形结合"思想及其在教学中的渗透(上)[J].小学教学(数学版),2008(4).

一半作为二分之一,再取余下一半的一半作为四分之一,如此取下去……当取的次数非常大时,余下部分的面积已经非常小了,用极限的思想来看,当取的次数趋向于无穷大时,余下部分的面积就趋向于 0,因而,最后取到的面积就是 1。也就是说,上面算式的得数是 1。

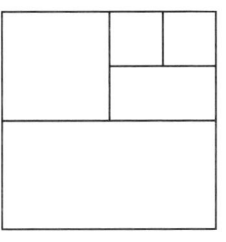

图 7.5.11

第二,适当拓展数形结合思想的应用。数形结合思想中的以数解形在中学应用得较多,小学数学中常见的就是计算图形的周长、面积和体积等内容。除此之外,还可以创新求变,在小学几何的范围内深入挖掘素材,在学生已有知识的基础上适当拓展,丰富小学数学中的数形结合思想。

例 2 由若干个大小相同的正方体纸箱搭成的货物堆,从正面、侧面、上面三个方向看到的都是图 7.5.12 所示的形状。

(1) 这堆货物的形状可能是什么?
(2) 如果这堆货物的总质量是 630 kg,其中每个纸箱的质量相等,并且在 80 kg 到 100 kg 之间。这堆货物有几箱?

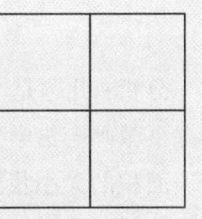

图 7.5.12

分析:(1)根据题目给出的信息,这堆货物是由正方体搭成的,上面的正方体不能悬空,为了保证从上面看到的是大正方形,下面一层必须有 4 个正方体。如果上面一层也有 4 个正方体,那么这堆货物就是由 8 个纸箱搭成的大正方体。再考虑从上层 4 个正方体中随意取走一个,从正面、侧面、上面观察,还是大正方形,那么这堆货物就是由 7 个纸箱搭成的。如果再取走一个,当取走的这个与第一个取走的是面挨着的,就会出现从正面或侧面观察不是大正方形的情况,不符合题意;当取走的这个与第一个取走的是相对着的,那么从哪个方向观察,都仍然是大正方形,那么这堆货物就是由 6 个纸箱搭成的。很显然,如果再继续取走一个,上面一层只剩一个纸箱,就不满足条件了。所以这堆货物的数量在 6 到 8 之间,形状可能如图 7.5.13 所示。

266　第七章　小学数学核心素养的教学

图 7.5.13

(2) $630 \div 8 = 78.75$，$630 \div 7 = 90$，$630 \div 6 = 105$。所以这堆货物有 7 箱。

例 2　参考图 7.5.14 所示的摆放，把两个形状和大小相同的长方体月饼盒包装成一包，怎样摆放最省包装纸？

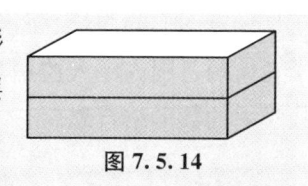

图 7.5.14

分析：此题是小学数学比较典型的通过探索活动发现规律的题目，一般情况下教师会给学生足够的学具进行操作，找出几种包装方法，再通过计算比较表面积的大小找到最佳答案。现在我们从代数思想出发，不用任何操作和具体数量的计算，进行一般性地推导。假设长方体的长、宽、高分别为 a、b、c，并且 $a > b > c$（只要给出三个数的大小排列顺序便可，谁大谁小并不影响用代数方法计算的过程和结论）。

首先要明确的是，问题要求怎样摆放最省包装纸，实际上就是求怎样拼才能使拼成的大长方体的表面积最小。每个长方体有 6 个面，两个长方体拼成一个大长方体后仍然有 6 个面，但这 6 个面的面积是原来长方体的 10 个面的面积，其中有两个面是原来长方体的面，另 4 个面分别是原来长方体的相同的两个面拼成的。也就是说，大长方体的表面积已经不是原来两个长方体的 12 个面的面积直接相加的和了，而是它们的和再减去拼在一起的两个面的面积和。原来两个长方体的 12 个面的面积和是恒定不变的，因而大长方体的表面积的大小，取决于减去的(拼在一起的)两个面的面积和的大小，减去的两个面的面积和越大，大长方体的表面积就越小。根据已知条件 $a > b > c$，得 $b > c$，$a > b$，可推出 $ab > ac$，$ac > bc$，即 $ab > ac > bc$。由此得面积最大的面是长为 a、宽为 b 的长方形，所以把面积最大的两个侧面贴在一起包装最省包装纸，列出关系式为 $S = 4(ab + bc + ac) - 2ab$。

第六节 数据分析的教学

一、对数据的认识

生活中的事件可以分成两类：一类是确定事件，就是在一定条件下一定发生和一定不发生的事件，如每天日出日落、四季轮回是一定发生的，而掷得两枚骰子朝上面的两个数字的和是 13 是不可能发生的，这些都是确定事件。另一类是随机事件，就是在一定条件下可能发生也可能不发生的事件，如每年人口出生数量情况、某同学数学期末考试的分数、商品合格率达标情况、某地一周气温变化情况等事件都是随机事件。对这些随机事件进行大量的观察，就会产生很多随机性的数据。我们现在生活在大数据时代，有大量的随机事件需要收集随机性的数据。收集数据的方式有两种：一种是需要对所有的数据进行全面调查，如我国为了掌握人口的真实情况，2020 年曾经进行过全国人口普查。另一种是抽样调查，一般情况下不可能也不需要考察所有对象，如物价指数、商品合格率、11 岁学生的身高等，就可以采取抽样调查的方法收集数据，用样本的数据特点来估计总体情况。关于数据的本质，我们这里所讨论的数据一方面是随机性的，另一方面，数据包括数字型数据（数量）和其他数据，如文字、语音、图像、视频等，而不是单纯的数学上的数字。例如，一组纯数字 90、91、92、93、94、95 并不是数据分析需要的数据，但是如果这组数据是小明最近 6 次数学考试的分数，这些数据就有了意义和价值。

二、对数据分析的认识

在当今这个时代，无论是单位还是个人，每天的日常工作和生活都会面对纷繁复杂的随机事件和随机性的数据，这些随机事件表面上看杂乱无章，但是大量地观察这些事件时，这些随机事件会呈现规律性，这种规律叫统计规律。

如果我们能够利用统计与概率的思想方法收集、整理和分析数据,找到规律,比较准确地预测事件发生的可能性的大小,做出科学的推断和决策,就会为我们的工作和生活带来很多方便、解决很多问题。因此,如何学会用数据说话,是每一个公民和单位必须具备的数学素养和思维方式。因此,使学生在义务教育阶段熟悉统计的思想方法,逐步形成数据分析观念,有助于运用随机的、科学的、数据的观点理解世界。

我国全面开放二胎政策后,2016－2019年分别出生人口1786万、1723万、1523万和1465万,虽然2016年和2017年比2015年之前的几年每年多出生人口100多万,但是远没有达到某些专家预测的每年出生人口超过2000万的目标,而且2018年和2019年出生人口与前几年比还出现了较大幅度下降。2020年恰逢我国进行第七次全国人口普查,没有在我国2020年国民经济和社会发展统计公报中公布2020年出生人口数量,但根据各方面数据的估算,2020年我国出生人口数并不乐观。说明人口增长事件的随机性更强、更复杂,这些现象离不开对数据的科学分析以及对事件发生可能性大小的定量刻画,从而做出合理的预测和决策,这正是统计与概率研究的主要内容,数据分析是统计思想的核心。中共中央政治局于2021年5月31日召开会议,审议《关于优化生育政策促进人口长期均衡发展的决定》,进一步优化生育政策,实施一对夫妻可以生育三个子女政策及配套支持措施,有利于改善我国人口结构、落实积极应对人口老龄化国家战略、保持我国人力资源禀赋优势。

三、数据分析的教学

《义教数学课标》的颁布和实施,赋予了数据分析更加丰富的内涵。教师要全面理解课程标准关于数据分析的内容和理念,在教学中要注意以下几点。

第一,注重过程性目标的教学。让学生经历数据的收集、整理、描述、分析、推断和决策的过程。包括设计合适的调查表、选择合适的统计图表和统计量描述数据、科学地分析数据并做出合理的决策。统计的教学要改变以往偏重统计知识和技能这种数学化的倾向,要让学生经历统计的全过程,把统计与生活密切联系起来,让学生学习活生生的统计,而不是仅仅回答枯燥乏味的纯数学问题。

第二，认识统计对决策的作用，能从统计的角度思考与数据有关的问题。学会用数据说话，形成数据分析观念，能使我们的思维更加理性，避免感性行事。从小学开始就要让学生认识统计对决策的重要作用，为将来的进一步学习和走向社会培养良好的统计意识。比如，作为市场经济和信息化社会的公民，每个人无不与经济活动和投资理财打交道。如果能够根据影响经济运行的各种主要数据进行合理的分析和推断，做出正确的投资理财决策，使自己的资产不断保值和升值，对于每个公民意义重大。

当然，统计推断往往是基于用样本来估计总体，属于合情推理，并不是一种必然的、演绎的逻辑关系，因而决策有时是符合预期的，有时也可能不十分正确甚至有可能是错误的。如我国 2012、2013、2014、2015、2016 年的全年国内生产总值比上一年分别增长 7.65%、7.67%、7.40%、6.90%、6.70%，根据这个下降趋势，预测 2017 年有可能比上一年增长 6.50%。这种预测是一种简单的统计推断，这仅仅是一种可能，换句话说，2017 年如果没有按此比例增长也是有可能的。实际上，2017 年采取了一些措施，使得经济保持平稳增长，比上一年增长了 6.90%。

第三，能对给定数据的来源、收集和描述的方法，以及分析的结论进行合理的质疑。现实生活中的各种统计数据和信息纷繁复杂，权威部门发布的统计数据基本上是科学可信的，但是有些公司或者广告发布的数据可能存在偏差。有些数据不十分合理或者不够精细，从而影响人们的认识和决策，甚至给人们带来误导。学习了统计知识以后，尤其是作为未来的公民，应该能够从科学、全面、微观的角度分析数据，从而做出正确的判断和决策。在小学阶段，由于计算难度的制约，解决一些统计问题时选定的样本容量往往较少，这时我们要注意这样的样本是否具有代表性、统计推断是否可信。如把一个 50 人的班级作为一个样本收集数据进行调查，进而对全年级甚至同龄人进行估计，就必须注意这 50 人的数据是否具有代表性。通过调查这 50 人的身高、体重、鞋子号码、服装型号等的数据分布特点来推断同年级其他班级学生的数据分布情况可能是合适的，但是通过调查这 50 人出生的月份分布情况来推断全年级甚至同龄人出生的月份分布，出现差错的可能性会大一些。因为一年有 12 个月，50 人平均下来每月也就 4 到 5 人，容量太小代表性就弱。

第四，加强对平均数的代表性、随机性的教学。对平均数等有关概念应理解其本质,注重知识的实际应用,避免单纯的纯数学数字计算和概念判断。如平均数这个统计量到底该怎么教学,一直困扰着很多老师。有些老师喜欢在一些概念上纠缠,而不是关注知识的应用和实际意义,如让学生计算下面一组没有实际背景的数据的平均数:84,86,89,90,92,93,96,98,100。这样的问题没有什么现实意义,不如给一组联系实际的数据,让学生去思考用什么量数作为该组数据一般水平的代表更有意义。比如,上述数据是某组同学的数学考试成绩,计算平均数,让学生体会其代表性和随机性,更有意义。

平均数的本质是代表数,具有随机性,代表一组数据的整体水平或者真实水平,运算方法虽然用除法,但是与除法有本质的不同。很多学生对平均数的理解与除法的平均分混淆,比如把一个东西平均分成3份,每份得到的是平均数。为了测量一个事物的真值,可以进行多次测量,得到多个数据,这些数据可能是不同的,具有随机性,与真值有误差,为了尽可能得到真值,我们求这些数据的平均数,这个数是一个接近真值的数。例如,测量5次小明的身高(单位:m),分别为1.51,1.50,1.49,1.51,1.49,平均数为1.50,说明小明身高的真值接近1.50,而不是1.51或者1.49。为了测量一组数据的真实水平,比如四年级(1)班和(2)班,到底谁的数学成绩好,用什么作为衡量的依据,平均数就可以作为代表数。

平均数的难点在于对代表性、随机性的理解和把握,为了解决平均数教学的难点,老师们进行了各种努力和探索,努力使学生理解平均数的代表性和随机性。

2018年4月在湖南省长沙市举办的全国人教版小学数学核心素养示范课观摩交流会上,有三位老师执教"平均数"。吴正宪老师执教的"平均数"一课从学生考试分数和平均分作为情境,这是到目前为止最易被学生理解的情境。

上课开始,吴老师直奔主题,让学生说说什么是平均数,很多学生对平均数的理解等同于除法和平均分,在老师的启发下有学生想到了考试平均分是90分,教师借此机会与学生展开交流。以下节选了部分师生互动的内容。

> 师:全班最高分是100,最低分是60,平均分90是怎么来的?
> 板书学生考试分数:100,60,98,95,87,80,75,90,……

师：咱们班有多少人？

学生知道了全班有53人，平均分是把全班每个人的分数加起来先得到总分，然后除以全班人数53得到的。

板书：(100＋60＋98＋95＋87＋80＋75＋90＋…＋83)÷53＝90。

师：90叫做什么？咋不除以52呢？100代表什么？60代表什么？

师：90分怎么看？是什么意思？

让4人一组讨论交流，然后小组汇报。通过师生交流，学生的回答逐步深入。

生：高于90的分让给别人。

生：高的分给低的，低的就提高了，就平均了。

生：只要少于90分的，就要给他点，就平均了。

生：代表四(4)班的分数和水平。

师：不代表一个、两个人了，代表全班水平，不代表个人，那代表什么？

生：代表集体。

师：用专业的话说，具有什么性？

生：代表性。

板书这三个字。

师：平均数具有代表性，研究它才有意义。

之后课堂呈现7、6、3、4四个数及直观图，继续研究平均数的特点。开始让学生估计平均数时，有个别学生估计是8或者2，说明平均数确实有很多教学难点。由此启发我们，可以把前面数学平均分90这个情境再充分利用，强化平均数的概念与特点，比如在这组参差不齐的数据里，平均分可能是100吗？可能是60吗？它一定在什么范围？大约在什么更确切的范围？

虽然我们不主张过分强调学生的考试分数，但是学生的考试分数和平均分是客观存在的，我们也无法回避这个问题。学生对于学习的情感体验，成功的快乐，失误的痛苦，这些苦辣酸甜很大程度上都在他们的考试分数里，因此学生对考试分数和平均分是最熟悉的、感受最深的。

2018年11月20日在云南省梁河县举办的全国高师数学教育研究会小教培训工作委员会第十五届年会上，来自福建省厦门市的特级教师李培芳老师作报告时谈到他曾对几个学生做过一次访谈。他问学生：你喜欢数学吗？学生说不喜欢。继续问：为什么不喜欢？怎么样才喜欢数学？学生回答道：因为学习不好才不喜欢数学，如果考试成绩好了就喜欢数学了。当然，对于成绩不好的学生来说，也许在这样一堂课上感受不到快乐。但更重要的是，学生要勇于面对现实，接受挫折教育，能够看到自己跟其他同学的差距，激励自己努力学习，不断地提高自己的学习成绩。从这个角度而言，用数学考试成绩作为平均数的教学情境，利大于弊。

那么，怎么能够进一步体会平均数的随机性呢？如果有可能，最好在上平均数这节课之前进行一次数学测试，公布全班平均分，然后可以这样设计情境：咱们班数学测试成绩已经出来了，全班平均分也知道了，如果我们把全班按照男生和女生分成两个大组，到底哪个组的成绩好呢？用什么作为代表？男生组选小明，女生组选小丽分别作为代表可以吗？学生认为不妥，通过讨论，引出用男生组和女生组成绩的平均分作为代表最合理。然后在黑板上分别随机统计平均分，一个一个地进行数据累加统计，平均分一直在变化，这样代表性和随机性就体现出来了，最后一个分数加进去，才是最终的平均分，才能够确定男生组和女生组谁的成绩更好。

近年来，关于儿童免票的标准再次引发社会关注。随着中国儿童体格发育水平变化，现行的儿童免票身高标准线是否还科学成为了民众普遍关心的问题。以身高作为界定儿童票的标准，其好处就是直观、易操作，在过去也适用于绝大多数儿童。但随着经济发展以及营养状况改善，儿童平均身高也会逐步增长。那么现行的对身高 1.2 米以下（含 1.2 米）的儿童实行免票的政策和标准是否应该调整，则需要进行抽样调查，调查现在 6 周岁儿童的平均身高是多少，用样本的平均数估计总体的身高水平，然后进行调整。近年来，关于儿童票优惠标准，一些地方已经把免票身高线调高至 1.3 米或者 1.4 米。

关于平均数的教学，还可以挖掘一些与儿童相关的素材，创设更丰富、有趣的情境。例如，分析儿童的身高、体重的平均数与年龄的关系，臂展与身高的关系等，渗透线性相关的思想。

例1 六年级有200名同学,血型分布情况如图7.6.1所示。

(1) 从图中你能发现哪些信息?

(2) 该年级各种血型各有多少人?

(3) 该校有1000人,你能估计各种血型的人数吗?

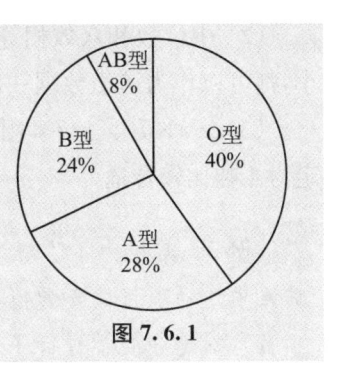

图 7.6.1

分析：(1) 从扇形图中可以初步得到如下信息：

在200名同学中有四种血型,这四种血型O型的人数最多,占40%,A型和B型的人数分别排第二、第三,AB型的人数最少,只占8%。

(2) 200人中血型为O型、A型、B型和AB型的分别有：80、56、48、16人。

(3) 可以把200人的数据作为一次抽样调查的数据,从而估计其他人群(如全校、本地区等)血型的分布情况。各种血型的人数估计为：O型、A型、B型和AB型的分别有400、280、240、80人。

例2 有关部门对一个社区的100位居民月度人均用水量进行了调查统计,数据如下表7.6.1所示。

表 7.6.1

用水量/吨	2	3	4	5	6
人数/人	8	24	40	22	6

(1) 计算这组数据的平均数、中位数和众数。

(2) 什么数可以代表居民人均用水量的一般水平?

(3) 如果采取阶梯水价,标准用水量以上加价收费,希望至少70%的居民不受影响,你认为人均标准用水量定为多少比较合适?

分析：(1) 平均数：$(2\times 8+3\times 24+4\times 40+5\times 22+6\times 6)\div 100=3.94$(吨)。 中位数和众数都是4吨。

(2) 中位数和众数相等,平均数也约等于中位数和众数,这三个量差别很小,都可以作为该组数据一般水平的代表。

(3) $100 \times 70\% = 70$,用水量在4吨及以下的有72人,所以人均标准用水量定为4吨比较合适。

例3 某校为了了解该校六年级同学对排球、乒乓球、羽毛球、篮球和足球五项运动项目的喜爱情况(每位同学必须且只能选择最喜爱的一项运动项目),对部分同学进行了调查,并将调查结果绘制成了如下所示的不完整统计表,见表7.6.2所示。

(1) 请补全下列调查人数分布表(表7.6.2)和条形统计图(图7.6.2);

(2) 若六年级学生总人数为430,请你估计六年级学生喜爱羽毛球运动项目的人数。

表7.6.2 调查人数分布表

类别	人数	百分比
排球	6	6%
乒乓球	28	28%
羽毛球	30	
篮球		20%
足球	16	16%
合计		100%

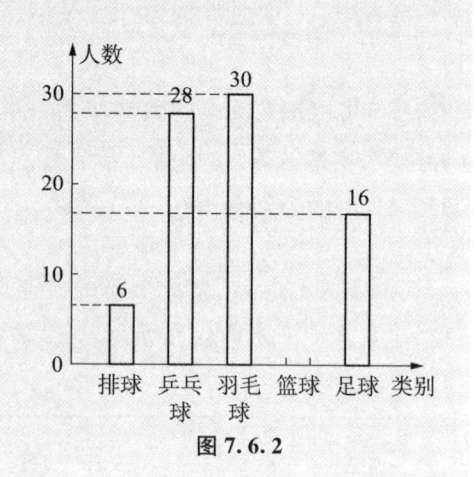

图7.6.2

分析:用排球的人数除以所占的百分比可以求出调查的总人数,$6 \div 6\% = 100$;用调查的总人数乘上篮球所占的百分比即可求出篮球的人数,$100 \times 20\% = 20$;用羽毛球的人数除以调查的总人数可以求出羽毛球所占的百分比,$30 \div 100 = 30\%$。喜欢羽毛球的占30%,$430 \times 30\% = 129$。

例4 连续抛掷一枚硬币两次,如果第一次正面朝上,那么第二次一定是反面朝上吗?

分析：从概率角度分析，抛一枚硬币正面和反面朝上的可能性相等，都是二分之一；并不会因为第一次正面朝上而影响第二次正面和反面朝上的可能性相等的理论事实。因此，第二次正面和反面朝上的可能性仍然相等。

例5 小明最近五次数学测验的成绩分别为：95分、96分、96分、96分、97分，请预测他下次数学测验的成绩。小丽最近五次数学测验的成绩分别是：93分、92分、92分、90分、90分，请预测她下次数学测验的成绩。

分析：数学测验的成绩高低是随机事件，尽管小明的测验成绩在稳步提高、越来越好，我们按照这个发展趋势预测，小明下次测验的成绩在97分或者以上的可能性比较大，但这不是一定发生的，也可能是96分，或者95分，或者更低。小丽的测验成绩在逐步下降、越来越不好，我们按照这个发展趋势预测，小丽下次测验的成绩在90分或者以下的可能性比较大，但这不是一定发生的，也可能是91分，或者92分，或者更高。

例6 数据调查与分析实践活动，活动主题：时间与人生。
调查的问题：
1. 中国人均预期寿命是多少岁？合多少个月？多少天？
2. 中国人平均每天睡眠多少小时？占1天的几分之几？
3. 如果中国人平均按照高中学历计算，从小学一年级到高三毕业，平均每天学习多少小时？折合多少年？占一生的几分之几？
4. 根据以上问题的调查数据，进行分析，并尝试自己设计一个周一到周五的作息时间表，设计一个周六、周日的作息时间表，使自己健康、快乐、有收获地度过每一天。

提示：
1. 据统计，2017年中国人均预期寿命是76.7岁，大约920个月、28000天。几十年来，随着经济、医疗、教育的发展，中国人生活水平不断提高，人均预期寿命逐年增长，76.7岁这个数据已经非常接近发达国家的水平。
2. 假设中国人平均每天睡眠8小时，睡眠占1天的$\frac{1}{3}$，也占一生的$\frac{1}{3}$，也就是说,中国人平均一辈子有 25 年在睡觉。

3. 从一年级到高三年级一共 12 年,假设每天学习 14 小时,折合 7 年时间,占不到一生的 $\frac{1}{10}$。也就是说,学生时代虽然学习时间长、比较辛苦,但是与自己一生的时间相比并不算多。

虽然中国人平均预期寿命并不低,但是在历史的长河中也只是千年一瞬,要珍惜这有限的生命,安排好每天的作息时间表。作为学生既要安排好周一到周五的作息时间,也要安排好周六周日的作息时间。既要安排好每一科的学习,也要安排好适当的休闲娱乐和锻炼身体的时间,让每一天都过得健康、充实、美好、有收获。不能把今天的事情推到明天,因为明天还有明天的事。我们用改编的《明日歌》来唤醒那些不珍惜时间的学生——"明日复明日,明日何其多,天天待明日,万事成蹉跎。世人若被明日累,春去秋来老将至。朝看水东流,暮看日西坠。百年明日能几何,请君听我明日歌。"

这样一堂数学课,可以安排在六年级下学期快要毕业的时间教学,要上升到数学核心素养的高度,上升到生命教育的高度,管理人生实际上就是管理时间,学会用数学的眼光看世界、看人生,这对学生的一生都会有很大的影响。

第七节　转化思想的教学

一、对转化思想的认识

人们面对数学问题,如果直接应用已有知识不能或不易解决该问题时,往往需要将待解决的问题不断转化形式,把它归结为能够解决或比较容易解决的问题,最终使原问题得到解决,把这种思想方法称为转化(化归)思想。

从小学到中学,数学知识呈现一个由易到难、从简到繁的过程。然而,人们在学习数学、理解和掌握数学的过程中,却经常通过把陌生的知识转化为熟悉的知识、把繁难的知识转化为简单的知识,从而逐步学会解决各种复杂的数学问题。因此，转化是一般化的数学思想方法，具有普遍的意义；同时，需要根据不同的问题采取具体的策略或者方法完成转化。如前文所述，笔者所主张的自主学习的教学范式，就是通过新旧知识的关联和类比，借助几何直观、数形结合、恒等变换等方法，完成新旧知识的转化，前文中已经结合具体案例讨论了很多概念、命题、结构等的转化。古今中外的数学家对转化（化归）思想的理解精辟深邃。华罗庚说："善于退，足够地退，退到最原始又不失重要性的地方去研究，是学好数学的一个诀窍。"法国数学家笛卡儿坚持理性主义，但是他反对制定大量规则构成一部逻辑。对于古老的几何学，他认为坚定持久地执行以下四条规则就够了。

第一条是：凡是我没有明确地认识到的东西，我绝不把它当成真的接受。第二条是：把我所审查的每一个难题按照可能和必要的程度分成若干部分，以便一一妥为解决。第三条是：按次序进行我的思考，从最简单、最容易认识的对象开始，一点一点逐步上升，直到认识最复杂的对象；就连那些本来没有先后关系的东西，也给他们设定一个次序。最后一条是：在任何情况之下，都要尽量全面地考察，尽量普遍地复查，做到确信毫无遗漏。①

第一条强调理解，反对不懂装懂；第二条强调转化化归的方法，化难为易；第三条强调有序思考和推理，由易到难解决问题；第四条强调数学的严谨性和逻辑性。这充分体现了转化化归思想的本质：把复杂问题不断地拆、不断地化，直到化成一些直观无疑的小问题。

学生面对的各种数学问题，可以简单地分为两类：一类是直接应用已有知识便可顺利解答的问题；另一类是陌生的知识，或者不能直接应用已有知识解答的问题，需要综合地应用已有知识或创造性地解决的问题。如知道一个长方形的长和宽，求它的面积，只要知道长方形面积公式，都可以计算出来，这是第一类问题；如果不知道平行四边形的面积公式，通过割补平移变换把平行四边形转化为长方形，推导出它的面积公式，再计算面积，这是第二类问题。对于广大中小学生来说，他们在学习数学的过程中所遇到的很多问题都可以

---

① 笛卡尔. 谈谈方法[M]. 王太庆，译. 北京：商务印书馆，2000：16.

归为第二类问题,并且要不断地把第二类问题转化为第一类问题。解决问题的过程,从某种意义上来说就是不断地转化求解的过程,因此,转化思想应用非常广泛。

二、转化思想的教学

(一) 化抽象问题为直观问题

数学的特点之一是它具有很强的抽象性,这是每个想学好数学的人必须面对的问题。从小学到初中,再到高中,数学问题的抽象性不断加强,学生的抽象思维能力在不断接受挑战。如果能把比较抽象的问题转化为易操作或直观的问题,借助几何直观、数形结合,那么不但使得问题容易解决,经过不断地抽象—直观—抽象的训练,学生的抽象思维能力也会逐步提高。

例1 有2件不同的上衣、3条不同的裤子、2双不同的鞋,一共有多少种穿法?

分析:此题如果用分类法、穷举法,会比较麻烦。用直观的树状图,把抽象的问题直观化,会更容易解决。分别用 A、B 表示上衣,C、D、E 表示裤子,H、I 表示鞋,画出图 7.7.1。

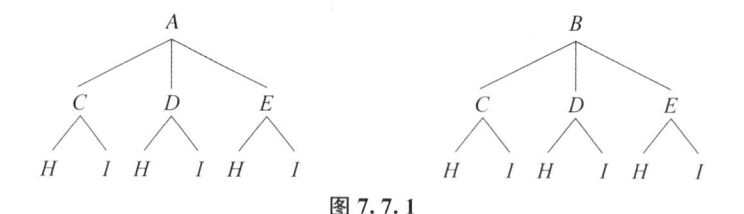

图 7.7.1

从上到下数连线的条数,共有 12 种穿法。

即使再增加难度,此法也比较有效。

(二) 化繁为简的策略

有些数学问题比较复杂,直接解答过程会比较繁琐。在结构和数量关系相似的情况下,从更加简单的问题入手,找到解决问题的方法或建立模型,并进行适当检验,如果能够证明这种方法或模型是正确的,那么该问题一般来说便得到了解决。

例2 把 186 拆分成两个自然数的和,怎样拆分才能使拆分后的两个自然数的乘积最大？187 呢？

分析：此题中的数比较大,如果用枚举法一个一个地拆分验证,比较繁琐。如果从比较小的数开始枚举,利用不完全归纳法,看看能否找到解决方法。如从 10 开始,10 可以分成：1 和 9,2 和 8,3 和 7,4 和 6,5 和 5,它们的积分别是：9,16,21,24,25。可以初步认为拆分成相等的两个数的乘积最大,为证实猜想,还可以再举一个例子。如 12 可以分成：1 和 11,2 和 10,3 和 9,4 和 8,5 和 7,6 和 6,它们的积分别是：11,20,27,32,35,36。由此可以推断：把 186 拆分成 93 和 93,这两个自然数的乘积最大,乘积为 8649。适当地加以检验,如 92 和 94 的乘积为 8648,90 和 96 的乘积为 8640,都比 8649 小。这样化难为易、化繁为简,学生就容易理解并且找到解决问题的方法。

而第二个问题,187 能否按照上述方法拆分呢？因为 187 是奇数,无法将它拆分成相等的两个数,所以只能拆分成相差 1 的两个数,这时它们的乘积最大。不再举例验证。

例3 你能快速口算出 85×85、95×95、105×105 的积吗？

分析：仔细观察可以看出,此类题有些共同特点,每个算式中的两个因数相等,并且个位数都是 5。如果不知道个位数是 5 的相等的两个数的乘积规律,直接快速口算是有难度的。那么,此类题有什么技巧呢？不妨从简单的数开始探索,如 $15 \times 15 = 225$,$25 \times 25 = 625$,$35 \times 35 = 1225$。通过这几个算式的因数与相应的积的特点,可以初步发现规律是：个位数是 5 的相等的两个数的乘积分为左右两部分,左边为因数中 5 以外的数字乘比它大 1 的数,右边为 25(5 乘 5 的积)。所以 $85 \times 85 = 7225$,$95 \times 95 = 9025$,$105 \times 105 = 11025$,实际验证也是如此。

很多学生面对一些数学问题,可能知道怎么解答,但是只要想到解答过程非常繁琐,就会产生退缩情绪,或者在繁琐的解答过程中出现失误,这是比较普遍的情况。因此,学会化繁为简的解题策略,对于提高解决繁难问题的能力大有帮助。

(三)化实际问题为特殊的数学问题

数学来源于生活,应用于生活。与小学数学有关的生活中的实际问题,多数可以用常规的小学数学知识解决。但有些生活中的实际问题表面上看是一些常用的数量,似乎能用常规的数学模型解决问题,而真正深入分析数量关系时,可能由于条件不全面而无法建立模型,这时就需要超越常规思维模式,从另外的角度进行分析,找到解决问题的方法。下面举例说明。

例4 某旅行团队翻越一座山。上午9时上山,每小时行3千米,到达山顶后休息1小时。下山时,每小时行4千米,下午4时到达山底。全程共行了20千米。上山和下山的路程各是多少千米?

分析:此题知道上山和下山的速度,上山和下山的时间总和,上山和下山的路程总和,可用方程解决,还可以用假设法。仔细观察可以发现:题中给出了两个未知数量的总和以及与这两个数量有关的一些特定的数量,如果用假设法,那么就类似于鸡兔同笼问题。假设都是上山,那么总路程是18(即6×3)千米,比实际路程少算了2千米,所以下山用的时间是2[即2÷(4−3)]小时,上山用的时间是4小时。上山和下山的路程分别是12千米和8千米。

例5 李阿姨买了2千克苹果和3千克香蕉,用了11元;王阿姨买了同样价格的1千克苹果和2千克香蕉,用了6.5元。每千克苹果和香蕉各多少钱?

分析:此题初看是关于单价、总价和数量的问题,但是,由于题中没有告诉苹果和香蕉各自的总价是多少,无法直接计算各自的单价。认真观察,可以发现:题中分两次给出了不同数量的苹果和香蕉的总价;题中有苹果和香蕉各自的单价这两个未知数,但二者没有直接的关系,如果用方程解决,也超出了一元一次方程的范围。那么这样的问题在小学数学的知识范围内如何解决呢？利用二元一次方程组加减消元的思想，可以解决这类问题。具体来说就是把两组数量中的一个数量化成相等的关系，再相减，得到一个一元一次方程。不必列式推导，直接分析便可：已知 1 千克苹果和 2 千克香蕉 6.5 元，可得出 2 千克苹果和 4 千克香蕉 13 元；已知 2 千克苹果和 3 千克香蕉 11 元；用 13 减去 11 得 2，所以香蕉的单价是每千克 2 元。再通过计算得苹果的单价是每千克 2.5 元。

（四）化未知问题为已知问题

对于学生而言，学习的过程是一个不断面对新知识的过程。有些新知识可以通过某些载体直接呈现。如面积和面积单位的学习，通过一些物体或图形直接引入概念。而有些新知识可以利用已有知识通过探索，把新知识转化为旧知识进行学习。如平行四边形面积公式的学习，通过割补平移，把平行四边形转化为长方形求面积。这种化未知为已知的策略，在数学学习中非常常见。下面举例说明。

例 6 水果商店昨天销售的苹果比香蕉的 2 倍多 30 千克，这两种水果一共销售了 180 千克。销售香蕉多少千克？

分析：学生在学习列方程解决问题时学习了最基本的有关两个数量的一种模型，即已知两个数量的倍数关系以及这两个数量的和或差，求这两个数量分别是多少。题中的苹果和香蕉的关系，不是简单的倍数关系，而是在倍数的基础上增加了一个条件，即苹果比香蕉的 2 倍还多 30 千克。如果用 180 减去 30 得 150，那么题目可以转化为：水果商店昨天销售的苹果是香蕉的 2 倍，这两种水果一共销售了 150 千克。销售香蕉多少千克？这时就可以列方程解决了。设未知数时要注意设哪个量为 x，题目求的是哪个量。

这个案例能给我们什么启示呢？教师在教学中要让学生学习什么？学生既要学习知识，又要学习方法。学生不仅要学会套类型的解题模式，更重要的是在理解和掌握最基本的数学模型的基础上，形成迁移类推或举一反三的能力。教师在上面最基本的模型基础上，可以引导学生深入思考以下问题串。

(1) 水果商店昨天销售的苹果比香蕉的 2 倍少 30 千克,这两种水果一共销售了 180 千克。销售苹果多少千克?

(2) 水果商店昨天销售的香蕉比苹果的 $\frac{1}{2}$ 多 30 千克,这两种水果一共销售了 180 千克。销售苹果多少千克?

(3) 水果商店昨天销售的香蕉比苹果的 $\frac{1}{2}$ 少 30 千克,这两种水果一共销售了 120 千克。销售苹果多少千克?

(4) 水果商店昨天销售的苹果是香蕉的 2 倍,销售的梨是香蕉的 3 倍。这三种水果一共销售了 180 千克。销售香蕉多少千克?

(5) 水果商店昨天销售的苹果是香蕉的 2 倍,销售的梨是苹果的 2 倍。这三种水果一共销售了 210 千克。销售香蕉多少千克?

(五) 化一般问题为特殊问题

数学中的规律一般具有普遍性,但是对于小学生而言,普遍的规律往往比较抽象,较难理解和应用。此时举一些特殊的例子运用不完全归纳法加以猜测验证,也是可行的解决问题的策略。下面举例说明。

例 7 任意一个大于 4 的自然数,拆成两个自然数之和,怎样拆分才能使这两个自然数的乘积最大?

分析:此问题如果运用一般的方法进行推理,可以设这个大于 4 的自然数为 N。

如果 N 为偶数,可设 $N=2K$(K 为任意大于 2 的自然数),那么 $N=K+K=(K-1)+(K+1)=(K-2)+(K+2)=\cdots$。

因为 $K^2>K^2-1>K^2-4>\cdots$,所以 $K\times K>(K-1)\times(K+1)>(K-2)\times(K+2)>\cdots$。因此,把这个偶数拆分成两个相等的自然数之和,它们的积最大。

如果 N 为奇数,可设 $N=2K+1$(K 为任意大于 1 的自然数),那么 $N=K+(K+1)=(K-1)+(K+2)=(K-2)+(K+3)=\cdots$。

因为 $K^2+K>K^2+K-2>K^2+K-6>\cdots$,所以 $K\times(K+1)>$

$(K-1)×(K+2)>(K-2)×(K+3)>\cdots$。因此,把这个奇数拆分成两个相差1的自然数之和,它们的积最大。

仔细观察问题可以发现,题中的自然数只要大于4,便存在一种普遍的规律,因此取几个具体的特殊的数,也应该存在这样的规律。这时就可以把一般问题转化为特殊问题,仅举几个有代表性的比较小的数(大于4即可)进行枚举归纳,如10、11等,就可以解决问题,具体案例见前文。

转化思想作为最重要的数学思想之一,在学习数学和解决数学问题的过程中无所不在。对于学生而言,要学会善于运用转化思想解决各种复杂的问题,最终达到在数学的世界里举重若轻的境界。

(六) 化几何(图形)问题为代数问题

如前文所述,数形结合有两个方面:一个是以形助数,体现了化抽象为直观;另一个是以数解形,化图形问题为代数问题。

例8 用4个相同的长方体,能够拼出几个大的长方体?

分析: 此题在低年级可以借助几何直观,通过具体实物的操作拼摆,或者画直观图解决。这种策略虽然直观,但是容易造成遗漏而导致答案不全面。当学生到了中高年级,可以用代数符号表达,进行排列组合的代数运算,同时结合几何直观,能够全面解决问题。

设长方体的长、宽、高分别为 a、b、c,因为有4个(偶数个与奇数个的拼法不同)相同的长方体,拼接的时候必须把全等的面贴在一起,可以有2类拼法。

(1) 大长方体的长、宽、高中有一个是小长方体对应量的4倍。组合数为3,大长方体的长、宽、高分别有以下三种情况:

$4a,b,c$; $a,4b,c$; $a,b,4c$。

(2) 大长方体的长、宽、高中有2个是小长方体对应量的2倍。组合数为3,大长方体的长、宽、高分别有以下三种情况:

$2a,2b,c$; $2a,b,2c$; $a,2b,2c$。

所以一共有6种。

(七) 化曲为直、以直代曲

曲与直进行类比,把圆心角是 90°的扇形与三角形进行类比,将弧长看作底,半径看作高,利用三角形的面积公式计算扇形的面积,以直代曲。圆心角是 90°的扇形的弧长是圆周长的四分之一,其面积 $S_{扇} = \frac{1}{2} \times \frac{1}{4} \times 2\pi r \times r = \frac{1}{4}\pi r^2$,所以圆的面积 $S = \frac{1}{4}\pi r^2 \times 4 = \pi r^2$。如果把圆直接看成三角形,圆周长为底,半径为高,那么 $S = \frac{1}{2} \times 2\pi r \times r = \pi r^2$。

第八章 小学数学核心素养的评价与监测

第一节 小学数学核心素养的评价

关于评价,《义教数学课标》有具体的要求和建议。新义教数学课标与《义教数学课标》相比,在评价方面有一些变化,主要体现如下:

对学业质量进行了界定,确立了学业质量标准的核心地位和作用,把学业质量标准作为评价和考试命题的依据。新义教数学课标认为,学业质量是学生完成相应学段数学课程学习任务后,在数学核心素养方面应该达到的水平及其表现。数学学业质量标准是学业水平考试命题及评价的依据,同时对学生的学习活动、教师的教学活动、教材的编写等具有重要的指导作用。

新义教数学课标把数学核心素养作为学业质量的核心,也就是说,小学数学学业质量标准的核心不是"四基"和"四能"("四基"和"四能"是载体),而是形成与发展"四基"和"四能"的过程中达成的 11 个核心素养。

一些文献中也有详细的评价方法和评价量表。我们还需要进一步研究的是:什么样的评价方法和评价量表是教师可以接受并容易操作的?否则再完美的评价方法也不容易被贯彻落实。

参考《义教数学课标》和新义教数学课标的评价建议,评价的目的主要是考查学生学习数学的成效,即数学核心素养的达成情况,同时间接地考查教师教学的成效。通过考查,可以诊断学生学习数学过程中的优势与不足,从而改进学生的学习行为、教师的教学行为,最终促进学生数学核心素养的达成。

评价的方法,注重终结性评价与过程性评价相结合。评价方式可以多元化,其形式主要包括:书面测试、课堂观察、课后访谈、课内外作业、数学日记、成长记录档案袋等。学生数学核心素养的达成是一个日积月累的过程,既要通过终结性评价结果判断学生数学核心素养达成的情况,又要加强观察和记录学生成长的过程。通过数据追踪和分析,诊断每个学生学习的优势与不足,帮助学生改进学习方法,逐步补齐短板。如果有条件,建议给每个学生建立数字数据库(数字档案),作为个人成长档案。从小学一年级跟踪记录到高三,保留重要的信息,包括考试成绩、学业评价(学习情况智能分析、获奖情况等)、错题、错题智能分析、改进建议等,供教师、学生、家长参考。

如前文所述,在互联网、云计算、大数据、人工智能的时代,未来很多工作将逐步被机器人所取代,那么我们要思考:未来社会机器人能做什么?人与机器人比较,优势是什么?人类未来的价值与工作机会在哪里?人与机器人比较,优势不在于记忆和机械操作,而在于人的思维的创造性、解决问题的能力、自我学习及自我成长的能力、团队合作能力、正确认识人生的意义和价值的能力,这些都是数学核心素养的根本。因此,我们对课堂教学的评价不能把重心放在考查学生的记忆能力上,而应重在考查学生的数学核心素养,包括对知识的理解能力、数学认知结构、数学思想方法、解决开放问题的能力的考查等。

现在很多教师运用课堂观察量表来评价教师的教学和学生的学习,并且给各项指标赋值,分出不同等级和水平,对教师的教学行为和学生的学习情况进行整体反馈,提出改进建议,这些都是非常好的做法。但是这样评价还不够具体,教师只能得到比较宏观的反馈信息和改进建议,而不能得到非常具体的、每节课的学生的思维、思想方法、学习方法等方面的具体表现,这样就不利于从微观方面去改进教学和学生的学习。

为了让教师了解学生每堂课存在的突出问题的具体表现,我们设计简便易于操作的课堂观察量表。该量表重点观察记录每个学生的数学思维、思想方法、学习方法等方面的表现,记录学生在学习过程的各个环节中结合学习内容存在的突出问题、哪些学生存在问题等。为了便于操作,假设每个教师每天上 2 节数学课,那么 2 个教师每天上 4 节课,在保证每个教师有一节课不冲突的情况下,可以采取 2 个教师互助合作的评价方式。即一个教师上课,另一个教师观察该教师的课堂教学及学生的学习行为,填写观察量表;然后互换角色,保证每天每位教师至少观察和被观察各一次。这样评价的优势是简便易操作,不动员过多的教师参与课堂观察,也不必动用专家进行课堂观察,不影响每位教师的正常教学,以最小的投入得到最大的回馈。下面是课堂观察量表,见表 8.1.1。

表 8.1.1 课堂观察量表

学校_____ 班级_____ 课题_____
执教人_____ 学生人数_____ 观察者_____ 日期_____

环节 \ 信息	存在问题	具体表现(包括人数)	归因分析	改进建议
问题理解				
自主关联				
独立思考				
合作交流				
巩固练习				
拓展提高				

这个量表栏目中的环节,就是前文所述的自主学习教学范式的教学过程中学生学习的主要环节和学生的活动。量表栏目中的信息一栏,包括:存在问题、具体表现(包括人数)、归因分析、改进建议,对应每个环节的学生活动。要求观察者不能坐在一个固定的位置观察,而要在不影响学生上课的前提下进行巡视观察,以便全面了解学生在上课中各个环节的具体表现,从而进行有效反馈。每个环节都要观察记录四个方面的信息,下面对信息栏目中评价的四个方面加以简要说明。

1. 存在问题

在教学的各个环节都会有学生出现不同的问题,例如:旧知不会导致影响新知学习,不能正确回答课堂问题,没有被激发回答问题的欲望,不能自主关联旧知,不能独立解决问题,不会合作或者在合作中把自己当做局外人,表达问题不清晰,巩固练习出现各种错误,拓展练习考虑不全面或者无从下手等。

2. 具体表现(包括人数)

就观察到的问题,写出具体的表现,要求细致简要。具体表现还包括出现存在同类问题的人数,学生所坐的位置等。

3. 归因分析

根据存在问题的具体表现写出原因分析,分析角度要宽。课堂上出现问题的原因,有可能是教师,也有可能是学生;有可能是知识点上出现的漏洞,也有可能是学习习惯上出现的差异等。

4. 改进建议

根据归因分析,提出合理化改进建议。

此量表直击课堂教学中学生的思维、思想方法、学习方法等方面出现的问题,力争通过细致的观察,有效研究课堂教学的薄弱点,达到切实解决课堂教学存在的问题,真正提高课堂效果的目的。

北京市朝阳区教育研究中心的高萍老师,多年来致力于小学数学核心素养的评价研究。下文是此研究的简介,供教师参考。

以评价引领方向　以评价促进发展
——围绕数学思想方法和核心能力研制开放性评价工具

北京市朝阳区义务教育课程改革项目推进办公室

北京市朝阳区教育研究中心

高　萍

2011年发布的《北京市中长期教育改革和发展规划纲要(2010年—2020年)》明确指出:"建立全市义务教育质量标准和监测制度,巩固小学和初中建设成果,加强对义务教育学校的办学水平和教育教学质量的督导,着力促进学校内涵发展,以提高质量为核心,凝练办学特色,提高办学水平。"那么,作为义务教育阶段小学数学学科的质量监测,将充分考虑小学数学教学的实际,使课程标准的内容进一步具体化、可操作化,从而提高学生的学科素养。

如何才能进一步具体化?可操作化呢?那就是要以评价搭建起课程标准和课堂教学之间的桥梁,以评价搭建起学生实际与课堂教学之间的桥梁,用评价引领课堂教学变革。评价一方面要为学校实施素质教育、贯彻课程标准、改进教学服务,另一方面要充分发挥工具的诊查功能、导向功能,使得教学要把握思想方法、培养数学学科核心能力。

众所周知,要想学好数学、用好数学,就要深入到数学的"灵魂深处",其灵魂就是数学思想方法和学科核心能力,从而达到数学教育的最终目标,即培养学生逐步学会用数学的眼光观察世界,用数学的思维思考世界,用数学的语言表达世界,这是数学教育的内涵所在。在这一方面,朝阳区义务教育课程改革项目推进办公室副主任高萍围绕数学思想方法和核心能力研制了针对"小学数学问题解决能力评价指标体系"。(见表 8.1.2)

表 8.1.2　小学数学问题解决能力评价指标体系

一级指标	二级指标	评价要素	内涵描述
发现并提出问题	从数学角度提出问题	① 基于某情境或问题提出自己新的数学问题。	用数学语言表述出生成的、独立的、创造的新数学问题。
		② 在问题解决过程中提出新的子问题。	
		③ 在问题解决后提出新的子问题。	
分析问题	数学表征与变换	④ 用某种形式,如符号、图形、图表、文字、情境、操作性模型等,表达出要学习的或要处理的数学概念或关系。	为了使问题得以简化或成功解决,所使用的改变信息形态的某种数学转化策略。
计划与执行	数学推理与论证	⑤ 通过对数学对象进行逻辑性思考,从而做出推论。	数学对象:数学概念、关系、性质、规则、命题。 逻辑性思考:观察、实验、归纳、类比、演绎。
		⑥ 进一步寻求证据,给出证明或举出反例,说明所给出的推论的合理性。	
	数学建模	⑦ 面对某个综合性情景,能够理解并建构现实情境模型。	正向建模:抽象概括规律。 模型逆用:给模型,讲故事。
		⑧ 会将该模型翻译为数学问题,建立数学模型,会用数学方法解决所提出的数学问题。	
		⑨ 根据具体的情境,解读与检验数学解答,并验证模型的合理性。	
	数学地解决问题	⑩ 采用各种恰当的数学知识、方法与策略,解决在数学或其他情境中出现的问题。	
反思与交流	监控与反思	能检验与反思问题解决的过程。	
	数学交流	能不同程度地以阅读、倾听等方式识别、理解、领会数学思想和数学事实。	
		能以写作、讲解等方式解释自己问题解决的方法、过程和结果。	
		针对他人的数学思想和数学事实做出分析和评价。	

如上表中"数学推理与论证"这个二级指标既是数学的基本思想,同时也是数学学科的一个核心能力。课标中也明确指出:"推理是数学的基本思维方式,也是人们学习和生活中经常使用的思维方式。"那么,如何在评价中诊断出学生是否具有这样的核心能力呢?下题(见图8.1.1)的设计就能够很好地体现出对这一能力的诊断。

> 观察下面数学现象:
> 3与5互质,5与8互质,3与8也互质;
> 4与7互质,7与9互质,4与9也互质……
> 正方:根据上述现象,可得出这样一个结论:
>   若A与B互质,B与C互质,则A与C一定互质。
> 你(反方):是否认同正方观点?如果不同意,请举例予以辩驳。

图 8.1.1

从题目中我们不难看出,学生要通过对质数、互质数等数学概念进行逻辑性的思考,通过观察、类比、归纳、演绎推理等思维方式,从而做出推论;再进一步寻求证据,举出反例说明所给出的推论是否合理,这是对学生综合能力的考查。

又如,模型思想既是数学的基本思想,也是数学学科的核心能力。那么,又该如何诊断出学生是否具有这样的思想和能力呢?看下题(图8.1.2)。

> 见到"$2x-8=24$"这个算式,你能想到什么呢?请你写一个与这个算式相匹配的故事。

图 8.1.2

题目中呈现了这样的一个算式,让学生写一个与这个算式相匹配的故事。就是将这一数学模型,翻译成与现实生活情景相匹配的数学小故事,也就是将数学模型回归到生活模型,使学生感受数学的应用价值。

> 总之,以评价进行诊断,以评价引导方向,以评价促进发展。作为一名教育工作者,我特别喜欢这句话:"我们给孩子留下什么样的世界,取决于我们给世界留下什么样的孩子。今天我们给予他们的,正是明天他们给予世界的。"

第二节 小学数学核心素养的质量监测

《义教数学课标》颁布以来,我国小学数学教育又开始了新一轮的改革,课程理念更加先进,教材编排更加完善,课堂教学更具主体性。梅松竹指出:

> 然而,学业成就评价改革进展缓慢,特别是考试方式和试题编制方面变化甚微。就数学学科而言,我国仍在沿用旧有的评价方式,纸笔测试的标准化考试依旧盛行,数学试题的编制没有实质性的改变,仍过于关注显性知识和基本能力,却忽视了新课改所倡导的许多新的理念、思想和方法。①

究其原因,笔者认为主要是因为我国升学考试的试题,尤其是高中升大学的高考试题的价值取向偏传统而造成的。一是缺少真正联系生活实际的应用问题;二是注重考查具体的知识、技能、解题方法和技巧,即使有一些联系实际的问题,但如果长期停留在一个题型上,也容易导致应试化倾向。学生对抽象思想、推理思想、模型思想、数形结合思想、方程思想、函数思想、分类讨论思想、统计思想等重要的数学思想方法是否真正把握不得而知。

新义教数学课标强化对考试命题的要求,强调要注重考查学生对其中所蕴含的基本数学思想方法的感悟及其在具体情境中的合理应用,关注数学内容的掌握和核心素养的达成,适当增加具有探究性、开放性、综合性特征的主观题比例。根据新的考试命题理念和要求,在大数据、互联网、云计算、人工智

---

① 梅松竹,王燕荣.我国数学试题与 PISA 数学试题的比较及启示[J].数学通报,2012(6).

能的时代,应减少传统的计算内容的考查,尤其是复杂数据计算的题目,因为我们人类计算能力再强,也算不过机器人。我们应该从数学思维、数学思想方法、数学核心素养等方面进行评价,增加对规律、关系、结构、变式问题、联系实际的真问题、开放问题等的考查。那么,这也应成为"什么题是好题?什么题不是好题?"的判断标准。基于此,在考试试题编制方面,提出以下几点建议。

一、少考查没有体现数学本质的题目

如前文所述,数学认知结构由概念、命题、结构、数学思想方法、元认知、非智力因素构成,概念虽然重要,但不是本质的内容。数学的重点是结构、思想方法及问题解决等。因此,考试题应尽可能少直接考查概念及相关判断。例如,学生学习方程的重点在于面对实际问题,能够分析并建立等量关系、用方程解决。如果让学生判断下列等式是不是方程:$x=0$,$x=1$,$a+b=b+a$,这样的考查就没有必要,不是好题。究其原因:一是因为这些问题不是方程内容的核心;二是教师们经常争论不休。再比如,最小的一位数是 0 还是 1?前文已经说得非常清楚,但是这个题目不宜作为考试题让学生回答。本书已经强调多次,自然数与小数的基础及核心是十进位值制计数法,我们可以考查这方面的问题。

二、考查的题目应尽可能严密

小学数学题目看起来简单,但是也有一个严谨性的问题,如果不加以注意,就会影响学生数学思维和思想方法的水平。

例如,有一道教师经常争论不休的题:1.25×6 的积是几位小数?

实际上这是一个要求不清楚的题,应分类讨论。因为 $1.25 \times 6 = 7.50 = 7.5$,如果积末尾的 0 舍去,就是一位小数,如果积末尾的 0 不舍去,就是两位小数。由于题目的要求不明确,导致答案有争论,其实学生的内心是十分清楚的,只不过题目要求不清楚,就使学生判断起来左右为难。

又如,下面的一道选择题:

两个数 $a \times b$ 与 $b \times c$,它们的最小公倍数是(   )。

(A) $a\times b\times b\times c$　　　(B) b　　(C) $a\times b\times c$　　　(D) 1

此题的漏洞很多,第一没有说明 a、b、c 都是正整数,第二没有说明 a 与 c 互质。例如,4×5 与 5×8 的最小公倍数不是 $4\times 5\times 8$,而是 5×8,因为 4 与 8 有最大公因数 4。

再如,计算图形的面积时,不说明图形的形状,而采取默认的方式。如下题:

一块草坪底是 8 米,高是 5 米,它的面积是多少?

题目中没有说明草坪是什么形状的图形,学生看到底和高,就默认为平行四边形,于是计算出面积是:$8\times 5=40$(平方米)。这是不符合数学逻辑的,数学的运算与推理是在具备前提条件和规则的基础上进行的。

如果不说明图形的形状,那么这道题目就有很多种可能。它是平行四边形?三角形?还是梯形?有的教师在教学平行四边形的面积时出这个题目,学生就按照平行四边形的面积计算;在教学三角形的面积时,学生就按照三角形的面积计算。那么如果在单元复习时怎么办呢?

关于用字母表示数,涉及字母的取值范围,请看下面的推理过程:

如果 $3a=5b$,那么可以推出 $\dfrac{3}{b}=\dfrac{5}{a}$。

此题严格来说存在漏洞,应增加一个条件:a、b 均不为 0,这样就严密了。

小学数学考试题中比较普遍的一个现象是几何图形不严密,很多时候缺少条件说明或者未在图形中标注,例如下题:

计算图 8.2.1 中阴影部分的面积。

教师想当然认为这是一个直角梯形,而且认为上底等于高,把 10 作为半圆的直径,作为四分之一圆的半径。于是阴影部分的面积等于半径是 10 的四分之一圆面积减去半径是 5 的半圆面积。实际上这个题目漏洞百出,以上条件完全是看出来的,并没有说明或者标注清楚。

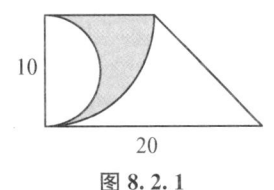

图 8.2.1

三、 加强数学基本思想的考查

数学的思想方法有很多,但是最基本的是数学抽象、逻辑推理、数学模型,其中最重要的是逻辑推理,这是数学本质里最核心的部分。如前文所述,数学运算的算理与算法的本质都是逻辑推理,图形的性质、判断、计算、位置关系、图形的运动等都要用到逻辑推理。因此,应多考查数学思考,少考查可以模仿的计算;即使考查计算,也应多考查计算中的算理部分。在数学的世界里,最重要的不是我们已经知道了什么,而是我们怎么知道的。

三角形面积公式的探索是一个难点,原因是它无法用平行四边形转化成长方形那样的方法将三角形转化成长方形或者平行四边形来计算面积,而是用两个全等的三角形拼成平行四边形来推导面积公式,这个方法学生不容易想出来。那么,除了这个方法外,如何启发学生比较自然地利用已有的知识和方法探究三角形的面积公式呢?

2018年12月12日天津市教研室召开了"天津市小学数学构建自主学习核心课堂暨人教版生本学材教学实践研讨活动",来自天津市蓟州区的孟庆阳老师执教的"三角形的面积"一课的课堂上,教师在方格纸上给出三个三角形(直角三角形、锐角三角形、钝角三角形,底是3、高是2),让学生自主研究面积公式,然后小组讨论,全班交流,取得了比较好的效果。锐角三角形面积的探究,除了个别学生把三角形补画成平行四边形外,还有很多学生把三角形补画成长方形,分割拼成长方形,感悟三角形面积与底和高的关系。这个探究过程培养了学生的抽象、推理、模型等思想方法,因此,教学中可以加强对学生进行这方面的考查,例题如下。

例1 我们都知道,三角形的面积公式是通过用两个全等的三角形拼成平行四边形来推导的。如果不用这个方法和思路,请在方格纸上画图把三角形转化成长方形或者平行四边形,然后推导三角形的面积公式(如图 8.2.2 所示,每个方格的边长为1)。

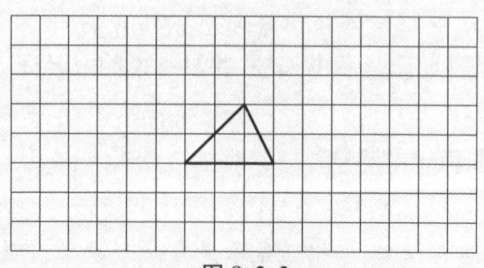

图 8.2.2

例 2 我们已经学习了如何计算正方形的面积、正方体的体积，知道 $10\times10=100=10^2$，$10\times10\times10=1000=10^3$，如果正方形的边长是 100，那么它的面积是 $100\times100=10000$。10^2 称为 10 的二次方，10^3 称为 10 的三次方，按照这个规律，10000 称为 10 的（　　）次方，记作 $10^{(\quad)}$。以此类推，1 亿 $=100000000=10^{(\quad)}$。

例 3 123×3 的横式与竖式如下，请把竖式计算的积 369 中每个数字表示的实际数值与横式中分步计算的相等的结果连线。

$$\begin{aligned}&123\times3\\=&(100+20+3)\times3\\=&100\times3+20\times3+3\times3\\=&300+60+9\\=&369\end{aligned}\qquad\begin{array}{r}1\ 2\ 3\\ \times\quad\ \ 3\\ \hline 3\ 6\ 9\end{array}$$

根据上述思路，123×33 的横式与竖式如下，请根据竖式的计算过程在横式的空格上填写合适的数。

$$\begin{aligned}&123\times33\\=&123\times(\quad+\quad)\\=&123\times\underline{\quad}+123\times\underline{\quad}\\=&123\times\underline{\quad}\times10+369\\=&3690+369\\=&4059\end{aligned}\qquad\begin{array}{r}1\ 2\ 3\\ \times\quad3\ 3\\ \hline 3\ 6\ 9\\ 3\ 6\ 9\ \ \\ \hline 4\ 0\ 5\ 9\end{array}$$

例 4 如图 8.2.3 所示的长方体，每个面都是长方形。

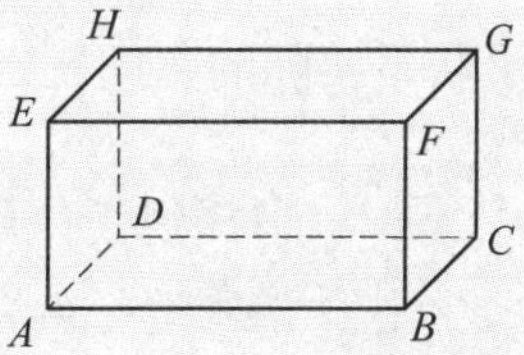

图 8.2.3

(1) 根据长方形的性质，棱 $EF=HG$，$EF=AB$，所以 $HG=AB$。这是一个推理证明的过程，根据相等关系的传递性的思路，请证明长方体的 12 条棱有 3 组，每组有 4 条相对的棱彼此相等。

(2) 平行关系也有传递性，请先证明：$HG\parallel AB$。请再证明长方体的 12 条棱有 3 组，每组有 4 条相对的棱彼此互相平行。

四、加强联系实际的真问题、开放问题的考查

有很多研究表明,我国学生在解决联系实际的真问题、开放问题方面,在国际上排名并不理想。为此,人教版教科书在这方面进行了比较大的改进,但是仍然有很大的改进空间。培养学生数学抽象、模型思想、分析法和综合法有利于提高学生解决问题的能力,从而可以理性地面对著名的船长年龄问题(这是张奠宙教授早年从国外引进的题目:"在一条船上,有 75 头牛,32 只羊,请问船长几岁?"据说当时我国参与测试的学生有 90% 以上用给定的两个数据计算出年龄)。

另举例如下:

例1 出租车的起步价是 3 千米 13 元,单价是每公里 2.3 元。小明的爸爸上班从家到单位乘一次出租车的打车费是 36 元,从家到单位的路程是多少?

此题可以用方程解答。

设从家到单位的路程大约是 x 千米,得

$$13+(x-3)\times 2.3=36,$$

解方程,得 $x=13$。

北京市第十五中附小(原半步桥小学)在李燕燕老师的指导下,进行问题解决教学的改革探索,2018 年 12 月 14 日我在该校听的两节问题解决的课,创设了联系实际的真问题、开放题,现举例如下。

例2 国庆假期铁路运输圆满收官。北京铁路局共计发送旅客 1235 万人次,刚刚开通运行的京港高铁,共计发送旅客 2.27 万人次,其中有 7000 人次选择从北京出发,一日直达香港。北京西站、北京站、北京南站三大火车站,共计发送旅客 517 万人次,增幅 4.7%,其中北京站发送 138 万人次,北京西站发送 202 万人次,最高峰 10 月 1 日发送旅客 24.25 万人次。北京南站发送旅客多少万人次?

例3 电影院为了答谢新老客户,在年底挑选了总金额近1万元的礼品作为抽奖的奖品,设一等奖1名、二等奖5名、三等奖10名,每个等级的奖品相同。3个等级的奖品从以下5种商品中选出,5种商品分别是:平板电脑4999元/台,游泳卡3998元/年,电影卡2968元/年,手机998元/部,餐券198元/次。小红抽到了一个二等奖,小红的奖品是什么礼品?一等奖和三等奖的奖品各是什么礼品?

此题如何培养学生学会逻辑推理呢?因为三等奖10名,总金额不超过1万元,奖品的单价不超过1000元,如果三等奖是手机,手机单价是998元,虽然10部手机总价不超过1万元,但是基本上把总金额1万元用完了,占用了其他等级奖品的额度,所以三等奖的奖品不能是手机,只能是餐券。二等奖5名,奖品只能是手机;一等奖1名,奖品只能是电影卡。

当前,全国各地各级部门均在进行不同年级的数学质量监测,测试题目在不断地向着数学核心素养的目标改进。因为传统的基础知识、基本技能和问题解决的测试题目已经非常成熟,本书不再给出完整的测试卷,只是补充一些考查数学核心素养的题目。也许有些题目的难度略高,作为对全体学生的要求未必合适,但是体现了数学核心素养方面的考查,可以作为参考使用。

小学数学核心素养测试补充样题

一、填空题

1. 一个三位小数,如果四舍五入后的近似数是2.58,那么原来的三位小数最大可以是(　　),最小可以是(　　)。

2. 既大于$\frac{1}{9}$,又小于$\frac{1}{8}$的分数是(　　)。(至少写出一个)

3. 如果$ab=c$(a,b,c均为正整数),那么a和c的最大公因数是(　　),最小公倍数是(　　)。

4. 已知$\frac{8}{7}+a=\frac{9}{8}+b=c+\frac{10}{9}$,那么$a$,$b$,$c$的大小关系是(　　)<(　　)<(　　)。

5. 一个足球的价格是a元,比一个排球的价格的2倍少30元,排球的价格是(　　)元。

6. 有一张长 60 cm、宽 36 cm 的长方形纸,如果把它裁成若干个同样大小的正方形纸而无剩余,那么正方形的边长最大是(　　)cm。

7. 如果一个正方体的底面积是 25 cm²,那么这个正方体的体积是(　　)cm³。

8. 钟面上的时间为 4 时整,时针和分针的夹角是(　　)°。

9. 三个连续奇数的和是 99,这三个奇数中间的一个是(　　)。

10. 两个自然数都是合数,又是互质数,它们的最小公倍数是 72,这两个数分别是(　　)和(　　)。

11. 平行四边形 ABCD,如图 8.2.4,DE 是底边 AB 的高。如果三角形 CDE 的面积 = 12 cm²,三角形 ADE 的面积 = 2 cm²,那么三角形 BCE 的面积 = (　　)cm²。

图 8.2.4

12. 一个三角形的两条边分别长 5 cm 和 7 cm,如果第三条边也是整厘米长,那么第三条边最长可以是(　　)cm,最短可以是(　　)cm。

13. 一个直角三角形的三条边的长度分别是 10 cm、8 cm、6 cm,它的面积是(　　)cm²。

14. 如果 $5a = b \div 7(a、b \neq 0)$,那么 $a : b = ($　　$)$。

15. 把一个棱长为 10 cm 的正方体削成一个最大的圆柱体,圆柱体的体积是(　　)cm³。(圆周率取 π)

16. 把一个圆柱体削成一个最大的圆锥体,如果削去部分的体积是 188.4 cm³,那么原来圆柱的体积是(　　)cm³。(圆周率取 3.14)

17. 如图 8.2.5,平行四边形的底是圆的直径,高是圆的半径,已知平行四边形的面积是 50,那么圆的面积是(　　)。(圆周率取 π)

18. 一个圆的直径是 10 cm,以该圆的直径为三角形的底,与之相对应的顶点在圆周上运动,那么这个三角形的面积最大是(　　)cm²。

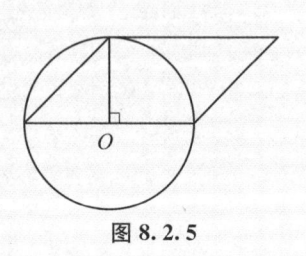

图 8.2.5

二、选择题

1. 估算 78×62 的结果,最接近的是( )。
(A) 4200　　　(B) 4500　　　(C) 4800　　　(D) 5000

2. 用同样长的铁丝围成一个封闭图形,面积最大的是( )。
(A) 三角形　　(B) 长方形　　(C) 正方形　　(D) 圆

3. 已知 a,b,c 三个数均不为0,且 $\frac{3}{7}a=\frac{5}{8}b=c\div\frac{4}{9}$,则下面说法正确的是( )。
(A) a 最大　　　　　　　(B) b 最大
(C) c 最大　　　　　　　(D) 无法确定

4. 把一个长方形 ABCD 沿着 EF 翻折,点 B 翻折到点 D,如图 8.2.6,已知 $\angle DEF=57°$,那么 $\angle ADE=$( )。
(A) 57°
(B) 30°
(C) 24°
(D) 66°

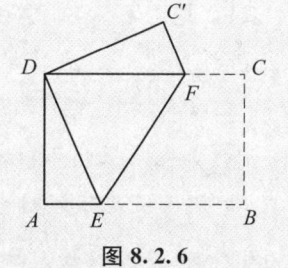

图 8.2.6

5. 一个等腰三角形的两条边分别长 5 cm 和 7 cm,那么该三角形的周长是( )。
(A) 一定是 17 cm　　　　　(B) 一定是 19 cm
(C) 17 cm 或者 19 cm　　　(D) 无法确定

6. 一个等腰三角形的底角等于 70°,那么顶角等于( )。
(A) 70°　　(B) 55°　　(C) 60°　　(D) 40°

7. 一个三角形的最小内角是 50°,下面关于三角形的叙述正确的是( )。
(A) 一定是钝角三角形　　　(B) 一定是直角三角形
(C) 一定是锐角三角形　　　(D) 无法确定

8. 如图 8.2.7 所示,三角形 OAB 绕点 O 旋转 90°得三角形 A'OB',已知 $\angle AOB=50°$,那么 $\angle BOA'=$( )。

(A) 50°　　　　(B) 30°　　　　(C) 40°　　　　(D) 60°

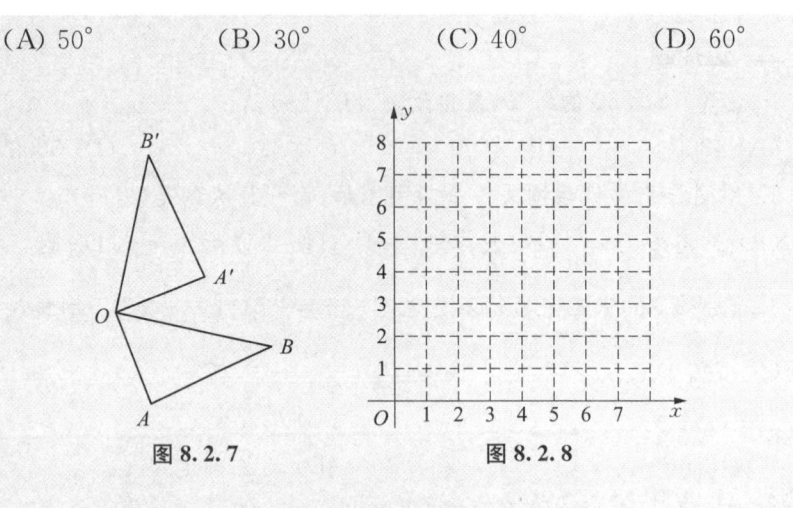

图 8.2.7

图 8.2.8

9. 见图 8.2.8，已知平面上有三点 $A(3,3)$，$B(6,1)$，$C(6,5)$，三点 ABC 连线组成的图形是(　　)。

(A) 等边三角形　　　　　　(B) 等腰三角形
(C) 直角三角形　　　　　　(D) 钝角三角形

10. 一个长方体的长宽高分别是 a 厘米，b 厘米，h 厘米，如果高增加 5 cm，那么该长方体的体积增加(　　)cm^3。

(A) abh　　　　　　　　　(B) $ab(h+5)$
(C) $5ab$　　　　　　　　　(D) $ab(h-5)$

11. 两个自然数的倒数的和是 $\frac{1}{2}$，这两个自然数是(　　)。

(A) 1 和 2　　(B) 2 和 3　　(C) 3 和 5　　(D) 3 和 6

12. 一件商品，先涨价 10%，再降价 10%，那么它的价格与原来相比较，(　　)。

(A) 保持不变　　　　　　　(B) 涨价了
(C) 降价了　　　　　　　　(D) 以上说法都不对

13. 两辆汽车从同一地点出发，且 A 车先出发，B 车后出发，他们同时到达一个服务区休息，然后继续前行到达终点。根据图 8.2.9，下面叙述正确的是(　　)。

(A) 从出发到服务区 A 车比 B 车速度快

(B) B 车比 A 车休息的时间长

(C) B 车从服务区到终点比 A 车速度快

(D) 以上说法都不对

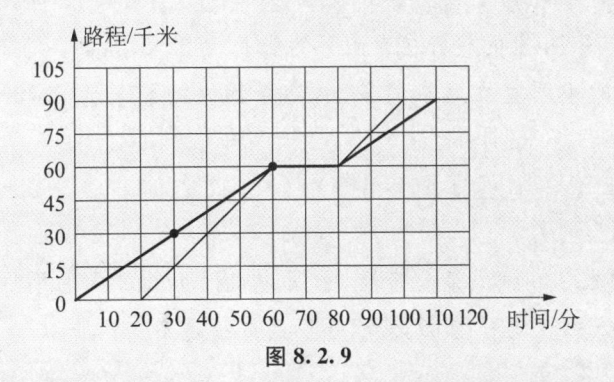

图 8.2.9

14. 一个比例为 $a:b=c:d$,如果 a 和 d 互为倒数,$b=4$,那么 $c=$ (　　)。

    (A) 4　　　　(B) 0.5　　　　(C) 0.25　　　　(D) 1

15. 把一个三角形按照 1:2 放大,那么放大后的三角形与原来三角形的周长之比为(　　)。

    (A) 1:1　　　　(B) 1:2　　　　(C) 2:1　　　　(D) 4:1

16. 两个正方形的边长之比为 3:2,那么它们的面积之比为(　　)。

    (A) 3:2　　　　(B) 6:4　　　　(C) 9:4　　　　(D) 4:6

17. 下面不是正方体展开图的是(　　)。

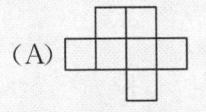

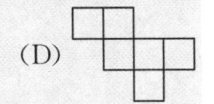

    (A)　　　　(B)　　　　(C)　　　　(D)

三、解答题

1. 用三根小棒围三角形,已知有两根小棒的长分别是 6 cm、8 cm,如果要求第三根小棒的长度是整厘米数,那么第三根小棒最短是多少? 最长是多少? 一共有多少种可能?

2. 一个长方形的面积是 110 cm², 宽和长是相邻的两个自然数, 这个长方形的周长是多少?

3. 一根高 16 米的旗杆在太阳下的影长为 6 米, 在同一个时刻和地点, 身高 1.6 米的小明直立站在凳子上, 凳子加人的影长为 0.75 米。凳子高多少?

4. 一次数学测试成绩公布后, 小明、小丽、小红 3 人的平均分是 96, 小丽和小红 2 人的平均分是 97, 那么小明的成绩是多少?

5. 我们把圆心角是 180 度的圆弧与直径组成的图形叫半圆, 已知一个半圆的周长是 51.4, 该圆的半径是多少? (圆周率取 3.14)

6. 两列高铁列车的长度都是 200 米, 均以 300 千米/时的速度相向行驶, 从车头相遇到车尾分离, 需要多长时间?

7. 一瓶药的使用说明如下: 内装 50 片, 每片 0.5 克, 每天吃 3 次, 每次吃 1 克, 10 天为一个疗程。这瓶药够吃一个疗程吗?

8. 一个单位组织 280 人春游,需要租车,汽车公司有两种型号的大客车。

A 型:每辆限乘 50 人,租金 1000 元;

B 型:每辆限乘 40 人,租金 900 元。

请设计一个最省钱的租车方案。

9. 小明今年 8 岁,爸爸的年龄是小明的 4.5 倍,爷爷比爸爸大 28 岁,再过几年,爸爸的年龄是小明的 3 倍?

10. 长假期间,小丽一家三口开车从自己家去爷爷家,路程是 500 千米,用了 40 升汽油。回来时不按原路返回,计划去一个风景区,爷爷家到风景区的路程是 300 千米,这样从爷爷家回到自己家的总路程增加到 720 千米。如果按照去爷爷家时的耗油量,从爷爷家返回时加满一箱油 55 升,这箱油够不够开车回到家?

11. 用小棒拼接而成的一组正方形如图 8.2.10 所示,如果拼某一组这样的正方形用了 181 根小棒,那么一共拼出了多少个正方形?

图 8.2.10

12. 据研究,儿童负重最好不要超过自身体重的 $\frac{3}{20}$,否则将不利于身体发育。小明的体重是 42 kg,身高 1.62 m,书包重 8 kg。小明的书包超重了吗?

13. 一个直角三角形的两条直角边长分别是 6 cm 和 8 cm,分别以一条直角边为旋转轴旋转一周,得到两个圆锥,比较一下,这两个圆锥的体积哪个大?

14. 一件上衣的标价是 300 元,标价的 30% 是成本,其余是利润。现在节假日促销,为保证不少于 60 元的利润,折扣最高可以定几折?

15. 我们把几个 10 相乘简写为 10 的几次方,例如 $10 \times 10 = 100 = 10^2$,$10 \times 10 \times 10 = 1000 = 10^3$,有了这个简便的表达方式,一些大数就可以按照这个方式写成简便写法了。例如,$123000 = 1.23 \times 100000 = 1.23 \times 10^5$。

(1) 中国大陆 2017 年末总人口数为 1390000000,请改写成简便写法。

(2) 2017 年中国 GDP 约为 8.27×10^{13} 元,合多少亿元?

16. 在方格纸中,顶点都在格点上的图形叫格点图形。请在下面的方格纸中画一个以线段 AB 为对角线的面积最小的格点平行四边形。

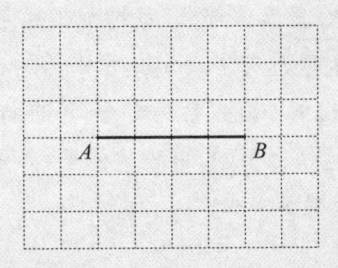

17. 2018 年是我国改革开放 40 周年,1978 年我国国内生产总值为 3679 亿元,占世界生产总值的 1.8%,2017 年我国国内生产总值为 82.7 万亿元,占世界生产总值的 15.2%。全国居民人均可支配收入由 1978 年的 170 元增加到 2017 年的 2.6 万元。40 年来我国贫困人口累计减少了 7.4 亿人,到 2017 年底还有 3000 万贫困人口,要在 2020 年底实现全部脱贫。居民预期寿命由 1981 年的 67.8 岁,提高到 2017 年的 76.7 岁。2017 年全年新能源汽车产量 69 万辆,比上年增长 50%,工业机器人产量 13 万台,比上一年增长 80%。

(1) 2017 年全世界生产总值是多少?(结果保留整数)

(2) 从 2018 年年初到 2020 年底,平均每年脱贫多少人?

(3) 2016 年新能源汽车产量是多少万辆?工业机器人产量是多少万台?(结果保留整数)

18. 北京地铁收费标准为：按照一次连续乘坐最高里程收费（不是分段收费），6公里（含）内3元，6至12公里（含）4元，12至22公里（含）5元，22至32公里（含）6元，32公里以上部分，每增加1元可乘坐20公里。乘坐地铁可使用一卡通，每张卡每月支出满100元以后的部分，打8折；满150元以后的部分，打5折；支出满400以后的部分，不再打折。

(1) 小明每天乘坐地铁上下学，单程5公里，如果每月按照上学22天计算，一个月地铁实际交通费是多少？

(2) 小明的爸爸每天乘坐地铁上下班，单程10公里，截止到某月第20天他乘坐地铁下班从地铁站出来时，这个月地铁实际交通费是多少？

19. 爸爸从北京去上海，飞机飞行需2小时，高铁行驶需4.5小时。飞机票经济舱价格是440元，机场建设燃油附加费是80元，保险费是30元。高铁二等座票价是553元，保险费是3元。从市区到机场比到北京南站远20公里。请你给爸爸选择出行方式，并综合考虑费用及时间等因素说明理由。

第九章　全媒体融合发展促进教学改革

第一节　小学数学智能教学系统

教育部为了贯彻落实党的十九大精神,办好网络教育,于 2018 年 4 月颁布了文件《教育信息化 2.0 行动计划》。互联网、人工智能、大数据、区块链等技术迅猛发展,将深刻影响教育。教育信息化 2.0 行动计划是推进"互联网＋教育"的具体实施计划,是充分激发信息技术对教育革命性影响的关键举措。经过多年来的探索实践,信息技术对教育的影响已初步显现,但与新时代的要求仍存在较大差距。数字教育资源开发与服务能力不强,信息化学习环境建设与应用水平不高,教师信息技术应用能力尚显不足,信息技术与学科教学深度融合不够,高端研究和实践人才依然短缺。教育信息化 2.0 行动计划是加快实现教育现代化的有效途径。教育信息化具有突破时空限制、快速复制传播、呈现手段丰富的独特优势,必将成为促进教育公平、提高教育质量的有效手段,必将促进构建超越课堂与学校的大时空学习环境,必将带来教育科学决策和综合治理能力的大幅提高。最终实现构建网络化、数字化、智能化、个性化、终身化的教育体系,建设人人皆学、处处能学、时时可学的学习型社会。

基于以上理念与目标,为了推动互联网、大数据、人工智能等在教研、教学、管理、数字资源建设等全流程的应用,建立智能、快速、全面的教育分析系统,实现日常教学的数据化和个性化,把教师从繁重的工作中解放出来,把学生从题海中解放出来,提高教学和学习效率。需要开发适用于课堂教学应用的小学数学智能教学系统,主要包括：数字资源库、智能教学平台、大数据管理。

小学数学智能教学系统的数字资源库主要包括以下内容。

(一) 教学 PPT

研制每个年级每册教科书中每课时的教学 PPT，包括新授课、练习课、复习课等，体现一节课的学情分析、教学目标、教学过程、课后反思等。教学过程应体现自主学习的教学范式，对教师的活动、学生的活动、每个环节体现哪些数学核心素养等，都应有明确的阐述。

(二) 微课

配套例题、习题讲解的微课，每个微课 5—10 分钟，浓缩地体现自主学习的教学范式。采取师生（一师一生或者一师二生）共同录制微课的形式，如果主要体现自主学习的方式就用一师一生形式录制微课，如果主要体现合作学习的方式就用一师二生形式录制微课。

(三) 示范课（录像课）

通过示范课（录像课）的评选收集优秀的教学视频，放入资源库。

(四) 考试评价样卷

研究以数学核心素养为导向的考试评价体系，单元测试卷、期中测试卷、期末测试卷等要在考查的内容、形式上体现概念、命题、关系、数学思想方法、问题解决等方面的平衡。传统的考试计算内容过多，推理内容过少，应在计算与推理之间把握平衡，适当增加推理内容的考查。

(五) 智能作业系统

我们都知道教师的工作繁重，学生的作业和试卷的批改便是其中一项工作。传统的教学往往易使学生陷入题海中，缺少有针对性的、个性化的训练。当下，不能因为互联网、大数据、人工智能的便利条件，使学生从传统的纸质题海中转而陷入数字化的题海中，至少还要保护学生的眼睛。要依据学生的认知规律和基于大数据的智能分析，给每个学生进行私人定制、量体裁衣，优化配置资源，以最少的时间和精力的投入，实现每个学生学习成绩的最大提高。

学生的口算（速算）及其他作业，要根据不同的人进行时间、题目等的优化，防止过度训练对眼睛等身心带来不利影响。实现人人获得良好的数学教育,不同的人在数学上得到不同的发展。在四基、四能、数学核心素养目标引领下,建立有针对性的个性化的预习、练习、复习、测试等在线学习、智能作业推送及分析系统。主要包括:题库、数据库、预习、作业、复习、测试、评价、中小衔接、微课等。

1. 题库

什么样的题是好题?根据四基、四能、数学核心素养的目标要求,按照不同年级、不同领域,设计不同层次的题目,包括基础题、综合题、开放题、探究题、拓展题,满足预习、练习、复习、考试等不同层次的需要。疑难问题配备微课解答,微课录制师生共同参与。

2. 数据库

跟作业有关的数据库是整个智能教学系统数据库的一部分,包括所有的错题、错题智能分析、考试成绩等。

3. 预习

小学生如何预习?智能系统根据每个学生的学习水平,针对意识、习惯、方法等方面的培养,确定预习题目,引导学生在已有知识和经验的基础上学习。

4. 作业

如何设计共性+个性的作业?智能系统根据每个学生的学习水平,确定给每个学生留作业的数量、层次、难度。客观题由电脑判作业,简单的主观题尽可能改造成客观题。每天的作业根据课时内容确定,周末作业根据一周的内容确定,假期作业根据一学期的内容确定,同时考虑下学期的内容。

5. 复习

智能系统根据每个学生各个模块的学习情况,确定每个学生复习的数量、难度。包括小节复习、单元复习、期中复习、期末复习。重点是巩固概念和命题,把知识进行关联结构化,转化为学生的认知结构,上升到思想方法、核心素养的高度。根据不同阶段的学习需要,确定复习内容的数量、难度等。根据作业的错误归因分析结果,进行"共性+个性"的复习。

6. 测试

根据数学核心素养的教学目标,进行不同层次的数学核心素养导向的测试,主要包括单元测试、期中测试、期末测试、小学数学结业测试。数学核心素养主要包括:理解概念、命题和结构,运用数学思想方法,创新意识、实践能力、解决实际问题的能力(三会)等方面。教研员在命题过程中的价值导向作用非常关键,在数学核心素养测试的意识、专业素养等方面需要学习提高。

7. 评价

根据数学核心素养的教学目标,进行不同层次的核心素养导向的评价。包括量化评价、定性评价、形成性评价、终结性评价和诊断报告等。

8. 中小衔接

小学的学习主要为了中学的学习奠定基础,对中学生的学习困难及错题情况进行归因分析,梳理出与小学学习有关的原因,进行针对性训练和渗透。要注重理解数学概念、命题、结构等的本质,运用数学思想方法,主要包括抽象、符号化、运算、推理、模型(方程、函数)、数形结合、转化、分类讨论等。

9. 微课

3—5分钟视频,采取一师一生或者一师二生共同录制的形式。内容包括疑难问题解答、知识点解析、错误原因分析、中学数学思想方法简介等,为学生在做作业和复习时提供参考。

(六) 数据库

给每个学生建立数据库(数字档案),作为个人成长档案,从小学一年级记录到高三,保留重要的信息,包括学业评价(学习情况智能分析、获奖情况)、考试成绩、所有的错题、错题智能分析、课堂观察记录、改进建议、数学日记等,供教师、学生、家长参考。能够跟踪到高三毕业的成长档案,可以进行小学、初中、高中数学学业质量相关性的分析研究,为改进教师的教学与学生的学习提供参考。

第二节 九年一贯制(5.5+3.5)的理论与实践

一、问题的提出

《义教数学课标》体现了义务教育的整体性,加强了小学和初中数学的联系,有利于更好地完成义务教育阶段的任务和目标。但是,由于我国受传统教育体制、模式和办学条件的影响,目前义务教育的实际情况是,大多数学校仍然沿袭小学和初中独立建校的做法。这种办学模式事实上造成了小学(第一、二学段)与初中(第三学段)在教师教学方法和学生学习方式等方面的割裂,一定程度地影响了小学与初中数学的衔接,不利于初中数学的教学和学习,给部分初中生的数学学习带来某些障碍。那么如何有效地解决这个问题呢? 一个方法是在小学阶段提前做好各方面的准备,按照自主学习的教学范式,培养学生学会学习、学会思考。那么,除了教学方式和学习方法的改革外,还有没有其他的办法呢? 这就提出了一个新的问题,在办学机制体制上如何做好中小学衔接?

教育部于 2014 年颁布了《教育部关于全面深化课程改革落实立德树人根本任务的意见》,在其工作目标中提出"基本建成高校、中小学各学段上下贯通、有机衔接、相互协调、科学合理的课程教材体系"的要求,并把"统筹小学、初中、高中、本专科、研究生等学段(包括职业院校)。进一步明确各学段各自教育功能定位,理顺各学段的育人目标,使其依次递进、有序过渡"作为主要任务之一。这就是说,各学段的衔接是非常重要的问题,已经引起教育部门的高度重视。同时也说明各学段的衔接存在着一些问题。

二、 基本设想

义务教育阶段的学制,现行的做法是六三制或者五四制。根据我们多年的实践经验来看,无论是六三制还是五四制,如果小学和初中不能实现真正的九年一贯的办学模式(真正的九年一贯意味着小学和初中作为一个整体和一个学校进行办学,不存在小升初的问题),那么势必会带来小学和初中的割裂。另外,在实现真正的九年一贯的办学机制的基础上,还要进行小学和初中时间段的重新分配,现行的六三制的弊端是小学六年的分配时间略长,初中 3 年时间略短;而五四制又造成了小学的时间过短,初中的时间过长的局面。综合以上考虑,我们提出了小学与初中实现真正九年一贯的 5.5＋3.5 的教学模式,小学和初中整合为一个学校,而不是两个学校,同时在课程上实行小学五年半、初中三年半,即 5.5＋3.5 的教学模式。统筹考虑小学和初中的语文、数学、英语等学科,优化整合内容结构,实现小学与初中的良好衔接。贯彻落实"四基""四能"总目标,培养学生具有创新精神、实践能力及良好的数学核心素养。

教学管理上,打破现行的小学部和初中部按照学段划分的做法,改为按照学科进行划分,进行学科纵向整合。按学科设教研组,教材培训、教科研、备课、磨课、交流、考试评价等活动按照学科进行。这样有利于纵向贯通、优势互补,探索内涵式融合发展的道路。体制机制上做到既有物理反应,又有化学反应,形成"5.5+3.5>6+3"的教学新模式。加强学科知识的逻辑顺序和关联,与学生的认知特点相结合,进行相关内容的整合。同时,其他活动按年级分组,加强横向沟通交流。以此形成纵向贯通、横向交流、纵横交叉融合、优势互补的发展模式。

三、内容结构的调整

内容与现行教科书的内容基本保持一致。以数学学科为例,内容结构考虑数学知识的逻辑顺序和关联,关注学生的认知特点和起点,形成良好的知识结构并向认知结构有效转化。对现行教科书的内容和结构进行微调,总体上不增加学生的负担,加强知识之间的关联和结构化。具体调整思路说明如下。

按照自主学习的教学范式,考虑到一、二年级学生的认知特点,一、二年级内容结构不做改动。从三年级开始,按照模块化的方式进行内容整合。

三上:移走"分数的初步认识"至四年级上册。

三下:删除"小数的初步认识"。

四上:移走"三位数乘两位数"至三年级下册,与"两位数乘两位数"合并;移来"三角形"与"平行四边形、梯形"合并。

四下:移来"多边形的面积",移走"三角形"。

五上:移来"长方体和正方体",移走"多边形的面积"。

五下:移来"圆",移走"长方体和正方体"。

六上:移来"圆柱和圆锥""比例""百分数(二)";移走"圆"。

六下:只保留"小学数学总复习"。

具体调整见下表9.2.1。

表 9.2.1

	上册		下册	
	单元	内容	单元	内容
三年级	一	时、分、秒	一	位置与方向(一)
	二	万以内的加法和减法(一)	二	除数是一位数的除法
	三	测量	三	时间的认识
	四	万以内的加法和减法(二)		制作年历
	五	倍的认识	四	多位数乘两位数
	六	多位数乘一位数	五	面积和周长
		数字编码	六	统计
	七	长方形和正方形	七	数学广角——排列组合(二)
	八	数学广角——集合思想	八	总复习
	九	总复习 4		
四年级	一	大数的认识	一	四则运算
		1亿有多大	二	观察物体(二)
	二	公顷和平方千米	三	运算定律与简便计算
	三	角的度量		营养午餐
	四	分数的初步认识	四	小数的意义和性质
	五	平行四边形、梯形和三角形	五	多边形的面积
	六	除数是两位数的除法	六	小数的加法和减法
	七	条形统计图	七	图形的变换
	八	数学广角——优化问题	八	统计
	九	总复习	九	数学广角——鸡兔同笼
			十	总复习
五年级	一	小数乘法	一	观察物体(三)
	二	位置	二	因数与倍数
	三	小数除法	三	圆
	四	可能性	四	分数的意义和性质

续表

	上册		下册	
	单元	内容	单元	内容
		掷一掷	五	图形的变换
	五	简易方程	六	分数的加法和减法
	六	长方体和正方体	七	统计
	七	数学广角——植树问题		打电话
	八	总复习	八	分数乘法
			九	总复习
六年级	一	位置与方向（二）		小学数学总复习
	二	分数除法		1. 数与代数
	三	比和比例		2. 图形与几何
	四	圆柱与圆锥		3. 统计与概率
		确定起跑线		4. 小初衔接知识
	五	百分数		
	六	扇形统计图		
	七	总复习		

四、实践探索

九年一贯制学校 5.5＋3.5 的教学模式是一种新的探索，全国各地可能会有少数学校先进行这方面的尝试，但是还没有比较系统集中的统一实施的做法和经验。

2017 年 2 月，北京市朝阳区 20 所九年一贯制学校启动了 5.5＋3.5 的教学模式的实验探索。在前期理论研究的基础上，在朝阳区教委的大力支持下，在朝阳区教研中心高萍等老师的指导下，在朝阳区 20 所九年一贯制学校校长的大力配合下,启动会顺利召开。我在启动会上对此次实验项目的意义、实施措施、新知识观、教学方法、考试评价等方面进行了宏观层面的培训。高萍老师对具体的实施方案提出了详尽的要求,以保证该项目顺利有效实施。那么项目启动以来,进展如何? 朝阳区芳草地国际学校富力分校对该项目的实施情况进行了简要介绍,下面是他们提供的文本。

5.5+3.5育人模式的实践探索

朝阳区芳草地国际学校富力分校

王彩云　郭文征

北京市朝阳区芳草地国际学校富力分校是一所九年一贯制学校,自2009年建校以来,充分发挥九年一贯制办学优势,围绕学校办学的育人目标、课程建设、学校管理、教师发展、评价体系等重要内容开展了积极的实践研究。尤其是2018年参加九年一贯5.5+3.5的教学模式实验以来,加大了改革力度,下面是一些具体措施。

一、一体化架构学校组织,打破管理壁垒

为了实现学生的可持续发展,需要通过九年一贯制发展策略贯通学科来实现。实现学科贯通不仅仅依靠知识系统的建构、教材整编,更重要的是需要建设一支具有九年一贯执教能力的优秀教师团队,这样可以更好地避免学段本位、教师本位、教育窄化的现象。

学校构建了"九年一贯制"行政管理体系,由原来的小学部、中学部调整为教学部、德育部,教学部统一管理1—9年级的整体教学工作,为学科大组建设创造了条件。数学学科大组下设1—9年级备课组,重点抓住"小升初"衔接点,系统研究学科知识体系,深入研究教材,指导、监控备课质量和教学质量。

二、培养九年一贯复合型教师,促进人员流通

系统理论认为,对系统运行水平起决定作用的是人的素养。中小合一以循序渐进为特征的学科教学,都需要与之匹配的人力,而通晓中小学的教师如凤毛麟角。能否培养一批高站位、跨学段任教、具有统合能力的教师队伍,成为九年一贯制能否成功的关键。为了更好地促成小学与初中教师的交流互动,在知识储备上,培养适应九年一贯教育教学的复合型教师,学校

鼓励老师跨段任教,把带完九年级中考的老师安排到六年级,把任教完六年级毕业班的老师安排到七年级。目前已经有4位小学教师跨学段到初中任教。中青年教师在本学段任教,骨干教师跨学段任教,打破自己原有教学认知,解决跨学段任教的困惑点、矛盾点,与本段教师一起交流思想,不断磨合,从而实现真正意义上的衔接。我们的目的不是为了培养全学段任教的数学教师,进行1—9年级教学大循环,是想通过教师跨段任教的衔接形式,实现数学思想方法的衔接,为学生的可持续发展助力。

三、系统化整合各种资源,开展跨段研究

(一)跨段引路课,为中小衔接提供优质案例

首先,按照同一知识板块跨学段教师编组,研究年级间知识的连接,研究知识体系,居高望远,形成学科系统思维,认识自己当下的教学,促使生成学科思想。目前学校已经进行了多次中小衔接课的实践研究。如:五年级和七年级的"列方程解决实际问题",主要衔接点是在实际问题教学中突出列方程解决的优势;六年级和七年级的"统计",主要衔接点是协调好统计图表的制作和使用的教学研究;五年级和八年级的"分数与分式",主要衔接点是加强数与式通性理解的教学研究;六年级和八年级"正、反比例的意义与正比例函数的图象和性质",凸显中小学知识与学习方法的衔接;六年级和七年级"负数",体现了同一个内容在不同年级的侧重点。

在2017年2月28日,学校有幸成为《朝阳区小、初衔接课程改革项目》的实验龙头校,在高萍主任的带领下,通过参与研究,聆听专家的学术报告,观摩现场研究课,逐步领会小初衔接的本质是数学思想方法的衔接。我们又在原来的基础上深入思考,再上衔接课《列方程解决实际问题》,这次活动力求在研究中体现衔接的本质,凸显建模思想的衔接。

优质的教研活动,为数学教师们提供了优质的学习素材,并创造性地运用到自己的教学中,有效促进了衔接的落实与推进。

(二)开展六、七年级衔接的初步实践,迈出5.5+3.5模式的第一步

学校把六、七年级作为小初衔接的重点年级,六年级六个班安排了五位数学老师,每位老师手中都有六至九年级的教材。在备课组活动之前,要求每一位老师自己研读六年级教材,还要研读与之相关的上位知识,进行个人

备课。备课组活动时,王彩云老师作为六年级骨干教师做主题发言谈对本节课新的认识;从九年级下来到六年级任教的郭文征老师则带着自己初中的经验反观小学教材,谈对于教材的理解。在这一过程中大家积极交流、讨论、质疑,逐步达成共识。另外每周还会以同课异构的形式安排一节研究课,在不断实践摸索的过程中体会感受着中小衔接的本质。

从六年级到七年级,知识内容骤增,要求学生具备更强的自主学习的能力。为此六年级开展了借助思维导图培养学生独立思考的习惯的研究。首先学校聘请专家给老师们进行专题培训,然后年级组织对全体学生进行培训。之后备课组开展研究课,在课堂教学中指导学生借助思维导图进行自主学习,请专家进行课堂指导。数学主要结合单元复习课、不同知识板块的复习课进行学习指导,学生通过课前导学单自主梳理复习内容,完成感知图。课上组织交流研讨完善对知识的梳理,最后完成凝练图。借助思维导图这一工具,学生的自主学习能力得到了有效的提升。

另外,在六年级的教学中,老师们把六、七年级的知识进行了初步整合。比如六年级的负数只是在生活中感受负数的认识,数轴也没有提炼出数轴的三要素,而七年级只是在六年级的基础上提炼了数轴的三要素,内容很少,于是教学中把这两个内容进行整合。从生活中的负数引入,过渡到方向表示相反意义的量,提炼出数轴的概念,进而为后面的相反数的教学打下基础。

在教研的过程中,大家感到六年级教学时间比较充裕,而七年级老师谈到七年级学生在学习第一章有理数时会感觉到非常困难,于是重新规划了六年级第二学期的复习时间,用一个半月的时间尝试把七年级第一单元有理数的计算下移到六年级下册进行。在之前学习负数的基础上从相反数的概念引入,完成有理数计算的教学。

在备课组交流的过程中老师们还发现,中小学知识之间存在一些断点,这些断点给学生进入初中的学习造成了一定的困难。于是大家在备课组活动时梳理中小学教材,针对不同断点采取不同的方式进行中小对接。中学要求学生有较强的分类讨论的能力,而小学由于很少涉及这类问题,学生这方面的能力欠缺,我们就结合教学中适合分类教学的内容,有意识地组织学生分类讨论,开展专项训练,补上学生这一短板,实现能力的衔接。在计算方面,小学教材中没有带分数的相关计算,只涉及假分数与带分数之间的转化,而中学出现了大量的带分数计算,这对于学生也是一个断点,于是在复习小学的分数计算时,我们将假分数计算拓展到带分数计算,弥补了这一问题,使学生顺利地过渡有理数的计算。

以上只是我们的初步尝试,九年一贯的教学研究还刚刚起步。我们将继续扎实开展跨学段的研究活动,推进小初衔接纵深方向的研究,为学生顺利衔接助力。

目前这个实验项目在有条不紊地实施。在此要特别强调的是,这个实验项目不是一般的课题研究,而是一种新学制及教学模式的探索,希望经过几年的实践,在总结经验的基础上形成可持续发展的基本模式,探索出一条新的道路。

参考文献

[1] 边玉芳.儿童心理学[M].杭州:浙江教育出版社,2009.

[2] 博赞 T,博赞 B.思维导图[M].北京:中信出版社,2009.

[3] 布鲁纳.教育过程[M].上海:上海人民出版社,1973.

[4] 蔡清田."核心素养":新课改的目标来源[N].中国社会科学报,2012-10-10.

[5] 蔡上鹤.谈谈数学素养[J].人民教育,1994(10).

[6] 曹培英.跨越断层走出误区[M].上海:上海教育出版社,2017.

[7] 曹培英.小学数学学科核心素养及其培育的基本路径[J].课程·教材·教法,2017(2).

[8] 曹培英.学科知识是提升教学水平不可或缺的基础[J].小学教学(数学版),2013(10).

[9] 曹培英.在"规矩"与"方圆"中求索[J].人民教育,2007(19).

[10] 笛卡尔.谈谈方法[M].王太庆,译.北京:商务印书馆,2000.

[11] 董宝良.陶行知教育论著选[M].北京:人民教育出版社,2015.

[12] 杜莺.上海初中生比例推理表现的调查研究[D].上海:华东师范大学,2015.

[13] 高存明.新数学读本·初中几何[M].北京:人民教育出版社,2017.

[14] 郭思乐.教育走向生本[M].北京:人民教育出版社,2001.

[15] 季苹.教什么知识[M].北京:教育科学出版社,2009.

[16] 康世刚.数学素养的生成与教学[M].北京:教育科学出版社,2013.

[17] 克莱因 F.高观点下的初等数学(第一卷)[M].舒湘芹,陈义章,杨钦樑,译.上海:复旦大学出版社,2013.

[18] 课程教材研究所.20世纪中国中小学课程标准·教学大纲汇编:数学卷[M].北京:人民教育出版社,2001.

[19] 莱什,兰多.数学概念和程序的获得[M].孙昌石,苗丹明,译.济南:山东教育出版社,1991.

[20] 李星云.论小学数学核心素养的构建——基于PISA2012的视角[J].课程·教

材·教法,2016(5):72-78.

[21] 廖哲勋.构建新的知识观,深化课程改革[J].课程·教材·教法,2016(6).

[22] 林崇德.21世纪学生发展核心素养研究[M].北京:北京师范大学出版社,2016.

[23] 林崇德.发展心理学[M].北京:人民教育出版社,2009.

[24] 林崇德.小学儿童数概念与运算能力发展的研究[J].心理学报,1981(3).

[25] 林崇德.智力发展与数学学习[M].北京:中国轻工业出版社,2011.

[26] 林群.义务教育教科书数学七年级下册[M].北京:人民教育出版社,2012.

[27] 刘加霞."数形结合"思想及其在教学中的渗透(上)[J].小学教学(数学版),2008(4).

[28] 刘绍学.普通高中课程标准实验教科书数学选修2-2[M].北京:人民教育出版社,2007.

[29] 刘社军.通识逻辑学[M].武汉:武汉大学出版社,2010.

[30] 陆静.断裂中的传承——后现代知识观与传统知识观的关系[J].学术交流,2010(10).

[31] 马云鹏.关于数学核心素养的几个问题[J].课程·教材·教法,2015(9):36-39.

[32] 娜仁格日勒,安宁中.度量单位的本质及小学数学教学[J].数学教育学报,2018(6):13-16.

[33] 裴娣娜.现代教学论基础[M].北京:人民教育出版社,2015.

[34] 沈康身.中算导论[M].上海:上海教育出版社,1986.

[35] 沈晓敏.关于新媒体时代教科书的性质与功能之研究[J].全球教育展望,2001(3).

[36] 史宁中,林玉慈,陶剑,等.关于高中数学教育中的数学核心素养——史宁中教授访谈之七[J].课程·教材·教法,2017(4):8-14.

[37] 史宁中,娜仁格日勒.小学数学教科书中的比及其教学[J].数学教育学报,2017(2).

[38] 史宁中,王尚志.普通高中数学课程标准解读[M].北京:高等教育出版社,2018.

[39] 史宁中.基本概念与运算法则:小学数学教学中的核心问题[M].北京:高等教育出版社,2013.

[40] 史宁中.数学基本思想18讲[M].北京:北京师范大学出版社,2016.

[41] 苏霍姆林斯基.给教师的建议[M].周蕖,王义高,刘启娴,等译.武汉:长江文艺出版社,2014.

[42] 孙昌识,姚平子.儿童数学认知结构的发展与教育[M].北京:人民教育出版

社,2005.

[43] 王建午,曹之江,刘景麟,等.实数的构造理论[M].北京：人民教育出版社,1981.

[44] 王永春.小学数学与数学思想方法[M].上海：华东师范大学出版社,2014.

[45] 王元.华罗庚科普著作选集[M].上海：上海教育出版社,1984.

[46] 吴正宪.我就这样一路走来[J].人民教育,2010(19)：53-57.

[47] 吴正宪.追求教师职业生命价值[J].人民教育,2005(17)：38-40.

[48] 伍鸿熙.数学家讲解小学数学[M].赵洁,林开亮,译.北京：北京大学出版社,2016.

[49] 辛涛,姜宇,刘霞.我国义务教育阶段学生核心素养模型的构建[J].北京师范大学学报(社会科学版),2013(1).

[50] 徐春燕.从课堂观察看教学时间分配——以"加法、乘法交换律"的教学为例[J].教育观察,2018.

[51] 叶立军.数学方法论[M].杭州：浙江大学出版社,2008.

[52] 叶圣陶.叶圣陶教育演讲[M].北京：教育科学出版社,2014.

[53] 张丹.小学数学教学策略[M].北京：北京师范大学出版社,2010.

[54] 张奠宙,巩子坤,任敏龙,等.小学数学教材中的大道理——核心概念的理解与呈现[M].上海：上海教育出版社,2018.

[55] 张奠宙,唐彩斌.关于小学"数学本质"的对话[J].人民教育,2009(2).

[56] 张奠宙."分数"教材里一个没有解决的问题——谈分数与包含除的关系[J].教学月刊小学版,2014(7-8)：4-5.

[57] 张景中.感受小学数学思想方法的力量[J].人民教育,2007(18)：32-35.

[58] 章志光.心理学[M].北京：人民教育出版社,2002.

[59] 中华人民共和国教育部.普通高中数学课程标准(2017年版)[S].北京：人民教育出版社,2018.

[60] 中华人民共和国教育部.义务教育数学课程标准(2011年版)[S].北京：北京师范大学出版社,2012.

[61] 周博林.初中学业不良学生的元记忆监测、控制特征与学习效果[D].上海：华东师范大学,2008.

[62] 周继光.在阳光下亲历新中国基础教育六十年[M].上海：文汇出版社,2013.

[63] 周淑红,王玉文.小学数学核心素养的特质与建构[J].数学教育学报,2017(3)：57-61.

[64] 朱智贤.儿童心理学[M].北京：人民教育出版社,2009.

人名索引

中文名	外文名	页码
阿基米德	Archimedes	202
柏拉图	Platon	4
博赞	Buzan, Tony	66, 67, 319
布卢姆	Bloom, Benjamin	6
布鲁纳	Bruner, Jerome Seymour	41, 154, 156, 319
蔡清田		14, 319
蔡上鹤		20, 319
曹培英		31, 94, 102, 103, 106, 114, 195, 258, 259, 319
陈华琼		142
陈景润		182
笛卡儿(笛卡尔)	Descartes, René	65, 76, 277, 319
弗赖登塔尔	Freudenthal, Hans	172
高存明		242, 319
高萍		288, 289, 314–316
哥德巴赫	Goldbach, Christian	51, 182
郭沫若		208
郭思乐		8, 319
郭文征		315, 317
胡晓敏		142
华罗庚		76, 240, 277, 321
黄爱华		242, 243
基伦	Kieren	45
季苹		2, 5–7, 9, 11, 12, 319
简敏豪		232
蒋芳		215

康世刚		19-21,319
克莱因	Klein, Felix	57,319
孔子		x,117,119,208
莱什	Lesh	41,42,45,319
李培芳		271
李星云		32,319
李燕燕		161,296
李冶		46
林崇德		15,16,83,170,171,194,320
林清		241
刘徽		45,192,259
刘加霞		264,320
刘坚		226
刘璐		215
刘日亮		13
马云鹏		31,320
梅松竹		291
孟庆阳		294
穆铮		161
倪明		vi,vii,x
欧几里得	Euclid	53,60,248
潘光志		105,106
皮亚杰	Piaget	50,156
皮亚诺	Peano, Giuseppe	54-56
秦九韶		45
邱婉倩		221
史宁中		ii,iv,22-24,46-48,53-56,59, 69,70,73,74,128,129,131,133, 171,172,174,181,204,212,320
苏东坡		207
苏霍姆林斯基	Сухомлинский, Василий Александрович	10,11,13,92,97,100,112,320
孙昌识		42,45,51,203,205,206,320
孙晗		149

汤琪		vi
陶行知		110,111,319
陶渊明		86
田慧生		72
王彩云		315,317
王静		120,233,249
王均杰		244
韦达	Viète, François	177
吴正宪		95-98,105,106,270,321
伍鸿熙		44,47,58,62,63,140,141,148,175,176,203,204,206,207,321
辛涛		15,321
徐春艳		157
亚里士多德	Aristoteles	53
颜真卿		x,86
杨辉		46
叶立军		70,71,321
叶圣陶		110,111,321
英海尔德	Inhelder	50
于江美		158
张奠宙		46-49,58,134,135,138,184-186,212,248,296,321
张海欢		244
张景中		194,227,321
章志光		80,82,85-87,321
赵敏彤		158
郑板桥		73
郑玲玲		158
周丛俊		237
周继光		103,104,106,321
周淑红		112,114,321
朱智贤		83,84,321